模拟法庭原理与法庭论辩技巧

MONI FATING YUANLI
YU FATING LUNBIAN JIQIAO

许身健 李 晓◎著

中国政法大学出版社

2023·北京

图书在版编目（ＣＩＰ）数据

模拟法庭原理与法庭论辩技巧 / 许身健，李晓著.—北京：中国政法大学出版社，2023.12
ISBN 978-7-5764-1194-2

Ⅰ.①模…　Ⅱ.①许…②李…　Ⅲ.①审判－案例－中国②法庭－辩论－中国
Ⅳ.①D925.05②D926.2

中国版本图书馆CIP数据核字(2023)第221539号

出　版　者	中国政法大学出版社
地　　　址	北京市海淀区西土城路 25 号
邮　　　箱	fadapress@163.com
网　　　址	http://www.cuplpress.com (网络实名：中国政法大学出版社)
电　　　话	010－58908435(第一编辑部) 58908334(邮购部)
承　　　印	保定市中画美凯印刷有限公司
开　　　本	720mm×960mm　1/16
印　　　张	20.5
字　　　数	356 千字
版　　　次	2023 年 12 月第 1 版
印　　　次	2023 年 12 月第 1 次印刷
印　　　数	1~4000 册
定　　　价	66.00 元

前　言

党的二十大报告提出，要办好人民满意的教育。对于法学教育而言，如何才能实现这一目标和要求呢？答案之一即在于要把握好法学学科的特征和属性。习近平总书记指出："法学学科是实践性很强的学科。法学教育要处理好法学知识教学和实践教学的关系。学生要养成良好法学素养，首先要打牢法学基础知识，同时要强化法学实践教学。要打破高校和社会之间的体制壁垒，将实际工作部门的优质实践教学资源引进高校，加强校企、校地、校所合作，发挥政府、法院、检察院、律师事务所、企业等法治人才培养中的积极作用。"[1]2023 年 2 月 26 日公布了《中共中央办公厅、国务院办公厅印发关于加强新时代法学教育和法学理论研究的意见》（以下简称《意见》），强调要强化法学实践教学，深化协同育人，推动法学院校与法治工作部门在人才培养方案制定、课程建设、教材建设、学生实习实训等环节深度衔接。

法律实践教学强调"在做中学"，主要包括案例演习、模拟法庭、法律诊所等多门课程。其中，模拟法庭与司法实践贴合度高，且开设课程成本较小，因此在实践教学体系中占据重要位置。据不完全统计，几乎所有开设法学本科专业的院校均开设了模拟法庭课程或者模拟法庭竞赛训练。根据 2017 年《法律硕士专业学位研究生指导性培养方案》，模拟法庭被列为法律硕士专业学位研究生实践教学与训练课程的重要组成部分。

开设模拟法庭课程客观上需要相应的模拟法庭教材。但由于模拟法庭课程具有很强的实操性，课程本身规范化程度不高，导致教材建设存在较大的完善空间。为更好地指导模拟法庭教学，我们根据多年模拟法庭及法律论辩教学经验，在参考目前多本模拟法庭教材体例和内容基础上，编著了《模拟法庭原理与法庭

---

〔1〕 习近平：《全面做好法治人才培养工作》，载习近平：《论坚持全面依法治国》，中央文献出版社 2020 年版，第 177 页。

论辩技巧》，作为开展模拟法庭与法律论辩教学的参考用书。

相较其他同类教材，本教材具有以下突出特征：

一是注重裁判方法的指导。模拟法庭虽然有"模拟"属性和"角色扮演"要求，但模拟法庭教学不是"走过场"，不是准备好了剧本由学生进行庭审表演。从目前教学实践看，这种"剧场化"的模拟法庭仍然较为普遍，甚至表演得"过了火"，与真实的审判场景相差甚远。实际上，模拟法庭的舞台虽然是课堂上的"法庭"，但要想做好模拟法庭演练，单靠舞台上的表演是不够的，更需要背后大量的案情分析论证，掌握如何归纳案件事实，如何寻找法律规范，如何解释应用法律，如何在事实与规范之间形成互动论证等，而这些都需要司法实务中相关裁判方法的指导。但在我们的模拟法庭教学中，往往缺少对裁判方法的分析，而是直接给学生提供一套案件材料，或者一份案件剧本，进行简单案情分析指导后即由学生准备模拟演练。这种情况下，学生或者手忙脚乱、不知所措，或者干脆根据剧本表演，难以训练其法律思维、法律分析能力，更谈不上提升其解决实际问题、得出妥当裁判结论的技能。一言以蔽之，如果学生不懂裁判的基本方法，则根本不会分析案件，模拟法庭只能停留在"模拟"阶段，其效果与模拟法庭教学的预期目标差距较大。从目前的模拟法庭教材看，也鲜有涉及裁判方法的内容。其原因可能是认为裁判方法不是模拟法庭教学自身的内容，而是专门的裁判方法课或法学方法论课程的内容，在进行模拟法庭之前，推定学生们已经掌握了相关的裁判方法，因此并无必要在模拟法庭课堂上传授裁判方法。这种认识从逻辑上是有一定道理的，但过于理想化。一方面，并不是所有的学生在模拟法庭课程之前已经接受了专门的裁判方法课程训练；另一方面，即便之前上过裁判方法课程，但更多的是理论教学，较少涉及裁判方法的具体应用，因此也有必要在模拟法庭教学中强化对裁判方法的习得与应用。当然，由于模拟法庭教学是对理论知识的应用，因此在教学过程中不可能系统讲授裁判方法，而是关注裁判方法中的重点内容及具体应用。

二是加强论辩技巧的训练。法律是论辩之道。这种论辩不是空洞的、抽象的，而是结合具体案件事实的具体论辩。司法实务需要不同角色的法律工作者进行互动交流，能够在交流过程中对对方观点提出质疑是法律工作者应当具备的基本法律素养。我国著名民法学家王利明教授指出，法学教育改革不应当局限于突出案例教学，还应当再向前走一步，就是必须培养学生的辩论能力，主要包括表达能力、专业能力、应变能力和逻辑思维能力。[1] 实际上，论辩不仅是一种法

---

〔1〕 参见王利明：《法为民而治》，北京大学出版社 2018 年版，第 403 ~ 407 页。

律技能，也是一种有效的学习途径和方法。我们熟知的苏格拉底式教学法就是一种论辩式教学法，而我国的《论语》也是一种论辩式教学的典范。但在目前的法律教学中，由于受到大陆法系法律传统和教学模式的影响，课堂上以教师传授理论知识为主，缺乏对学生论辩能力的训练，而模拟法庭教学则是训练学生论辩能力的有效途径。但从目前教学实践看，缺乏对论辩能力的专门训练，而这种状况又与我国的司法实践状态紧密相关。不论是在民事诉讼、刑事诉讼还是行政诉讼中，我国司法实践普遍奉行一定程度的职权主义，法官有发现案件事实真相的职责，法律也赋予了法官一定的调查取证手段以发现案件真相。这种背景下，我国的法庭审判并不过于强调律师的论辩技巧，而是强调穷尽手段发现真相。相应地，对于法庭论辩的法律规范也较为粗疏，技能技巧强调不足。这种情况反映在教学中，表现为缺乏法律论辩技能技巧的习得。需要指出的是，这种法庭论辩并不仅仅指法庭审判中的法庭辩论阶段，而是涵盖了法庭陈述、证据调查、发问证人、鉴定人、物证验真、法庭辩论等法庭审判全流程。从世界范围看，英美法系奉行对抗制传统，案件推进、证据出示、法律论辩均由律师主导，法官或陪审团中立裁判。这种背景下，对于律师法律辩论技能技巧的要求更高，并在长期的司法实践中形成了以交叉询问为核心的法律论辩规范。这种法律论辩规范程度高、技能技巧强，非经专门训练无从习得。虽然我国奉行职权主义，但这种论辩技能技巧或者一般原理同样有发挥作用的空间。近年来，我国的司法实践中也有越来越多的律师运用交叉询问技巧，取得了较好的庭审效果。可以说，法律论辩因其专业程度高、逻辑性、对抗性强，不论是大陆法系还是英美法系，均有对学生加以专门训练的必要。因此，本书将法律论辩技巧专列一编，突出其重要地位，便于学生系统学习、熟练运用。

三是强化关键流程的把握。从规范看，模拟法庭流程与真实的法庭审判流程大体相同，例如，都是从庭前准备开始，经过宣布开庭、核对身份、告知权利、法庭调查、法庭辩论、最后陈述、评议宣判等诸多阶段，到法官宣布闭庭结束。目前的模拟法庭教材一般也会介绍完整的庭审流程。从模拟法庭实践看，学生进行模拟法庭演练时，也基本能按照上述流程顺利进行。但其中存在"平均用力"甚至"轻重不分"的现象。例如，学生们过于重视权利告知这样的程序话语，过于重视法庭辩论，甚至在法庭辩论中引用了过多的学术观点，而对于事实问题关注不够，没有把重点和精力放在法庭调查阶段，放在证据调查方面，导致模拟法庭与真实的法庭审判存在较大差距。根据作者的司法实践经验及观察，真实法庭的审判重点主要还是证据调查阶段。在证据调查阶段，诉讼双方要进行充分的举证、质证、辩论，法官要进行适当的归纳与引导，可以说，主要问题都放在证据调查阶段解决了，法庭辩论阶段是在证据调查阶段基础上的事实概括、观点梳理及适当论证，从而做到突出重点、提升效率。基于此，本书并未详细介绍法庭审判全流程，而是重点训练学生的法庭质证、法庭辩论与庭审归纳能力，提升对于庭审关键流程的把握。

本书的体例安排主要是基于以下设想：其一，让学生掌握实务中法官的裁判方法，明确案件的审理内容，即事实问题与法律问题；其二，让学生掌握事实问题应该怎么查明，法律问题主要有哪些，应该怎么解决，并在事实与法律之间形成良性互动；其三，事实问题与法律问题应在特定的法庭审理程序中展现并加以解决，为此必须重点关注法庭调查、法庭辩论环节，法官要重点进行争点整理；其四，法庭审判是借助语言论辩的艺术，因此必须掌握法庭论辩的技能技巧，借助论辩语言解决事实与法律问题，维护委托人合法权益；其五，借助模拟法庭实录，演习模拟法庭审判案例，提升操作能力。

本书内容共分为三编：

第一编为模拟法庭基本原理，共分五章。

第一章为导论。其主要介绍了法庭审判的基本逻辑，即司法三段论，同时强调司法三段论与逻辑三段论的不同之处，避免陷入机械司法的误区。从过程看，司法三段论更加突出诉讼主体间的说服、互动，大前提的寻找与小前提的确定都是在互动交流中形成的。从结果看，司法三段论不仅追求形式有效性，还追求实质合理性，应当符合公平正义理念和社会主流价值观念。

第二章概括模拟法庭的审理对象。首先，模拟法庭审理什么是最先要解决的问题。根据司法三段论，模拟法庭要紧紧围绕案件事实认定与法律适用两个部分进行审理，相应地，案件事实的界定与法律规范的适用即成为模拟审判的主要对象。关于案件事实的界定，主要根据实体法构成展开，在民事诉讼中表现为构成要件事实，在刑事诉讼中表现为定罪与量刑事实，在行政诉讼中表现为被诉行政行为合法性事实。关于法律规范的适用，首先介绍法律规范的要件分析方法，明确法律条文的逻辑结构。其次，介绍法律规范的解释目标、解释方法、不确定概念的适用等基本原理，最后，介绍法律漏洞的填补及其方法。

第三章梳理模拟法庭中的事实认定方法。案件事实的认定，也被称为案件事实的发现，是指审判人员在审理案件过程中基于证据规则对证据材料进行审查判断，进而运用经验法则、司法认知、推定、逻辑推理等方法，结合伦理道德、社会经验、生活常识，最终认定具体的案件事实。从现象学认知论的角度出发，案件事实的认定方法就是审判人员在证据审查和材料取舍中形成的具体经验总结，这要求审判人员必须尽可能多地占有证据材料，尽量还原或者反映案件的客观事实。在诉讼过程中，司法证明是认定案件事实的主要方式，其中关键在于合理确定证明责任和证明标准。此外，推定也是一种常用的事实认定方法，需要予以准确把握。因此，本章根据民事诉讼、刑事诉讼、行政诉讼的不同特征和要求，从证明责任的分配、证明标准的把握、事实推定等方面介绍民事、刑事、行政诉讼中的事实认定方法。

第四章介绍模拟法庭中的法律适用方法。第一节关于民事诉讼中的法律适用方法，结合民事诉讼实践状况，指出民事诉讼中的法律适用主要在于如何确定请求权基础规范与抗辩权基础规范。在确定请求权基础规范方面，梳理了请求权基础规范的检索方法，以及请求权竞合时基础规范检索方法，并辅以实际案例解析。在确定抗辩权基础规范方面，首先明确了抗辩权的内涵，指出抗辩权是与请求权相对立的反对权，并指出了抗辩与否认的根本区别，在此基础上论述了抗辩权基础规范的确定方法。第二节关于刑事诉讼中的法律适用方法，重点介绍罪与非罪的区分、此罪与彼罪的区分、法条竞合的处理、想象竞合的处理、牵连犯的处理等模拟法庭中常见的内容。第三节关于行政诉讼中的法律适用方法，重点关注行政诉讼法律适用的特点、方式，以及法律规范的冲突与选择适用问题。

第五章梳理模拟法庭的关键流程。结合司法实践具体状况，将模拟法庭的关键流程分为法庭调查与法庭辩论两个环节，其中伴随着争点整理的基本要求。第一节关于法庭调查，指出我国庭审中的证据调查阶段不限于调查活动，同时也融合一定的辩论活动。本书将法庭调查分为当事人陈述、举证、质证、认证四大环节，并重点围绕质证活动展开，辅以质证教学实例，充分展现司法实践中质证活动的专业化与复杂性。第二节关于法庭辩论，重点介绍法庭辩论的内容及顺序、法庭辩论应遵循的规则，以及法官在庭审辩论中的立场、对法庭辩论节奏的控制等内容。第三节关于争点整理，详细展示了争点整理的意义、方法、基本要求和技巧。

第二编为法庭论辩技能技巧，共分六章。

第一章为导论。其主要介绍了法庭论辩技能技巧课程主要内容，包括教学目标、教学方法，以及课程应用情况。

第二章关注案件主张。第一节明确案件主张的含义与作用，强调案件主张是将事实与法律的有机结合，是在讲述一个有说服力的故事，最终实现委托人的目标。第二节重点讲述了如何形成案件主张，包括借助头脑风暴讨论、借助影视资料等方法，第三节通过具体案例介绍案件主张技巧。

第三章关注开场陈述。第一节明确开场陈述的概念和作用，强调通过开场陈述，意在使事实发现者或者决策人更好地在证据语境下记住并了解整个案情。在开场陈述中，律师要讲述本方认知的案件事实、介绍案件的主要证据、提出己方的诉讼请求。第二节梳理开场陈述的法律规则，如禁止辩论规则等。第三节介绍开场陈述的编排、结构与技巧等。

第四章关注庭审发问中的询问己方证人，即直接询问。第一节明确直接询问的概念和作用。第二节介绍直接询问的适用规则，包括禁止与本案无关询问规则、禁止重复询问规则、禁止重复询问规则、禁止诱导询问规则等。第三节介绍直接询问的技巧，包括组织方式的逻辑性、介绍证人和展现背景、再现案件过程、使用非诱导性提问、使用证物展示来帮助询问、准备证人等，并辅以案例进行演练。

第五章关注庭审发问中询问对方证人，即交叉询问。第一节介绍交叉询问的基本理论，包括交叉询问的含义、基本程序、主要规则等。第二节关注交叉询问的技巧与功能目的。第三节通过辛普森案中的交叉询问实录，展现交叉询问的相关技巧。

第六章聚焦终结辩论。第一节关于终结辩论的概念和意义，指出在终结辩论中，律师要概括案情并最后一次说服裁判者作出对其当事人有利的裁决。第二节介绍终结辩论的规则，特别指出以下辩论是被禁止的：对个人信念的陈述，诉诸成见或者偏执，就证据进行不实陈述，对法律的不实陈述，诉诸事实调查人/决策者的个人利益，诉求感情、同情和激情。第三节介绍了终结辩论的结构安排与相关技巧。

第三编为模拟法庭与法庭论辩研习实录，共分四章。

第一章关于刑事模拟法庭研习，第二章关于民事模拟法庭演习，第三章关于行政模拟法庭演习，第四章则是关于法庭论辩技巧的演习实录。需要指出的是，为保持上述演习实录的真实性，作者并未对其中的瑕疵部分进行删改，力求展现学生们真实的模拟场景。

本书在撰写过程中，参考了众多模拟法庭教材、法官审判实务指南等专业书籍，在此不一一致谢。由于水平有限，书中错误在所难免，恳请读者批评指正，以便作者进一步修改完善。

许身健　李　晓

2023 年 11 月 2 日

目 录
Contents

第一编 模拟法庭基市原理

第二编 法庭论辩技能技巧

第三编　模拟法庭与法庭论辩案例研习

第一编

模拟法庭基本原理

第一章 导论：司法三段论下的法律适用方法

开展模拟审判教学活动，需要以科学的方法为指引。模拟审判虽具有场景模拟性和角色模拟性，但所模拟的案件基本上来源于真实的司法案件，或者根据真实的司法案件改编而来。模拟审判的基本方法，实际上与司法实践中真实案件的审理方法并无本质区别，均是以司法三段论作为其基本方法。

一、法律规范的逻辑结构与适用模式

法律规范通常是规定在特定条件下的具体法律后果。例如，《中华人民共和国刑法》（以下简称《刑法》）第 234 条第 1 款规定，故意伤害他人身体的，处 3 年以下有期徒刑、拘役或者管制。该条款法律规范中，特定条件是"故意伤害他人身体"，法律后果是"处 3 年以下有期徒刑、拘役或者管制"。可见，特定条件即是法律规范所规定的特定的事实构成，法律后果即是特定的法律制裁或特定的权利义务发生、变更或消灭。一般而言，事实构成与法律后果是法律规范的基本逻辑结构，其基本模式为：当……（事实构成），则……（法律后果）。[1]

但是，法律规范所规定的特定事实构成是抽象的，在具体案件过程中，需要将案件的具体事实与法律规范所规定的构成事实进行比较，明确该案件事实与构成要件事实是否相一致，进而判断该案件能否适用该法律规范所确定的法律后果。"对案件的解决实质上就是考察一个或多个刑事违法行为的事实构成要件或一个或多个损害补偿的事实构成要件是否存在。"[2]因此，法律适用的基本模式是以逻辑三段论为核心的演绎推理，即将具体案件事实置于法律规范的要件之下，就该案件事实是否具备其构成要件进行判断，以得出结论的思维过程。该过程可表述如下：

---

[1] 参见〔德〕齐佩利乌斯：《法学方法论》，金振豹译，法律出版社 2009 年版，第 39~40 页。

[2] 〔德〕齐佩利乌斯：《法学方法论》，金振豹译，法律出版社 2009 年版，第 43 页。

T→R（具备 T 的要件时，即适用 R 的法律后果）

S＝T（具体的案件事实符合 T 的要件）

S→R（该具体的案件事实，适用 R 的法律后果）

该结构中，作为大前提的 T 是存在于法律条文中的构成要件（抽象的事实构成），大前提中的 R 是法律条文所规定的法律后果，作为小前提的 S 是存在于现实中的具体案件事实，结论中的 R 是根据 T 和 S 得出的具体法律后果。需要指出的是，作为大前提的 T，有时是由众多个别要素所组成（$t_1 + t_2 + t_3$……）。例如，在故意伤害罪中，"故意伤害他人身体"作为抽象的事实构成 T，其中就包含了"故意""他人""身体"等个别要素，只有满足了每一个要素，才能适用故意伤害罪的法律后果。

我国台湾地区学者将法律适用过程分为 4 个步骤：首先，认定事实，将已发生的纠纷或生活事实，归入特定法律领域内，使之具备某一抽象规范"构成要件"中各个"构成要件要素"，据以满足该规范之构成要件。其次，寻找相关之法律规范，法官及其他法律适用者必须将已发生的纠纷或生活事实与相关法律规范作完整的思考与联系，即在事实与规范间"目光来回流转"，以选择可能适合该事实的法律规范，并淘汰不能适用的法律规范。再次，以整个法律秩序为准，进行归摄（涵摄），即在整个法律秩序中寻觅出最合适的规范，并检验所认定之事实是否能被该规范所涵摄。最后，获得法律效果，如果认为认定的事实满足法律规范的构成要件，即适用该法律规范确定的法律后果。[1]

在具体的司法案件中，当事人与法官角色任务的不同，其具体的法律适用过程也存在差别。以当事人或律师为例，其先是根据相关证据整理出自然事实，通过自然事实与某法律构成要件相互对照，再将自然事实型塑为构成要件事实，确定请求适用的法律规范，最后根据该法律规范的法律后果确定具体的诉讼请求，即：

自然事实→法律规范→构成要件事实→构成要件法律后果→诉讼请求

而作为法官，由于司法裁判的本质是判断与检验，所以其法律适用过程则恰好相反，即先根据当事人提出的诉讼请求据以寻找法律依据，然后将查明的案件事实与法律依据相互对照，最后根据案件事实与法律规范的契合程度，确定是否适用该法律规范的法律后果，是否支持诉讼请求。即：

诉讼（权利）请求→法律规范→案件事实→判决结果

---

〔1〕 参见杨仁寿：《法学方法论》，中国政法大学出版社 2013 年版，第 35～36 页。

由此可见，不论是法官还是诉讼当事人，其诉讼过程均是围绕案件事实与法律适用而展开，案件事实认定与法律适用构成了法庭审判的基本内容，自然也是模拟审判的基本内容。

二、司法三段论的复杂性与主体互动性

司法三段论虽然遵循逻辑三段论的基本范式和推理方法，但其运作过程更为复杂。逻辑三段论的目的在于证明命题的真伪，探求自然现象之间的因果关系，要求大前提与小前提都是真实的，推理过程是纯粹的形式推理。但是，司法裁判的目的不在于证明命题的真伪，而是论证判决的结论正确与否，在于寻求具体个案的最佳解决方案。司法裁判离不开对社会问题的关注，裁判结果应当符合公平正义理念和社会主流价值观念。因此，司法三段论不仅追求形式有效性，还追求实质合理性，是形式推理与实质判断相结合的过程，即裁判结果不仅要符合形式（逻辑）合理性，也要经得起实质合理性与可接受性的检验。概言之，在适用逻辑分析的方法时，不可单凭纯粹的形式逻辑进行机械司法，更应注重法学的实践品格，作出符合公平正义之裁决。[1]

由此可见，法庭审判中的案件事实认定与法律适用过程均不完全是形式逻辑的产物，而是受到法官、当事人主观因素和具体诉讼行为的影响，是当事人与法官共同完成的，具有一定的不确定性，而这正是司法裁判的魅力所在，也是模拟法庭得以训练学生法学素养与解决问题技能的根本所在。

以法官为例：[2]其一，作为大前提的法律规范不会自动形成，需要法官进行解释。法律未经解释不得适用，大部分法律都需要解释，解释的过程不可避免地掺杂法官的个人因素。而且，由于成文法的滞后性，法律条文不可能对所有事物均提前作出明确规定，法律规范之间可能存在漏洞、矛盾、冲突，这些问题均需要法官在司法裁判过程中予以解决，势必有个人主观因素介入。其二，作为小前提的案件事实不一定是客观事实，而只能是法律事实。法律事实的认定是根据案件证据进行的，证据的审查判断、采信与否、证明力大小等均由法官具体判断，不可能完全是客观的。其三，大前提与小前提的连结，离不开法官的个人判断。司法三段论是将案件事实涵摄于法律规范的过程，该案件事实与法律规范的定义要素是否相契合，是否能将该案件事实涵摄于该法律规范之下，需要法官根据日

---

〔1〕 参见杨仁寿：《法学方法论》，中国政法大学出版社 2013 年版，第 55 页。

〔2〕 参见邹碧华等：《民商事审判方法》，法律出版社 2017 年版，第 78~79 页。

常生活经验、法律规范目的进行综合判断。例如，组织同性之间进行有偿性行为的，是否属于组织卖淫罪中的"卖淫"，这就需要法官结合法律规范进行判断。其四，司法裁判的过程并不是简单的涵摄过程，法官需要经常往返于法律与事实之间来解释法律、审查案件事实。根据三段论，大前提与小前提的形成是相互独立的过程。但在司法裁判中，为了与大前提所确定的构成要件进行涵摄，法官必须对未经加工的自然事实进行法律上的提炼，该过程需要考虑可能适用的法条。为了能够对案件事实进行涵摄，法官必须选择应当适用的法律条文，并对法律条文进行解释，该过程也离不开对案件事实的考量。在时间上，司法裁判不是先确定法律条文的具体含义、形成案件事实之后才开始判断案件事实是否符合法律规范的构成要件，毋宁说两者是同步进行、相互影响的。法官不仅需要借助法律条文形成案件事实，也需要借助案件事实解释法律条文，二者密不可分。因此，法律适用是一种不断的交互作用，一种目光往返于大前提与事实之间的过程。[1]

以当事人为例：[2]其一，演绎推理的大前提是由法官根据当事人的诉讼请求和事实理由确定的。发现法律虽是法官的义务，但法官对法律规范的选择受到当事人处分权的制约。法官只能根据当事人的诉讼请求和事实理由选择法律条文，当事人没有主张的，法官不能擅自进行审理。当事人的诉讼请求、权利基础、事实理由不明确或者存在矛盾的，法官应当予以释明，由当事人进行选择。其二，演绎推理的小前提是法官根据当事人提交的证据形成的。依据证据认定案件事实是法官的职责，但证据的收集和采信受到当事人处分权和辩论权的限制。根据当事人主义，各方当事人对支持自己主张的事实承担举证责任，法官原则上只能依据当事人提供的证据认定案件事实，当事人自认的事实，应当作为裁判的依据。当事人一方提供的证据材料，必须经过对方当事人质证、辩论，才能作为定案的根据。其三，演绎推理结论的获得也离不开当事人的参与。在简单案件中，在大前提与小前提都清楚的情况下，能够得出具体的结论，但在三段论的结果只是划定一个仍需填补的范围的情况下，具体法律结果的取得仍然需要法官结合当事人提供的证据材料进行推演。其四，实质推理的过程也不是法官单独可以完成的。大前提的形成可能会涉及法律的解释、不确定概念的具体化、法律漏洞的填补、法律规范冲突的处理等，小前提的形成也可能会涉及自由心证，这些行为虽是法官单方面作出的，但应当允许当事人进行充分辩论。

---

〔1〕 参见 ［德］卡尔·恩吉施：《法律思维导论》，郑永流译，法律出版社 2004 年版，第 52 页。

〔2〕 参见邹碧华等：《民商事审判方法》，法律出版社 2017 年版，第 83 页。

而且，法官应当公开推理的过程和结论，并在裁判文书中对推理过程进行重点阐释，接受当事人的监督。

综上，事实认定与法律适用构成了司法裁判的基本内容，模拟法庭教学也必须首先明确案件事实认定与法律适用这两个基本内容，并围绕此基本内容开展相应的模拟庭审活动。

第二章　模拟法庭的审理对象

如前所述，模拟审判要紧紧围绕案件事实认定与法律适用两个部分展开，相应的，案件事实的界定与法律规范的适用即成为模拟审判的主要对象。

第一节　案件事实的界定

一、案件事实的基本内涵

古今中外，任何司法裁判都宣称是以"事实"为根据的，只不过据以发现"事实"的途径并不相同。在神明裁判时代，通过神的旨意进而发现"事实"；在口供裁判时代，则主要依赖口供认定"事实"；在证据裁判时代，则依照全案证据认定"事实"。实际上，不论裁判者是否真的发现了"事实"，都无例外地宣称其裁判是建立在"事实"基础上的，这对于维护司法的权威性极为重要。但是，正如上面所指出，裁判中的"事实"是可变的，神明裁判方式所认定的事实在今天看来当然是不准确的，即便在施行证据裁判的当下，由于证据本身所具备的主观性，通过证据认定的事实某种程度上也是可变的。我国目前司法裁判中的通行观点认为，"以事实为根据"就是指司法裁判所根据的事实，应当是客观真实的事实，即事实真相。

对此，有学者提出了质疑，认为法官在审理案件时，根本无法看见发生在过去的事实，他们所能看到和听到的只是各种各样的证据，因此以"事实"为根据的说法并不科学，建议把司法活动的基本原则概括为"以证据为基础，以法律为准绳"。[1]

应当说，对于将客观事实作为裁判的事实根据的质疑是正确的，作为裁判根

---

[1]　何家弘主编：《证据学论坛（第 1 卷）》，中国检察出版社 2000 年版，第 3 页。

据的并非客观事实。法官所能看到和听到的确实只是各种各样的证据，而证据与客观事实之间存在着明显的差异。证据裁判主义在重构案件事实方面也存在着难以克服的弱点，主要根源于证据相对客观事实的不完整性。证据是案件发生之后遗留下来的蛛丝马迹，就像一个花瓶打破后有限的碎片，正如你无法找到所有的碎片，从而重新拼起一个完整的花瓶一样，凭借这些事实的碎片重构的案件事实与客观事实之间总是会有或多或少的差异。

"以事实为根据"中的"事实"，并不是指客观事实本身，而是根据证据认定的事实，而证据的本质属性——客观性——表明了证据是以客观事实为基础的。换言之，这个"事实"虽然不是客观事实本身，但它是以客观事实为原型和基础的，是对客观事实的"反映"，因此，将其作为裁判的基础是具有正当性的，也有利于增强裁判的权威性。此外，对于案件事实的认定也不一定要达到与客观事实完全相一致的程度，而是只要达到主要事实或构成要件事实与客观事实相一致即可，至于客观事实的细枝末节，既无可能也无必要一一查证清楚。

二、民事诉讼中的案件事实：构成要件事实

民事诉讼中，当事人提出了一项诉讼请求，援引该诉讼请求得以成立的法律规范，但该法律规范的效果能否适用于该具体案件，需要当事人证明或法官依职权查明相关构成要件事实，只有构成要件事实成立，才能将要件事实涵摄于相应的法律规范之中，并根据司法三段论的逻辑推理得出判决结论。一般说来，要件事实主要包括引起民事法律关系发生、变更和消灭的事实，具体可根据民事诉讼案由的不同进行具体界定，举例常见诉讼如下：[1]

1. 侵权诉讼中的构成要件事实。侵权诉讼是指原告要求被告对自己的侵权行为承担民事责任的诉讼。侵权行为分为一般侵权行为和特殊侵权行为，侵权民事责任也有一般侵权责任与特殊侵权责任之分，两者的构成要件并不相同。一般侵权民事责任的构成必须同时具备四个要件：①损害事实客观存在；②侵权行为与损害结果之间存在因果关系；③行为具有违法性；④行为人有过错。上述四个方面构成了一般侵权诉讼案件的要件事实。对于特殊侵权民事责任，大多属于无过错责任或过错推定责任，因此，其要件事实主要包括损害事实、因果关系和行为违法性三个方面，至于行为人的主观过错，则根据系无过错责任还是过错推定责任予以区分判断：如果是无过错责任的，则行为人的主观过错并非构成要件事

---

〔1〕 参见邹碧华等：《民商事审判方法》，法律出版社 2017 年版，第 228 ~ 230 页。

实；如果是过错推定责任的，则对于原告而言并非构成事实组成部分，但被告抗辩其无过错的，则行为人无过错属于构成事实组成部分，被告需要提供证据证明其无过错。

2. 合同诉讼中的构成要件事实。我国《中华人民共和国民法典》（以下简称《民法典》）合同编规定了多种有名合同，并且每一种合同都涉及合同的订立、合同的效力、合同的履行、合同的变更、合同的转让、合同的终止和违约责任等诸多问题。因此，只有按照合同的不同类别，具体分析相关法律条文，才能准确把握合同诉讼中的要件事实。①因合同订立与否发生争议时，要件事实主要有：要约不得撤销的事实，要约失效的事实，承诺在要约确定的期限内到达要约人的事实，要约是否附保留条件的事实，要约、承诺是否撤回的事实及双方当事人是否就合同主要条款达成一致的事实，等等。②因合同的效力发生争议时，要件事实主要有：合同附条件或附期限的事实，不正当阻止条件成就或促成条件成就的事实，限制民事行为能力人、无权处分人订立合同的事实，行为人没有代理权、超越代理权或者代理权终止后以被代理人名义订立合同的事实，一方以欺诈、胁迫手段订立合同、损害国家利益的事实，恶意串通的事实，以合法形式掩盖非法目的的事实，合同损害社会公共利益的事实，合同内容违反法律、行政法规的强制性规定的事实，因重大误解订立合同的事实，订立合同时显失公平的事实和一方乘人之危的事实，等等。③因合同履行发生争议时，要件事实主要有：行使同时履行抗辩权的事实，行使先履行抗辩权的事实，行使不安履行抗辩权的事实，行使债权人代位权的事实，行使债权人撤销权的事实，等等。④因合同的变更、转让和终止发生争议时，要件事实主要有：合同权利不得转让的事实，债务转让经债权人同意的事实，合同已按约定履行的事实，因不可抗力致使合同目的不能实现的事实，预期违约的事实，一方迟延履行主要债务、经催告后在合理期限内仍未履行的事实，等等。⑤违约责任纠纷时，要件事实主要有：合同成立并生效的事实，被告不履行或迟延履行的事实，法定或约定违约金存在的事实，等等。

3. 继承诉讼中的构成要件事实。继承诉讼中的要件事实要根据具体继承纠纷进行确定。①因继承权发生争议时，要件事实主要有：有法定继承权的事实，与被继承人存在收养关系、抚养关系的事实，法定丧失继承权的事实，放弃继承权的事实，丧偶儿媳或女婿对公婆、岳父母尽了主要赡养义务的事实，等等。②因遗嘱发生争议时，要件事实主要有：遗嘱合法存在的事实，自书遗嘱是否伪造的事实，录音遗嘱、代书遗嘱、口头遗嘱是否有两个以上见证人的事实，不能作为遗嘱见证人的事实，等等。③因遗产分割发生争议时，要件事实主要有：遗产中的有关部分按照法定继承办理的事实，胎儿出生时是否为死体的事实，在遗产份额上应受照顾或者可以多分的事实，等等。

4. 离婚诉讼中的构成要件事实。离婚诉讼属于变更之诉。在离婚诉讼中，原告提出的变更请求通常会涉及三种法律关系，即夫妻关系、子女抚养关系和财产共有关系。因不同的法律关系发生争议时，其要件事实也不一样。①在请求离婚的诉讼中，夫妻感情破裂系诉讼中的要件事实。②在子女抚养发生争议时，哺乳期内的子女不宜由父亲或母亲抚养的事实，子女归自己抚养更有利于子女的事实等作为要件事实。③在财产分割发生争议时，某项财产属于婚前个人财产的事实，一方生活确有困难，对方应给予适当经济补偿的事实，夫妻关系存续期间的债务系单独债务的事实等均可成为要件事实。

三、刑事诉讼中的案件事实：定罪与量刑事实

我国台湾地区的学者一般认为，刑事诉讼客体是"案件"，"案件"有两大要素组成，一为被告人，二为犯罪事实，因此，一个被告人的一个犯罪事实，即构成一个案件。[1]

我们认为，刑事诉讼客体所指的"案件"，也就是"案件事实"。由于刑事诉讼解决的是被告人定罪与量刑问题，刑事案件事实也就主要包括了定罪事实和量刑事实两部分。根据《最高人民法院关于适用〈中华人民共和国刑事诉讼法〉的解释》（以下简称《刑诉法解释》）第72条第1款的规定，应当运用证据证明的案件事实包括：被告人、被害人的身份；被指控的犯罪是否存在；被指控的犯罪是否为被告人所实施；被告人有无刑事责任能力，有无罪过，实施犯罪的动机、目的；实施犯罪的时间、地点、手段、后果以及案件起因等；是否系共同犯罪或者犯罪事实存在关联，以及被告人在犯罪中的地位、作用；被告人有无从重、从轻、减轻、免除处罚情节；有关涉案财物处理的事实；有关附带民事诉讼的事实；有关管辖、回避、延期审理等的程序事实；与定罪量刑有关的其他事实。

1. 关于定罪事实。根据罪刑法定原则，对被告人定罪的前提是其行为符合《刑法》分则所规定的犯罪构成要件。因此，定罪事实虽然以社会自然事实为基础，但要根据各罪的犯罪构成要件进行整理加工。犯罪构成要件对案件事实的形成发挥着巨大的作用。日本学者小野清一郎建议把犯罪构成要件当成整个诉讼的指导形象，即法律规定的抽象的犯罪构成要件，总是给司法人员一个"类型化"

---

〔1〕　参见陈朴生：《刑事诉讼法实务》，海天印刷厂有限公司1981年版，第84~87页。

的指导，每一个犯罪构成，即是一个类型化的犯罪。[1] 例如，故意杀人罪的犯罪构成是各种故意杀人罪的类型化，诈骗罪的犯罪构成是各种诈骗罪的类型化，司法人员正是头脑中存在这些类型化的犯罪，才在这一前提下将具体的犯罪事实与法律规定的犯罪构成要件相对照。我们可以将法律规定的犯罪构成要件比喻为法律所设立的具有一定的大小、形状、颜色及结构的"拼图"模型，司法人员正是按照这种"拼图"模型来拼装、粘接具体的"拼图"的。

因此，司法裁判中认定的定罪事实，必须符合法律的有关规定，这种事实在实质上是从法律角度予以评价后得出的结论。诉讼中呈现的并最终为法院所认定的定罪事实，乃是经过证据法、程序法和实体法调整过、重塑过的事实，即"法律事实"，而非原始状态的客观事实。但是，这种法律事实是以客观事实为基础的，经过严格的法定程序所确定的，就本质而言，它是客观事实的模拟。

如果从传统的四要件理论来理解，定罪事实应当包括犯罪客体、客观方面、犯罪主体和主观方面的事实。根据《关于办理死刑案件审查判断证据若干问题的规定》（以下简称《办理死刑案件证据规定》）第5条第3款的规定，被指控的犯罪事实的发生；被告人实施了犯罪行为与被告人实施犯罪行为的时间、地点、手段、后果以及其他情节；影响被告人定罪的身份情况；被告人有刑事责任能力；被告人的罪过等，这些都属于与定罪有关的事实。同时，《刑法》分则有关各罪构成要件的规定为实践中把握各罪的定罪事实提供了具体指引。

2. 关于量刑事实。量刑事实是指决定被告人刑事责任大小的事实。具体又分为对被告人从重处罚的事实以及对被告人从宽处罚的事实。《刑法》总则及分则有关一般性量刑情节及个罪量刑情节的规定为实践中把握各罪的量刑事实提供了具体指引。

之所以区分定罪事实与量刑事实，主要是基于以下考虑：①从诉讼流程上看，定罪是量刑的前提和基础。我国近年推进的量刑规范化改革旨在建立相对独立的量刑程序，该程序显然是在定罪程序之后进行的。②从功能上看，定罪事实决定被告人有无刑事责任，量刑事实决定被告人刑事责任的大小。

根据《刑诉法解释》第72条第2款的规定，认定被告人有罪和对被告人从重处罚，适用证据确实、充分的证明标准。相应地，对于那些有利于被告人的量刑事实，实践中可以适用优势证据标准。

需要特别指出的是，刑事诉讼中的案件事实的认定是受到刑事诉讼程序严格

---

〔1〕 参见〔日〕小野清一郎：《犯罪构成要件理论》，中国人民公安大学出版社1991年版，第117页。

制约的，可以说，作为定罪根据的案件事实的形成有赖于刑事诉讼程序，甚至在某种程度上说，它就产生于刑事程序之中。根据我们的"拼图"比喻，司法人员在重构犯罪事实，即拼装、粘接"拼图"时，其方式、工艺、规格完全是由法律程序决定的，甚至可以说整个拼装的流程就产生于法律程序之中。这就要求在办理具体案件时，必须严格依照法定的诉讼程序，实现程序正义与实体公正的统一。

四、行政诉讼中的案件事实：被诉行政行为合法性事实

《中华人民共和国行政诉讼法》（以下简称《行政诉讼法》）第 6 条规定："人民法院审理行政案件，对行政行为是否合法进行审查。"这一规定确立了行政案件的合法性审查原则，它包含以下几方面的含义：其一，法院审查的对象是被诉行政行为的合法性，而不是被诉行政主体针对行政相对人的所有行为的合法性；其二，法院只对具体行政行为的合法性进行审查，而抽象行政行为尚不属于我国行政诉讼的受案范围；其三，法院只审查行政行为的合法性并作出判决，而不对行政行为是否合理作出评判；其四，法院对行政行为的合法性进行全面审查，既审查法律问题，又审查事实问题。

行政行为的合法性问题作为行政诉讼的审查对象，在具体的行政诉讼中，有关被诉行政行为合法性的事实即成为行政诉讼事实认定的核心。可以说，行政诉讼的裁判过程即是围绕被诉行政行为是否合法进行审查判断的过程。根据《行政诉讼法》第 69 条、第 70 条的规定，法院从以下几方面对行政行为是否合法进行审查：其一，行政行为的作出是否符合行政机关的职权范围，是否存在超越职权或滥用职权的情形；其二，行政行为认定事实是否清楚，证据是否确凿充分；其三，行政行为适用法律、法规是否正确；其四，行政行为的作出是否遵循了法定程序；其五，行政机关是否存在不履行或拖延履行法定职责的情形；其六，被诉行政行为是否明显不当。上述六个方面即构成行政案件中主要的审理对象，具体有：[1]

1. 关于是否依法行使职权的事实。行政职权法定是行政法的一项基本原则，具有两个方面的基本含义：一是行政职权来源法定，即行政职权应当来源于立法的设定和授予，而不能来源于其他途径；二是行政职权范围法定，即行政机关行

---

〔1〕 参见江必新、池强、贺荣主编：《行政审判实务教程》，中国法制出版社 2012 年版，第 211～242 页。

使职权所针对的对象和事项也是通过立法设定的，而不能超出立法设定的范围。

司法裁判中，常见的被诉行政行为属于未依法行使职权的情形主要有超越职权和滥用职权两种。

对于超越职权情形的，主要表现为：①超出本机关的行政权能而进入其他行政机关的权能范围。例如，一些地方的城管大队依法有权对影响市容市貌的违法建筑作出拆除决定并实施强制拆除，有时公安机关和街道办事处与城管大队联合执法，共同作出拆除决定或共同实施强制拆除，由于公安机关、街道办事处并无查处违法建筑的行政权能，故该行政行为属于超越职权的违法行为。②超出本机关的行政权能而进入其他国家机关的权能范围。例如，某公安机关对一起殴打他人的治安案件进行调解未果，遂对违法行为人作出行政拘留5日的处罚决定，并责令违法行为人赔偿受害人经济损失2000元。显然，人身损害赔偿纠纷属于人民法院受案范围，公安机关作出的责令赔偿决定系超越职权的违法行为。③超越层级管辖权。超越层级管辖权主要表现为下级行政机关行使了上级行政机关的职权。例如，《中华人民共和国城市房地产管理法》（以下简称《城市房地产管理法》）第61条第1款规定，以出让或者划拨方式取得土地使用权，应当向县级以上地方人民政府土地管理部门申请登记，经县级以上地方人民政府土地管理部门核实，由同级人民政府颁发土地使用权证书。由此，禁止层级低于县级人民政府的行政机关行使该职权，如果存在乡镇人民政府行使该职权的，即属于超越层级管辖权的违法行为。④超越地域管辖权。行政机关实施行政管理职权的地域范围应当依法确定。从我国立法情况看，针对不同的行政管理领域、事项和行为，划分地域管辖权的标准也不尽相同，在审查行政行为是否存在超越地域管辖权的违法情形时，应当根据相关法律规范进行综合分析。与此同时，还应当注意：其一，当两地行政机关都有管辖权时，一般按照谁先发现谁负责的原则确定地域管辖，发生争议的，由共同的上级行政机关指定管辖。其二，地域管辖权可以在特定情况下发生转移。⑤超越法定权限的范围和幅度。例如，超出法定可以采取措施的种类；超出法定的时间管辖权限；超出法定的适用对象；超出具体的行为种类和幅度。

对于滥用职权的情形主要表现为：①违反法定目的。行政机关应当根据立法目的行使法定职权。如果行政行为的作出违背或者偏离了法定目的，而是出于对行政机关或执法人员自身私利的追求，或者出于其他不当目的，则构成目的不正当。例如，一些行政机关为完成上级下达的罚款指标，对违法行为不分情况一律顶格罚款。②未考虑相关因素或者考虑了不相关因素。首先，行政机关对于法定因素必须加以考虑。例如，行政机关作出处罚决定时，必须考虑违法行为的性质、情节、社会危害程度等因素。其次，对于一些法律规范未明确规定但具有一定理性的人都认为应当考虑的因素，行政机关亦应考虑。最后，行政机关除了要考虑相关因素，还要排除不相关因素的影响。③违反比例原则。比例原则立足于手段与目的之间关系的考量，要求行为所采取的方式或手段与行为所要达到的目的相称、成比例。比例原则由三个次级原则组成：一是妥当性原则，即公权力的行使手段必须能实现其目的或至少有助于目的的达成。二是必要性原则，指在所有能达成目的的手段中，必须选择对相对人权利侵害最小的手段。三是均衡原则，即狭义的比例原则，是指一个措施虽然是达成目的所必要的，但仍不能对相对人造成过度的负担。④违反平等对待原则。平等对待原则是法律适用上人人平等原则的具体化，要求同等情况同等对待，不同情况不同对待。

2. 关于被诉行政行为合法性相关的事实依据是否清楚、证据是否充分方面的事实。行政机关作出行政行为，不仅应当以事实为依据，而且其所依据的事实应当与法律规范所预设的事实一致。例如，根据《中华人民共和国药品管理法》（以下简称《药品管理法》）第116条规定，生产、销售假药的，没收违法生产、销售的药品和违法所得，责令停产停业整顿，吊销药品批准证明文件，并处违法生产、销售的药品货值金额15倍以上30倍以下的罚款。行政机关依据该条规定作出处罚决定前，必须查明两方面的事实，一是行为人存在生产或销售药品的行为，二是生产或销售的药品属于假药。在行政诉讼中，关于被诉行政行为的事实依据是司法机关审查的重点，同时也需要行政机关提供相应的证据证明。行政机关不仅应在举证期限内提供的证据，其所提供的证据还应具备关联性、合法性、真实性，同时应达到法定的证明标准。这些事实也是行政诉讼中予以重点关注的事实。

3. 关于是否正确适用法律、法规的事实。根据《行政诉讼法》的规定，行政行为适用法律、法规错误的，人民法院应当判决撤销或部分撤销。"适用法律、法规错误"总体上可概括为适用了不应当适用的法律规范和未适用应当适用的法律规范。主要有：①未援引任何法律规范。如某市建设委员会向某房地产开发公司发出的整改通知书中未援引任何法律依据，法院认为该行政行为"明显缺乏法律依据"，属于适用法律、法规错误。②未援引具体的条款项目。如某人民政府所作的土地权属争议处理决定载明"依据《土地管理法》的相关规定"，却未援引该法的任何条款。③对法律规范的适用不符合该法律规范的效力范围。法律规范具有时间效力、空间效力和对事效力。实践中常见的是对法律规范时间效力和对事效力的违背。行政行为适用了尚未生效、已经失效或已被废止的法律规范，即属于对法律规范时间效力的违背。行政行为适用了不调整所涉事项的法律规范，即属于对法律规范对事效力的违背。④违反了法律冲突适用规则。常见的法律冲突适用规则包括上位法优于下位法、新法优于旧法、特别法优于一般法等。如果行政机关在对法律规范进行选择适用时违反了这些规则，均构成适用法律、法规错误。⑤援引法律规范的条文错误。实践中，援引法律条文错误可分为两类：一类是援引定性条文错误，另一类是援引处理条文错误。通常而言，援引定性条文错误也会导致援引处理条文错误，但在定性准确的情况下，也会出现援引处理条文错误的情形。例如，对于某违法行为，法律规范根据其情节、危害程度等因素设定了不同种类和幅度的处罚，并通过不同条、款、项、目体现出来，在对该违法行为进行处理时，如果定性准确但定量不当，导致处罚不当时，即属于援引处理条文错误。⑥适用法律规范不全面。包括在应当援引两个以上法律文件的情况下只援引了其中一部分，也包括在应当援引同一法律文件不同条文的情况下只援引了其中一部分条文。实践中较常见的是，行政机关仅引用有关处理结果的条文，却遗漏行为定性的条文，或者仅引用行为定性的条文，却遗漏有关处理结果的条文。

4. 关于是否违反法定程序的事实。依据行政程序的构成要素，行政行为违反法定程序的主要表现为：①未遵循法定步骤。通常表现为步骤缺失，即行政行为的作出没有经过所有的必经步骤。例如，在行政行为过程中，行政机关工作人员应当表明身份而不表明，应当告知相对人权利而不告知，应当举行听证而不举行听证，都属于步骤缺失，严重侵犯了行政相对人的程序权利。法定步骤既不能随意缺失，也不能随意增加。如果行政机关并非出于公共利益需要，任意增加无法律依据的程序环节，且对行政相对人的权益造成不利影响的，也可能构成行政程序步骤违法。②未遵循法定顺序。行政行为的作出未严格遵循法定流程，而是颠倒了法律规范所规定的各步骤先后次序。例如，先处罚后取证。行政相对人针对行政行为申请行政复议或者提起行政诉讼的，行政机关才去调查取证，显然违反了"先取证、后裁决"的基本原则。又如，告知和处罚几乎同时进行，甚至先处罚后告知。这实际上剥夺了行政相对人的陈述和申辩权，亦应认定违反法定程序。再如，先执行后处罚。行政机关受利益驱动，在未作出处罚决定前就要求当事人预交罚款，或将当事人的存款予以划转。③未遵循法定期限。期限违法通常表现为行政行为的作出超出了法律规范所规定的期限。法律规范之所以设定行政行为作出的期限，既是为了督促行政机关及时履行职责，也是为了保护行政相对人法定权利。期限违法可以表现为行政机关超出法定期限作出行政行为，也可以表现为对行政相对人时间权利的剥夺，如行政机关在通知听证后未满7日就组织召开听证会，剥夺了相对人的时间权利。④未遵循法定方式。常见的有：一是法定程序种类的混用。例如，对应当按照一般程序作出处罚决定的事项却按照简易程序作出，或者对应当按照听证程序作出处罚决定的事项却按照一般程序作出。二是行政决定作出方式混用。例如，在应当集体决策的情形下，如果未经集体讨论程序即作出行政行为，属于违反法定程序。三是行政行为的外在形式混用。例如，法律规范要求以书面形式作出行政行为的，如果行政机关仅采取了口头等非书面方式，则构成程序违法。⑤未遵循法定程序制度。行政程序的基本制度包括回避制度、听证制度、信息公开制度、说明理由制度、审裁分离制度、案卷制度等，违反这些基本制度进而作出行政行为的即属于未遵循法定程序制度的行为。

5. 关于是否依法履行法定职责的事实。在行政机关负有行政作为义务且履行条件已经具备的情况下，如果行政机关未履行或未充分履行行政作为义务，则构成行政不作为。常见的情形有：①行政机关根本未启动履责的行政程序。如对相对人的申请不予答复，即属于典型的行政不作为。②行政机关虽启动行政程序，但在法定或合理期限内未作出实质性结论。③行政机关未充分履行作为义务。行政机关虽启动并完成了行政程序，但因未尽到必要合理的注意义务，或者未采取必要的方法、措施、手段等，导致本来可以实现的行政目的无法得以实现，也可构成未依法履行法定职责的情形。④明示拒绝履行作为义务。对于具备作为义务的，如果行政机关明示拒绝履行作为义务，这在形式上看虽是一种作为，但实质上则属于不作为，法院可以认定行政机关未依法履行法定职责。

6. 关于被诉行政行为是否明显不当的事实。2014年修改后的《行政诉讼法》中，第70条增加"明显不当"作为撤销判决的审查标准，第77条第1款以"明显不当"取代"显失公正"，作为法院判决变更行政处罚的审查标准。目前现行规范，相关司法解释，指导性案例，均未对"明显不当"作出明确界定。"明显不当"含义比较模糊，对行政行为提出了更高的要求——行政行为不仅要符合法律的文字规定，更要符合法律的原则和精神；不仅不能有明显的违法，也不能有隐含的违法。"明显不当"的行政行为主要包括以下三种：一是行政行为不符合比例原则；二是行政行为不平等地对待相对人；三是行政行为缺乏正当程序。可以把明显不当标准的司法适用特点归纳如下：一是明显不当标准仅适用于裁量行为，羁束行为不应包括在内；二是明显不当行为的瑕疵或违法性，不是对法律规则的形式违反，而是对法律精神与价值的背离；三是明显不当虽在广义上属于滥用职权之情形，但在理解时应仅限于裁量所致的客观结果不当。

第二节　法律规范的适用

一、法律规范的要件分析

（一）要件分析的逻辑结构[1]

之所以要进行要件分析，是因为要件分析是法律条文进入逻辑推理的基础。进行要件分析，必须先从法律条文的逻辑结构开始。法条可以分为完全性法条和不完全性法条。每个完全性法条都由假定事实和法律后果两个部分组成。

"假定＋法律后果"是典型的法条结构。例如，《民法典》第577条规定，当事人一方不履行合同义务或者履行合同义务不符合约定的，应当承担继续履行、采取补救措施或者赔偿损失等违约责任。

该条文的逻辑结构为，

假定：当事人一方不履行合同义务或者履行合同义务不符合约定。

法律后果：应当承担继续履行、采取补救措施或者赔偿损失等违约责任。

法律条文中的假定，通常有其基本构成要素，构成要件由各个构成要素组成。

结构一：

$$t_1 + t_2 + t_3 \cdots\cdots = R$$

上述公式中，t_1、t_2、t_3……分别代表着不同的构成要件要素。R代表法律后果。

例如，《民法典》第235条即是如此，无权占有不动产或者动产的，权利人可以请求返还原物。

t_1：占有人没有权利；

t_2：占有人对不动产或动产实施了占有行为；

R：权利人可以请求返还原物。

结构二：

$$t_1，t_2 或 t_3 \cdots\cdots = R$$

_____

〔1〕　参见邹碧华等：《民商事审判方法》，法律出版社2017年版，第195～196页。

《民法典》第 577 条中，要件一是"当事人一方不履行合同义务"；要件二则是"或者履行合同义务不符合约定的"。这两个要件属选择性条件。

法官适用法律的过程，首先是对法律规范进行要件分析的过程，只有把所有要件都审理清楚，方可适用法律条文作出裁判。

（二）隐含要件的补充

不完全性法条中，存在一些隐含性要件需要通过法律补充方法加以补充。完全性法条虽然属于完整性法律条文，但法律条文的这种"完整性"却是相对的。通常情况下，法律条文中都会遇到一些隐含的前提性条件。例如，违约请求权的法律条文是《民法典》第 577 条："当事人一方不履行合同义务或者履行合同义务不符合约定的，应当承担继续履行、采取补救措施或者赔偿损失等违约责任"。这一条文载明的要件是"当事人一方不履行合同义务或者履行合同义务不符合约定的"。但我们都知道，其中这个要件中隐含着一个未表达出来的要件，即"合同已经成立并生效"。在进行要件分析时，我们应当把这种隐含性要件给补充出来。当事人可能会忽略这种隐含性要件，也可能会把诉讼争点引向隐含性要件。隐含性要件同样可能成为案件的争点。例如，某甲在一起买卖合同纠纷中，以某乙违约未交货为由请求某乙履行交货义务。此时，某甲所提出的违约请求权，构成要件是"当事人一方不履行合同义务或者履行合同义务不符合约定的"。但被告的答辩是"合同尚未成立"。此时，案件的审理重点将转移到合同是否成立。

（三）要件分析方法的案例解析[1]

某甲与某乙签订买卖合同一份，约定某乙向某甲销售一批货物，价值若干。合同签订后，某乙未按约供货。某甲遂向法院提出诉讼。

情况一：某甲请求某乙继续履行合同，即按照合同约定交货。

该案中，某甲提出的是非金钱债务的继续履行合同请求权。法官审查继续履行合同请求权，会很容易找到《民法典》第 580 条第 1 款这一基础规范。确定了基础规范之后，接下来就应该对法律规范进行分析了。

在本案中，要分析的是《民法典》第 580 条第 1 款。首先看这一条文的内容："当事人一方不履行非金钱债务或者履行非金钱债务不符合约定的，对方可以请求履行……"

---

[1]　参见邹碧华等：《民商事审判方法》，法律出版社 2017 年版，第 196～198 页。

从条文结构来看，该条可分为假定和法律后果两个部分，

假定：当事人一方不履行非金钱债务或者履行非金钱债务不符合约定。

法律后果：对方可以请求履行。

换言之，当事人如果想要达到要求对方继续履行的诉讼目标，必须满足条件的要求，即"当事人一方不履行非金钱债务或者履行非金钱债务不符合约定的"。

从"当事人一方不履行非金钱债务或者履行非金钱债务不符合约定的"就可以分析出这一条文的构成要件。

要件一：当事人之间的合同成立并生效（隐含的要件）。

要件二：当事人一方不履行非金钱债务或者履行非金钱债务不符合约定。

情况二：某甲认为某乙延误交货，给自己造成了损失，故又提出了要求某乙承担损害赔偿责任的诉讼请求。

这时，某甲进一步提出的是（继续履行后的）损害赔偿请求权。

这种情况下，首先需要解决的仍然是查明基础法律规范。经过简单的检索，也会很容易地找到《民法典》第583条："当事人一方不履行合同义务或者履行合同义务不符合约定的，在履行义务或者采取补救措施后，对方还有其他损失的，应当赔偿损失。"

应当注意的是，分析这个请求权必须建立在前一个请求权成立的基础之上。也就是说（继续履行后的）损害赔偿请求权的基础规范的构成要件，首先必须包括继续履行的构成要件，其次才是后续损害赔偿请求权的构成要件，

假定：在履行义务或者采取补救措施后，对方还有其他损失。

法律后果：应当赔偿损失。

这个请求权涉及"损失"概念的确定：到底何谓损失？或者如何确定损失范围？这时还需要一个关于损失的补充法条。经过检索，可以找到《民法典》第584条，损失赔偿额应当相当于因违约所造成的损失，包括合同履行后可以获得的利益。这一条实际上补充了两个要件，

要件一：债权人有损失发生，包括合同履行后可以获得的利益。

要件二：损失与违约之间有因果关系。

补充性要件：如果履行可以获得利益，该利益视为损失。

情况三：某乙认为，某甲提出的赔偿额太高了，已经超出了合理预见的范畴，故要求法院降低赔偿额。

这种情况下，某乙提出的实际上是《民法典》上的合理预见抗辩。检索法律条文，我们可以很容易找到《民法典》第584条的"但书"条款："……但是，不得超过违约一方订立合同时预见到或者应当预见到的因违约可能造成的损失。"在找到了抗辩基础规范的情况下，就需要对该规范进行要件分析。

假定：请求的赔偿金额超过违约一方订立合同时预见到或者应当预见到的因违约可能造成的损失。

要件一：相对方受到了损失。

要件二：违约一方订立合同时预见或应当预见到相对方的损失。

要件三：违约行为与相对方的损失之间存在因果关系。

法律后果：违约方赔偿数额不得超过可预见的范围。

二、法律规范的解释

法律解释是指依据特定的方法对法律条文进行解释，以探求法律规范的真实含义。法律解释，在于解明"选择"应适用于各个事实关系之法律规范的意义内容。[1]法律解释的任务在于实现法律的具体化、明确化和体系化。在我国，法律解释的对象除了法律、法规外，还包括最高人民法院制定的司法解释。从审判实践的角度看，法律解释是确定法律条文的具体含义，形成具体案件审理大前提的过程。

（一）法律解释的目标

立法者制定法律，并通过文字的形式表示出来，是为了对将来不断发生的案件加以规范。法律解释是以探求立法者的意图为目标，还是以确定案件发生时法律应有的规范意义为目标，学界存在主观说、客观说与折中说之争。主观说认为，法律是立法者的意志行为，法官的职责乃是宣告和解释法律，而不是制定法律，因此，解释法律应该以立法者立法时的具体意思为解释的基础和依据。[2]客观说认为，法律一旦公布以后，就脱离了立法者之手，其本身就具有客观的含义，与立法者相分离成为一种客观独立的存在。因此，法律解释的目标是阐明解释时法律条文客观上所表现出来的意思，而不是制定法律时的立法者原意。[3]折中说则试图调和主观说与客观说。其中主观折中说认为，解释者首先应以历史解

---

〔1〕 参见杨仁寿：《法学方法论》，中国政法大学出版社2013年版，第36页。

〔2〕 参见郭华成：《法律解释比较研究》，中国人民大学出版社1993年版，第55页。

〔3〕 参见王利明：《法律解释学导论：以民法为视角》，法律出版社2009年版，第94～95页。

释的方法确定立法者的规范意图、目的和价值选择，在立法者的意思无法认知或对现代情势所生问题未提供解决基准的场合，则应考虑在法律文本可能的文义范围内，检讨可能的理由和基准，确认当下法律适用合乎目的的意义。[1]客观折中说则主张，在法律解释中，应该从客观的文本出发来探求立法原意，而不应当探讨历史上立法者的原意，而更应探讨立法者基于今日所应有的认知而可能具有的意思。[2]

从司法审判的角度来看，法律解释的最终目标是：探求法律在今日法秩序的标准意义（即今日的规范性意义），而只有同时考虑历史上的立法者的规定意向及其具体的规范想法，而不是完全忽视它，才能确定法律在法秩序上的标准意义。[3]正如王泽鉴教授所指出的，法律解释的目的固在解释客观化的法律意旨，但是法律意旨的探求仍应斟酌立法者具体的规范意思、价值判断及利益衡量，不能完全排除立法者意思。在此意义上，法律解释实属结合客观意旨与主观意思，致力于实践正义的一种过程。[4]

（二）法律解释的方法

1. 文义解释。文义解释，是指依照法律条文用语的通常使用方式进行解释，阐释法律条文的意义和内容。文义解释是法律解释的出发点，法官在解释某法律条文时，从步骤上首先应当了解其所使用词句的意义。而且，任何法律解释都应当尊重法律条文的文义，不能超过可能的文义。法律解释的任务只能是在特定法律语言的语义空间之内，选择那些就使用了该法律语词的特定法条而言可最恰当地赋予该法律语言的含义。[5]

文义解释是区分狭义法律解释与法律漏洞填补的标准。法律漏洞的存在与否取决于法律条文的文义可能的射程：如果所确定的法律规范的意图在文义的射程之内，属于法律解释；如果所确定的法律规范的意图在文义的射程之外，属于法律漏洞填补。当法官超过文义来理解法律含义时，其就超越法律解释的范围，进入法律漏洞填补阶段。

从审判角度来看，法官在确定需要解释的法律条文后，需要根据通常理解确

---

〔1〕 参见袁春湘：《法律解释的解释》，载《法律适用》2008 年第 8 期。

〔2〕 参见黄建辉：《法律阐释论》，新学林出版股份有限公司 2000 年版，第 25 页。

〔3〕 参见［德］卡尔·拉伦茨：《法学方法论》，陈爱娥译，商务印书馆 2003 年版，第 199 页。

〔4〕 参见王泽鉴：《法律思维与民法实例：请求权基础理论体系》，中国政法大学出版社 2001 年版，第 219 页。

〔5〕 参见［德］齐佩利乌斯：《法学方法论》，金振豹译，法律出版社 2009 年版，第 66～67 页。

定法律条文所使用的法律概念的内涵和外延，按照基本的语法规则对法律条文的结构进行分析，明确其内容，并在法律条文所使用的文字语义空间内确定法律条文的具体含义。一般来说，文义解释包含以下几个方面的内容：

第一，清晰文本无须解释，即只有在文义不清晰或不明确时才需要进行文义解释。根据该标准，法律含义不存在复数解释可能的当然不需要解释，像法律条文所使用的数字。

第二，应按通常理解进行解释，即应当按照社会通常用法、基本语法准则对法律条文所使用的词语、句子进行解释。法律语言大部分来自生活用语，对法律概念的解释当然应符合普通民众的通常用法。例如，法律上所使用的"周"通常应理解为 7 天，"一周工作日"通常应指 5 天。

第三，专业用语特别解释，即如果法律条文所使用的词语属于法律或者其他领域的专门术语，该领域对该术语的解释不同于通常理解的，应当按照该领域的理解进行解释。例如，"意思表示""请求权""法律行为"等作为专门的法律术语，有其特有的含义，应根据法律含义进行理解。

2. 体系解释。体系解释，是指利用逻辑中的矛盾律作为支持或反对某个法律条文的解释结果的理由。从理论上来看，法律体系应当是一个不存在矛盾和冲突的体系，对法律条文的理解，不能违反整个法律体系的逻辑和价值的一体性。因此，对法律概念和条文的解释，应将其置于整部法律、整个法律制度乃至整个法律体系中进行理解，避免与其他法律规范存在冲突，维持法律体系的一致性、协调性。

体系解释包含以下几项具体内容：

第一，同一解释规则。同一法律或者不同法律使用同一术语的，应当作相同解释，除非有特别规定。例如，《中华人民共和国保险法》（以下简称《保险法》）第 33 条第 1 款"投保人不得为无民事行为能力人投保以死亡为给付保险金条件的人身保险，保险人也不得承保"中的"无民事行为能力人"，应与《民法典》第 20 条和第 21 条规定的"无民事行为能力人"作相同解释。

第二，同类解释规则。如果法律上列举了具体的人、物或行为，然后将其归属于一般性的类别，则对该一般性的类别的解释，应当与具体列举的人、物或行为属于同一类型。兜底性条款的解释，尤其应当遵循该规则。

第三，明示其一即排斥其他规则。法律文本中明确提及特定种类的一种或者多种事项，可以视作以默示的方法排除了该种类的其他事项。也就是说，如果法律明文提及某类东西中的一种，可理解为它无意包括同一类别中并未被提及的事项。例如，《保险法》第 31 条第 3 款规定："订立合同时，投保人对被保险人不具有保险利益的，合同无效。"由于该条规定于《保险法》保险合同章中的人身保险合同部分，没有提及财产保险合同，应认为该规定不能直接适用于财产保险合同。

第四，借助整体来理解个别规则。解释某个法律词语、某个法律条文，应当将其置于整个法律制度乃至整个法律体系中。例如，《民法典》的法人制度确定了法人依法独立承担民事责任的原则，《中华人民共和国公司法》（以下简称《公司法》）第 20 条规定了人格否认制度。由于《公司法》是《民法典》的特别法，《公司法》第 20 条规定仅适用于公司，不能直接适用于公司以外的其他企业或者法人。

3. 历史解释。历史解释，是指通过对立法过程的考察，探求立法目的和意旨，并根据立法者的立法目的确定法律文本的含义。立法者拟对某特定行为进行规范时，须从以下两个方面进行思考：一是对特定行为进行规范所欲实现的目的；二是为实现该目的应采取何种法律手段。法律解释应探求立法者的以上意图，如果根据文义解释和体系解释，对法律文本的理解仍存在两种以上不同理解，则应当采纳更符合立法者目的的解释。

根据历史解释，法律解释应当借助立法过程中的记录、文件、立法理由等资料，探讨立法者制定该法律条文所要解决的法律问题以及其解决该问题所使用的方式，并以此来确定法律文本的含义。我国当前立法上尚未建立立法理由书制度，审议记录等立法资料并未完全公开，这给历史解释的运用增加了困难，但并不意味着无法进行历史解释。立法机关在立法过程中形成的阶段稿，有些是公开途径可以查到的，立法机关在法律颁布后也会出版相关的法条释义，这些都是解释法律时重要的参考依据。例如，原《中华人民共和国民法通则》（以下简称《民法通则》）第 123 条关于高度危险作业责任，其免责理由究竟有几种，学说上有不同意见。根据历史解释，原《民法通则》第 123 条来自《中华人民共和国民法草案（第四稿）》（1982 年）第 432 条，从事高空、高压、易燃、易爆、剧毒、放射性等对周围环境有高度危险的作业而造成的损害的，应当承担民事责任；如果能够证明是不可抗力或者是受害人故意造成的，可以不承担民事责任。《民法通则》第 123 条从免责事由中删去"不可抗力"，故可认为该条之立法本意为仅以受害人故意为唯一免责事由。[1]

---

〔1〕 参见梁慧星：《民法解释学》，法律出版社 2015 年版，第 223 页。

4. 目的解释。目的解释，是指法律解释应当探求法律条文在当下应有的含义，以使其符合整个法律体系的规范目的和指导思想。目的解释之所谓目的，除法律之整体目的外，应包括个别法条、个别制度的规范目的。

目的解释是目前在审判实践中可以广为运用的方法。例如，关于债权人撤销权的行使期间，《民法典》第541条规定："撤销权自债权人知道或者应当知道撤销事由之日起一年内行使。自债务人的行为发生之日起五年内没有行使撤销权的，该撤销权消灭。"对于该条中撤销权5年行使期间起算点的"债务人的行为"如何理解，存在两种观点。一种观点认为，债务人的行为是指债务人无偿转让财产或者明显低价转让财产的合同订立之时；另一种观点认为，债务人的行为是指债务人无偿转让财产或者明显低价转让财产的权利实际发生变动时。显然，从立法目的看，债权人撤销权制度是为了防止债务人转移财产逃避债务，立法对撤销权的行使规定5年期间，是为了督促债权人及时行使权利，保持财产关系的稳定。因债务人无偿转让财产或者明显低价转让财产所订立的合同不具有公示性，债权人无从知悉债务人实施了转让财产的行为，如从债务人签订对外转让财产合同时起算撤销权行使期间，不利于债权人行使撤销权维持担保财产，不符合撤销权制度的立法目的。而且，债务人甚至可能通过倒签对外转让财产的合同，导致债权人无法行使撤销权。故从撤销权制度的立法目的看，"债务人的行为"解释为债务人对外转让财产的物权变动行为，而不是合同订立行为，更为妥当。[1]

（三）不确定概念的适用

1. 不确定概念的界定。法律概念，以是否确定为标准，可以分为确定的法律概念与不确定的法律概念。确定的法律概念，涵盖适用对象的一切特征，内涵清晰，外延确定，适用时依据简单演绎推理即可操作。这种确定的概念在法律中所占比例有限，大部分法律概念或多或少具有不确定性。不确定的法律概念，其不确定的程度并不相同。有的是内涵不确定，但外延封闭，称为封闭的确定概念，如危险、物、违法性等；有的是内涵确定，但外延是开放的，称为封闭的不确定概念，如合理、不合理、公平、显失公平、恶意、善意、重大事由等；有的是内涵与外延均不确定，称为开放的不确定概念，如公共利益。[2]

2. 不确定概念的适用方法。由于不确定概念的内涵与外延并不明确，法官在审判实践中需要结合社会生活经验，根据立法目的，使不确定概念的内涵和外

---

〔1〕　参见邹碧华等：《民商事审判方法》，法律出版社2017年版，第95页。

〔2〕　参见梁慧星：《民法解释学》，法律出版社2015年版，第293~294页。

延得以明晰，才能作为裁判依据，适用于具体个案。从当前理论研究与审判实践来看，不确定概念的适用主要有以下几种方式。

第一，不确定概念的具体化。不确定概念的适用，应根据其文义确定其大致的内涵与外延。在此基础上，应结合相关法律条款、立法目的和立法意图，运用社会生活经验，综合考量案件具体情况，通过对理论研究、司法惯例等方面的考察，对不确定概念的内涵进行补充，实现不确定概念的具体化。对事实型不确定概念，应重点通过对生活事实的考察来确定其具体含义。例如，对于合理期限，应当结合交易习惯进行确定。对于价值型不确定概念，需要通过立法者的价值指引，根据社会公平、正义理念及社会主流价值观念等进行价值补充。

第二，不确定概念的类型化。类型化是指以事物的根本特征对研究对象的类属划分。[1]不确定概念类型化是指通过对某一类事物进行抽象、归类，从而对不确定概念进行具体化。类型化的过程实际上是通过对生活事实或典型案例的分析，归纳出若干类型典型案件的共性，使不确定概念具有可适用性和可操作性，弥补其难以具体适用的不足。

类型化的方式主要有两种：一种是根据不确定概念的内涵，从上而下对不确定概念进行类型化。例如，对于《中华人民共和国民事诉讼法》（以下简称《民事诉讼法》）第55条规定的共同诉讼，可以将其分为必要共同诉讼与普通共同诉讼，并分别考察其具体类型及构成要件。另一种是通过具体典型案例的分析，根据同类相聚的方法，对适用不确定概念的典型案件进行分类整理，为司法实践提供指导。例如，对于违反公序良俗的行为，法国司法界通过对典型案例的分析，归纳了违反性道德的合同、赌博合同、为获取其他不道德利益而订立的合同、限制人身自由的合同、违背家庭伦理道德的合同、违反一般人类道德的合同等类型。[2]

三、法律规范的漏洞填补

（一）法律漏洞的界定

法律漏洞是以整个现行法律秩序为标准的法律秩序的"违背计划的非完整

---

〔1〕 参见李可：《类型思维及其法学方法论意义——以传统抽象思维作为参照》，载《金陵法律评论》2003年第2期。

〔2〕 参见于飞：《公序良俗原则研究——以基本原则的具体化为中心》，北京大学出版社2006年版，第120~131页。

性",[1]即当现行法律体系没有达到立法预期的目标时就存在法律漏洞。简言之，法律漏洞是现有法律秩序与理想计划之间存在的差距。法律漏洞在审判实践中表现为现有法律条文无法为待审理案件提供审判依据。

法律漏洞经常表现为法律没有规定，但法律没有规定并不等于一定是法律漏洞。法律没有规定可能是有目的地保持沉默，对有些行为有意识地不予规定，在此情况下不存在法律漏洞。例如，各个国家都没有规定堂兄弟、表兄弟之间的抚养义务；工作同事之间、同学之间的照顾抚养义务更是不可想象的。在此情况下，法律没有规定就表明法律对此不予调整。

法律漏洞是由于立法者在立法时未能充分预见待调整的社会关系，或者未能有效协调与现有法律之间的关系，或者由于社会关系的发展变化超越了立法者立法时的预见范围等原因导致的立法缺陷。[2]在审判实践中，对法律漏洞的认定应当慎重，只有在法律漏洞存在时，法官才有补充的权力。在法律没有明确规定的情况下，法官应该利用法律解释方法对法律进行解释，而不能贸然地认为法律没有规定，就存在法律漏洞。因为对司法而言，认定法律漏洞的行为意味着法官从受到法律的严格约束进入了法官自由造法的空间。[3]

（二）法律漏洞的填补

法律漏洞的填补，是指在存在法律漏洞的情况下，法官根据一定的标准和方法，结合个案具体情况对法律漏洞进行填补，作为法律推理的大前提。

法律漏洞填补与法律解释都是法律推理大前提的形成方法，二者关系密切，但有明显的界限：法律解释是在法律条文可能的文义范围内的阐释，法律漏洞填补则是在法律条文可能的文义范围之外的阐释。在适用顺序上，解释法律首先需要穷尽所有的法律解释方法，通过法律解释不能找到合适的法律规范时，才能进行法律漏洞的填补。法律漏洞的填补超越法律文义之外时，法官存在较大的裁量空间，但并不是说法律漏洞的填补可随意进行，而必须遵循特定的方法，以确保法律漏洞的填补符合立法目的，顺应经济社会发展的方向，并且必须进行充分论证。法律适用者离法律越远，他就越有义务对他的背离说明理由。[4]

法律漏洞主要有以下几种补充方法：

〔1〕　［德］伯恩·魏德士：《法理学》，丁晓春、吴越译，法律出版社2013年版，第347页。
〔2〕　参见王利明：《法律解释学导论：以民法为视角》，法律出版社2009年版，第461页。
〔3〕　参见［德］伯恩·魏德士：《法理学》，丁晓春、吴越译，法律出版社2013年版，第360页。
〔4〕　参见［德］伯恩·魏德士：《法理学》，丁晓春、吴越译，法律出版社2013年版，第346页。

1. 类推适用。类推适用是指法律对特定的案件缺乏法律规定时，法官比照援引与该案件类似的法律规定，将法律的明文规定适用于法律没有规定但与明文规定类似的情形。[1]类推适用实际上是一种类比推理，是将针对某构成要件的法律规则，转用于法律未规定而与前述构成要件相类似的构成事实。[2]转用的基础在于两者在某些方面相类似，根据同类事物同样处理的原则，两者应作相同的处理。因此，类推适用的核心是不同事物之间存在类似。

两类案件事实相类似，意味着两者在若干角度是一致的，在若干角度也存在区别，如均为相同，则属完全一致，不需要类推适用。两类案件事实是否类似，并不仅仅是逻辑学上的判断，而必须根据法律规范的立法目的进行认定。首先，要根据立法目的，判断待处理案件事实与某法律条文规定的情况是否一致，存在哪些差别。其次，还需要明确，待处理案件事实与法律条文规定情况存在的差异不足以排除同等法律评价。

例如，《民法典》第 567 条规定："合同的权利义务关系终止，不影响合同中结算和清理条款的效力。"该条对合同"结算、清理条款效力的独立性"的规定是否能够类推适用于"合同解除后的违约金条款"？对此应根据立法目的对二者的共性与区别进行分析。本条规定合同权利义务的终止不影响合同结算和清理条款的效力，具有尊重当事人意思自治、便于快速解决纠纷的立法目的，"合同解除后的违约金条款"也是当事人通过约定的方式对合同终止和解除后的相关事宜进行安排，这一点与"结算和清理条款"是一致的，从这个角度来看，二者可以进行相同的评价。

当然，二者也存在区别。"结算和清理条款"适用于合同权利义务终止的情形，"违约金条款"适用于合同解除的情形；"结算和清理条款"更多涉及权利义务终止后的结算和清理的方式、程序等方面的问题，"违约金条款"则涉及违约金的产生。那么这种区别是否导致在法律上的不同评价？从我国现有规定来看，合同终止是广义的概念，包括合同解除等导致权利义务消灭的情形，没有必要因为"违约金条款"适用于合同解除而进行不同评价。"违约金条款"既然涉及违约金，那么就可能会存在违约金是否过高的问题，这是"结算和清理条款"不会碰到的，但这并不影响"违约金条款"仍然具有便于纠纷处理的功能，故在法律上没有必要作出不同评价，只是对于"违约金条款"所具有的特殊问题，

---

〔1〕 参见黄茂荣：《法学方法与现代民法》，法律出版社 2007 年版，第 492 页。
〔2〕 参见［德］卡尔·拉伦茨：《法学方法论》，陈爱娥译，商务印书馆 2003 年版，第 258 页。

在类推适用时应结合违约金的相关规定进行处理。[1]可见，法学上的类推适用是一种评价性的思考过程，而非仅是形式逻辑的思考操作。法定构成要件中，对于哪些要素对法定评价具有重要性、其原因何在等问题，都必须回归到法律规范的目的、基本思想，质言之，法律的理由上来探讨。[2]

2. 目的性限缩。目的性限缩是指法官在适用法律时，发现有关法律规定适用于某个特定案件，不符合法律目的的要求，则可以将该案件排除在法律规定的适用范围之外。目的性限缩主要适用于隐藏漏洞中，即根据立法计划，法律应当对某种事项消极作出限制规定而未能作出限制的情形。

目的性限缩与限缩解释存在类似之处，都需要考虑立法目的，对法律条文所使用的词句进行限缩，但二者属于不同阶段的法律阐释。限缩解释属于法律解释方法，其实际上是将法律条文限于其核心含义，将边缘含义排除出去。目的性限缩属于法律漏洞填补方法，其实际上是将不应予以规范的案件事实剔除出法律文义应有的范围。

在审判实践中，已有法院适用目的性限缩的方式审理案件。例如，在北京市海淀区人民法院审理的张某某诉某某互联通讯技术有限公司侵犯著作权案中，被告未经许可擅自将原告的著名小说《北方的河》《黑骏马》上传至网络，原告起诉，认为被告行为构成侵权，应当承担损害赔偿责任。本案被告的行为是否构成侵权的关键在于如何理解1990年《中华人民共和国著作权法》（以下简称《著作权法》）第32条第2款关于"作品刊登后，除著作权人声明不得转载、摘编的外，其他报刊可以转载或者作为文摘、资料刊登，但应当按照规定向著作权人支付报酬"。根据文义解释，无论什么作品，只要在报刊刊登而著作权人未事先声明，其他报刊可转载或摘编，只要支付报酬即可。但人民法院认为，并非所有在报纸、杂志上发表过的作品都适合于报刊转载，那些篇幅较长、能够独立成书的小说不应当包括在法律允许报刊转载的范围之内，否则不利于对著作权的保护。这里采用的即是目的性限缩的方法，将"篇幅较长、能够独立成书的小说"排除在该款的适用范围之外。[3]

3. 目的性扩张。目的性扩张是指为了贯彻立法目的，对法律条文作出超过其文义的解释，使其包括原本没有包括的类型。也就是说，根据文义标准，某法

---

〔1〕　参见邹碧华等：《民商事审判方法》，法律出版社2017年版，第106页。

〔2〕　参见［德］卡尔·拉伦茨：《法学方法论》，陈爱娥译，商务印书馆2003年版，第258页。

〔3〕　参见邹碧华等：《民商事审判方法》，法律出版社2017年版，第108页。

律条文不适用于待处理案件，但根据立法目的，扩大该法律条文的调整范围，将其适用于待处理案件。

目的性扩张与类推适用都是将特定法律条文适用于法律条文文义未涵盖的案件事实，但二者并不一致。类推适用是以平等原则为基础，即同等情况同等对待，目的性扩张除了适用同等情况同等对待外，还必须考虑立法目的。在适用类推适用的情况下，只要存在相似性，法官就可以将既存的价值判断直接运用于待处理案件；在目的性扩张中，法官必须对法律的字面含义进行扩张性解释，才能适用于待处理的案件。[1]

目的性扩张与扩张解释都是根据立法目的对法律条文的文义作扩张解释，但二者存在本质区别。扩张解释是将法律条文适用于法律条文文义外延的案件事实，其对法律条文的扩张并未超过法律条文的文义标准。目的性扩张则是将法律条文适用于法律条文文义之外的案件事实，其对法律条文的扩张已经超过法律条文的文义范围。例如，《民法典》第 525 条规定："当事人互负债务，没有先后履行顺序的，应当同时履行。一方在对方履行之前有权拒绝其履行请求。一方在对方履行债务不符合约定时，有权拒绝其相应的履行请求。"该条是否适用于一方违约而另一方拒绝履行的情形？这涉及对该规定中"债务"的理解问题。如果认为"债务"不仅指履行之债，亦包括违约之债，则该条适用于违约之债属于扩张解释。如果认为"债务"仅指履行之债，不包括违约之债，则该条适用于违约之债属于目的性扩张。

4. 依非正式法律渊源。除了以上几种填补方法之外，当前理论界和实务界探讨较多的另一种补充方式是依非正式法律渊源进行填补，即从现有的法律、法规等正式法律渊源寻找不到合适的裁判依据时，可以依据习惯、法理、法律原则等非正式法律渊源予以补充。值得注意的是，由于非正式法律渊源缺乏客观的外在表现形式，内容上也并不明确具体，法官在适用中存在较大的自由空间，容易存在争议，因此，非正式法律渊源的适用应当非常慎重，甚至应当是严格的。在法律明确规定的情况下，应适用具体的法律规则，遵循法律解释方法确定法律规则的真实含义，不能无视具体法律规则的存在而适用非正式法律渊源。在存在法律漏洞的情况下，应优先根据类推适用、目的性限缩和目的性扩张等方法寻找审判依据，依据以上方法找不到合适审判依据的情况下，才能依非正式法律渊源弥补法律漏洞。

---

〔1〕 参见王利明：《法律解释学导论：以民法为视角》，法律出版社 2009 年版，第 527 页。

第三章　模拟法庭中的事实认定方法

案件事实的认定，也被称为案件事实的发现，是指审判人员在审理案件过程中基于证据规则对证据材料进行审查判断，进而运用经验法则、司法认知、推定、逻辑推理等方法，结合伦理道德、社会经验、生活常识，最终认定具体的案件事实。从现象学认知论的角度出发，案件事实的认定方法就是审判人员在证据审查和材料取舍中形成的具体经验总结，这要求审判人员必须尽可能多地占有证据材料，尽量还原或者反映案件的客观事实。在诉讼过程中，司法证明是认定案件事实的主要方式，其中关键在于合理确定证明责任和证明标准。此外，推定也是一种常用的事实认定方法，需要予以准确把握。

第一节　证明责任的分配

一、证明责任的含义与分配原则

（一）证明责任的两层含义

大陆法系和英美法系的证明责任概念都包含两层含义：一种是提供证据责任（或称主观证明责任），即控诉方向法庭提供充分的证据，从而促使法庭对案件中的争议事实进行审判；另一种是说服责任（或称客观证明责任），即控诉方对交付法庭审判的案件，在审判结束后因争议事实真伪不明而承担的不利诉讼后果。

从程序功能上讲，提供证据责任和说服责任在诉讼中发挥着不同的功能。一般而言，原告方要想获得有利于己方的判决，必须经过两个环节：第一个环节满足提供证据责任的要求；第二个环节满足说服责任的要求。

在第一个环节，提供证据责任作为一种案件筛选机制，能够将那些不符合立案条件的案件排除在诉讼程序之外。具体言之，原告方如果没有提供证据或者没有提供较为充分的证据，即未能满足提供证据责任的要求，法院就不应当受理案件，案件也就无法进行到正式的审判环节。只有当原告方满足了提供证据责任，法院受理案件并决定开庭审判之后，才涉及说服责任问题。这也是庭前立案审查程序的重要制度基础。

在第二个环节，说服责任作为一种法定的风险分配机制，能够在事实真伪不明时确保法官依法作出裁判。案件经过开庭审判，原告方提供了所有的证据后，争议事实可能在审判结束时仍然真伪不明，此时法官无法基于庭审的结果作出裁判，但法律又要求其作出终局性的裁判，不能逃避裁判义务，所以就需要有专门的法律机制来为法官提供帮助。说服责任就是在审判结束时事实仍真伪不明的情况下确保法官作出终局性裁判的特殊法律机制。例如，在刑事案件中，根据无罪推定原则的要求，如果控诉方在审判结束时未能证明被告人有罪，就要承担败诉的法律后果，即法院将据此按照疑罪从无的原则作出不利于控诉方的无罪判决。

（二）证明责任的分配原则

证明责任的功能并非是帮助法官形成对某个争议事实的心证，"而是一种抽象的法律机制。"[1]立足司法实践，证明责任只有在控辩双方之间进行分配，才能发挥其预期的功能。

1. 说服责任的分配原则。说服责任作为结果意义上的责任机制，始终位于争议事实的主张者一方，并不会发生转移或者倒置。说服责任直到裁决时，才进行分配。[2]尽管说服责任作为法定的风险分配方式，在每个诉讼开始前就已存在，但其真正发挥作用却是以审判结束且争议事实真伪不明为前提条件，只有此时才有必要基于说服责任的分配作出判决。

所谓真伪不明，即我国法律中的事实不清，是指在审判结束时，所有能够释明事实真相的措施都已用尽，但争议事实仍然不清楚（即法官心证模糊）。因此，以说服责任为基础的判决"是事实裁判面临困境时最后的救济，是为了使法官达到裁判的目的而别无选择的最后一招。"[3]换言之，说服责任只有在审判结束时才可能真正发挥其功能。如果判决的基础是事实真伪不明，就意味着争议事

〔1〕[德]汉斯·普维庭：《现代证明责任问题》，吴越译，法律出版社2000年版，第90页。

〔2〕参见[美]约翰·W.斯特龙主编：《麦考密克论证据》，汤维建等译，中国政法大学出版社2004年版，第649页

〔3〕[德]汉斯·普维庭：《现代证明责任问题》，吴越译，法律出版社2000年版，第26、28页。

实的主张者未能满足说服责任的要求，进而需要作出对其不利的判决；如果判决的基础是已经确定的事实，就意味着争议事实的主张者已经满足了说服责任。

2. 提供证据责任的分配原则。提供证据责任是在审判过程中原被告双方为了证实或者反驳特定的主张而提供证据的责任。从审判的进程上看，最初是由原告方提出事实主张和相应的证据，如果原告方提出特定的主张，但未提供相应的证据或者所提供的证据显然达不到法定的证明标准，其主张根本就不会被提交给审判。

如果原告方针对起诉的事实主张提供了相应的证据，促使法官形成了初步心证，此时的提供证据责任就转移给被告方。例如，如果检察官已经提出强有力的证据证明被告人有罪，被告人为避免其受有罪的推定，不能不提出对其有利的证据，故亦负提供证据责任。[1]如果被告方未能提供证据进行反驳，法官就应当依据表见证明所确认的事实进行判决。此外，对于非同寻常的例外情形，一般也由提出诉讼主张的一方来证明。因为法官在认定案件事实的过程中需要依据经验法则。"如果法官已经依据经验法则形成了临时心证，而诉讼一方却主张例外情形，其就应当提供相应的证据。"[2]

与说服责任不同，提供证据责任在特定的情况下会发生转移。在确定个案中提供证据责任的分配时，通常需要考虑以下因素："由请求变更现状的诉讼一方承担提供证明责任的自然倾向；特别的政策因素，如不利于抗辩的因素；方便；公平和裁判上对盖然性的估计。"[3]

从审判过程上看，提供证据责任可能会随着原被告双方的证明进程而发生转移，但首先要求原告方承担初步的证明义务，之后才需要被告方提供证据。即使对于应由被告方提供证据的辩护理由，在被告方提供证据之后，最终反驳其存在的责任仍然由原告方承担，因为原告方始终承担着说服责任。

二、刑事诉讼中的证明责任

《中华人民共和国刑事诉讼法》（以下简称《刑事诉讼法》）第 51 条规定："公诉案件中被告人有罪的举证责任由人民检察院承担，自诉案件中被告人有罪

---

〔1〕　参见蔡墩铭：《刑事证据法论》，五南图书出版公司 1998 年版，第 304 页。

〔2〕　[德] 汉斯·普维庭：《现代证明责任问题》，吴越译，法律出版社 2000 年版，第 16 ~ 17 页。

〔3〕　[美] 约翰·W. 斯特龙主编：《麦考密克论证据》，汤维建等译，中国政法大学出版社 2004 年版，第 652 页。

的举证责任由自诉人承担。"《刑事诉讼法》虽未直接使用"证明责任"这一术语，而是使用了"举证责任"一词，但此处所谓的举证责任，应当既包括"提供证据责任"，也包括"说服责任"。

根据《刑事诉讼法》所规定的证明责任分配原则，被告人有罪的事实即犯罪构成事实的证明责任完全属于控诉方。具体言之，控诉方既负有提出证据证明犯罪构成事实的责任，也负有说服法官的责任。如果指控的犯罪构成事实真伪不明，法官不能产生被告人有罪的内心确信时，控诉方将面临诉讼上的不利后果（败诉）。

在立法上明确控诉方承担公诉案件的证明责任，具有重要的理论和实践意义。一方面，在理论和观念上，可以改变传统上那种认为公诉机关和审判机关都承担证明责任的不当认识。在我国，虽然法官也关注发现事实真相，在庭审过程中对证据有疑问时可以对证据进行调查核实，但法官并不承担证明责任。换言之，对于控辩双方而言，法官仍然需要保持"中立的裁判者"的角色。另一方面，在实践中，可以将法院从沉重的案件质量负担中解脱出来，促使公诉机关认真、严格依法履行公诉职责，有效督促侦查机关做好侦查取证工作，及时补充完善证据材料，积极开展审判准备工作，切实承担起确保案件质量的法律责任。

此前许多学者认为，我国法律有关巨额财产来源不明罪以及一些非法"持有型"犯罪，均实行证明责任倒置。[1] 本书认为，巨额财产来源不明罪中被告人承担的举证责任是提供证据责任，而非证明责任，证明责任完全是由控诉方承担的。巨额财产来源不明罪实际上是一种持有型犯罪，其本质特征在于行为人持有来源不明的巨额财产，而不是行为人拒不说明巨额财产的合法来源。法律已表明该罪的基本要件，即（国家工作人员）持有（或拥有）超过合法收入的巨额财产，至于"可以责令说明来源，本人不能说明其来源是合法"，可以理解为工作程序，而非实体上的犯罪构成要件。而且从本质上看，这是多余的。承办这类案件时必然都会这样做。[2]

因此，巨额财产来源不明罪并非将证明责任分配至被告方，也不存在证明责任转换或倒置的问题，更非有罪推定，而是通过调整犯罪构成而减轻控诉方的证明责任，从而有效地惩治犯罪。

---

〔1〕 参见房保国：《刑事证据规则实证研究》，中国人民大学出版社 2010 年版，第 211~212 页。

〔2〕 参见储槐植：《刑事一体化与关系刑法论》，北京大学出版社 1997 年版，第 415 页。

三、民事诉讼中的证明责任

（一）民事诉讼证明责任分配的一般规范

《最高人民法院关于适用〈中华人民共和国民事诉讼法〉的解释》（以下简称《民诉法解释》）第91条规定："人民法院应当依照下列原则确定举证证明责任的承担，但法律另有规定的除外：（一）主张法律关系存在的当事人，应当对产生该法律关系的基本事实承担举证证明责任；（二）主张法律关系变更、消灭或者权利受到妨害的当事人，应当对该法律关系变更、消灭或者权利受到妨害的基本事实承担举证证明责任。"

作为证明责任分配的一般原则，可将主张的基本事实划分如下：①产生法律关系的基本事实；②法律关系变更或消灭的基本事实；③妨害权利的基本事实。主张相应基本事实的一方对此承担证明责任。这一证明责任分配的理论依据是大陆法系国家证明责任分配的通说——法律要件分类说。

（二）实体法中有关证明责任分配的规范

关于证明责任分配的规范，并非只有《民事诉讼法》中才予以规定，从理论上讲，由于证明责任与实体权利联系的关系，更具体的证明责任规范应当在实体法中加以规定更为合适，因为在实体法中规定能够更为细致，更有针对性。

1. 实体法直接规定证明责任的情形。实体法中明确或直接规定证明责任分配的不多。在《民法典》中明确规定证明责任的是环境污染、生态破坏侵权举证责任。该法第1230条规定："因污染环境、破坏生态发生纠纷，行为人应当就法律规定的不承担责任或者减轻责任的情形及其行为与损害之间不存在因果关系承担举证责任。"也就是说，在环境污染、生态破坏侵权诉讼中，双方之间就是否存在法律规定的不承担责任或者减轻责任的情形及其行为与损害之间不存在因果关系发生争议并且该事实真伪不明时，行为人应当承担相应的不利后果。

2. 实体法间接规定证明责任的情形。在有的情形下，实体法间接地规定了证明责任分配。这些情形在《民法典》中存在多处。例如，《民法典》第1253条规定，建筑物、构筑物或者其他设施及其搁置物、悬挂物发生脱落、坠落造成他人损害，所有人、管理人或者使用人不能证明自己没有过错的，应当承担侵权责任。从证据法的角度来看，该条涉及证明责任的分担问题。也就是说，立法者将所有人、管理人或者使用人没有过错的这一事实的证明责任分配给了所有人、管理人或者使用人。按照证明责任，在这类纠纷诉讼中，双方之间就所有人、管理人或者使用人是否存在过错发生争议，而对于该事实，双方的证明使该事实处于真伪不明时，所有人、管理人或者使用人将要承担由此产生的不利后果——判定所有人、管理人或者使用人承担侵权责任。这就是证明责任分配的机能。

（三）民事诉讼中证明责任分配应注意的几个问题

1. 明确证明责任规范的适用前提。因为证明责任作为结果责任是基于一种大致的假定，因此，适用证明责任规范作出裁判是不得已而为之的做法或选择。在当事人基本穷尽所有证据方法，法官在综合全案情形的基础上，依然不能对主要事实予以认定时，才能动用证明责任规范作出处理。

2. 需要充分了解权利或法律关系的基本要件。实践中，人们之所以不能很好地运用证明责任，其中一个重要原因是对每一个案件中实体权利或法律关系的要件并不清楚。证明责任分配运用是与实体法的法律要件密切联系在一起的，是以特定的法律要件事实为前提。对于某一特定权利或法律关系，如果不清楚权利发生、权利消灭、权利妨碍的要件事实是什么，也就无法分配证明责任。例如，一般侵权损害赔偿请求权发生的要件是行为违法、行为与损害结果之间存在因果关系、行为人存在主观过错、存在损害事实，四个要件缺一不可。作为主张损害赔偿请求权的一方就必须对四个要件事实承担证明责任。如果四个要件事实处于真伪不明时，请求权不能成立。又如，关于借贷返还纠纷案件。主张返还请求权的一方当事人应当对返还请求权发生的要件事实承担证明责任。返还请求权的要件包括两个——借贷关系成立和借贷款项已经交给对方。如果这两个要件事实不能证明，则借贷返还请求权不能成立。已经返还的事实属于借贷请求权消灭的事实，被告应当对该事实承担证明责任。这就需要对实体法中相应规定的各种法律要件有正确的了解，即要明确什么是权利产生的事实，什么是权利妨碍（妨害）的事实，什么是权利变更或消灭的事实。但在实践中，有的当事人甚至有些律师、法官也并不了解具体的法律要件构成，尽管知道法律的相关规定。例如，不清楚关于借贷返还请求权成立的两个要件是什么以及什么是相应的权利消灭的事实，当然也就不会清楚相应证明责任的分配。

3. 在适用证明责任原则时，需要注意区分对证据的抗辩与对请求原因事实的实体抗辩。只有实体抗辩才存在证明责任的分配问题。针对原告证据的反驳不存在客观证明责任的问题。权利妨碍事实、权利消灭事实都属于针对权利主张的实体抗辩事实。被告主张相应事实的，就要对该事实承担证明责任。例如，原告主张偿还请求权，要求偿还借款 10 万元。被告主张已经偿还，予以抗辩。已经偿还借款事实就属于权利消灭的事实，被告对此事实主张要承担证明责任，如果该事实真伪不明时，被告就要承担由此产生的不利后果。如果被告主张双方之间有偿还期限的约定，而偿还期限尚未届满，则该抗辩事实属于权利妨碍事实，如果被告不能证明该事实的存在，就要承担由此产生的不利后果。如果该事实存在，则原告偿还请求权不能实现。在我国的证明责任实践中，不少人将双方之间的证据抗辩与实体抗辩混淆起来，这样一来就无法理解关于证明责任的分配原则。一方对另一方证明的反驳不存在证明责任分配的问题。只有关于主要事实或要件事实的证明存在证明责任。被告一方提出收据，证明已经偿还借款，原告则提出该收据是假的。法官可以要求主张是假的一方提出证据加以证明，如果不能证明收据是假的，表明被告对权利消灭事实的主张的证明可能是成立的。原告的请求权不能成立。如果能够证明收据的确是假的，被告的抗辩便不能成立，就要承担抗辩事由不能成立的后果。

4. 对于特定的诉讼请求，法院可以释明请求权成立的要件事实；相应地，法院也可以对对方当事人释明权利消灭或权利妨碍的要件事实。如果不释明，当事人有可能无法知晓什么是权利产生的要件事实，什么是权利消灭或权利妨碍的事实。但应当注意的是，法院不能具体指明什么纠纷中什么证据可以用于证明这些要件事实，否则构为法院的非正当职权干预行为。

（四）民事诉讼中证明责任分配的应用示例[1]

以下以甲与乙之间的借贷纠纷为例。甲与乙之间1年前达成关于甲借给乙10万元的协议。协议明确借期为半年，利息10%。双方签订借贷合同。双方在合同文本上签字。当天，甲通过银行转账将10万元转到乙的账户。借期届满之后，乙因为经济原因没有还款。电话请求甲再延长1年还款。甲没有同意。多次催促还款，未果。甲始向法院提起诉讼，请求乙返还借款本金及利息。被告应诉。

此案证明责任分配运用如下：

1. 甲作为原告要求被告乙返还借款及利息。本案的诉讼标的是借贷本金返还请求权和利息返还请求权。

2. 本金返还请求权的要件事实（权利产生的事实）为：①借贷关系成立；②甲将10万元实际交给被告乙。借贷关系成立的证据为双方之间签订的合同。甲实际交付10万元的证据为银行转账记录小票。

---

〔1〕　参见张卫平：《民事证据法》，法律出版社2017年版，第299～300页。

3. 利息返还请求权的要件事实为：①双方之间存在关于利息的约定；②约定本金 10 万元的借贷关系成立；③原告甲将 10 万元实际交给乙。

4. 被告在答辩状中抗辩已经返还借款 8 万元。证据是银行转账记录小票。第一次开庭审理中，原告提出证据证明此款为被告乙交付的货款。被告改为抗辩原告已答应减半返还本金，并免除利息，同意返还本金 5 万元。被告主张原告同意减少借贷返还，以及免除利息属于权利妨碍事实。被告的证据是证人丙的证言。

5. 案件审理的事实焦点集中于，是否存在本金债务部分免除和利息债务全部免除的问题。法院传唤证人到庭询问证人是否存在原告免除债务的事实。在证人询问中，由于不能确定证人证言的真实性，综合全案情形，法院不能认定原告是否同意过免除债务的事实。因此，被告关于权利妨碍的事实主张真伪不明，应当承担由此产生的不利后果。被告应当返还原告主张的 10 万元本金及利息。

四、行政诉讼中的证明责任

（一）行政诉讼中证明责任分配的一般原则

1. 结果意义上的证明责任分配。《行政诉讼法》第 34 条规定："被告对作出的行政行为负有举证责任，应当提供作出该行政行为的证据和所依据的规范性文件。被告不提供或者无正当理由逾期提供证据，视为没有相应证据。但是，被诉行政行为涉及第三人合法权益，第三人提供证据的除外。"《行政诉讼法》之所以规定被告承担结果意义上的责任，是出于以下考虑：其一，行政程序的基本规则是先取证后裁决，即行政机关应当在充分调查收集证据的基础上，根据所查清的事实，依据相关法律作出行政行为，因此，当行政机关作出的行政行为被诉至法院时，行政机关应当能够有充分的事实材料证明其行政行为的合法性。其二，在行政法律关系中，行政机关居于主动地位，实施行为时无须征得公民、法人或其他组织的同意，而公民，法人或其他组织则处于被动地位。为了在诉讼中体现双方当事人之间地位的平等性，就应当要求被告证明其行为的合法性，否则应当承担败诉的后果。其三，行政机关的举证能力一般要比原告强。在一些特殊的情况下，原告几乎没有举证能力，因而要求原告举证是超出其能力的。当原告不能证明自己的主张时，由其承担败诉后果有失公允。要求被告承担说服责任体现了行政诉讼的目的，有利于促进依法行政和保护原告的合法权益。当被告不能证明其行政行为合法时，法院不能放弃审判，应当作出有利于原告的判决，防止公民、法人或其他组织的合法权益遭受不法行政行为的侵害。

在行政赔偿诉讼中，原告应承担一定的结果意义上的举证责任。如《行政诉讼法》第38条第2款规定："在行政赔偿、补偿的案件中，原告应当对行政行为造成的损害提供证据。因被告的原因导致原告无法举证的，由被告承担举证责任。"如果非因被告的原因，原告提供的证据不能证明"行政行为造成的损害"，则其诉讼请求不能得到支持，但是原告的证明责任仅限于"造成损害的事实"，而不涉及行为与损害之间的因果关系。

2. 行为意义上的证明责任分配。在诉讼中，基于辩论主义的基本要求，凡有主张责任，定有证明这种主张的必要，所谓"谁主张，谁举证"，行为意义上的举证责任就是从这个意义上来体现当事人的主观证明责任的。在辩论主义条件下，主观证明责任分属于双方当事人负担。在当事人提供证据的作用下，随着法官临时心证的形成并不断变换，提出权利主张的一方当事人对权利形成要件事实负担主观证明责任，提出抗辩主张的相对一方对于权利障碍要件事实、权利消灭要件事实或者权利制约要件事实负担证明责任，因此在举证的必要性上呈现此消彼长的形态。在整个诉讼过程中，随着一方当事人负担主观证明责任而给法官内心确信造成相当影响，这种举证负担（举证必要）在当事人之间不断发生转换。

行政诉讼中，原告行为意义上的举证责任主要体现在：①诉讼程序推进举证责任。如提供其符合起诉条件的相应的证据材料；在起诉被告不作为的案件中，提供其在行政程序中曾经提出申请的证据材料。②可以提供证明被诉行政行为违法的证据。③按照法庭的要求或者命令提供或者补充证据。

行政诉讼中，被告行为意义上的举证责任主要体现在其就反驳原告的主张和理由提供证据。提供证据的责任因当事人提供证据的证明力强弱的变化而在当事人之间发生转移，如果一方提供的证据形成表现证据（具有可以认定事实的优势），就需要对方提出反证予以反驳，如果不能提出反驳证据或者反驳证据不足，法院就会作出有利于他方的事实认定。在这种情况下，双方当事人都负有提供证据的责任，而且举证不力均有败诉的风险。

（二）行政诉讼中被告证明责任的承担

1. 被告对行政行为负有举证责任。行政机关在行政程序中依据相关事实和法律法规对行政相对人作出具有法律效力的意思表示，就是一种"主张"，在后续的相当于复审性质的行政诉讼中，行政机关应当将其"主张"所依据的证据和规范性文件向法院提交，如同一审法院应当将案卷移送二审法院一样。这里应注意两个规则：①案卷证据规则。行政行为只能以案卷作为依据，即以经过听证记录在卷的证据为事实根据，不能在卷之外以当事人未知悉的和未质证的证据为根据。在一些正式的行政程序中，特别是具有准司法性的行政裁决程序中，所有的证据，包括裁决双方当事人提交的证据和裁决机关依职权调查的证据，均应在行政程序中提交（出示）并经听证或质证。无视法定的行政程序而在诉讼中搞证据突袭，损害了行政程序的价值，也损害相关当事人的权益（实体权益和程序权益）。因此，行政程序卷外的证据，在行政诉讼中应予排除，如被告在行政程序中依照法定程序要求原告提供证据，原告依法应当提供而拒不提供，后在行政诉讼中提供的证据；被告在行政程序中非法剥夺公民、法人或者其他组织依法享有的陈述、申辩或者听证权利所采用的证据；原告或者第三人在诉讼程序中提供的、被告在行政程序中未作为行政行为依据的证据。②"先取证、后裁决"规则。《行政诉讼法》要求被告提供的是"作出行政行为时的"证据、依据。在一些行政程序中，行政相对人并没有提供证据的义务。行政机关作出行政行为应当先调查收集充分的证据，这既是准确认定案件事实的要求，也是行政程序合法性的要求。违反"先取证、后裁决"规则的证据，在行政诉讼中应予以排除，如被告及其诉讼代理人在作出行政行为后或者在诉讼程序中自行收集的证据；复议机关在复议程序中收集和补充的证据，或者作出原行政行为的行政机关在复议程序中未向复议机关提交的证据，不能作为人民法院认定原行政行为合法的依据。

2. 被告应当提供全部证据及规范性文件。被告对被诉行政行为合法性所承担的举证责任均属结果性举证责任，如果被告举证不能将承担败诉的法律后果。这里所说的"证据"是指与被诉行政行为合法性有关的证据。由于行政案件的种类不同，对被告向法院提供证据的要求就有所不同，所以举证的内容亦有所不同。

一般行政案件，被告应当向法院提供以下五个方面的证据材料证明被诉行政行为的合法性：①有关作出被诉行政行为主体的证据材料，对行政主体的职权存在争议的，应当提供有关其职权依据的证据。②有关行政程序的证据材料，包括作出行政行为的方式、步骤、顺序和时限等相关程序，特别是对行政相对人的合法权益产生影响的程序方面的证据。③有关被诉行政行为所认定事实的证据材料。这里所说的"认定的事实"主要是指在书面决定中已经记载的事实或者列入行政案件卷宗被行政机关采纳的事实。④有关处理结果的证据材料。行政机关对处理结果的选择往往存在一定的自由裁量空间，但其裁量范围也应当建立在充分的证据的基础上。没有事实根据的任意裁量往往存在滥用职权的问题。因此，被告应当提供有关其处理结果合法性的证据材料。⑤有关被诉行政行为所依据的规范性文件的证据材料。行政机关作出的行政行为所依据的规范性文件，除法律、法规外，有时还依据规章和规章以下的规范性文件。被诉行政行为所引用的具体法律规范条文，如行政处罚决定书、行政许可决定书、行政裁决书等法律文书中载明的具体法律规范条文，是被诉行政行为所依据或适用的法律规范。被告仅在法庭中陈述，没有在被诉行政行为中引用的法律规范条文，不能认定为被诉行政行为所依据的规范性文件。被诉行政行为在其法律文书中没有引用其作出行政行为程序方面的法律规范的，也应当向法院提供有关行政程序方面的法律规范。

在行政不作为案件中，被告应当根据不同的情形向法院提供以下证据材料：①原告认为被告履行职责或者义务不符合其要求的案件。被告应提供其已经履行法定职责或者义务行为的证据材料，同时被告也应当提供原告的要求不属于其法定职责或义务的证据材料。②因不属于被告管辖范围而未作出答复的案件。被告应当提供有关其职权方面的法律规范、原告请求事项不属于其管辖范围的证据材料，以及有关申请和答复程序的证据材料。③被告因履责条件未成就而不作为的案件。因原告未按要求补正材料而未作出决定的案件，被告应当提供原告材料欠缺的证据材料、有关补正通知、送达回执等证据材料。④因履责期限未届满而未作答复的案件。被告应当提供有关案件办理期限、受理时间、延期理由及核准程序等证据材料。⑤被告拒绝履行法定职责或作出否定性答复的案件。被告应当根据拒绝或否定的理由提供证据，如有关管辖、申请人资格、申请材料、法定许可条件等证据。

（三）行政诉讼中原告证明责任的承担

在行政诉讼中原则上应由被告举证证明被诉行政行为的合法性，但并不能一概排除原告的举证责任。原告作为启动诉讼程序的一方，其主张被诉行政行为违法，应承担相应的举证责任。

1. 原告承担的行为意义上的证明责任具有辅助性。原告提供证据有利于案件的审理，也有利于保护原告的合法权益，但不能要求原告提供证据来确定行政行为是否合法。《行政诉讼法》第37条规定："原告可以提供证明行政行为违法的证据。原告提供的证据不成立的，不免除被告的举证责任。"这一规定既表示原告对其事实主张有提供证据的责任，又表示这种责任不是结果责任。由于诉讼中双方主张的对立，原告对其主张行政行为违法的事实提供证据，被告对行政行为的合法性承担举证责任，不能要求原告对行政行为的合法性提供证据。

2. 原告承担的结果意义上的证明责任具有限定性。法律或者司法解释明确规定原告在一定情况下承担结果意义上的证明责任，如果原告不能完成举证则会导致败诉或其他不利后果。现行司法解释明确规定的原告的举证责任主要是以下几个情形：①证明起诉符合法定条件；②起诉被告不作为的案件中，证明其提出申请的事实；③在行政赔偿诉讼中，原告应当对被诉行政行为造成损害的事实提供证据。但上述每一种情形中，都存在例外情况：①被告认为原告起诉超过法定期限的，被告承担举证责任。②在起诉被告不作为的案件中，原告在下列情形下不必提出证明其提出申请的证据：被告应当依职权主动履行法定职责的；原告因被告受理申请的登记制度不完备等正当事由不能提供相关证据材料并能够作出合理说明的。如通过电子邮件提出政府信息公开申请，但被告的邮箱在短期内定期清空的。③免除了原告对其行政赔偿诉讼中的因果关系的举证责任。《最高人民法院关于执行〈中华人民共和国行政诉讼法〉若干问题的解释》（已失效）要求原告"证明因受被诉行为侵害而造成损失的事实"，按照字面解释，此时原告须对损害和因果关系负举证责任。考虑到证明因果关系难度较大，《最高人民法院关于行政诉讼证据若干问题的规定》（以下简称《行诉证据规定》）免除了原告在行政赔偿诉讼中对因果关系的证明责任，只要求其对受到损害的事实举证，不再要求其对被诉行政行为与损害之间的因果关系承担举证责任。

第二节　证明标准的把握

一、刑事诉讼的证明标准

证明标准是指当事人履行证明责任如何使证据确信而必须达到的状态。通俗地讲，证明标准实际上就是"证明尺度，据以衡量什么时候证明才算成功"。[1]

在奉行自由心证制度的现代诉讼制度下，证据的证明力并不是由法律预先设定的，完全由法官依据理性和良知来自由判断。此种情况下，证明标准显然不是刻度尺的刻度或者温度计的标示那种客观化、可视化意义上的标准，而只能是法官对证据进行综合判断后独立地获得心证所应达到的主观化、抽象化的标准。由于缺乏了客观化的外在表现，"法官心证的产物只能是有限制的、主观的'视其

---

〔1〕　［德］汉斯·普维庭：《现代证明责任问题》，吴越译，法律出版社2000年版，第91页。

为真'，是思想、自然和经验的耦合"。[1]

研究表明，确定被告人是否有罪的定罪证明标准所发生的任何变化，都将影响被错误定罪的无辜者数量与被错误释放的真正的罪犯数量之间的比率，进而对总体司法错误率产生重要的影响。[2]有鉴于此，有关定罪证明标准的规定必须考虑上述影响，尤其要重点考虑降低冤枉无辜的可能性。

（一）"证据确实、充分"的具体理解

为了便于司法实践把握证明标准，《刑事诉讼法》第55条第2款对证明标准问题作出了进一步的解释："证据确实、充分，应当符合以下条件：（一）定罪量刑的事实都有证据证明；（二）据以定案的证据均经法定程序查证属实；（三）综合全案证据，对所认定事实已排除合理怀疑。"

1. 定罪量刑的事实都有证据证明。我们认为，所谓定罪量刑的事实都有证据证明，实际上是证据裁判原则的根本要求。该原则的基本含义就是通过证据来认定案件事实，即将证据作为事实裁判的根据。证据裁判原则以肯定的方式要求法官认定事实以有证据存在为前提，禁止以非理性的方法判断事实，既不得以证据以外的其他客观现象认定事实，也不得仅凭法官个人的主观推测和印象来认定事实。

全面理解"定罪量刑的事实都有证据证明"，需要关注以下两个问题：其一，这里所谓的证据应当是具有证据能力的证据；其二，定罪事实和量刑事实的证明标准存在差异。

（1）特定的证据材料要想作为定案根据使用，首先必须具备证据能力。证据能力是证据可以在诉讼中使用的资格，这种资格并非是指事实层面所讲的哪些证据对案件事实具有实质的证明价值，而是源于法律的规定，是一种法律上的资格。[3]

在审判环节，特定的证据材料能否作为定案的根据使用，首先需要审查该证据材料是否具备证据能力，尤其是其是否被法律规范所禁止。如果法律规范禁止使用特定的证据材料，则该证据材料就不具备证据能力，进而不能作为定案的根据使用。

---

〔1〕 ［德］汉斯·普维庭：《现代证明责任问题》，吴越译，法律出版社2000年版，第99页。

〔2〕 参见［美］布莱恩·福斯特：《司法错误论——性质、来源和救济》，刘静坤译，中国人民公安大学出版社2007年版，第86~88页。

〔3〕 参见孙远：《刑事证据能力导论》，人民法院出版社2007年版，第7页。

（2）定罪事实和量刑事实的证明标准存在差异。一般认为，严格证明与自由证明的区分是大陆法系国家证据法上的基本概念，并在德国和日本的学说和判例中得以发展。[1]实际上，英美法系对证明标准问题也有类似的区分。[2]不过，《刑事诉讼法》并未体现严格证明和自由证明的区分：既未区分定罪事实和量刑事实的证明标准，也未区分对被告人从重处罚的事实与对被告人从宽处罚的事实的证明标准。基于司法证明原理的要求，在司法实践中有必要进行上述区分。

根据严格证明的要求，对于定罪事实以及对被告人从重处罚的事实，都应当达到证据确实、充分的证明标准。这些事实主要包括："被指控的犯罪事实的发生；被告人实施了犯罪行为与被告人实施犯罪行为的时间、地点、手段、后果以及其他情节；影响被告人定罪的身份情况；被告人有刑事责任能力；被告人的罪过；是否共同犯罪及被告人在共同犯罪中的地位、作用；其他与定罪有关的事实；对被告人从重处罚的事实。"[3]

相比之下，对于那些对被告人从宽处罚的事实以及程序法事实，应当遵循优势证据标准。这些事实主要包括："作为对被告人从轻、减轻或者免除处罚理由的事实；回避等影响程序公正的事实；违反法定程序的事实；其他应当证明的程序事实。"[4]

2. 据以定案的证据均经法定程序查证属实。所谓据以定案的证据均经法定程序查证属实，实际上是未经质证不得认证原则的根本要求。该原则实际上包含了两个层面的要求：一是要求证据必须经过正式的法庭调查程序予以查证；二是要求证据必须查证属实，并与其他证据相互印证。现阶段的庭审中，质证不充分、走过场的情况比较突出。法庭未能对证据展开全面、深入地调查核实，在个别情况下，有的法官甚至将未经质证的证据作为定案的根据。上述情况严重影响了审判的质量，因此必须强化质证的实质化。质证过程中，法官必须保持中立立场，平等保障控辩双方充分质证和辩论。特别需要强调的是，法官要重视被告方的意见，保障被告方充分质证和辩论。

需要指出的是，对于司法实践中控辩双方补充的和法庭庭外调查取得的证据，也应当经过当庭示证、辨认、质证等法庭调查程序查证属实，否则不得作为

---

〔1〕　参见闵春雷：《严格证明与自由证明新探》，载《中外法学》2010 年第 5 期。

〔2〕　David Johnston, Glenn Hutton, *Blackstone's Police Manual – Evidence and Procedure*, Oxford University Press, 2003, pp. 163 – 164.

〔3〕　张军主编：《刑事证据规则理解与适用》，法律出版社 2010 年版，第 90 页。

〔4〕　张军主编：《刑事证据规则理解与适用》，法律出版社 2010 年版，第 90 页。

定案的根据。不过基于严格证明与自由证明的区分，对于有利于被告人的从宽处罚的证据，法庭可以庭外征求控辩双方意见，双方意见不一致，有一方要求人民法院开庭进行调查的，人民法院应当开庭。

从审判过程的角度看，质证既是实现实体公正的保障，也是体现程序公正的标志。它要求法院应当严格地遵守法律规定的正当程序，给控辩双方充足、平等的机会提交证据并互相对质，法官只能根据对质的结果判断胜负；要求事实裁决必须受到控辩双方所提交证据范围的约束，对没有在辩论中主张和质证的证据，即使法官通过职权调查得到了心证，该事实依然不能作为裁判的依据。未经质证不得认证，这样就在很大程度上抑制了法官的权力滥用和裁量权的任意行使，可以有效地避免法院作出突袭判决，增强判决的说服力和正当性，从而提高司法的公信力。

3. 综合全案证据，对所认定事实已排除合理怀疑。2012 年《刑事诉讼法》有关证明标准规定吸纳了"排除合理怀疑"这一主观层面的标准。这并不是将"证据确实、充分"等同于"排除合理怀疑"，而是将"排除合理怀疑"作为"证据确实、充分"的条件之一。因此，立法机关显然无意舍弃"证据确实，充分"的证明标准。基于传统和习惯的考虑，为了便于实践部门掌握，也没有必要替换该标准，所以进一步丰富和完善该标准的操作要求显然更加具有可行性，这也是立法机关的基本思路。

我们认为，对于证明标准，既可以在客观方面设定（如事实清楚，证据确实、充分），也可以在主观方面设定（如内心确信、排除合理怀疑）。在客观方面设定的证明标准与主观上相信的程度是相对应的，如"事实清楚，证据确实、充分"相对应的主观认识程度应当是"确信无疑"。[1]

有罪认定的标准应当是法官对证据进行判断后形成被告人有罪的心证所应达到的标准，因此，证明标准应当包含主观层面的内容。2012 年《刑事诉讼法》增设了"排除合理怀疑"这一主观标准，应当是力求从主客观相统一的角度来解释证明标准，法官既要能从正面证实的角度做到内心确信，又要能从反面证伪的角度做到排除合理怀疑得出唯一结论，否则就不能作出有罪认定的裁判。强调证明标准包含（或者属于）主观性的标准，反映出证据制度的核心就在于确保法官形成准确的内心确信，这既与自由心证制度的要求相符合，也有助于强化法官作为案件事实裁判者的重要地位和重大责任。

---

〔1〕　张建伟：《证据法要义》，北京大学出版社 2009 年版，第 388～389 页。

为了更好地把握"综合全案证据，对所认定事实已排除合理怀疑"的要求，可以从以下几个方面入手：证据与证据之间、证据与案件事实之间不存在矛盾或者矛盾得以合理排除；共同犯罪案件中，被告人的地位、作用均已查清；根据证据认定案件事实的过程符合逻辑和经验规则，由证据得出的结论为唯一结论，实际上也就排除了合理怀疑。

《刑事诉讼法》用"排除合理怀疑"来解释"证据确实、充分"，更加强调了反面证伪的重要性。为了更好地理解"证据确实、充分"的具体要求，有必要对"排除合理怀疑"作出相应的解释。

"排除合理怀疑"的标准是英美法系的证明标准。根据美国联邦最高法院判决的解释，排除合理怀疑是指"达到接近对有罪推定确定无疑的主观状态"。[1]由于排除合理怀疑是一种主观状态，所以很难量化表示，但为了"便于操作"，美国《陪审团指示样本》对之作出了一番解释："排除合理怀疑的证明能够使人坚定地确信被告人有罪。我们只能对这个世界上的少数事情得到绝对的确信，并且，在刑事案件中，法律并不要求证明能够排除任何可能的怀疑。如果针对特定的犯罪或被提起指控的犯罪，基于对证据的理解，你能够坚定地确信被告人有罪，那么，就应当认定被告有罪。另一方面，如果你认为存在着被告人事实上无罪的现实的可能性时，你就应当因为存在上述怀疑而认定被告人无罪。"[2]可见，这里的合理怀疑并非凭空地猜测或推断，而是关注"被告人事实上无罪的现实的可能性"。

实践中，在案证据达不到法定证明标准的情形主要有：关键证人证言缺失，例如，在非法拘禁案中，缺少看守人员证言；缺乏客观证据印证，例如，在非法持有枪支案件中，找不到涉案枪支。有现场的案件中，缺乏对现场的辨认、勘验；每个环节都有证据，但每个环节的证据要么是孤证，要么不能相互印证，等等。

二、民事诉讼的证明标准

（一）我国学界关于民事诉讼证明标准的界定与选择

目前，国内关于证明标准的基础理论也存在不同的观点，在进行了大量地研究和激烈地讨论后，形成了三种主要的观点，即"客观真实说""法律真实说"

---

〔1〕 Jackson v. Virginia, 443 U. S. 307, 315 (1979).

〔2〕 ［美］布莱恩·福斯特：《司法错误论——性质、来源和救济》，刘静坤译，中国人民公安大学出版社 2007 年版，第 77 页。

与"否定证明标准说"。

第一，客观真实说。客观真实说认为，我国的民事诉讼在证明标准上要求必须达到事实清楚，证据确实、充分。具体标准就是做到"案件事实、情节清楚，证据确实充分"。其法律依据在于：《民事诉讼法》第 67 条第 3 款规定人民法院应当按照法定程序，全面地、客观地审查核实证据；第 177 条第 1 款第 2 项、第 3 项规定原判决、裁定认定事实错误或者适用法律错误的，以判决、裁定方式依法改判、撤销或者变更；原判决认定基本事实不清的，裁定撤销原判决，发回原审人民法院重审，或者查清事实后改判。

第二，法律真实说。法律真实说认为，传统的"客观真实说"是一种司法理想模式，其实用性、可操作性差，不能真正解决诉讼证明中的问题，因此，主张用"法律真实"取而代之。所谓法律真实是诉讼证明的过程中，运用证据对案件真实的认定应当符合实体法和程序法的规定，应当达到从法律的角度认为是真实的程度。我国诉讼证明的任务和要求确定为法律真实的理论和实践依据是：其一，诉讼证明追求法律真实与我国诉讼法规定的宗旨和任务相一致；其二，法律真实简明扼要、具体明确、可操作性强、易于适用；其三，法律真实为证据的调查和运用指明了方向，澄清了在运用证据过程中容易混淆的环节和概念。实现法律真实，诉讼证明活动只须紧紧围绕实体法事实的有无进行就可以了；如果为了解决程序问题，其法律真实的实现只须紧紧围绕程序法事实的有无进行就可以了。

第三，否定证明标准说。在证明标准的问题上，我国学者在到底是"客观真实"还是"法律真实"争论不休的时候，有学者提出了否定证明标准的观点，也就是认为证明标准是无法建构的。比如张卫平教授认为，"作为一种确定的、统一的、具有可操作性的证明标准的建构只能是乌托邦"，"因为所谓标准，必须具有统一性、外在性、可识别性。要求标准具有可识别性，就要求作为标准的尺度必须是具体的、明确的。"王敏远教授也认为，"法律对于证明标准的规定，所能做到的只能是明确提出裁判者关于信念程度的要求，而不可能具有绝对确定而普适的、具有可操作性的证明标准。"[1]

（二）我国审判实践中关于证明标准的界定与选择

1. 我国民事诉讼中一般采用"高度盖然性"证明标准，其证明要求是法律事实，而不是客观事实。一方面，《民诉法解释》第 108 条第 1 款规定："对负有

---

〔1〕　王敏远：《一个谬误、两句废话、三种学说——对案件事实及证据的哲学、历史学分析》，载王敏远编：《公法（第 4 卷）》，法律出版社 2003 年版，第 268 页。

举证证明责任的当事人提供的证据，人民法院经审查并结合相关事实，确信待证事实的存在具有高度可能性的，应当认定该事实存在。"一般认为，上述规定所确定的标准就是"高度盖然性"证明标准。采取"高度盖然性"证明标准，意味着在我国民事诉讼中，证明标准以盖然性为基础与标尺，表明其是以"法律真实"为证明目标的。

另一方面，我国民事诉讼中对于特殊情况采用了排除合理怀疑的证明标准。《民诉法解释》第 109 条规定，当事人对欺诈、胁迫、恶意串通事实的证明，以及对口头遗嘱或者赠与事实的证明，人民法院确信该待证事实存在的可能性能够排除合理怀疑的，应当认定该事实存在。如此规定，是考虑到如果对这些主张的事实依然采用高度盖然性标准，将会导致这些主张的事实容易得到确认，并使得当事人之间的合意行为或其他自己实施的民事法律行为被轻易否定，影响了法律关系的稳定性。

2. 民事诉讼证明标准是当事人主张的法律事实被法官采信所应满足的最低的证明尺度。换言之，在法官采信一方主张时，该方当事人举证可高于此证明尺度，而不能低于此证明尺度。当事人举证达不到这个尺度，则不能采信其主张事实；达到或超过这个尺度，则应采信其主张事实。举例来说，在借款关系中，一般情况下，原告至少应提供证据证明资金交付事实和借款协议的存在，达到证明标准的最低要求才发生举证责任转移的后果，如果此时被告不提供反证或提供反证的证明力不及原告，则采信原告主张。

3. 一项法律事实应对一个证明尺度。民事诉讼证明标准是一个弹性的标准。一个案件中可能存在多个法律事实，这些法律事实可能使用同一规格的证明尺度，也可能使用不同规格的证明尺度。通常，一项法律事实对应一个证明尺度。

三、行政诉讼证明标准

（一）行政诉讼证明标准的特殊性

行政诉讼证明标准既具备证明标准的共性，又因其诉讼性质呈现出特殊性。

1. 行政诉讼证明标准与民事、刑事诉讼证明标准的差异。与民事、刑事诉讼证明标准相比较，行政诉讼证明标准的特殊性主要是源于行政诉讼中行政权与司法权的特殊关系——行政权独立于司法权，同时受司法权的监督。但是，监督行政权不代表司法权能够干预行政权的行使，只有在行政权行使的合法性或合理性受到正当怀疑时，司法权才能介入。在司法审查中，行政诉讼证明标准的高低便直接反映了司法权对行政权的"介入"程度。行政诉讼证明标准过高则构成对行政权的干预，会阻碍行政目的的实现；过低则表明司法权对行政权的监督不足，无法为公民、法人和其他组织的合法利益提供有效保护。因此，行政诉讼证明标准，必须考虑行政权和司法权的协调问题，保证司法权对行政权"适度"监督。

2. 行政诉讼证明标准与行政程序证明标准具有密切联系。一般认为，行政程序的证明标准和行政诉讼的证明标准是成正比的，同时基于行政诉讼证据的二次适用性以及对司法公正的价值追求，行政诉讼的证明标准可以等于或者略高于行政程序的证明标准。正当法律程序要求行政机关遵循"先取证、后裁决"的原则，即行政机关应当在收集充分证据的基础上作出行政决定。而行政诉讼本身所具有的复审性特点以及"对事实审查的自我谦抑态度"，决定了它与行政程序证明标准在事实认定上具有一致性。如果在行政诉讼中适用较行政程序为低的证明标准，不仅导致行政程序证明标准没有任何存在意义，而且相对人的合法权益也将受到损害。因此行政诉讼证明标准应当与行政程序证明标准保持一致性。

（二）行政案件证明标准在审判实践中的适用

关于行政诉讼证明标准问题，我国行政诉讼法并未作出详细而明确的规定，但《行政诉讼法》《行诉证据规定》中均有涉及。《行政诉讼法》确立了维持判决的证明标准是"证据确凿"，撤销判决的证明标准是"主要证据不足"。《行诉证据规定》对"事实"的内涵作出了新的解释，即"以证据证明的案件事实"，它标志着对案件事实真相的追求由客观真实向"法律真实"的转换。实践中，法庭应该根据法律的规定，并考虑行政行为的性质、对当事人权益的影响大小、有关行政政策考量等因素王某，在具体案件中具体确定案件事实的证明标准。主要有：

1. 尊重行政合理认定的标准。在紧急情况、证明困境或者法律有特别规定的情形下，直接以行政机关现场执法人员的认定作为案件事实，相对人提出反对但没有充分理由的，不予支持。一些即时行政行为，取证手段比较困难，为公共秩序的需要应授予即时执法权，如交通即时违法行为的认定，以及其他即时管制行政行为，可以适用这一最低的标准。

2. 盖然性证明标准或合理可能性标准。盖然性是指双方当事人对同一事实分别提供相反的证据，但均不足以否定对方的证据和事实主张，又无其他证据印证而不能对案件事实综合认定的，应当认定对案件事实负举证责任的一方当事人的事实主张不能成立。合理可能性是指有一定的根据或达到一定程度的可能性，并不要求有充分确凿的证据。在此，分歧较大的是对"合理"含义的理解。对合理的程度要求因案件涉及的问题的严重性不同而有所差异。从百分比的角度来看，合理的程度上限为 50% 的可能性，下限为 30% 的可能性。如果低于 30%，则这种可能性已不是合理的了；如果高于 50%，则这种可能性是一种较为确定的可能性。行为意义上的举证责任一般采用该标准，如在起诉人提起诉讼时，证明其符合法定起诉条件的证明标准。另外，在一些涉及专业性极强的案件中，因为法官并非具体领域的专家，所以对相关的事实可以依据合理可能性标准进行认定。

3. 优势证据标准。一方当事人提供的证据的证明效力优于对方当事人提供的证据，其证明的案件事实更具有可信性，从而可以按照证明效力占优势的证据认定案件事实。适用优势证据标准应当符合下列要求：①双方当事人提供的证据的证明效力相比较，一方当事人提供的证据的证明效力具有优势；②一方当事人提供的证据的证明效力的优势，足以使法庭确信其主张的案件事实真实存在，或者更具有真实存在的可能性。

在以下几类行政案件中，可以考虑适用优势证据标准：①行政机关适用简便程序作出行政行为的案件。简便程序的程序特征决定了它的证据不可能做到事无巨细，面面俱到地一应收集，且其涉及的公共利益和公民利益较小。在这类问题上，高效解决纠纷更符合各方利益。②行政机关采取临时保全措施的案件。行政机关采取临时保全措施一般是为了保全证据或制止违法，有时采取这种措施的目的是保证以后行政决定得以执行。行政机关在采取临时保全措施时由于案件的情况较为紧急，而最终的处理决定尚未作出，因此在这种情况下要求临时保全措施做到案件事实清楚，证据确实充分是不可能的，也是没有必要的。在这种情况下，行政机关只要有证据证明其保全措施的必要性就可以满足该类行为的证明要求，否则行政机关不可能利用该类行为有效地保护公共利益和个人利益。③涉及财产权或者人身权的行政裁决案件。被告在行政程序中适用优势证据标准认定案件事实的，法庭应予支持。

4. 排除合理怀疑证明标准。依据我国《中华人民共和国行政处罚法》（以下简称《行政处罚法》）和《行政诉讼法》的有关规定，该标准适用于以下的几类行政诉讼案件：①行政拘留等限制人身自由的案件。②适用听证程序作出行政行为的案件。根据《行政处罚法》的规定，听证程序适用于吊销营业执照、责令停产停业和处以较大数额罚款的案件。对此，可以看出听证程序对当事人的权益和公共利益的影响较大，案件的性质也比较严重。因此，法院在审理该类案件时，应当采用较高的证明标准对案件的事实加以证明。③人民法院作出变更判决和履行判决的案件。根据《行政诉讼法》的规定，法院认为"行政处罚显失公正，可以判决变更"。出于避免原告诉累和循环诉讼的考虑，在行政机关裁量权缩减为零时，法院应拥有一定的变更权。此时，法院所处的位置与行政机关作出行政行为时的地位相同，因此法院必须确保其作出的变更判决依据的证据确实充分。履行判决的案件与上述变更判决的原因基本一样，法院应适用较高的证明标准以确保其判决的正确性。

第三节　事实推定

推定是一种特殊的事实认定方式，即根据法律规定和经验法则，由基础事实或者已知事实推断出未知事实的内心论证过程。其中据以作出推断的事实，即已知的前提事实，为基础事实；根据前提事实推断出的事实，即推定的事实，为结果事实。其主要特征体现在：其一，推定是一种和举证证明、司法认知并列的事实认定方式，同样能达到认定事件事实的法律效果；其二，推定的证明途径是根据两个事物常态的联系，利用逻辑推演直接对待证事实作出认定；其三，推定的成立依赖于基础事实或者已知事实的成立或者真实，并且在有反证的情况下可以推翻。[1]

一、推定的条件

1. 基础事实的存在及真实与否。基础事实的存在及真实与否，一般仍根据证明责任分配原则，由提出该基础事实主张的一方当事人举证证明，但其证明途径并不限于此。通常可以被认为用来证明基础事实真实可靠的材料有：审判上的知悉、司法文书、双方当事人之间的约定、可指示判决的文书、审理者给予充足证据所作的认定。

2. 基础事实和推定事实之间具有共存关系。两事实之间存在共存关系，即一事实存在，另一事实也存在；一事实不存在，另一事实也不存在。这种关系主要表现为建立在司法经验法则基础上的因果关系、主从关系、包容关系等。这种司法经验法则的基础是事实之间的常态联系，是人们通过日常生活长期总结、经

---

〔1〕　参见沈志先主编：《民事证据规则应用》，法律出版社 2010 年版，第 80 页。

过反复验证的，表现为一定必然趋势的伴生关系。

3. 无相反证据足以推翻。由于法律上的推定是根据法律的规定进行的直接推定，代表了立法者的意志和非经法律程序的不可更改性，基础事实存在时，必须认定推定事实的存在，至于这种推论的合理性与否，在所不问。英美法系国家中的不可反驳推定，也是在诸多判例中形成的一种不容推翻的推理形式。因此，在法律上的推定和不可反驳的推定，仅能从推翻基础事实的角度推翻推定结论。但由于经验法则是以出现概率大小为预测基础的事物趋势判断，而事物的发展具有一定的偶然性，这就表明推定自身具有一定的内在缺陷。为弥补这种缺陷，允许对推定结论进行修正。因此对于事实推定和可反驳的推定，既可以从基础事实角度，也可以从推定过程角度，甚至直接从推定结论本身角度进行质疑。如果有足够的证据证明基础事实不存在或者不真实，或者推论过程不符合事物的实际发展过程，或者推定结论不存在或者不真实，该推定均不能成立。

4. 推定具有正当性。同样是由于推定自身存在的缺陷，即推定具有一定的盖然性，其结论不可能与客观实际完全符合，因此，为了避免推定的滥用和诉讼上的不当懈怠，适用推定时必须具有正当的目的，遵循公平正义原则。只有在法律明确规定或者为了避免诉讼不必要的迟延和司法资源不必要的浪费情况下，才能适用推定。[1]

二、推定的效力

推定的效力是多重的，不同类型的推定，其效力也有所区别，主要体现为：

1. 证明对象的变更。推定实际上是一种法律技巧，使一方当事人对推定前提的事实（基础事实）的证明，代替了对原来主要事实（推定事实）的证明，实际上是"以对易于证明事实的证明来替代对难以证明事实之证明"。

2. 提出证据责任（行为意义上的证明责任）的转移。按照美国的传统理论，可予反驳的推定只具有转移提出证据责任的效力，而不转移说服责任。其具体作用方式表现为：如果根据 A 可以推定 B，若举证证明了 A，则应当假定 B 存在，除非另一方当事人举证证明 B 不存在。即将一方当事人提出证据证明 B 存在的责任，转移为另一方当事人提出证据证明 B 不存在的责任。至于不可反驳的推定，如今英美法系国家学者普遍认为，其与证明责任的转化无关，而只是实体法律规范的一种表达方式，是以推定术语表达的实体法规则，而大陆法系的通说是将其

---

〔1〕 参见沈志先主编：《民事证据规则应用》，法律出版社 2010 年版，第 80~81 页。

归为拟制的范畴。[1]

3. 客观证明责任（结果意义上的证明责任）适用的排除。推定规则，特别是法律上的事实推定规则，使得证明难度大大降低，避免了一些待证事实真伪不明状态的出现，从而法院也就不必适用证明责任来认定案件事实，这在实际上排除了证明责任的适用。只是当另一方当事人对推定进行反驳和举证，使待证事实处于真伪不明状态时，客观证明责任仍需适用。[2]

---

〔1〕　参见戴泽军：《证据规则》，中国人民公安大学出版社 2007 年版，第 580~581 页。
〔2〕　参见沈志先主编：《民事证据规则应用》，法律出版社 2010 年版，第 82 页。

第四章　模拟法庭中的法律适用方法

第一节　民事诉讼中的法律适用方法

民事诉讼中的法律适用主要集中于如何确定请求权基础规范与抗辩权基础规范。

一、确定请求权基础规范[1]

请求权基础规范，也称权利请求基础，是指支持一方当事人向另一方当事人主张权利请求的实体法律规范。或者，更为直接的说法，就是指据以支持原告诉讼请求的法律规范。例如，请求依法解除合同，其基础规范就是《民法典》的第563条。合同解除后，请求恢复原状或者赔偿损失的，其基础规范就是《民法典》第566条，该条第1款、第2款规定：合同解除后，尚未履行的，终止履行；已经履行的，根据履行情况和合同性质，当事人可以请求恢复原状或者采取其他补救措施，并有权请求赔偿损失。合同因违约解除的，解除权人可以请求违约方承担违约责任，但是当事人另有约定的除外。

所有诉讼请求，都有其权利请求的基础。当然，这可能有一个比较特殊的情形，即消极确认之诉。但事实上，消极确认之诉亦应有其基础规范，只不过这种基础规范是以一种逆向的方式表现出来，即不是由提起消极确认之诉一方，而是由主张双方存在某种法律关系的一方，应当找出双方存在法律关系的法律基础规范并提出符合该等法律规范的构成要件的事实。此时，其基础规范存在于被诉一方。

---

〔1〕　参见邹碧华等：《民商事审判方法》，法律出版社2017年版，第137～146页。

（一）请求权基础规范的检索方法

基础规范如何检索，是一个技术性比较强的问题。简单地说，应当采用这样一种办法：

第一，要确定基本权利类型，是物权、债权，还是知识产权，抑或是人身权或身份权的权利类型。因为这决定了寻找基础规范的大方向，例如，法官一看到离婚的诉请，立即就会知道应当到婚姻法中去寻找法律依据；一看到要求确认股权的诉请，就知道应当到公司法中去寻找法律依据；一看到人身损害赔偿的诉请，就知道应当到侵权责任法中去寻找法律依据。当然，还有少数权利类型，如股东名义变更登记、追缴出资等，并不能快速准确地定位。

第二，要确定当事人的诉讼类型。要先厘清当事人提起的是确认之诉、形成之诉，还是给付之诉。所谓确认之诉，是指确认实体权利或法律关系存在或者不存在的诉。确认之诉可分为积极确认之诉与消极确认之诉。积极确认之诉指请求确认实体权利或法律关系存在的诉，如请求确认股权、房屋所有权，或者请求确认原、被告之间存在合同关系或其他关系等。消极确认之诉是请求确认实体权利或法律关系不存在的诉，如原告请求确认与被告之间不存在借贷关系或其他关系，被登记在公司股东名册上的人请求确认自己与公司之间没有股权关系等。所谓形成之诉，是指设定、变更或撤销法律关系的诉讼。例如，请求解除或撤销合同、请求行使优先购买权、请求撤销公司决议等。形成之诉与确认之诉最大的区别是，确认之诉是对已经存在的法律关系的确认，而形成之诉则是对一种尚未出现的法律后果，通过诉讼产生一种诉前尚不存在的法律后果。而形成判决的设权效力或者权利变更效力并非出于法官的创设，而必须基于法律的明示规定。所谓给付之诉，是指请求被告履行一定给付的诉。给付之诉可以基于多种请求权，包括债权请求权、物权请求权等。给付之诉的给付标的包括物的给付和行为的给付。物的给付可以是价款、违约金、损害赔偿金等的给付；行为的给付包括作为和不作为两种类型，如请求被告履行合同约定的表演行为、请求赔礼道歉，或者请求被告停止侵权、请求不参与拍卖物的竞拍等。[1] 一般情况下，确认之诉和形成之诉的基础规范相对较少，应当比较好找一些。

第三，根据当事人的诉讼类型来确定可能的权利类型。这是因为当事人提出一个诉讼请求，完全有可能会获得多种权利类型或权利渠道的支持。例如，当事

---

〔1〕　参见段厚省：《请求权竞合与诉讼标的研究》，吉林人民出版社2004年版，第288页。

人请求损害赔偿，民法上能够据以支持损害赔偿请求权的权利类型至少有八类：基于合同的损害赔偿请求权、基于无权代理的损害赔偿请求权、基于缔约过失的损害赔偿请求权、基于物权关系的损害赔偿请求权、基于无因管理的损害赔偿请求权、基于不当得利的损害赔偿请求权、基于侵权行为的损害赔偿请求权、基于身份关系的损害赔偿请求权，等等。

第四，根据当事人提出的权利类型的指引，寻找可能支持的法律条文。确定了基本的权利类型后，就应当进一步解决究竟有哪些法律条文可以支持这种权利类型。比如，根据上述分析，当事人提出损害赔偿请求权，根据法律所知道可能的有八类，而每一类权利类型在法律上都可能再进一步具体地细化为若干具体类型。例如，基于合同的损害赔偿请求权，在民法典上又会有更多的具体类型：合同不履行的损害赔偿请求权（《民法典》第577条）、合同解除后的损害赔偿请求权（《民法典》第566条）、合同撤销后的损害赔偿请求权（《民法典》第157条）、缔约过失引起的损害赔偿请求权（《民法典》第500条）、合同无效后的损害赔偿请求权（《民法典》第157条）、不安抗辩的损害赔偿请求权（《民法典》第527条），等等。

第五，结合当事人起诉所依据的基本事实确定具体的请求权。当事人主张的赔偿请求权究竟属于哪一种，亦应根据当事人起诉的基本事实加以厘定。

（二）请求权基础规范检索的示例

以《民法典》上的损害赔偿请求权为例，当事人起诉要求被告承担损害赔偿责任，他可能会明确提出根据《民法典》相关具体法律条文的规定要求被告承担损害赔偿责任。在这种情况下就很容易解决请求权的界定问题。当事人在起诉时也可能不会明确提出所依据的某一具体法律条文，此时便需要法官根据原告所主张的基本事实来判断。比如，原告起诉时称，因被告未履行合同，造成自己损失若干，故要求被告承担损害赔偿责任。这时就可以判断出，原告实际上主张的是《民法典》第577条规定的合同不履行的损害赔偿请求权。当然，在有些案件中，当事人关于案件事实的描述也可能含糊不清，让人无法判断他到底提出的是什么请求权。此时，法官释明权的合理运用就比较重要了。法官要特别留意当事人只言片语中所透露出来的与识别请求权有关的内容，尤其是在当事人陈述内容语焉不详时，法官要通过有意识地发问来探明当事人的请求权是什么。例如，当事人请求被告承担赔偿责任，同时又没有说明其权利类型时，法官可以向原告发问："根据这个案件的具体情况，你可以从侵权的角度提出诉讼，也可以从违约的角度提出诉讼，根据法律规定，你必须在二者之间作出选择"。这样，通过法官释明，原告的请求权进一步得以明确。而请求权一旦明确，法律条文也就随之明确了。

像上文讲到的《民法典》上可能的损害赔偿请求权类型多达八种时，当事人如果未直接明确地提出，法官应该特别留意当事人陈述的事实中讲到的是合同解除、合同撤销、不安抗辩，还是一般违约。通过当事人的陈述，法官基本上能够对当事人的请求权进行准确定位。如当事人提出一个因为合同解除而提起的赔偿诉讼，法官基本上就能判断出原告的请求权是因合同解除而产生的损害赔偿请求权，从而相应找到《民法典》第 566 条或其他相关条文就可以了。

当事人请求解除合同，如何处理？

合同解除权至少可依以下几种情况发生：

（1）《民法典》第 527 条（不安抗辩解除权）。

（2）《民法典》第 562 条（约定解除权）。

（3）《民法典》第 563 条（法定解除权）。

（4）《民法典》第 634 条（分期付款合同的提前解除权）。

其中，依据《民法典》第 563 条产生的请求权，至少又可以进一步细分为以下几种情形：

（1）基于不可抗力的解除。

（2）基于预期违约的解除。

（3）基于迟延履行的解除。

（4）基于根本违约的解除。

从上面的分析可以看出，如当事人诉请解除合同：

首先，可以知道这是一个合同案件，要到《民法典》合同编中寻找法律依据。显然，第一步比较容易。其次，民法典上的合同解除权有多种类型，有基于不安抗辩的合同解除权、约定解除权、法定解除权、分期付款的提前解除权，等等。此时，我们必须在这些大的类型里面找到相应的细化类型。否则，审理大方向是确定不下来的。这时，我们需要看看当事人主张的基础事实里面涉及哪个方向。比如，当事人一直在说不安抗辩的事情，我们就可以知道是不安抗辩的类型。又如，当事人一直在说与法定解除权有关的事实，那我们就可以知道，应该在《民法典》第 563 条的范畴内进行判断。最后，《民法典》第 563 条规定的法定解除权多达五种类型。于是我们必须在这五种中再寻找到一种最适合于本案的请求权。这样，才能真正地将找法的活动具体化、特定化。此时，适用法律的方法，仍然是听取当事人的陈述。例如，当事人提及对方违约，导致自己合同目的落空，此时，就比较容易在《民法典》第563条中进行特定化了。

（三）请求权竞合情况下的基础规范检索方法

所谓请求权竞合，是指一个生活事实符合多个法律构成要件，从而产生多个请求权，而这些请求权的目的只有一个。我国司法实践中允许请求权的有限竞合，主要是在《民法典》第186条承认了基于违约的请求权和基于侵权的请求权，可以发生竞合，即"因当事人一方的违约行为，损害对方人身权益、财产权益的，受损害方有权选择请求其承担违约责任或者侵权责任"。请求权竞合下的基础规范检索，是以请求权竞合情况下的请求权选择为基础的。

请求权竞合也是司法实践中经常遇到问题。如在热水器致人损害纠纷案件中，原告王某从某经销公司购买了燃气热水器一台，并由经销公司指定的安装队为其安装、调试后投入使用。某日，王某在洗浴时感觉胸闷、头晕，随后便倒地不省人事。经医院诊断证明：王某系吸入大量一氧化碳中毒所致昏迷。事后，王某就中毒造成的经济损失和精神损失费向法院提起诉讼，要求经销公司赔偿损失。经法院审理查明，王某一氧化碳中毒是由于经销公司所销售的热水器上的减压阀不合格所致。在该案例中，原告王某既可以依据买卖合同选择违约赔偿请求权，也可依据侵权行为选择侵权赔偿请求权作为自己的诉讼请求权，这就产生了请求权的竞合。

在违约请求权与侵权损害赔偿请求权竞合的案件中，基础规范的检索可分为以下步骤：

第一，根据《民法典》第186条的规定，请求权竞合的选择是以当事人一方的行为构成违约并造成相对方人身或财产权益受到损害为前提。因此，原告如果选择基于违约的请求权，他固然要对被告的行为是否构成违约、是否造成损害进行举证；而要选择基于侵权的请求权，他仍然要对被告的行为是否构成违约、是否造成损害先予举证。如果不能证明被告的行为构成了违约并造成损害，原告就没有满足选择请求权的前提条件。因此，无论是否对请求权进行选择，原告都必须承担对被告违约并造成原告损害的举证责任。

第二，根据本条规定，受损害方只能在基于违约的请求权和基于侵权的请求权之中选择其一，其不能同时主张，亦不能先后主张，更不能以两诉分别主张，或者在前诉终了之后再行起诉主张。也就是说，原告只有一次选择的机会。

1. 受损害方选择违约赔偿请求权。如在上述案件中，当事人基于合同法律关系选择违约赔偿请求权后，首先应当在《民法典》合同编中寻找法律基础规范。《民法典》的规定如下：

（1）《民法典》第 577 条：违约责任的种类。

（2）《民法典》第 578 条：预期违约责任。

（3）《民法典》第 579 条：金钱债务继续履行。

（4）《民法典》第 580 条：非金钱债务的继续履行。

（5）《民法典》第 581 条：替代履行。

（6）《民法典》第 582 条：瑕疵履行的补救措施（修理、重作、更换、退货、减少价款或者报酬等）。

如当事人起诉要求对方承担违约责任，法官即应当要求其明确：违约责任规定在《民法典》的第 577 条，该条包括继续履行、采取补救措施或者赔偿损失等几种类型，应当在这几种情况中作出选择。如果当事人明确要求对方继续履行合同并赔偿损失，则可以看到，继续履行的具体条文为《民法典》第 577 条和第 580 条，履行义务后的损害赔偿请求权则规定在《民法典》第 583 条。其中，《民法典》第 577 条是关于违约责任的概括性规定。如当事人请求买卖合同的继续履行（交货属于非金钱债务），故当事人请求继续履行的法律基础规范在于《民法典》第 580 条，当事人请求权的性质为非金钱债务的继续履行请求权。

2. 受损害方选择侵权赔偿请求权。如在上述案件中，当事人基于合同履行造成人身伤害选择侵权赔偿请求权，则该诉讼成为人身损害赔偿纠纷，应当在《民法典》侵权责任编中的第四章产品责任中寻找法律基础规范。如当事人起诉要求对方承担产品侵权责任的，法官则可要求其明确起诉对象为生产者或销售者或生产者和销售者，分别适用《民法典》第 1202 条和第 1203 条。在明确诉请对象后，法官可继续要求当事人明确要求对方承担责任的形式。根据《民法典》第 1205 条的规定，因产品缺陷危及他人人身、财产安全的，被侵权人有权请求生产者、销售者承担停止侵害、排除妨碍、消除危险等侵权责任。对于当事人提出精神损害赔偿要求的，可以适用《民法典》第 1183 条。

除违约与侵权的竞合的情形外，实践中其他相关权利之间亦可能形成竞合关系。一旦发生竞合，仍应由当事人予以明确，当然，法官可以给予一定的法律释明。

二、确定抗辩权基础规范

在识别出原告的权利请求基础后，法院应当对被告的答辩进行相应的审查。

其中，一个重要的内容就是看被告是不是提出了抗辩或抗辩权，并在此基础上识别出被告的抗辩（权）基础。

（一）抗辩权的内涵

对于何为抗辩和抗辩权的问题，无论是理论界还是实务界，至今仍然未形成统一认识。杨立新认为，抗辩是针对请求权提出的一种防御方法，是指当事人通过主张与对方的主张事实有所不同的事实或法律关系，以排斥对方所主张的事实的行为。[1]据此，不难看出抗辩的主要目的是排斥、延缓或阻碍对方权利。例如，原告起诉称要求被告履行交货义务，被告抗辩称原告应当先履行付款义务（先履行抗辩），此抗辩的目的是阻碍原告权利的实现。又如，原告起诉被告应当返还欠款，被告抗辩称其已经归还（权利消灭抗辩），或者被告抗辩称借款时尚未成年（权利妨碍抗辩）。因此，通过上文对抗辩种类的举例可以得出，抗辩的对象应为对方的权利，而非事实。

一般认为，抗辩权是与请求权相对立的反对权，一般是债务人对债权人拒绝给付、拒绝履行债务或拒绝满足债权人的权利，其目的在于永久性或暂时性地阻止请求权的实施或者使请求权减弱[2]。同请求权一样，抗辩权最终指向的必然是法律条文。在实践中，抗辩权主要包括永久性抗辩权、暂时性抗辩权以及限制性抗辩权。在法官审理民事案件过程中，对抗辩的审查是广义上的，即审查当事人针对原告的诉讼请求提出的一切得以阻止、妨碍、消灭权利请求人诉讼主张的法律效果。[3]

在民事诉讼中，抗辩与否认有着明显的区别。

第一，抗辩的基础事实与请求的基础事实可以并存，而否认则不具有这个特征。例如，在借款纠纷诉讼中，原告诉请被告归还欠款，被告的答辩则称其从未收到过原告的款项，此种情况就属于否认，原告起诉的基础事实与被告答辩所称的事实是不可能同时成立的。被告不可能既欠原告的钱又不欠原告的钱，即对于是否存在欠款的事实，被告的答辩与原告的主张存在不能共生的矛盾之处。如果同为借款纠纷诉讼，被告的答辩称其已经归还这笔款项，此时，该答辩中所提出来的就是抗辩（是一个权利消灭抗辩），从被告两种不同的答辩内容之对比上可

〔1〕 参见杨立新：《民事裁判方法》，法律出版社2008年版，第183页。
〔2〕 参见［德］卡尔·拉伦茨：《德国民法通论（上册）》，王晓晔等译，法律出版社2003年版，第328～329页。
〔3〕 参见邹碧华：《要件审判九步法》，法律出版社2010年版，第82页。

以得出，被告抗辩的基础事实与原告起诉的基础事实是可以同时并存的。二者可以同时成立。[1]

第二，抗辩会产生新的法律效果，与原告通过请求所希望产生的法律效果不可并存，而否认本身并不会产生这种法律效果，而只是延缓或消灭对方所希望的法律效果。例如，在房屋租赁合同纠纷中，原告起诉要求被告给付房屋租金，被告抗辩称原告应当先尽修缮义务。此时，被告所提出的即是先履行抗辩，如果被告的抗辩成立，被告所希望的法律效果就能实现（可以拒付租金），而原告所希望的法律效果就不能发生。从这个例子可以看出，抗辩的法律效果与原告希望的法律效果是不能并存的。又如，原告起诉要求被告给付房屋租金，被告答辩称其从未向原告租过房屋。此时，被告的答辩是一种否认，其本身并不产生积极的法律效果，而只是使原告请求所依据的基础事实不能成立，从而不发生原告所希望的法律效果。在后面这个例子中，原告请求权要想成立，其基础事实之一便是被告租赁了他的房屋。被告辩称未租过该房屋，即是否认了租赁这一基础事实，该否认使原告的请求失去了事实基础，因而不能产生原告所希望的法律效果。

第三，抗辩通常具有积极性，而否认具有消极性。否认一般是针对对方请求权基础构成要件所依据的事实要件作出的。否认如针对对方主张所依据的事实作出不真实或不存在的意思表示，包括对事实要件的部分否认和全部否认，例如，一方当事人依《民法典》的规定，向另一方当事人主张借款返还，其中有两个事实要件：一是双方有借款的约定，二是一方当事人已向另一方当事人提供借款。如果另一方当事人在答辩中主张双方之间并无约定，或者对方当事人并未向其提供借款，或者双方之间既无约定又无借款的实际交付，这就是否认。抗辩具有积极性的特点，抗辩则是依据法律规定所提出的抵销、阻止或延缓对方权利的对立性主张。抗辩必须指向对立性的法律规范。例如，上述举例中，被告称虽然借了款，但已归还，即是提出了权利消灭抗辩，其所指向的应当为债法上"债因履行而消灭"的法律规定。如果被告的答辩包含了实体法上的抗辩，法院应当找到各项抗辩所对应的具体法律条文。[2]

（二）确定抗辩权基础规范的方法[3]

1. 审查被告的答辩主张或理由是否明确。抗辩（权）主要是以被告的答辩

---

〔1〕 参见许可：《民事审判方法：要件事实引论》，法律出版社 2009 年版，第 140 页。

〔2〕 参见邹碧华：《要件审判九步法》，法律出版社 2010 年版，第 85 页。

〔3〕 参见邹碧华等：《民商事审判方法》，法律出版社 2017 年版，第 151～154 页。

为载体的，寻找抗辩（权）的基础规范应以审查被告的答辩主张和理由是否明确为切入点。被告答辩主张或理由不明确、不完整的，法官可以进行必要的释明，引导和促使被告对原告提出的诉讼请求、法律关系性质、事实等重要主张，作出针对性的答辩。答辩的种类分为两种，一为含抗辩的答辩，二为不含抗辩的答辩（如仅仅针对原告请求权所依据的事实要件作出的否认）。由于当事人法律知识的多寡以及法律意识的差异，被告在答辩过程中常常无法表明是否认还是抗辩，或者二者兼而有之。例如，原告诉请被告返还欠款，被告在否认欠款事实的同时称自己无经济能力，无法还款。对此法院应当进行释明，要求被告确认究竟是否认欠款事实，还是承认欠款事实只是暂时无力还款。又如，被告只针对原告的诉讼主体资格进行抗辩，对于原告提出的欠款事实，答辩未明确提及，此时，不能简单认定被告对欠款事实无答辩，应询问并要求被告作出明确答辩意见。[1]

2. 识别被告在答辩中是否提出抗辩（权）或是否有抗辩之意。并非所有的被告都会答辩，也并非所有答辩中都包括抗辩或抗辩权。有许多案件都是不包含抗辩的。在被告未提出抗辩的情况下（如被告只是单纯否认），就不存在寻找抗辩（权）规范的问题。如果被告的答辩包含抗辩（包括在否认的答辩中，经法官释明后被告提出的抗辩），则需进行抗辩以及抗辩（权）的审查与基础规范检索。

例如，原告起诉要求被告给付拖欠的租金，被告说根本没有租过原告的房屋。此时，应注意被告所提出的仅仅是一个否认。此时，不存在寻找抗辩（权）基础规范的问题。又如，原告起诉要求被告返还拖欠的租金，被告说其不付租金是因为原告未尽房屋的修缮义务，致使被告无法正常使用房屋。此时，被告所提出的实际上是原告违约在先的抗辩。再如，原告起诉要求被告返还借款，被告答辩称自己已经归还。此时，应当意识到被告所提出的实际上是一个权利消灭抗辩。

3. 抗辩（权）特定化。被告在提出抗辩（权）时，可以从多个角度来进行抗辩。这是因为抗辩（权）具有多重性。例如，原告请求返还借款，被告可以抗辩称原告的借款系无效借款，这时，他提出的是无效抗辩；被告可以抗辩称借款已经归还了，这时，他提出的是权利消灭抗辩；被告可以辩称原告尚未满足所附还款条件，这时，他提出的是附条件抗辩；被告还可以抗辩称原告债权已经超过诉讼时效，这时，他提出的是时效抗辩。并且，值得注意的是，被告也可能同时提出这些抗辩。

---

〔1〕 参见邹碧华：《要件审判九步法》，法律出版社 2010 年版，第 88 页。

在审理案件的时候，一要特别注意识别被告提出的抗辩（权）到底是什么，这些抗辩（权）的性质和内容是什么，其目的是使抗辩（权）特定化；二要特别注意识别被告提出了哪些抗辩（权），具体有几个。被告提出的抗辩（权），如果模棱两可，法官应当要求被告予以明确，如果被告无法明确，法官还要辅以必要的法律释明。

4. 检索抗辩（权）所指向的具体法律规范。被告提出实体法上抗辩（权）的，法院应当确定该抗辩（权）所指向的法律规范。如若被告的答辩包含了实体法上的抗辩，法院应当找到各项抗辩所对应的具体法律条文。例如，被告在抗辩中提出，债务因抵销而消灭，那我们就应当找到《民法典》关于债务抵销的法律条文作为抗辩（权）基础规范，以审查抗辩理由是否成立。在审查被告提出的抗辩（权）时，应以抗辩（权）的分类为基础，分别找到抗辩所从属的抗辩（权）类别，再依据此抗辩（权）种类找到抗辩（权）所指向的法律条文，审查此种法律条文是否与对方的请求权基础规范相对立，是否能够永久或者暂时地排除对方的请求权，或者能够有效地限制对方请求权的行使，以确定被告的抗辩是否成立，是否形成了针对原告请求的有效对抗。

5. 注意抗辩（权）基础规范的基本形态。

（1）第一种形态——独立形态，即表现为独立的法律条文。有些抗辩（权）基础规范以假定条件、行为模式和法律后果的完整形态表现出来。例如，关于合同解除权的行使，《民法典》第 564 条第 1 款规定，法律规定或者当事人约定解除权行使期限，期限届满当事人不行使的，该权利消灭。这个条文就是以完整的法律规范构成要件的形式成为当事人一方对抗合同解除之诉求的抗辩（权）基础规范的。此种抗辩（权）基础规范在债权请求权、物权请求权的抗辩领域以及时效抗辩等领域大量存在，不胜枚举。

（2）第二种形态——分散形态，即抗辩（权）基础规范以多个规范性条文存在，且不局限于同一部法律文件中。例如，原告开发商起诉被告购房人要求给付房屋买卖价款，被告抗辩称房屋买卖合同系无效合同。如在商品房买卖领域，涉及商品房买卖合同无效抗辩的法律基础，除了要检索商品房买卖合同效力的特殊基础规范，如《最高人民法院关于审理商品房买卖合同纠纷案件适用法律若干问题的解释》外，还要检索《民法典》中关于合同效力认定的一般性规范（《民法典》第三编第一分编第三章、第一编第六章的有关规定）。以上依据共同成为被告方得以对抗原告方商品房买卖合同无效的抗辩（权）基础规范。

（3）第三种形态——混合形态，即抗辩（权）基础规范与请求权基础规范混合在同一个法律条文中。这种形态中，抗辩（权）基础规范与请求权基础规范以直接的对抗性同时出现在同一法律条文中，并多以"但书""除……之外"等条款形式体现。例如，《民法典》第580条规定，当事人一方不履行非金钱债务或者履行非金钱债务不符合约定的，对方可以请求履行，此即构成一方当事人请求另一方当事人实际履行的权利基础规范，而其最直接的对抗则是依据此条后半段但书条款的抗辩，即出现"法律上或者事实上不能履行、债务的标的不适于强制履行或者实际履行费用过高、债权人在合理期限内未要求履行"情形之一的，则可以对抗对方的实际履行诉请。此种抗辩（权）基础规范多存在于民商事的债权领域、物权领域以及继承领域。

第二节　刑事诉讼中的法律适用方法

刑事诉讼中的法律适用，主要聚焦于如何区分罪与非罪、此罪与彼罪，以及犯罪竞合与牵连的处理。

一、罪与非罪的区分

我国刑法采用定性加定量的立法模式，即立法不但规定犯罪的行为类型，还同时规定犯罪的量的要求。如《刑法》总则第13条但书部分规定，情节显著轻微危害不大的，不认为是犯罪。《刑法》分则各条文中，除不法行为本身的性质已经足以使其应受刑罚惩罚的部分外，对大多数不法行为构成犯罪，都以"数额较大"或"情节严重"等形式进行了定量限制，如果不法行为没有达到"数额较大"或"情节严重"的程度，根据《刑法》总则但书的规定，不构成犯罪。这种刑事立法模式既限定了可以作为犯罪追究刑事责任的不法行为的种类，确定了刑法评判和干预不法行为的范围边界；又限定了可以犯罪化的不法行为的危害程度，确定了刑法评判和干预不法行为的程度边界，体现了不法行为犯罪化的谦抑原则。

（一）通过定性分析区分罪与非罪

区分罪与非罪，应该先进行定性分析，即根据罪刑法定原则，判断某种行为是否属于《刑法》规定的违法行为类型。如判断某假冒商标行为是否属于《刑法》第213条规定的假冒注册商标行为，应先根据罪刑法定原则，确定刑法中假冒注册商标行为的构成要件，然后判断该种假冒商标行为是否"未经注册商标所有人许可"，是否"在同一种商品、服务上使用与其注册商标相同的商标"，即"相同的商标"。根据 2004 年《最高人民法院、最高人民检察院关于办理侵犯知识产权刑事案件具体应用法律若干问题的解释》第 8 条第 1 款的规定，刑法第 213 条规定的"相同的商标"，是指与被假冒的注册商标完全相同，或者与被假冒的注册商标在视觉上基本无差别、足以对公众产生误导的商标。如果行为属于"未经注册商标所有人许可，在同一种商品上使用与其注册商标相同的商标"的，属于假冒注册商标行为。反之，欠缺二者之中任何一个要件的，则不属于假冒注册商标行为。如行为人陈某生产的商品上所贴附标识"BDK"与权利人的注册商标"BBK"虽只有一字之差，读音也相近，但从视觉上仍具有明显的识辨性，不属于《刑法》规定的在视觉上基本无差别的情况，两者不属于"相同的商标"，故其行为不属于假冒注册商标行为。在进行定性分析时，需要注意两个问题：①必须以罪刑法定原则为指导，如不得将挪用非特定公物的行为分析为刑法中的挪用公款行为；②刑法中的违法行为同时也违反了民事、经济或行政法律，但违反了民事、经济或行政法律的行为，即使具有严重的社会危害性的，也未必就是刑法中的违法行为，如未经注册商标所有人许可，在同一种商品上使用与其注册商标近似的商标的行为，属于民事侵权行为，但即使情节严重的，也不构成犯罪。

（二）通过定量分析区分罪与非罪

定量分析，即根据《刑法》的规定，判断某种刑事违法行为是否具有严重的社会危害性。刑法所调整的犯罪行为是违法行为的"量"达到一定程度以后的"质"的飞跃，具有量变到质变关系的特征。根据《刑法》规定，有的犯罪成立需要具备一定的数额，如生产、销售伪劣产品罪；有的犯罪成立需要具备一定的情节、后果，如假冒注册商标罪、污染环境罪等。如果行为的"量"没有达到刑法规定的，则不构成犯罪。对于有些犯罪，如行为犯，刑法没有对行为的"量"进行明确规定，是不是没有"量"的要求？答案是否定的。因为没有"量"的要求，就无法区分犯罪与一般违法行为。司法实践中，一方面，可以根据相关司法解释和规范性文件的规定确定这些犯罪的"量"，如根据 2000 年《最高人民法院关于审理伪造货币等案件具体应用法律若干问题的解释》第 1 条的规定，伪造货币的总面额在 2000 元以上或者货币量在 200 张（枚）以上的，才按犯罪论处；另一方面，如果司法解释和规范性文件没有规定的，可以联系刑法及相关法律规定，全面考察行为的社会危害性，是否具有刑事处罚的必要，对于情节显著轻微危害不大的，不认为是犯罪。

此外，除了进行定性定量分析外，还应考察行为是否侵害了法益，行为主体是否具有犯意和刑事责任能力等，即只有当行为符合犯罪的构成要件的，才能以犯罪论处，切不可将一般违法行为升格为犯罪处理，确保刑法的最后保障功能。

二、此罪与彼罪的区分

实践中，一般是从犯罪构成要件上区分此罪与彼罪。在构成要件上，个罪之间的界限都是清晰的。但涉及个案，此罪与彼罪之间的界限往往变得模糊起来，难以区分。对此，需要结合个罪构成要件，对涉案事实进行认真分析，确保定罪准确，为适当量刑奠定基础。

（一）从犯罪客体上区分此罪与彼罪

分析犯罪客体有助于确定犯罪的性质，从而把握此罪与彼罪的界限。如盗窃罪与破坏电力设备罪，两罪之间的区别主要在于客体不同，前罪为公私财产，后罪为公共安全。行为人盗窃了库房里备用的电线，其侵害的客体是公私财产，如果数额较大的，构成盗窃罪。如果盗窃的为输电线路上正在使用的电线，由于其侵害的客体是公共安全，则构成破坏电力设备罪。

（二）从犯罪客观方面区分此罪与彼罪

如盗窃罪与诈骗罪，两罪之间的区别主要在于非法占有他人财物的手段不同，前罪是通过秘密窃取手段，而后罪是通过虚构事实或者隐瞒真相手段。再如滥用职权罪与玩忽职守罪，两罪之间的区别主要在于客观行为方式不同，前罪表现为滥用职权，而后罪表现为玩忽职守。

（三）从犯罪主体上区分此罪与彼罪

尤其是区分身份犯与非身份犯。如受贿罪与非国家工作人员受贿罪，两罪之间的区别主要在于犯罪主体的不同，前罪为国家工作人员，而后罪为非国家工作人员。如国有单位委派至没有国有资产的公司、企业中从事经营管理工作的人员，利用职务上的便利，索取他人财物的，或者非法收受他人财物，为他人谋取利益的，是构成受贿罪还是构成非国家工作人员受贿罪，关键就在于行为人是否具有国家工作人员身份。如是，构成受贿罪；如否，构成非国家工作人员受贿罪。而根据相关规定，受委派从事公务的人员，必须是形式要件——"受委派"和实质要件——"从事公务"的统一，对于国有单位委派至没有国有资产的公司、企业中从事经营管理工作的人员，尽管形式上受委派，但在没有国有成分的公司、企业中从事经营管理工作，没有履行代表国有单位行使让国有资产保值增值的职能，故其行为实质上不属于刑法意义上的从事公务。这样，国有单位委派至没有国有资产的公司、企业中从事经营管理工作的人员不属于国家工作人员，对于其索取或者非法收受他人财物，为他人谋取利益的，构成非国家工作人员受贿罪。

（四）从犯罪主观方面区分此罪与彼罪

尤其是区分故意犯与过失犯。如故意伤害罪（致死）与过失致人死亡罪，两罪在客观上都造成了被害人死亡的结果，主观上对死亡结果均出于过失，区分两罪的关键在于行为人主观上有无伤害的故意。具有伤害的故意，致人死亡的，构成故意伤害罪；而无伤害的故意，过失致人死亡的，构成过失致人死亡罪。实践中，行为人是否具有犯罪目的，或者特定的犯罪目的，也是从犯罪主观方面区分此罪与彼罪的重要方法。如骗取贷款罪与贷款诈骗罪，两罪之间的区别主要在于犯罪主观方面的不同，前罪不以非法占有为目的，而后罪要求具有非法占有目的。再如传播淫秽物品罪与传播淫秽物品牟利罪，两罪之间的区别主要也在于犯罪主观方面的不同，前罪不以牟利为目的，而后罪要求以牟利为目的。

三、法条竞合的处理

所谓法条竞合，是指由刑事立法决定的，数个规定具体犯罪构成要件的刑法条文，因其在构成要件之间存在从属或交叉关系而形成数法条对于同一犯罪行为予以不同的规范评价的法律现象。法条竞合从不同的角度，以不同的标准可以划分出不同的表现形态，并针对不同的表现形态采用不同的适用原则。

（一）普通法与特别法之间的法条竞合及适用原则

1. 普通法与特别法之间的法条竞合。普通法与特别法之间的法条竞合，是指某一法条所规定的犯罪构成在外延上包含另一个法条所规定的犯罪构成的情况，在这种情况下，两法条之间形成普通法与特别法的从属关系，即普通法规定的是属罪名，特别法规定的是种罪名。其中，外延小的罪名概念（种罪名）由于其客体受到法律的特殊处遇而从外延大的罪名概念（属罪名）中分离出来，独立成罪，如果没有外延小的罪名概念（种罪名），则相应的犯罪行为应当包容在外延大的罪名概念（属罪名）中。因而当犯罪人实施某一触犯外延小的种罪名的犯罪行为时，从逻辑上来说，其行为也必然同时触犯外延大的罪名，从而形成法条竞合。在这种法条竞合形态下，法条之间的关系为：普通法在外延上包含特别法，某一行为如果触犯普通法，则可能但不一定触犯特别法，某一行为如果触犯特别法，则必然同时也触犯普通法。在我国刑法中，普通法与特别法的关系既可以表现在同一部刑法典的普通条文与特别条文之间，也可以表现在普通刑法与特别刑法的相应条文之间。

在判断法条之间是否具有普通法与特别法的关系时，不能简单地认为只要某一法条相对于另一法条在犯罪主体、犯罪对象、犯罪时间、犯罪目的及构成要件的其他方面具有某些特殊之处，就能形成普通法与特别法的关系。如在《刑法》第233条过失致人死亡罪和第133条交通肇事罪之间，尽管在过失致人死亡的原因上交通肇事罪较为特殊，但两者之间并不因此形成特别法和普通法之间的关系。因为两者之间构成要件的基本类型并不相同，交通肇事罪除致人死亡外，还有过失致人重伤或使公私财产遭受重大损失的内涵，并不一定只有过失致人死亡的才构成交通肇事罪。因此，过失致人死亡罪在外延上并不能包容交通肇事罪。反之，交通肇事罪也不能在外延上包容过失致人死亡罪。因为除交通肇事致人死亡外，还有因其他原因如重大责任事故或违反普通注意义务过失致人死亡从而构成过失致人死亡罪的情况。所以，无论以哪个法条作为特别法，这两个法条之间在外延上都无法形成包容与被包容的关系。

要正确认定两个法条之间是否存在普通法和特别法之间的竞合关系，首先必须从两个法条所规定的构成要件的整体关系上加以把握，然后再对具体的构成要件、要素进行对照分析。如果数法条所规定的构成要件在整体上考察相类似，但相互之间的某一构成要件或要素，如犯罪主体、犯罪对象、犯罪手段、犯罪时间、犯罪目的等方面存在一般与特殊关系，则两法条之间存在普通法与特别法的关系。如《刑法》第266条诈骗罪与第224条合同诈骗、第192条至第198条所规定的各种金融诈骗罪之间，从犯罪构成的整体上考察类型相同，即都是诈骗犯罪，但后者在犯罪的手段上有着不同于前者的特殊之处，所以两者之间构成普通法与特别法的竞合关系。

2. 普通法与特别法形成法条竞合的适用原则。在这种法条竞合的情况下，一般应适用特别法排除普通法。其根据在于：①从法理学的角度看，普通法属于原则法，特别法属于例外法，根据例外法使原则法失效的原理，当普通法与特别法竞合时，自然应适用特别法。②从立法原意来看，立法者在已经规定了普通法，能够对行为人的犯罪行为进行刑法评价的情况下，又规定特别法，说明立法者认为适用普通法不足以对行为人的行为进行全面、恰当的评价，故需要适用特别法对行为人的行为进行特别评价。这也是符合立法的规律和特点的。因为社会生活是复杂多样的，犯罪作为一种社会现象也是如此。但刑事立法又不能过于细密繁复，立法者规定某一个法条、一个罪名对某一类型的行为进行刑法评价时，可能对该类型中的少数行为不能作出全面、恰当的评价，故立法者又针对这种特别情况规定特别法予以特别的强调。因此，在普通法与特别法形成法条竞合的情况下，适用特别法是符合立法原意的。

特别法优于普通法的原则也有例外，那就是当法律明文规定如果适用普通法处刑重而适用特别法处刑轻则优先适用重法的情况下，特别法优于普通法的原则就失效。如《刑法》第140条生产、销售伪劣产品罪与第141条至第148条生产、销售特种产品的犯罪之间形成普通法与特别法的法条竞合，在一般情况下，应采用特别法优于普通法原则，按特种犯罪定罪处罚。但是，《刑法》第149条第2款规定："生产、销售本节第一百四十一条至第一百四十八条所列产品，构成各该条规定的犯罪，同时又构成本节第一百四十条规定之罪的，依照处罚较重的规定定罪处罚。"按照这一规定，如果生产、销售特定产品，但是按生产、销售伪劣产品罪定罪处罚处刑更重的话，则按普通法条，即按生产、销售伪劣产品罪定罪处罚。

（二）整体法和部分法之间的法条竞合及适用原则

1. 整体法和部分法之间的法条竞合。整体法和部分法之间的法条竞合，是指一个法条所规定的构成要件在内涵上包含另一个法条所规定的构成要件的全部，并且还具备另一法条所没有的构成要件的部分内涵的情况。在这两个法条中，前者是整体法，后者是部分法，部分法的内涵被包容在整体法之中，成为整体法构成要件的一部分，当某一犯罪行为既触犯了部分法也触犯了整体法时，由于只有整体法才能对这一行为进行全面评价，这时部分法就失去了单独评价的意义。如《刑法》第263条规定的抢劫罪，是指以暴力、胁迫或者其他方法劫取公私财物的行为，其中的"暴力"包括故意伤害和故意杀人行为，可见抢劫罪的构成要件包含了故意伤害罪和故意杀人罪的构成要件，如果以故意伤害（致人轻伤以上）或故意杀人的方法劫取公私财物，该行为既触犯了《刑法》第263条构成抢劫罪，也触犯了《刑法》第234条或第232条，构成故意伤害罪或故意杀人罪，从而形成法条竞合。但是，故意杀人罪和故意伤害罪都不能对这一行为进行全面评价，因为抢劫的行为中除了故意伤害或故意杀人的内涵外，还有故意杀人罪和故意伤害罪所不能包含的非法获取公私财物的内涵。所以，只有《刑法》

第 263 条抢劫罪能够对这一行为进行全面的、恰当的评价。可见，抢劫罪的构成要件在内涵上包括故意伤害罪和故意杀人罪的内容，在两罪的法条关系形态上，《刑法》第 263 条抢劫罪是整体法，第 232 条故意杀人罪、第 234 条故意伤害罪是部分法。

2. 整体法与部分法形成法条竞合的适用原则。在这种情况下，只有整体法才能全面充分地反映竞合的内容，对行为进行全面评价，故应优先适用整体法。而且，由于部分法的内容已为整体法所包容，立法者在设置法定刑的时候，就已经把这一因素考虑进去了，因而整体法的法定刑往往重于部分法，适用整体法的结果自然也是适用重法。但是，在某些特殊情况下，立法者也可能使整体法的法定刑轻于部分法。[1] 如《刑法》第 233 条过失致人死亡罪相对于第 257 条暴力干涉婚姻自由罪而言是部分法，后者是整体法，但过失致人死亡罪的法定刑重于暴力干涉婚姻自由罪。立法者如此规定，主要是因为暴力干涉他人婚姻自由罪往往发生在亲属之间，被告人与被害人有某种特定关系，《刑法》规定该罪告诉才处理，因此，立法者规定暴力干涉婚姻自由罪的法定刑轻于过失致人死亡罪，是完全合理的，故在这种情况下，采用整体法优于部分法的原则，适用《刑法》第 257 条，既符合立法原意，也体现了罪责刑相适应原则。

（三）法条的交叉竞合及适用原则

1. 法条的交叉竞合。法条的交叉竞合，是指两个法条所规定的犯罪构成在外延上部分重合，而在整体上互不从属的情形。仔细分析我国《刑法》中交叉竞合的情况，可以发现有两种类型的交叉竞合：

一种是从属关系的交叉竞合，是指交叉竞合的两个法条在交叉重合的部分存在外延上的从属关系的情形。以《刑法》第 258 条重婚罪和第 259 条破坏军婚罪为例进行分析：

《刑法》第 258 条规定，有配偶而重婚的，或者明知他人有配偶而与之结婚的，构成重婚罪。第 259 条第 1 款规定，明知是现役军人的配偶而与之同居或者结婚的，构成破坏军婚罪。传统理论一般认为这两个法条形成的是普通法和特别法的竞合关系，但仔细分析即可发现两者并不存在外延上完全的包容与被包容关系。从犯罪对象而言，破坏军婚罪仅限定于现役军人的配偶，而重婚罪没有这个限制，故重婚罪的外延广而破坏军婚罪的外延窄。从行为方式而言，重婚罪仅限

---

〔1〕 参见陈兴良：《刑法适用总论（上卷）》，法律出版社 1999 年版，第 794～795 页。

于"结婚"这一种方式，而破坏军婚罪包括"结婚"和"同居"两种方式，故重婚罪的外延窄而破坏军婚罪的外延广。两罪的交叉重合之处在于，当明知是现役军人的配偶而与之结婚（而不是同居）时，既构成破坏军婚罪，也构成重婚罪。两罪的独立之处在于，当明知是现役军人的配偶而与之同居（而不是结婚）时，只构成破坏军婚罪，不构成重婚罪。当行为人有配偶而与现役军人的配偶之外的人结婚，或者明知现役军人配偶之外的人有配偶而与之结婚的，只构成重婚罪，不构成破坏军婚罪。可见，两罪之间是交叉竞合关系而非普通法与特别法的竞合关系。但是，对破坏军婚罪而言，其与重婚罪交叉重合的部分（明知是现役军人的配偶而与之结婚）相对于重婚罪的整个犯罪构成来说，又有犯罪对象的特殊性，即破坏军婚罪的犯罪对象必须是现役军人的配偶，而重婚罪没有这样的要求。因此，从破坏军婚罪的角度来考察，其与重婚罪交叉重合的部分，相对于重婚罪的整个犯罪构成而言，又有特别法与普通法的从属关系，从而形成从属关系的交叉竞合。

另一种是非从属关系的交叉竞合，是指在交叉竞合的两个法条中，交叉重合的部分相对任何一个法条的整个犯罪构成都不存在特别法与普通法的从属关系的情形。在这种情况下，《刑法》对两个法条交叉重合的部分，分别从两罪的角度进行等距离的审视，不存在孰轻孰重的问题。如根据《刑法》第194条第1款的规定，明知是伪造、变造、作废的汇票、本票、支票而使用，骗取数额较大以上财物的，构成票据诈骗罪；根据《刑法》第224条的规定，在签订、履行合同过程中，以伪造、变造、作废的票据作担保，骗取数额较大以上财物的，构成合同诈骗罪。以伪造、变造、作废的票据作"担保"，完全可以视为"使用"伪造、变造、作废的票据方法的一种，故两罪在这一点上形成交叉竞合。但刑法在这一点上并没有也无必要强调哪一条，在"使用"和"担保"上进行的是等距离的审视，故两罪形成的是非从属关系的交叉竞合。

2. 从属关系的交叉竞合的适用原则。在从属关系的交叉竞合情况下，一般应采用特别法优于普通法原则，在适用特别法明显违背罪刑相适应原则的情况下，应适用重法。在从属关系的交叉竞合中，由于竞合部分相对于某一罪的整体而言存在特别法与普通法的关系，因此在一般情况下应优先适用特别法。但是，从属关系的交叉竞合的两法条毕竟不是完全意义上的、绝对的特别法与普通法的关系，特别法优于普通法的原则在这种竞合情况下不应成为绝对的、唯一的原则，当适用特别法明显畸轻时，则应采用重法优于轻法原则，优先适用重法。比如在某人冒充国家机关工作人员骗取数额较大或巨大的财物的情况下，应按特别法优于普通法的原则，优先适用招摇撞骗罪。而且，适用招摇撞骗罪也并没有违背罪责刑相适应原则，但是，如果冒充国家机关工作人员骗取财物达到数额特别巨大，按诈骗罪应判处10年以上有期徒刑或者无期徒刑，而按招摇撞骗罪处罚只能判处3至10年有期徒刑的，按招摇撞骗罪处罚显然畸轻，有违罪责刑相适应原则，故在这种情况下，应采用重法优于轻法的原则，按诈骗罪处罚。

3. 非从属关系的法条竞合的适用原则。在非从属关系的法条竞合情况下，竞合的两个法条对符合两个法条的行为进行的是等距离的审视，两法条不存在特别与普通的关系，故一般情况下应优先适用重法。但如果适用轻法更能对行为进行恰当地评价，则应适用轻法。以《刑法》第194条第1款票据诈骗罪和第224条合同诈骗罪为例。以伪造、变造、作废票据作为合同担保骗取财物的情况下，行为既构成票据诈骗罪，也构成合同诈骗罪，前者法定刑重于后者，故在一般情况下应当按票据诈骗罪处罚。但是，如果利用伪造、变造、作废的少量票面金额的票据作为合同担保，骗取大量财物，如以票面金额为5000元的伪造票据作为合同担保，骗取5万元的财物，在这种情况下，应视为合同在诈骗过程中起了主要作用而伪造票据只起次要作用，虽然该行为也同样符合票据诈骗罪的构成要件，但合同诈骗罪更能恰当评价该行为，故应适用合同诈骗罪的法条。

四、想象竞合的处理

想象竞合是指行为人实施一个犯罪行为，其犯罪结果侵害两个或两个以上法益，触犯两个或两个以上罪名的一种犯罪形态。想象竞合不同于单纯的一罪，也与实际的数罪有所区别。想象竞合与单纯的一罪的区别在于它实际危害了数个社会关系，触犯了数个罪名；想象竞合与实际的数罪的区别在于它只有一个行为，缺乏构成数罪的全部和完备的要件。想象竞合与法条竞合总体上都是行为人犯一罪而不是数罪，在司法实践中二者容易混淆。二者的区别在于竞合犯触犯的法条之间是否存在重合或交叉关系，存在重合或交叉关系的是法条竞合，不存在重合或交叉关系的是想象竞合。想象竞合所触犯的数个罪名没有必然的联系，法条之间不存在相互包容或交叉的关系。

对想象竞合犯的处罚原则是"从一重处"，不适用数罪并罚，即比较其所触犯罪名规定的法定刑，选择法定刑较重的罪名处罚。如2001年《最高人民法院、最高人民检察院关于办理生产、销售伪劣商品刑事案件具体应用法律若干问题的解释》第10条规定："实施生产、销售伪劣商品犯罪，同时构成侵犯知识产权、非法经营等其他犯罪的，依照处罚较重的规定定罪处罚。"2010年《最高人民法院、最高人民检察院关于办理非法生产、销售烟草专卖品等刑事案件具体应用法律若干问题的解释》第5条规定："行为人实施非法生产、销售烟草专卖品犯罪，同时构成生产、销售伪劣产品罪、侵犯知识产权犯罪、非法经营罪的，依照处罚较重的规定定罪处罚。"

以无证销售假冒伪劣卷烟犯罪行为为例。卷烟系国家专营专卖物品，无证销售，情节严重的，构成非法经营罪；销售他人注册商标的卷烟，销售金额数额较大的，构成销售假冒注册商标的商品罪；伪劣卷烟系伪劣产品，销售金额在5万元以上或者销售金额未满5万元但与未销售货值金额累计达15万元以上或者未销售货值金额在15万元以上的，构成销售伪劣产品罪。行为人实施一个无证销售假冒伪劣卷烟犯罪行为，其犯罪结果不仅侵害了烟草专卖市场秩序和烟草专卖许可制度，而且还侵害了他人合法的注册商标专用权和国家商标管理秩序，以及国家有关产品质量、工商行政的管理制度和消费者的合法权益，最终触犯非法经营罪、销售假冒注册商标的商品罪和销售伪劣产品罪三个罪名，系想象竞合，应从一重处。如被告人陈某等人租借仓库非法销售香烟，并雇用他人帮助运输，后被查获假冒伪劣香烟12万余条，货值金额600余万元。法院经审理后认为，被告人陈某等人在未取得烟草专卖许可证的情况下，擅自销售明知是假冒注册商标和伪劣的烟草制品，货值金额达600余万元，其行为构成非法经营罪、销售假冒注册商标的商品罪和销售伪劣产品罪，应依照处罚较重的规定即销售伪劣产品罪定罪处罚。本案中，非法销售假冒伪劣卷烟行为同时构成非法经营罪、销售假冒注册商标的商品罪和销售伪劣产品罪三罪，系想象竞合，应从一重处。根据《刑法》规定，以非法经营罪定罪，非法经营数额600万余元属于情节特别严重，应处5年以上有期徒刑；以销售假冒注册商标的商品罪定罪，货值金额600万余元属于数额巨大，应处3年以上10年以下有期徒刑；以销售伪劣产品罪定罪，货值金额600余万元，应处有期徒刑15年或者无期徒刑。很明显，销售伪劣产品罪属于处罚较重的规定。

五、牵连犯的处理

牵连犯是指犯罪的手段行为或者结果行为，与目的行为或原因行为分别触犯不同罪名的情况。在犯罪行为可分为手段行为与目的行为时，如手段行为与目的行为分别触犯不同罪名，便成立牵连犯；在犯罪行为可分为原因行为与结果行为时，若原因行为与结果行为分别触犯不同罪名，便成立牵连犯。[1]一般认为，成立牵连犯应当满足以下几个条件：①行为的复数性，即行为人必须实施两个以上的故意行为。如仅存在一个行为，或虽有两个以上行为，但均为过失行为，则不成立牵连犯。②行为的异质性。即数个行为必须同时触犯刑法分则所规定的不同的罪名。如果实施了两个单独的同质行为，而这两个单独的行为均构成同一犯罪的，则成立刑法理论中的连续犯，而非牵连犯。③行为的牵连性，即数个行为之间必须具有手段与目的或原因与结果这样的牵连关系，如果不具有牵连关系，不成立牵连犯。④行为目的指向同一性，即以实施一个犯罪为目的。

实践中对数个行为之间是否具有牵连关系，应当从主客观两方面考察，即行为人在主观上具有牵连的意思，在客观上具有通常的手段或者结果关系。如因公款私用收受他人贿赂的，事先收受他人贿赂而实施挪用公款的，受贿行为属于目的行为，挪用公款行为属于手段行为；挪用公款归个人使用再收受他人贿赂的，受贿行为属于结果行为，挪用公款行为属于原因行为。无论是受贿在先还是挪用公款在先，挪用公款罪与受贿罪之间都具有牵连关系。再如以伪造国家机关公文的方法骗取公私财物，伪造公文行为属于手段行为，利用伪造的公文进行诈骗行为属于目的行为，分别触犯了伪造国家机关公文罪和诈骗罪，两罪之间具有手段与目的的牵连关系。相反，对于交通协管员利用与其关系密切的交警职务上的行为，为请托人谋取不正当利益并收受财物后，再将其中部分财物用于向关系密切的交警行贿的，从常理看，交通协管员的受贿行为既不是行贿行为的手段行为，也不是导致其行贿的原因行为，故其受贿后再行贿的行为不宜认定为牵连犯，而应视为两个独立的犯罪行为，分别构成利用影响力受贿罪和行贿罪，两罪并罚。

对于牵连犯的处断原则，主要有从一重处、数罪并罚等观点。我国刑法及相关司法解释对某些具体犯罪的牵连犯的处理作了特别规定的，实践中应当按照规定处理。例如，有的规定从一重处，《刑法》第 399 条第 4 款规定，司法工作人员实施徇私枉法、民事、行政枉法裁判、执行判决、裁定失职、执行判决、裁定滥用职权行为，同时构成《刑法》第 385 条规定的受贿罪的，依照处罚较重的规定定罪处罚。有的则规定数罪并罚，《刑法》第 157 条第 2 款规定，以暴力、威胁方法抗拒缉私的，以走私罪和第 277 条规定的妨害公务罪，依照数罪并罚的规定处罚；1998 年《最高人民法院关于审理挪用公款案件具体应用法律若干问题的解释》第 7 条规定："因挪用公款索取、收受贿赂构成犯罪的，依照数罪并罚

---

[1] 参见张明楷：《刑法学》，法律出版社 2007 年版，第 378 页。

的规定处罚。挪用公款进行非法活动构成其他犯罪的，依照数罪并罚的规定处罚。"

对于我国刑法及司法解释对相关犯罪的牵连犯的处理没有作特别规定的，一般应从一重处。如被告人吴某为骗取他人财物，先在酒店窃取他人银行卡磁条信息 169 条，再利用窃取的信息伪造银行卡 52 张，并使用其中 4 张，从被害人银行卡账户内取款 13.2 万元。吴某窃取银行卡信息后制作伪卡并进行诈骗行为属于典型的牵连犯，其中窃取银行卡信息、制作伪卡属于手段行为，利用伪卡进行诈骗属于目的行为。吴某的行为同时构成窃取信用卡信息罪、伪造金融票证罪和信用卡诈骗罪，应从一重处，即按照各行为所对应罪名的相应量刑幅度来确定较重的罪名。窃取银行卡磁条信息 169 条，达到数量巨大，应处 3 年以上 10 年以下有期徒刑；伪造银行卡 52 张，属于情节特别严重，应处 10 年以上有期徒刑或者无期徒刑；利用伪卡骗取财物 13.2 万元，达到数额巨大，应处 5 年以上 10 年以下有期徒刑。相较而言，对吴某应以伪造金融票证罪定罪处罚。

第三节　行政诉讼中的法律适用方法

行政审判涉及的法律规范层级和门类较多，在法律适用中经常遇到如何识别法律规范等疑难问题。这些问题能否妥当地加以解决，直接关系着行政审判的公正和效率，也关系到我国行政法制的统一。

一、行政审判法律适用的特点

行政审判法律适用是指人民法院在审理行政案件、审查行政行为合法性过程中具体运用法律规则解决行政争议的活动。行政审判法律适用与民事审判、刑事审判法律适用有一些共同之处，但也存在很多差异。总体上来说，行政审判法律适用有以下特点：

1. 行政审判法律适用的主体是人民法院，这与行政行为法律适用的主体是行政主体不同。因此，在行政诉讼中，只有人民法院才能成为法律适用的主体，行政机关不能成为法律适用的主体。

2. 行政诉讼法律适用是在对行政机关作出行政行为时所作法律适用进行审查的基础上进行的。行政诉讼法律适用的这一根本特点，是由人民法院在行政诉讼中的根本任务，以及人民法院与行政机关职能上的分工决定的。人民法院在行政诉讼中的根本任务是对行政行为的合法性进行审查，通过审查达到监督行政机关依法行使行政职权的目的。因此，人民法院对行政机关在行政程序中所作法律适用进行的审查是整个"行政行为合法性审查"原则的一个方面。而人民法院与行政机关职能上的分工决定了人民法院不能代替行政机关对行政管理事项适用法律，而只能对行政机关的法律适用是否正确进行审查，并作出相应的法律评价。

3. 行政审判法律适用的性质具有审查性，人民法院在审理行政案件过程中，主要是对行政主体作出行政行为适用的法律进行审查。因此，有观点认为，行政主体作出行政行为适用法律是第一次法律适用，人民法院在审理行政案件过程中审查行政主体法律适用行为是第二次法律适用，是对第一次法律适用的审查和监督。人民法院通过第二次法律适用审查判断第一次法律适用是否合法、适当。由于行政程序和行政诉讼程序启动时间的不同，在顺序上存在着先后，在内容上有着本质的差别。因此，行政机关在行政程序中所作的法律适用，是其在经过调查取证、查明事实的基础上，对照法律，得出什么样的行政决定问题；而行政诉讼中的法律适用比行政程序法律适用更具有复杂性。

4. 行政审判法律适用的范围非常广泛，在我国，由于行政法律规范的范围很广、数量很大，因此行政主体作出行政行为时适用法律的范围自然非常广泛，人民法院在审理行政案件过程中，要对行政主体适用的法律进行审查，从而必然决定着行政审判法律适用范围的广泛性。行政审判法律适用的范围除了行政主体适用的法律规范外，还包括人民法院在审理行政案件过程中需要适用的行政诉讼方面的法律和有关司法解释。

5. 行政审判法律适用的形式多种多样，我国立法主体的多层次决定了行政法律规范的效力等级差异较大，这些行政法律规范对行政主体适用法律时是一体适用的，而对于人民法院来说，有的是"依据"，有的是"参照"，还有的是"参考"。《行政诉讼法》第 63 条规定，人民法院审理行政案件，以法律和行政法规、地方性法规为依据。人民法院审理民族自治地方的行政案件，并以该民族自治地方的自治条例和单行条例为依据。人民法院审理行政案件，参照规章。另外，对于规章以下的其他规范性文件，人民法院审理行政案件时可以参考。

二、行政审判法律适用的方式

人民法院在审理行政案件过程中如何审查行政主体法律适用是否合法和适当，这非常重要，也是行政审判法律适用正确与否的关键。实践中，人民法院主要是从三个方面进行审查：

1. 审查行政主体适用法律规范是否正确。行政主体作出行政行为时，必然面临着许多行政法律规范需要选择适用，此时行政主体进行的第一次法律适用就显得非常重要，这不仅决定着行政主体作出行政行为的合法性，还影响着人民法院对行政主体第一次法律适用的审查。当然，人民法院审查行政主体所依据的法律规范是否为应该加以选择适用的法律规范时，主要还是基于案件事实所作出的判断，这并不涉及所适用的法律规范本身是否符合要求的问题。当然，实践中确实存在行政主体作出行政行为时选择适用的法律规范不正确的问题。

2. 审查行政主体所选择适用的法律规范是否符合上位法的规定。人民法院经过审查，认为行政主体作出行政行为时选择适用的法律规范确实正确时，然后就需要审查该法律规范本身是否符合上位法的规定。人民法院经过审查，如果认为行政主体所适用的法律规范与上位法相冲突，就说明行政主体作出行政行为时选择适用的法律规范存在问题。

3. 审查适用该法律能否得出行政机关所作的行政决定。人民法院经过前面的审查后，就可以结合整个案情和该法律规范，判断能否得出所作出的行政决定。如果经过审查，发现行政机关适用该法律规范无法得出所作出的行政决定，这就说明行政主体适用法律规范出现了问题。

三、行政审判中法律规范冲突与选择适用

法律冲突是指就同一事项，不同法律规范有不同内容的规定，导致在效力上相互抵触。[1] 行政法律规范冲突是指对于同一事项的处理，不同的行政法律规范的规定不一致，相互矛盾。法律规范的冲突与选择适用是行政审判的一大特色，在我国，虽然法官无权确认法律规范冲突并裁决法律规范的效力，但在面对冲突规范时，如何选择适用则是必须要面对的问题。法律规范冲突有多种类型和表现形式，不同类型的法律规范冲突造成的后果不同，法院在对待这些冲突的法律规范时选择适用的规则也是不同的。

（一）层级法律规范冲突的选择适用

1. 层级法律规范冲突的适用规则。在我国，不同国家机关制定的法律规范在法律效力上是有差别的，从而形成了上下有序的法律规范效力等级。根据法律规范的效力等级不同，自上而下依次为宪法、法律、行政法规、地方性法规和行

---

〔1〕　参见姜明安主编：《行政法与行政诉讼法》，北京大学出版社 2005 年版，第 574 页。

政规章。应当说，不同级别的立法机关的立法权限、立法事项、立法程序还是存在诸多差异的，因此在立法过程中也就容易出现法律规范的冲突，特别是上下位法律规范的冲突。当上下位法律规范出现冲突时，一个基本规则就是上位法优先于下位法的适用。

2. 层级法律规范冲突的审查原则。审判实践中，人民法院在审查被诉行政行为的合法性时，应当对下位法是否符合上位法的规定进行审查判断。一般情况下，人民法院依据以下原则来审查下位法是否与上位法相抵触：

（1）法律优位原则。法律优位原则，是行政立法中重要的原则，是指其他国家机关制定的一切规范，都必须与全国人大制定的法律保持一致，不得抵触。比如，《中华人民共和国立法法》（以下简称《立法法》）规定，国务院根据宪法、法律制定行政法规；国务院各部、委员会、中国人民银行、审计署和具有行政管理职能的直属机构以及法律规定的机构，可以根据法律和国务院的行政法规、决定、命令，在本部门的权限范围内，制定规章；省、自治区、直辖市和设区的市、自治州的人民政府，可以根据法律、行政法规和本省、自治区、直辖市的地方性法规，制定规章。这里的"根据"，事实上就是要求行政机关制定的法律规范，必须与法律保持一致，不得抵触。《行政处罚法》也规定，在法律已设定行政处罚的情况下，行政法规可以再作具体化的规定，但必须在法律规定的违法行为、处罚种类和处罚幅度的范围以内，对规章则作了更为严格的限制性规定。总之，下一位阶的法律规范必须与上一位阶的法律规范保持一致，这是行政立法的重要原则之一。人民法院在审查行政行为的合法性时，应当审查行政行为适用的法律规范是否体现了法律优位原则，对于违反这一原则的法律规范则可以不予适用。

（2）法律保留原则。法律保留原则，是行政立法中另一重要原则，是指对于一些必须由法律作出规定的事项，其他任何法律规范均无权作出规定。法律保留原则根据保留的程度不同，可以分为绝对法律保留和相对法律保留。绝对法律保留原则，是指对于只能由法律作出规定的事项，在法律尚未就此作出规定的情况下，其他任何法律规范都无权对此作出规定。相对法律保留原则，是指对于只能由法律作出规定的事项，在法律尚未就此作出规定的情况下，可以授权有关机关在授权的范围内作出规定。《立法法》对法律保留原则作出了明确规定，《立法法》第11条规定："下列事项只能制定法律：（一）国家主权的事项；（二）各级人民代表大会、人民政府、监察委员会、人民法院和人民检察院的产生、组织和职权；（三）民族区域自治制度、特别行政区制度、基层群众自治制度；（四）犯罪和刑罚；（五）对公民政治权利的剥夺、限制人身自由的强制措施和处罚；（六）税种的设立、税率的确定和税收征收管理等税收基本制度；（七）对非国有财产的征收、征用；（八）民事基本制度；（九）基本经济制度以及财政、海关、金融和外贸的基本制度；（十）诉讼制度和仲裁基本制度；（十一）必须由全国人民代表大会及其常务委员会制定法律的其他事项。"《立法法》第 12 条规定："本法第十一条规定的事项尚未制定法律的，全国人民代表大会及其常务委员会有权作出决定，授权国务院可以根据实际需要，对其中的部分事项先制定行政法规，但是有关犯罪和刑罚、对公民政治权利的剥夺和限制人身自由的强制措施和处罚、司法制度等事项除外。"可见《立法法》第 11 条、第 12 条对法律保留原则以及其中的绝对保留和相对保留的规定是十分具体明确的。而且为了确保法律保留原则的更好实施，《立法法》第 13 条更是进一步对授权决定应当明确授权的目的和范围、被授权机关应当严格按照授权目的和范围行使该项权力、被授权机关不得将该权力转授给其他机关等方面作出规定。我国《行政处罚法》《中华人民共和国行政许可法》（以下简称《行政许可法》）也明确规定了法律保留原则。

（3）职权法定原则。职权法定是行政主体作出行政行为的重要条件之一，行政法律规范对行政主体的职权作出规定时，也必须考虑职权法定原则的基本要求，这主要体现在职能管辖、地域管辖和级别管辖上。

在职能管辖的规定上，行政法律规范应当考虑不同行政机关之间在处理行政事务时存在着不同的分工和权限，这主要是以行政机关组织法、编制、"三定方案"以及法律、法规的明确授权为基础确定的。只有这样，才能充分实现人民政府各部门管理行政事务的职能，避免行政机关之间相互扯皮、推诿责任，达到合理实施行政管理权的目的。行政法律规范在作出规定时，必须考虑不同职能的实施机关具有法定性。比如，对于治安拘留行政处罚权，只能赋予公安机关来行使，如果规定由其他机关来行使这项权力就是违法的；对于消防管理的权力，只能赋予公安消防机构来行使，同样不能赋予其他行政机关来行使；对于颁发企业营业执照的权力，显然只能由工商行政管理机关来行使，如果行政法律规范规定由其他机关来行使这些权力，显然也是违法的。当然，对于有些行政事务需要采取综合执法的，行政法律规范在作出规定时同样应当考虑一些职权的法定实施主体。

在地域管辖的规定上，行政法律规范应当考虑同一部门、同一级别行政机关之间在各自辖区内如何实施行政管理的权限分工。比如，《行政处罚法》第 22 条规定，行政处罚由违法行为发生地的行政机关管辖。这是确定行政处罚地域管辖的一般原则。违法行为人在客观上实施违法行为，以违法行为发生地作为行政处罚的基准点是比较科学的，有利于行政机关及时有效地纠正和惩罚违法行为，对违法事实进一步调查、取证，可以有效地节约人力、物力，提高工作效率。违法行为发生地包括违法行为着手地、经过地、实施地和危害结果发生地。行政法律规范在对行政主体地域管辖的规定上，不能违反地域管辖的一般原则，否则也是不科学的、违法的。

在级别管辖的规定上，行政法律规范应当考虑什么级别的行政主管部门来管辖哪些违法行为符合上位法的规定，也就是哪些违法行为由低级别的行政主管部门管辖，哪些违法行为由高级别的行政主管部门管辖。

3. 层级法律规范冲突的常见情形。人民法院经审查认为下位法与上位法相抵触的，应当依据上位法审查被诉行政行为的合法性。从审判实践看，下位法不符合上位法的常见情形有：

（1）下位法缩小上位法规定的权利主体范围，或者违反上位法立法目的扩大上位法规定的权利主体范围。比如，《中华人民共和国产品质量法》（以下简称《产品质量法》）并未赋予产品质量监督管理部门对维修者的行政处罚权，而《××省产品质量监督管理条例》则规定了产品质量监督管理部门对维修者实施行政处罚的权力。

（2）下位法限制或者剥夺上位法规定的权利，或者违反上位法立法目的扩大上位法规定的权利范围。

（3）下位法扩大行政主体或其职权范围。比如，1986年《中华人民共和国渔业法》（以下简称《渔业法》）第30条规定："未按本法规定取得捕捞许可证擅自进行捕捞的，没收渔获物和违法所得，可以并处罚款；情节严重的，并可以没收渔具。"彼时这一条未规定可以没收渔船。1989年《××省实施〈中华人民共和国渔业法〉办法》第34条规定，未取得捕捞许可证擅自进行捕捞或者伪造捕捞许可证进行捕捞，情节严重的，可以没收渔船。这是与1986年《渔业法》的规定不一致的。人民法院审理行政案件，对地方性法规的规定与法律和行政法规的规定不一致的，应当执行法律和行政法规的规定。

（4）下位法延长上位法规定的履行法定职责期限。比如，《××区人民政府办公室关于印发××区优抚对象及军人子女教育优待实施办法的通知》（以下简称《实施办法》）颁发于2009年3月2日，但其第15条所规定的施行时间却是2009年1月1日。也就是说，《实施办法》尚未颁布前两个月就已经产生了拘束力。这样的规定使得该《实施办法》具有了法律上溯及既往的效力。这种规定不仅有悖于法不溯及既往的基本原则，而且也是与现行法律等规定相抵触的。

（5）下位法以参照、准用等方式扩大或者限缩上位法规定的义务或者义务主体的范围、性质或者条件。比如，有的地方政府规章在制定招商引资优惠政策时，对应征税种和法定收费项目擅自规定减免，或者规定先征后返，这违反了《中华人民共和国税收征收管理法》（以下简称《税收征管法》）关于减免税费的规定。

（6）下位法增设或者限缩违反上位法规定的适用条件。比如，某市在规章中关于由建设局委托建筑施工安全检查站进行处罚的规定，没有法律、法规依据，违反了《行政处罚法》的规定，导致委托无效。

（7）下位法扩大或者限缩上位法规定的给予行政处罚的行为、种类和幅度的范围。比如，1993年《产品质量法》第38条规定，生产者、销售者在产品中掺杂、掺假，以假充真，以次充好，或者以不合格产品冒充合格产品的，责令停止生产、销售；没收违法所得，并处违法所得1倍以上5倍以下罚款，可以吊销营业执照；构成犯罪的，依法追究刑事责任。而1993年《××省产品质量监督管理条例》第26条规定，生产者、销售者在产品中掺杂、掺假，以假充真，以次充好，或者以不合格产品冒充合格产品的，责令停止生产销售，并处违法所得1倍以上5倍以下罚款，可以吊销营业执照。前款规定的产品尚未销售的，没收其产品，并可对单位有关负责人处以1000元以上3000元以下罚款。从《××省产品质量监督管理条例》的规定来看，该条例规定可以没收产品，这显然超出了《产品质量法》规定的处罚范围。

（8）下位法改变上位法已规定的违法行为的性质。比如，某地方政府规章中规定，在广场内乱泼、乱倒、乱涂、乱画的，一次罚款500元；在广场内踢足球，燃放鞭炮的，给予20～100元的罚款。这些罚款规定显然改变了上位法关于此类行为性质的规定，无任何法律依据。

（9）下位法超出上位法规定的强制措施的适用范围、种类和方式，以及增设或者限缩其适用条件。比如，《中华人民共和国公路管理条例》（以下简称《公路管理条例》）（已失效）没有规定公路行政管理部门对拖缴、逃缴公路规费的单位和个人可以采取扣留驾驶证、行车证、车辆等强制措施。而××省人民政府发布的《关于加强公路养路费征收稽查工作的通告》第6条"可以采取扣留驾驶证、行车证、车辆等强制措施"的规定，缺乏法律和法规依据。

（10）法规、规章或者其他规范文件设定不符合《行政许可法》规定的行政许可，或者增设违反上位法的行政许可条件。如某地关于"预拌混凝土生产企业实行资质管理制度"的规定，无法律、法规依据，属于擅自设定行政许可。

（二）同位法律规范冲突的选择适用

同位法律规范冲突是指相同位阶的法律规范相互矛盾或不一致，又可称之为法律规范的横向冲突。根据法律规范的种类是否相同，可以把同位法律规范冲突分为效力等级相同的相同种类法律规范冲突和效力等级相同的不同种类的法律规范冲突。前者如法律之间、行政法规之间、地方性法规之间、规章之间以及其他规范性文件之间发生的冲突，后者如相同效力等级的不同部门制定的规章之间、部门规章与地方政府规章之间、地方性法规与部门规章之间等的冲突。我国《立法法》为解决同位法律规范冲突设置了一套裁决机制。《立法法》第106条规定，地方性法规、规章之间不一致时，由有关机关依照规定的权限作出裁决。地方性法规与部门规章之间对同一事项的规定不一致，不能确定如何适用时，由国务院提出意见，国务院认为应当适用地方性法规的，应当决定在该地方适用地方性法规的规定；认为应当适用部门规章的，应当提请全国人民代表大会常务委员会裁决。部门规章之间、部门规章与地方政府规章之间对同一事项的规定不一致时，由国务院裁决。根据授权制定的法规与法律规定不一致，不能确定如何适用时，由全国人民代表大会常务委员会裁决。

1. 地方性法规与部门规章冲突的选择适用。地方性法规与部门规章之间对同一事项的规定不一致的，人民法院一般可以按照下列情形适用：①法律或者行政法规授权部门规章作出实施性规定的，其规定优先适用；②尚未制定法律、行政法规的，部门规章对于国务院决定、命令授权的事项，或者对于中央宏观调控的事项、需要全国统一的市场活动规则及对外贸易和外商投资等需要全国统一规定的事项作出的规定，应当优先适用；③地方性法规根据法律或者行政法规的授权，根据本行政区域的实际情况作出的具体规定，应当优先适用；④地方性法规对属于地方性事务的事项作出的规定，应当优先适用；⑤尚未制定法律、行政法规的，地方性法规根据本行政区域的具体情况，对需要全国统一规定以外的事项作出的规定，应当优先适用。不能确定如何适用的，应当中止行政案件的审理，逐级上报最高人民法院按照《立法法》的规定送请有权机关处理。

2. 规章冲突的选择适用。部门规章与地方政府规章之间对相同事项的规定不一致的，人民法院一般可以按照下列情形适用：①法律或者行政法规授权部门规章作出实施性规定的，其规定优先适用；②尚未制定法律、行政法规的，部门规章对于国务院决定、命令授权的事项，或者对属于中央宏观调控的事项、需要全国统一的市场活动规则及对外贸易和外商投资等事项作出的规定，应当优先适用；③地方政府规章根据法律或者行政法规的授权，根据本行政区域的实际情况作出的具体规定，应当优先适用；④地方政府规章对属于本行政区域的具体行政管理事项作出的规定，应当优先适用。不能确定如何适用的，应当中止行政案件的审理，逐级上报最高人民法院送请国务院裁决。

国务院部门之间制定的规章对同一事项的规定不一致的，人民法院一般可以按照下列情形选择适用：①适用与上位法不相抵触的部门规章规定；②与上位法均不抵触的，优先适用根据专属职权制定的规章规定；③两个以上的国务院部门就涉及其职权范围的事项联合制定的规章规定，优先于其中一个部门单独作出的规定。不能确定如何适用的，应当中止行政案件的审理，逐级上报最高人民法院送请国务院裁决。

3. 其他规范性文件冲突的选择适用。国务院部门或者省、市、自治区人民政府制定的其他规范性文件对相同事项的规定不一致的，参照上列精神处理。

（三）新旧法律规范冲突的选择适用

新旧法律规范冲突，又称为时际冲突，一般来说，新的法律规范颁布实施之后，旧的法律规范也就自然失效。但是，在行政执法实践中，往往会发生行政相对人的行为及其结果与行政机关的处理行为跨越新旧两个不同的法律规范的情形。并且新旧法律规范对行政相对人的行为以及行政机关作出具体行为的规定也不一致。因此，人民法院在审查判断被诉行政行为适用法律规范的时间效力时，一是要查清被诉行政行为所适用的法律规范的生效时间及失效时间及有无溯及力问题；二是要查清被诉行政行为所处理的行为或事项的时间。

《立法法》第 104 条规定，法律、行政法规、地方性法规、自治条例和单行条例、规章不溯及既往，但为了更好地保护公民、法人和其他组织的权利和利益而作的特别规定除外。实践中，对行政相对人的行为或被处理的事项和行政机关的处理均在新法生效之前的，应适用旧法；对行政相对人的行为或被处理的事项和行政机关的处理均在新法生效之后的，应适用新法；对行政相对人的行为发生或被处理的事项在新法生效之前，行政机关处理在新法实施之后的，除法律、法规明确规定该法具有溯及既往的效力之外，人民法院审查行政行为的合法性时，有关实体问题原则上适用旧法规定，有关程序问题原则上适用新法规定。但下列情形除外：①法律、法规或规章另有规定的；②适用新法对保护行政相对人的合法权益更为有利的；③按照行政行为的性质应当适用新法的实体规定的。这里体现了当新旧法律规范出现冲突时，涉及实体问题时应当在冲突的新旧法律规范中选择对当事人权益保护更有利的。

（四）种属法律规范冲突的选择适用

种属法律规范冲突，也就是一般法律规范与特别法律规范之间的冲突。同一法律、行政法规、地方性法规、自治条例和单行条例、规章内的不同条文对相同事项有一般规定和特别规定的，优先适用特别规定。法律之间、行政法规之间或者地方性法规之间对同一事项的新的一般规定与旧的特别规定不一致的，人民法院原则上应按照下列情形适用：新的一般规定允许旧的特别规定继续适用的，适用旧的特别规定；新的一般规定废止旧的特别规定的，适用新的一般规定。

当出现新的一般规定与旧的特别规定不一致，不能确定如何适用时，则由有权机关裁决。《立法法》第105条、第106条规定，法律之间对同一事项的新的一般规定与旧的特别规定不一致，不能确定如何适用时，由全国人民代表大会常务委员会裁决。行政法规之间对同一事项的新的一般规定与旧的特别规定不一致，不能确定如何适用时，由国务院裁决。同一机关制定的新的一般规定与旧的特别规定不一致时，由制定机关裁决。实践中，当人民法院不能确定新的一般规定是否允许旧的规定继续适用的，人民法院应当中止行政案件的审理，属于法律的，逐级上报最高人民法院送请全国人民代表大会常务委员会裁决；属于行政法规的，逐级上报最高人民法院送请国务院裁决；属于地方性法规的，由高级人民法院送请制定机关裁决。

第五章 模拟法庭的关键流程

结合司法实践具体状况，在模拟审判中，其关键流程可分为法庭调查与法庭辩论两个环节，其中伴随着争议焦点整理的基本要求。

第一节 法庭调查

一、我国法庭调查的基本特征

法庭调查，是指在法庭主持下，诉讼双方依次分别举证，并就此展开质证和辩证，进而由法庭视情况对证据予以认证的专门性活动。我国的法庭审判阶段设置与程序具有鲜明特点，主要表现在：一是独特的实质性庭审阶段的设置；二是轮流质证式的证据调查方式。

我国实质性庭审阶段的设置与英美法系、大陆法系国家的规定均有差异，具有自身的特色。在英美法系国家，实质性的庭审活动可概括为"三段式"：①开场陈述。由控辩双方表明各自对案件证据的基本看法，说明举证要点、举证方法。②法庭调查与辩论。对人证一般采用交叉询问的方式，各方可就证据的客观性、关联性、合法性等问题展开论证和辩论。③最后陈述。由控辩双方就各自的举证进行总结，该总结应以法庭调查的证据为基础，合乎逻辑地得出被告人有罪、无罪以及犯罪情节轻重的结论。而大陆法系国家除前期活动之外，实质性的庭审活动一般呈"两段式"，分为法庭调查和法庭辩论，划分明确，阶段起止通常由法官明确宣布。与英美法系国家相比，我国设有独立的法庭调查和法庭辩论阶段；而与大陆法系国家相比，我国庭审中的证据调查阶段已不限于调查活动，同时也融合一定的辩论活动。这是我国庭审阶段设置上的一大特点，虽仍设有相对独立的法庭辩论阶段，但同时也不排斥在法庭调查中即由控辩双方等对案情和证据展开辩论。如公诉人讯问时，被告人拒绝回答或沉默无语的，在公诉机关宣读其原有笔录后，即应由控辩双方对该笔录进行质证、辩论。基于控辩平等的诉讼原理，辩护人也可以宣读其调查过程中询问被告人的笔录，供控辩双方质证、辩证。有学者称此为"分散辩论"，而法庭辩论阶段的辩论被称为"集中辩论"，这种两者相结合的方式不仅在形式上体现控辩双方对抗性的增强，事实上也强化了庭审程序中控辩双方对证据的核查，这对于准确认定证据、查明案件事实无疑具有重要意义。

作为法庭调查证据的一种方式，交叉询问原本是英美法系法庭调查中主要的人证调查方法，其主要特点在于通过控辩双方对己方证人主询问，对对方证人反询问，并在必要时再次主询问、反询问的方式调查证人证言的可靠性，进而查明案件的事实真相。我国立法为加强控辩双方在庭审中的平等对抗，更好地揭示案件的客观真实，在法庭调查程序中借鉴了这一查证方式。《刑事诉讼法》第61条和第194条部分体现了交叉询问方式在我国证据调查程序中的适用。《刑诉法解释》第259条、第261条对于证人出庭作证方式的规定也体现了这一点。这种方式明显类似于主询问、反询问交替进行的交叉询问。但值得注意的是，整体而言，证据调查还是轮流质证式的，除了对到庭作证的证人、鉴定人的询问接近于交叉询问外，对于大量书证、物证、书面证言、被告人供述、被害人陈述等证据的质证方法均是轮流质证的方式，即使对到庭作证的证人、鉴定人的询问，在询问的规则、主体等方面，也异于交叉询问，所以，将我国现行的证据调查方法称为轮流质证更为合适。

二、法庭调查的重点环节

我国刑事诉讼、民事诉讼与行政诉讼的法庭调查具体内容虽各有不同，但其重点环节则具有一致性，大体可包括当事人陈述、举证、质证与认证四大环节。

（一）当事人陈述

当事人陈述，主要由原告方宣读起诉内容，明确诉讼主张、事实依据和法律依据，然后由被告方口头答辩或宣读答辩内容，明确对原告的诉讼请求、事实依据及法律依据的意见。例如，在刑事诉讼中，首先由公诉人宣读起诉书，明确指控的犯罪事实、罪名及相关依据，然后法庭询问被告人及辩护人的基本意见，进而明确案件适用程序。在行政诉讼中，法庭陈述应当按照被告陈述行政行为、原告陈述诉讼意见、被告陈述答辩意见、第三人陈述意见的顺序进行。当事人有诉讼代理人的，可以由诉讼代理人陈述或答辩，也可以在当事人陈述或答辩后，再由诉讼代理人补充。当事人陈述，可以使法庭明确当事人的诉讼请求、事实依据和法律依据，便于及时确定案件适用程序并及时归纳本案争议焦点。

（二）举证

举证是指在法庭调查过程中，在法庭主持下，原被告双方为证明己方的诉讼主张成立，或者为反驳对方的诉讼主张，向法庭提供相关证据材料的法定程序。举证是质证过程中的首要环节，是质证和认证的前提和基础。

下面以刑事诉讼为例说明举证过程及相关要求。2012 年《刑事诉讼法》明确规定，公诉案件中被告人有罪的举证责任由公诉机关承担。公诉方指控被告人犯罪，应当遵循举证说明、有效举证、全面举证等要求，对指控的事实提供确实、充分的证据。举证一般遵循以下规则：

1. 公诉机关承担犯罪事实的举证责任，被告方不负证明自己无罪的责任。公诉方指控被告人犯罪，应当提出确实、充分的证据。当然，辩护方也可以根据事实和法律，提出被告人无罪、罪轻或者减轻以及免除刑事责任的材料和意见，维护被告人诉讼权利和其他合法权益。对于公诉机关出示的有罪证据，被告人及其辩护人可以提供证据进行反驳，动摇法官对指控犯罪事实成立的心证。需要强调的是，无论辩护方是否提供证据进行防御，都应当由检察机关承担证明责任。

对于控辩双方移送人民法院的证据，应当由控辩双方出示，法庭不能主动出示相关证据。对于人民法院依职权调取的证据，也应当由控辩双方出示。

2. 举证方在举证前，首先应说明主张的事实有哪些证据证实，然后表明其出示或宣读的证据来源何处、如何取得以及能证明哪些事实。在法庭表示许可后，举证方逐一出示或宣读证据，或要求法庭传唤证人当庭作证。《刑诉法解释》第 247 条规定，控辩双方申请证人出庭作证，出示证据，应当说明证据的名称、来源和拟证明的事实。法庭认为有必要的，应当准许；对方提出异议，认为有关证据与案件无关或者明显重复、不必要，法庭经审查异议成立的，可以不予准许。

3. 全面举证，即公诉机关应承担提供证明指控的犯罪事实和量刑情节的全部证据的责任。全面举证，要求公诉机关提供对被告人有利和不利的全部证据，包括证明被告人罪重或罪轻，从重或从轻等量刑情节的证据。同时，还要求公诉机关对其主张的每一节事实都要有充分的证据，以全面证明案件事实，做到证据确实、充分。

2012 年《刑事诉讼法》规定，辩护人认为在侦查、审查起诉期间公安机关、人民检察院收集的证明被告人无罪或者罪轻的证据材料未提交的，可以申请人民检察院、人民法院调取。同样，辩护人收集的有关犯罪嫌疑人不在犯罪现场、未达到刑事责任年龄、属于不负刑事责任的精神病人的证据，应当及时告知公安机关、人民检察院。

4. 逐一举证与分组举证相结合。逐一举证，即控方在举证时，每次只举一份证据，然后由辩方发表质证意见，也成为一证一质，这种方式主要适用于简单的案件。分组举证，是将不同类型的证据材料，根据其内容进行分类，把具有相同内容的材料作为一组，在举证时以一组材料作为一个单元，分别出示，并发表举证意见。这种方式主要适用于复杂的案件，也是实践中常见的举证方式。但是，分组举证时要注意一组证据数量不能过多，否则将影响辩方质证的有效性。

（三）质证

我国传统上实行职权主义审理模式，法官多依职权主义主动查明案件事实，对当事人和公诉机关的举证、质证活动重视不够。但随着我国诉讼模式的不断优化，尤其是党的二十大报告提出，规范司法权力运行，健全公安机关、检察机关、审判机关、司法行政机关各司其职、相互配合、相互制约的体制机制。这就要求在司法审判过程中，人民法院要依法履行审判职责，而举证、质证活动则应当由当事人和公诉机关履行。可以预见，今后的法庭审判中，当事人双方的对抗性更强，对举证、质证的要求更高，其中质证更成为法庭审判的"重头戏"。质证有广义和狭义之分。广义的质证等同于证据调查活动。例如庭审质证，包括提出证据、对证据发表意见、进行质疑等环节。而狭义的质证仅指在法庭上向对方证人、证据进行质疑的权利，实践中主要是指被告有权在法庭上对原告方出示的证据提出质证意见。诉讼双方从各自立场和视角，依法行使质证权，对对方提供的证据提出质疑，能够为法庭正确判断证据的效力提供参考。本部分内容主要探讨狭义的质证，即在法庭调查过程中，诉讼双方在审判长的主持下围绕出示的证据进行审查、质疑、说明、解释、咨询、辩驳等，审查证据的真实性、关联性和合法性，从而确认证据的证据资格或证明力，从而对法官判案形成影响。

1. 质证时间。质证一般是在法庭审理过程中进行。例如，根据《刑诉法解释》第71条规定："证据未经当庭出示、辨认、质证等法庭调查程序查证属实，不得作为定案的根据。"同时，《刑诉法解释》第271条第2款、第3款规定，对公诉人、当事人及其法定代理人、辩护人、诉讼代理人补充的和审判人员庭外调查核实取得的证据，应当经过当庭质证才能作为定案的根据。但是，对不影响定罪量刑的非关键证据、有利于被告人的量刑证据以及认定被告人有犯罪前科的裁判文书等证据，经庭外征求意见，控辩双方没有异议的除外。有关情况，应当记录在案。

2. 质证的具体对象。质证的对象是审判中由诉讼一方提出并由对方进行质疑或诘问的证据材料。司法实践中，仅凭一个直接证据单独证明案件事实的情况是很少的，往往是运用直接证据结合间接证据证明案件事实。对于完全依靠间接证据定案的情形，除了各个间接证据应当查证属实外，还应当确保全部间接证据能够形成一个完整的证明体系。根据《刑诉法解释》第140条的规定，间接证据定案应当符合以下条件：①证据已经查证属实；②证据之间相互印证，不存在无法排除的矛盾和无法解释的疑问；③全案证据形成完整的证据链；④根据证据认定案件事实足以排除合理怀疑，结论具有唯一性；⑤运用证据进行的推理符合逻辑和经验。

3. 质证的具体内容。一般情况下，质证主要是针对证据的"三性"进行：①对证据的客观性（真实性）进行质证。即诉讼证据不同于证据材料，它应当是真实的，而不能是虚假的，对此应当严格进行审查。关于证据的客观性，可以从联系、比较的角度切入，也可以从证据之间的矛盾之处切入，还可以从证据内容是否合乎常情常理、有无利害关系等角度切入。②对证据关联性进行质证。证据应当与待证案件主要事实存在内在的联系，应当排除与案件无关的"证据"。③对证据合法性进行质证。证据除应具有法定的形式之外，还应当是由法定的主体依照法定程序收集获得。证据合法性问题涉及的范围很广，不仅仅是非法证据排除规则的适用问题。例如，《刑事诉讼法》第56条规定，采用刑讯逼供等非法方法收集的犯罪嫌疑人、被告人供述和采用暴力、威胁等非法方法收集的证人证言、被害人陈述，应当予以排除。收集物证、书证不符合法定程序，可能严重影响司法公正的，应当予以补正或者作出合理解释；不能补正或者作出合理解释的，对该证据应当予以排除。在侦查、审查起诉、审判时发现有应当排除的证据的，应当依法予以排除，不得作为起诉意见、起诉决定和判决的依据。关于取证主体、取证过程、取证程序和方法手段等各方面都有可能存在合法性问题。对此，要依照《刑事诉讼法》及相关司法解释规定的取证规范、认证规范进行有效质证。

此外，质证也可以围绕证据的法定形式、证明目的、证明效果、证明标准、证明过程等方面进行。根据2015年《最高人民法院、最高人民检察院、公安部等印发〈关于依法保障律师执业权利的规定〉的通知》第29条，法庭审理过程中，律师可以就证据的真实性、合法性、关联性，从证明目的、证明效果、证明标准、证明过程等方面，进行法庭质证和相关辩论。例如，有的证据虽然"三性"没有问题，但对于案件事实并不能够起到证明作用，难以达到举证方的证明目的。从证明效果方面进行质证，主要是从证据证明力有无、证明力大小、能否相互印证、与其他证据有无矛盾、是否为孤证等方面进行质疑。从证明标准方面进行质证，则是指对于举证方出示的一组证据，从是否达到法定的证明标准进行质证，至于全案是否达到证明标准，一般放在法庭辩论阶段进行。

还有一种情况，有些证据的"三性"没有问题，但举证方运用这些证据分析案件、进行论证推理时，其分析推理的逻辑方法是错误的，其推理结论也是经不起推敲的，此时，质证方应当针对举证意见及时提出质疑。

4. 质证的方法。质证的方法较多，一般可采取以下方法：

（1）一证一质，即对于法律事实单一、层次清晰、争议不大的简单案件，由法庭逐次推进，一事一证，一证一质。实践中，一个事实往往需要多个证据构成的一组证据证实，所以，该组证据在证明作用上与案件是紧密相关的，可以一并质证。为避免质证方因同时对多个证据质证而混淆并降低质证效果，可将一组证据中每个证据逐一质证。当然，在不影响质证效果且对方同意的情况下，也可以对一组或一组证据中的若干关系密切的几个证据一并质证，即在连续出示或宣读几个证据后，由对方逐一质证。这样质证，应当以有效质证为前提。需要强调的是，对于关键的定案证据，应当一证一质，不能捆绑质证。

（2）分类归纳，对于一个案件有多个法律事实或法律关系，证据材料较多，情节复杂的案件，可以区分当事人行为事实的性质、法律关系，进行分别归类，分类逐一质证。如被告人被指控实施多种不同的犯罪或者涉及多起事实的案件，可采用此方法。

（3）由表及里，先抓住表层问题举证、质证，然后层层推进，逐步深入，最后再抓住核心问题举证、质证。

总体而言，质证应当注意把握以下基本要点：其一，要注意突出重点。抓住那些决定案件事实和性质的关键性问题、关键性情节、关键性证据，把握和提示诉讼双方重点举证和质证。其二，要注意发现矛盾点并加以研究，适时排除，及时查清。在某一证据进行质证过程中，不仅仅是针对该证据本身发表质证意见，更要联系其他证据，善于分析发现该证据与其他证据能否相互印证，是否存有矛盾。其三，质证要透彻到位。不仅要充分发表质证意见，并且质证意见不能只说意见、不说理由。例如，质证方对于一份证据，提出不予认可，理由是证据真实性不予认可，或者证据不能证明达到相应的证明目的，但接下来要适当展开论证，即为什么对真实性不认可，哪些方面可能是虚假的，理由是什么？为什么认为该证据不能达到证明目的？具体理由是什么？与其他证据有矛盾，具体是与哪一份证据相互矛盾，矛盾点在什么地方，是细枝末节的出入还是根本矛盾、重大矛盾，这些都要讲清楚，而不能泛泛而谈对证据的合法性不认可、真实性不认可等。

5. 质证案例示范：陆某某贪污、非法持有弹药案。[1]

（1）起诉书指控的犯罪事实。某市人民检察院于 2002 年 4 月 10 日向该市中级人民法院提起公诉，指控陆某某犯有贪污罪、非法持有弹药罪。其中，对贪污罪的指控如下：

1）1993 年 10 月，被告人陆某某在承建某市农业委员会下属的城发房产开发公司（以下简称房产公司）康乐新村工程中，多次约请时任某市农业委员会主任的陈某某（已判刑）参与赌博，共输人民币 13 万余元后，两人合谋虚构工程结算单骗取公款归还赌债，由陆某某伪造康乐新村工地零星工程验收单和工程结算表，经陈某某审批后，从房产公司骗取公款人民币 213 184.73 元。

2）1993 年 12 月 10 日，被告人陆某某和陈某某合谋签订一份由陆某某承揽房产公司八小区围墙工程的协议。1994 年 1 月，陆某某伪造了一份（夸大工程造价）八小区围墙工程结算表，经陈某某审批后，从房产公司骗取公款人民币 133 681.21 元。

3）1994 年 1 月~2 月间，被告人陆某某与陈某某合谋，由陆某某伪造一份康乐新村挡土墙工程结算表，经陈某某审批后，从房产公司骗取公款人民币 565 806.05 元。

4）1994 年 8 月，被告人陆某某与陈某某合谋，由陆某某伪造一份农委大楼地面整体换土工程结算表，经陈某某审批后，从房产公司骗取公款人民币 377 587.38 元。

5）1994 年 9 月，被告人陆某某和陈某某在明知农委大楼已停工，无法续建的情况下，合谋签订由陆某某垫支人民币 200 万元并由房产公司支付利息的协议，从房产公司骗取公款人民币 900 432.04 元。

被告人陆某某总计贪污公款人民币 219.069 万元。对于以上指控，控方提供

---

〔1〕 案例来源于顾永忠主编：《刑事辩护技能与技巧培训学习指南》，法律出版社 2010 年版，第 256~268 页。

的证据主要有：

1）被告人陆某某个人身份和另案处理的陈某某身份的相关证据。陆某某已取得加拿大永久居留身份而没有入加拿大籍；陈某某系国家工作人员并担任领导职务。

2）讯问陈某某的笔录。讯问笔录的要点是：陈某某承认其在结算单上签名的零星工程和围墙工程，工程本身是存在的，只是夸大了工程量；而换土工程和挡土墙工程完全是假工程，不存在；垫资利息协议也是在工程已经停工不需要垫资的情况下"被迫"签订的，至于陆某某以此协议为据在工程结算中计算了90多万元的利息他并不知道。但是，他强调他没有和陆某某"合谋"过，他是被陆某某"诱骗、利用"才签字的，陆某某只给了他3万元，因此他不是贪污，而是受贿。

3）被告人陆某某于2000年9月15日向侦查人员所作的供述笔录。在该份笔录中，陆某某承认他受陈某某的指使，与其串通，虚构、编造了农委大楼换土工程和挡土墙工程，然后伪造工程结算单，套取工程款37万多元和50多万元，都交给了陈某某。并且其听说，这些钱陈某某在赌博中都输掉了。

4）被告人陆某某与陈某某共同"合谋"伪造工程结算单，骗取、贪污工程款的有关证据。

关于伪造零星工程的指控事实，控方证据主要有：

1）证人吴某某的书面证言。吴某某系工地负责施工监督的工作人员，其在2000年7月23日的证言中说："如果1993年10月2日这张零星工程结算单是指农委大楼的零星工程，那就绝对是假的；如果是指健力宝北路的路边淤泥要清理，应该是有的，但没有这么大工程量"；其在2000年10月17日的书面证言中再次表示：零星工程"从数量上没有结算表上所列的数量那么大，即这一项的数量是夸大了，但夸大了多少，现在就很难说了"。

2）证人欧某某和何某某的书面证言。他们证明陈某某与陆某某一并参加过赌博。

3）书证。零星工程的验收单和结算表，以证明陆某某以施工单位名义结算了此项并不存在的零星工程。

4）书证。根据零星工程验收单和结算表，房产公司向陆某某所在施工单位付款的凭证，以证明被告人陆某某通过伪造零星工程结算文件骗取工程款213 184.7元。

关于夸大八小区围墙工程的指控事实，控方在法庭上出示、宣读的证据有：

1）证人吴某某的书面证言。他证明："八小区围墙工程是有的，但有无578米长的工程量，我就没有量它。当时陆某某让我签字，我就签了。我现在看八小区规划图，据我所知，当时这一围墙包括北边的 D2 座开始向西一直到转角再向南到 A 座，向东到农委大厦，按图纸计，大概有 300 米长。这样看来围墙工程量就多算了 200 多米长。"

2）书证。某市农委与房产公司 303 队签订的围墙工程《协议》，造价为 250元/米，高 2.5 米，用于所征土地 20 亩的围栏。此项证据证明陆某某与陈某某确实"合谋"签订了围墙工程《协议》。

3）1994 年 1 月 15 日围墙工程结算表，工程款为 195 354.44 元。上面有"陈某某""吴某某"及"谭某某"的签字，证明被告人对夸大工程量的围墙工程当时确实进行了结算，"陈某某"在上面签字确认。

4）审核报告。2000 年 11 月 3 日由某某市建设工程预结算审批中心出具的《关于某市农委大楼基础换土工程及临时围墙造价的审核报告》（以下简称《审核报告》），其中关于围墙工程的内容为："一、围墙工程：以 2000 年 8 月 18 日各方现场勘察情况作为计算依据，围墙长度为 350 米，厚度为 180 毫米，高度为2.5 米，附墙砖柱尺寸为 370 毫米×370 毫米，柱间距以 3.5 米考虑，基础大样及尺寸见附图；二、……三、套价执行《广东省建筑工程预算定额计价表（1992年）》，计费程序按当时规定标准执行，综合收费按三类企业标准计费。材料差价执行 1994 年第二季度某某建委发布价；四、审定工程造价：围墙工程造价 61673.23 元。"陆某某以围墙长度 578 米，造价 195 354.44 元进行结算，"骗取了公款人民币 133 681.21 元"。

关于挡土墙工程的指控事实，控方向法庭提供的证据有：

1）证人吴某某、邝某某、赵某某的书面证言。他们都是当年康乐新村工地的现场工作人员，一致证明在该工地上没有建过挡土墙。

2）证人高某的书面证言。他是工程设计单位委托到工地检查、验收工程的技术人员，他证明说"在八小区工程中，我不知道有挡土墙工程，我印象中就没有建挡土墙，更不可能建石墙挡土墙"。

3）书证。1994 年 1 月 31 日《挡土墙工程结算表》，上面有何某某、陈某某、吴某某、谭某某以及本案被告人陆某某的签名，以证明被告人陆某某确以"挡土墙工程"与农委下属的房产公司进行结算，骗取工程款 565 806.05 元。

4）陈某某在另一案中的多次供述。其承认与陆某某一起虚构了八小区康乐新村工地挡土墙工程，套取 565 806.05 元工程款。他还陈述了当时的具体过程：

"在陆某某编制挡土墙工程结算表之前的七八天，即1994年1月20日左右，陆某某请我和何某某在西南镇一家饭店吃饭。陆某某在我们三人一起吃饭时对何某某讲'我和你老板在外面赌钱输了十多万元，我说也不用他自己出了，我负责编造一张虚构的工程结算单，再由你俩签字，取出钱来用于填数。'何某某表示同意。但取到钱后陆某某是否分给何某某钱用，我就不知道了。我当时对陆某某讲不要这样做，但陆某某说'何某某不讲出去，没有人会知道的，一切都由我搞定啦。'所以，我也就同意陆某某这样做了。"

关于换土工程的指控事实，控方向法庭提供的证据有：

1）证人谭某某的书面证言。谭某某是当时农委大楼工地现场的工作人员，负责施工现场的有关工作，他证明有一次陆某某找到他，让他在一份写明农委大楼地面整体换土工程的结算表上签字。他看了之后发现根本没有这个工程，就不想签，但陆某某说领导已经同意，要求他也签字，于是他才签了字。该份证言的实质内容是，换土工程根本不存在，是陆某某拿着填写好的结算单，他让签的字。

2）证人吴某某的书面证言。他证明农委大楼地面整体换土工程是有的。该工程在1.8米~2.5米深，全部挖空，再填沙石，范围按照农委大楼的平面，每边宽1米~2米。但他说工程量没有结算书上所讲的那么大。

3）证人李某的书面证言。她是农委大楼的设计人员，审阅了检察人员向她出示的农委大楼换土工程结算单后，针对结算单上显示的"根据甲方设计人员现场勘察要求，以1∶1扩宽，深度4米挖运土方"的文字明确表示，她自己根本没有到过施工现场，经查她所在的设计院也没有针对此项工程发过"工程变更通知书"。她还指出："根据我们的设计，农委大楼工程没有地下室，钻桩工程设计是38米，没有必要再整体换土，且挖深4米，填砂石，工程量达4000多方，是不可思议的。"她还强调，农委大楼地面面积约500平方米，即使换土4米深，也只有土方2000来方，结算单上显示换土方达到4600多方，是不可能的。

4）证人高某的书面证言。他当时是某市设计院的工作人员，受农委大楼设计人员李某的委托到工地负责检查、验收工程。他表示他本人没有在农委大楼地基施工中提出过变更要求。该地基工程即使需要换土，挖深1.5米~2.5米足够了，按照农委大楼的地面面积，按挖深2米计，最多是895立方工程量，根本不需要挖4米深和那么大的工程量。

5）证人朱某某的书面证言。他当时任某某市建筑设计院院长，在李某对农委大楼设计完成后，由他负责审核。他证明，他们没有到过农委大楼施工现场，也没有在施工过程中发出过变更工程通知书。因此认为换土工程结算表上所显示的"根据甲方设计人员现场勘察…"的说法是虚假的。他还分析说，该工程换土方4米深是不可信的。

6）另案被告人陈某某的供述。他在检察人员进行的一次讯问笔录中明确表示："你们给我看的1994年8月13日农委大楼地面整体换土工程结算单，金额是377 587.38元。这个结算单完全是假的，由陆某某编造，我在上面签字。"

7）书证。被告人陆某某所在单位就农委大楼地面换土工程与建设方进行结算的结算单、结算书等文件及支付该项工程款377 587.38元的有关凭证。

8）某某市建设工程预结算审价中心出具的《审核报告》。其中关于换土工程的内容是："依据某某市房屋建筑设计室1994年3月出具的变更通知第二点，换土深度为1.45米，换土材料采用碎石粉。换土面积计算以建筑物外墙边线各加1米计算。换土施工以挖土机作业，余泥外运以7千米运距计算"，"套价执行《广东省建筑工程预算定额计价表（1992年)》，计费程序按当时规定标准执行，综合收费按三类企业标准计赞费。材料价差执行1994年第二季度某某建委发布价"，"审定换土工程造价139 710.58元"。

9）某某市房屋建筑设计院朱某某和李某以"鉴证人"名义于本案案发后向检察机关出具的《关于某市农委大楼基础工程技术鉴证》（以下简称《技术鉴证》)。其中"关于换土工程的意见如下：该工程设计采用的是钻孔桩基础，而非天然基础，按理施工中不应出现大量换土情况。从建设场地地质资料显示：地面以下0.6米～1.9米为淤泥层，因桩承台需局部换土，深度由外地面至桩承台垫层底部，原设计图按不同的桩台分别挖深，为地面下1.8米、2.7米、3.4米三处深度尺寸，基本超过淤泥层，若有超深的也仅仅为局部少量，不致全面挖深4米。按原设计基础构件尺寸计算，理论换土面积约为226.5平方米，理论换土体积为582立方米。因施工面和土体放坡需要，实际开挖面积和形成的换土体积应大于理论数值，增加的幅度由施工技术及现场实况综合确定。基础完成后的回填材料设计图中没有指定回填砂石。"

关于假垫资骗取利息的指控事实，控方向法庭提供的证据有：

1）书证。1994年9月6日另案被告人陈某某代表某市农委与本案被告人陆某某代表其施工单位共同签订的《协议》，约定由陆某某所在施工单位垫资200万元用于建设农委大楼工程，并约定了计息的利率和起息的日期等。控方认为这是被告人陆某某与陈某某合谋签订的虚假垫资协议，此前农委大楼工程已经停建，此后也再没有建设过，最终该项工程被取消，根本不存在签订协议后陆某某所在施工单位为农委大楼建设垫资施工的事实。

2）证人谭某某和邝某某的书面证言。他们证明在1994年9月前后，农委大楼已建到地上一层，但因故已经停建，以后再也没有施工建设过。公诉人提供该书面证言的目的在于证明当陆某某与陈某某签订垫资协议时，农委大楼工程已经停工，以后再也没有继续施工。因此，所谓陆某某所在施工单位为该大楼工程垫资施工的事实不可能发生。

3）陆某某在农委大楼工程后来结算时签署的一份"确认书"。内容是确认农委方面为其大楼建设工程及其他工程支付了水泥款140万元。据此，公诉人认为农委大楼工程所需的水泥款是农委方面支付的，根本不需要陆某某所在施工单位为此垫资支付。这进一步说明垫资协议是虚假的，垫资事实是不存在的。

4）另案被告人陈某某的书面供述明确表示他与陆某某签订的垫资协议是"假协议"，因为当时农委大楼已建到首层，因资金问题已经停建，并且以后也无法做下去，工程只有下马。陆某某垫资的200万元根本建不了农委大楼，而实际上"协议"签订之后，其也根本没有垫资建设过。

某市人民检察院对非法持有弹药罪的指控如下：

2000年7月18日，侦查人员在被告人陆某某的小汽车内，搜获子弹50发，同年9月25日，在该市建设银行由陆某某开设的保险箱内搜获子弹160发。经检验鉴定：该210发子弹为小口径子弹。陆某某行为已构成非法持有弹药罪。关于被告人非法持有弹药罪的指控事实，控方提供的证据有：

1）本案侦查人员邓某某、岳某某出具的《关于发现陆某某汽车上私藏子弹50发的记录》。内容为本案案发时，他们"发现陆某某所开的汽车座位之间的小箱里藏有子弹50发，之后曾讯问陆某某，陆某某供述是其私藏的子弹。特此记录在案。2000年7月19日"。

2）由银行填写并送回检察院的《查询犯罪嫌疑人存款汇款通知书（回执）》。其中有在陆某某的保险箱内发现"运动手枪子弹43＋24＋50＋43＝160（4盒），散子弹匣一个"的记载。

3）2001年11月1日鉴定人曾某某出具的《关于子弹、弹匣的鉴定情况》。情况记载着经对检察院送来的子弹210发、手枪弹匣1个进行鉴别，子弹为运动手枪使用，具有杀伤力，弹匣为手枪使用型。

4）2001年11月5日某某市公安局两位工作人员出具的《枪支、弹药鉴定书》。鉴定书在前言"简要案情"中写道："某某市反贪局在侦查一起贪污行贿案中，从银行保险柜中搜出子弹状物品210发，弹匣状物品1个。"要求检验"送检的子弹状物品是否为子弹"，经过检验形成的结论是："送检的子弹状物品为小口径子弹。"

5）本案被告人陆某某的陈述。他在案发时曾承认过本案所涉的子弹是一个朋友送给他的。

（2）被告人及辩护律师的意见。

1）被告人的辩护意见。被告人陆某某曾于案发之初被讯问时作过一次认罪供述，其后马上纠正了内容，提出认罪供述是在不得已的情况下违心作出的。此后对贪污罪指控一直拒绝承认。

陆某某对非法持有弹药罪的指控拒不承认，并提出侦查人员所说的从车上和保险箱发现子弹时他都不在场，他以前的承认是在刚从原看守所转移到另一家看守所时精神压力特别大，大脑不清楚的情况下作出的。

2）辩护律师的辩护（质证）意见。对于陆某某贪污罪的指控，辩护律师提出的主要辩护意见是：

第一，针对公诉人提出的第1份证据，辩护律师对证据本身的真实性、合法性不持异议，但对公诉人举证证明陈某某系国家工作人员的证明目的提出了异议：虽然陈某某确有国家工作人员的身份，但据了解，广东省高级人民法院对陈某某一案的终审判决并没有认定其构成贪污罪。既然陈某某不构成贪污罪，不具有国家工作人员身份的本案被告人陆某某又何以单独构成贪污罪？对于辩护人提出的上述异议，公诉人当即作出反驳性说明：检察机关正在准备对陈某某一案终审判决提出抗诉，因此其终审判决并不影响本案对陆某某的定性。对此辩护律师立即指出：根据法律规定，检察机关依法有权对人民法院的生效判决提出抗诉，但在未经人民法院依照审判监督程序审理并改判的情况下，原生效判决仍然具有法律效力，不能随意否定。

第二，针对公诉人提供的第2份证据，辩护律师的质证意见是：①陈某某证明零星工程、围墙工程只是夸大不是虚构，这与起诉书认定零星工程系虚构工程是相互矛盾的；②陈某某虽然承认零星工程和围墙工程是"夸大"，但夸大了多少，他并没有加以证明；③陈某某关于换土工程和挡土墙工程"根本不存在"的说法完全不符合事实，也与控方移送的"主要证据"中的有关证据相矛盾，辩护人将在后面加以说明；④关于垫资协议陈某某只是说当时不需要垫资，实际上也没有垫资，并没有证明他当时签订垫资协议是为了与陆某某骗取垫资利息，并且他说的后来结算时计算垫资利息一事他并不知情，从案内其他相关证据可以得到佐证。总之，对陈某某的这份讯问笔录并不能支持控方对陆某某的指控事实和指控定性。

第三，针对控方提供的第 3 份证据，辩护律师发表了如下质证意见：陆某某称 9 月 15 日的认罪供述是在不得已的情况下违心作出的，之后他马上纠正了，这是有相关依据的：

其一，9 月 15 日显示的讯问地点是"广州市第一看守所"，而 8 月 24 日辩护人在原看守所第一次会见被告人，说明当时确系刚从原看守所转到广州看守所，一个陌生的环境对他一定会产生不安、不利的影响。

其二，9 月 18 日检察人员制作的两份讯问陆某某的笔录表明，确实如被告人所说在 9 月 15 日笔录形成的 3 天之后，他就明确向办案人员指出了 9 月 15 日的供述与事实是有出入的，该笔录中有关农委大楼虚增工程款 37 万这个数"是你们对我讲的"，"这 37 万元的数目确实是你们在审讯我时不断提醒我这个金额，我才按这个金额说出来"；另外，"挡土墙大部分工程是有的，虚增的部分工程款我都送给了陈某某"。

其三，9 月 18 日的讯问笔录还载明，在讯问中被告人明确反问办案人员："你们提审我，总是说要枪毙，是不是恐吓我？"并且笔录中显示，办案人员确实说过："法律规定，贪污 10 万元以上就可以枪毙。我们向你宣读过法律规定。"接着办案人员再次宣读了《刑法》第 383 条关于贪污罪判处死刑的规定。

基于以上辩护人当庭指出，上述事实表明，公诉人宣读的 9 月 15 日被告人的有罪供述并非其自愿、真实所为，不能作为定案依据。同时根据《刑事诉讼法》的规定，对一切案件的判决都要重证据，重调查研究，不轻信口供。因此，即使陆某某的口供是自愿所为，也不能作为定案的依据，关键在于控方是否有其他指控证据并且达到了"确实、充分"的法定证明标准。

第四，针对控方关于伪造零星工程的指控，辩护律师的质证意见是：①证人吴某某并没有完全否认零星工程的存在，只是强调在农委大楼工地上不存在，但在工地的其他地方是有的，只是没有那么大的工程量。而起诉书指控的也并非农委大楼工程中包含的零星工程，而是指"康乐新村工地上"的零星工程，吴某某的证言材料作为控方提供的证据并没有否认零星工程的存在。②在不能排除零星工程确实存在的情况下，指控陆某某伪造了此项工程结算单并骗取了工程款，显然证据不够确实、充分。③有关证人证明陆某某与陈某某一起参加过赌博对本项指控并无实质意义，因为它解决不了零星工程是否存在以及陆某某是否骗取工程款的问题。④根据辩护人调查，证人李某某曾在本案被告人陆某某所在的工程队干过，并参与了康乐新村工地包括农委大楼工程的施工。在本案辩护人向他调查时，他表示：在康乐新村工地正式开工前，当时工地上有较多淤泥、桩条等。

为此，施工队进行挖运泥方、用砂石填路，还使用了机械吊机，装了输水管、地底下铺设了 800 米的大管等。这些活"花了一个多月时间，工程量有多大记不起来了"。可见，康乐新村工地施工中确有零星工程发生。

针对控方关于夸大八小区围墙工程的指控，辩护人提出的质证意见是：①证人吴某某关于围墙长度"大概有 300 米长"本身是不准确的，更重要的是缺乏科学、客观的判断依据。因为围墙早已不复存在，其"大概有 300 米长"的表述无根据。②围墙协议是双方签订的，控方并没有证明此协议是虚构的或欺骗性的，围墙工程也是客观存在的。工程结算就是按照围墙协议进行的，如果结算的围墙造价确实高一些，那也是造价合理与否的问题，而不存在"骗取"的问题。③所谓的《审核报告》无论在证据形式上还是证据内容上，都存在明显的问题：首先，在形式上，控方并没有指出它属于什么证据，如果作为《刑事诉讼法》规定的"鉴定结论"，它不符合《刑事诉讼法》关于"鉴定人鉴定后，应当写出鉴定结论，并且签名"的要求，因为在这份文件上没有任何人的签名。同时，它也不是《刑事诉讼法》规定的其他六种证据中的任何一种证据。其次，在内容上，它称对围墙长度等事实的审核是"以 2000 年 8 月 18 日各方现场勘察情况作为计算依据"。但是"各方"具体是谁，《审核报告》中既没有说明，也没有各方人士在《审核报告》上签字确认。据被告人陆某某向辩护人反映及辩护人进行调查，陆某某本人以及其所在单位的人员并没有参加此次所谓的"现场勘察"。在此情形下又如何能使"现场勘察"客观、公正？此外，进行所谓的"现场勘察"时，当年建设的围墙早已不复存在，又何以勘察出"围墙长度为 350 米"？本辩护人也到过围墙工地的现场，在当年施工人员的指点下并依据当时工地图纸标出的四至范围，计算所得的围墙长度应为 550 米以上。总之，由于围墙早已不复存在，确认围墙长度最客观、最科学的依据应当是标明当年工地四至范围的图纸。在没有确实、充分的相反证据的情况下，应当以图纸为准确认围墙长度。

针对控方关于伪造挡土墙工程的指控，辩护律师提供了证人陈某某、叶某某、霍某某的书面证言以及某市房产公司与三建公司于 1997 年 11 月 7 日就工程结算达成的"确认书"及其附件。这些证据可以证明：在康乐新村工地上确实没有做过挡土墙工程，但是他所在的施工队为农委所建的城北加油站做过挡土墙工程。后来因为农委没有钱支付工程款，就安排施工队到其下属房产公司开发的康乐新村的工程中进行结算，支付工程款。

针对控方关于伪造换土工程的指控，辩护人当场发表了质证意见，要点主要有以下几处。①控方指控的上述证据在关于换土工程是否存在的问题上充满了自相矛盾之处：其一，证人谭某某（控方证据1）、另案被告人陈某某（控方证据6）均称换土工程是虚假的，根本没有此项工程，他们是在被告人陆某某的要求下在虚拟结算单上签名的；其二，证人吴某某（控方证据2）、《审核报告》（控方证据8）及《技术鉴证》（控方证据9）却证明换土工程是存在的，只是工程量没有那么多，工程造价不应该有那么大；其三，证人高某（控方证据4）、李某（控方证据3）及朱某某（控方证据5）作为农委大楼的设计和现场工作人员，则对换土工程是否存在持模棱两可的态度，一方面他们说在基础工程施工过程中他们没有发出过施工变更通知，要求进行基础换土，并且强调按照该大楼的基础工程设计方案，并不需要进行基础换土；另一方面他们又都表示即使需要换土，也不可能挖那么深，换那么多，形成那么大的工程量。显而易见，上述控方证据在换土工程是否存在的问题上，发出的是三种相互排斥、互不相容的声音。那么，公诉人要证明什么呢？当然，在这一问题上《起诉书》的指控则是非常明确的，即"同年8月，被告人陆某某与陈某某合谋，由陆某某伪造一份农委办公大楼地面整体换土工程结算表，经陈某某审批后，从房产公司骗取公款人民币377 587.38元"，但公诉人所举上述证据并不能充分、一致地支持、证实《起诉书》的这一指控。②上述控方证据中有若干份证据并不符合证据的法定形式和法定要求，不具有证据资格。其一，前已指出所谓《审核报告》（控方证据8）在证据形式上既不属于鉴定结论，也不属于《刑事诉讼法》规定的其他任何证据种类。因为作为"鉴定结论"，根据《刑事诉讼法》规定"鉴定人进行鉴定后，应当写出鉴定结论，并且签名"。但在该《审核报告》中没有任何鉴定人的签名。其二，所谓《技术鉴证》（控方证据9）是一份什么证据？从名称看，"技术鉴证"应当是建设工程施工建设过程中形成的一种专业性技术文件。但本《技术鉴证》却是在本案案发后2000年8月28日形成的，此时距换土工程的发生已达6年之久，该项工程早已不复存在，何以需要并形成"技术鉴证"？其实，这个文件是本案案发后检察机关要求有关人员出具的，是作为本案证据取得并使用的，但这是什么证据种类？如果说是"鉴定结论"，暂且不论其内容如何，仅出具此"技术鉴证"的"鉴证人：朱某某、李某"就不符合鉴定人的身份。因为他们是农委大楼的设计人员，在本案中是证人，并且已经向检察机关提供了书面证言，上述控方证据3和证据5就是他们的书面证言。在此情况下，他们不能再成为本案的"鉴定人"而提供"鉴定结论"。同时，其也不符合其他证据的法定要求和特征。基于以上两点，控方提供的所谓《审核报告》和《技术鉴证》都不具有证据资格。③上述控方证据中有若干份证据，在关于农委大楼基础工程施工过程中技术人员是否向施工单位发出过涉及换土问题的"施工变更通知"上存在明显的自相矛盾：首先，作为农委大楼工程的设计和审核人员李某和朱某某在检察人员对他们调查的笔录中明确表示，他们没有针对此项工程发出过"工程变更通知书"。其次，自称受设计人员李某的委托，在施工现场负责工程检查、验收的高某也向检察人员表示"我没有提出过变更"，但对于"你有无发过变更通知书"的问题，他答道："我不记得了，如果有的话，应该有我的签字，并由某某设计院发出变更通知书，你们可以到房产公司查一查。"这明显表现出犹豫不决，不敢肯定的态度。最后，在《审核报告》中却白纸黑字明确写道："依据某某市房屋建筑设计室 1994 年 3 月出具的变更通知第二点，换土深度为…"这表明确实发过"变更通知"。控方提供的如此自相矛盾的证据要证明什么？又何以支撑自己的诉讼主张？在发表上述质证意见后，律师向法庭明确表示，根据辩护人调查收集的有关证据，农委大楼基础换土工程确实发生过，不存在伪造的问题。

针对控方关于假垫资骗取利息的指控，辩护律师向法庭提供了农委大楼工程承包合同、农委大楼工程垫资协议、证人陈某某的书面证言和农委大楼桩基工程结算书，用以证明：双方签订垫资协议时，农委大楼工程刚建到地面还没有地上一层，其后建到地上一层才停工。此外，按照垫资协议，计算利息不是从签订本协议开始，而是从农委大楼工程开工后并实际垫资开始。事实上，从该项工程开工时，农委方面就没有完全按照建设工程合同的约定支付工程款项，主要是靠施工单位垫资建设。至于陆某某所签署的"确认书"并非农委方面真的向水泥厂支付了 140 万元的水泥款，而是为了解决当时三方之间形成的欠款关系，省财务手续而出具的。当时的欠款关系是：陆某某所在施工单位向水泥厂购买水泥用于建设农委大楼工程，其后应与农委方面结算；而水泥厂又向农委下属的房产公司购买了该公司开发建设的商品房；为了省却互相结算付款手续，经三方协商，由陆某某签署出具"确认书"，作为不再向农委结算工程水泥款的依据，同时水泥厂也不再向农委下属的房产公司支付相等数额的购房款。因此，这完全是一个事后三方完善、省却财务手续的行为，并不是在农委大楼建设前或建设中自己向水泥厂方面真正支付了 140 万元的水泥款。如果是这样，何必又要陆某某出具"确认书"呢？建设农委大楼哪怕只到地上一层，不是光有水泥就可建成，还需要购买钢材、砂石、支付人工费用、租用机械设备等，这些都需要花钱，140 万水泥款即使真的支付了，也解决不了这些花费。总之，被告人陆某某所在施工单位向农委方面计算并收取垫资利息是有事实根据的。

对于陆某某非法持有弹药罪的指控，辩护律师认为：

第一，起诉书称"在陆某某的小汽车内，搜获子弹50发"，但辩方证据表明，当时陆某某开的不是自己的车，而是别人的车。更有甚者，根据《刑事诉讼法》及有关司法解释的规定，办案人员扣押犯罪嫌疑人的物品应当依法进行，需本人或其他人在场见证并签字，但办案人员所写的"关于发现陆某某汽车上私藏子弹50发的记录"表明，其所谓发现车上子弹时陆某某并未在场，也没有其他人见证，而两名办案人员在案发时扣押陆某某的其他物品时都有陆某某在场并由其在扣押清单上签字确认，在此情况下，认定50发子弹来自"陆某某的小汽车内"，依据不足。

第二，公诉人出示的《某市检察院查询犯罪嫌疑人的存款、汇款通知书（回执）》表明，2000年9月19日，某市建设银行从陆某某的保险箱内发现运动手枪子弹160发以及其他物品，但该"回执"上没有任何在场见证人的记录和签字。由此表明，某建设银行是私自开启陆某某的保险箱的，这是明显违反《中国建设银行保管箱租用规则》的有关规定和陆某某与该银行签订的"保管箱租约"的有关约定的。由于没有第三人在场见证，辩护人认为认定160发子弹出自陆某某保险箱依据不足。此外，某某市检察院向银行发出的是"查询犯罪嫌疑人存款汇款通知书"，其中并没有涉及查询"保险箱"，更没有允许银行可以单方开启保险箱。辩护人还注意到，在本案中有一份扣押保险箱内物品包括子弹160发的扣押清单，落款日期也是"2000年9月19日"，并有办案人员和见证人的签名。但这显然是银行已经私自开启保险箱并向检察院送回《查询存款汇款通知书（回执）》以后形成的。

第三，某市公安局出具的《枪支、弹药鉴定书》前言部分载明："某某市反贪局在侦查一起贪污行贿案中，从银行保险柜中搜出子弹状物品210发"，但公诉人提供的其他有关证据又表明本案所涉的210发子弹有50发来源于"陆某某的小汽车"，160发来源于陆某某在银行的保险箱。到底来源如何，事实不清。

以上表明，公诉机关提供的试图证明210发子弹来源和归属的有关证据事实不清，而且明显违反有关法律和规章的规定，不能证明该210发子弹属于被告人陆某某所有。

此外，根据《最高人民法院关于审理非法制造、买卖、运输枪支、弹药、爆炸物等刑事案件具体应用法律若干问题的解释》（2009修正）第5条的规定，非法持有非军用子弹200发以上的，才予追究刑事责任。本案所涉的子弹刚刚超出10发，即使能够认定确系陆某某非法持有该210发子弹，也可以不予或者免予追究刑事责任。

（3）法院的裁判。广东省某市中级人民法院于 2003 年 4 月 7 日作出了一审判决，对于起诉书指控的贪污罪、非法持有弹药罪不予认定。

关于指控贪污罪的审查和认定如下：

公诉机关指控陆某某贪污公款人民币共计 219.069 万元。经查：①陆某某一直未供认过与陈某某密谋贪污，认定共同密谋的证据不足。②陆某某只有一次供认挡土墙工程是伪造，但没有交代具体内容，之后对此又予以否认。③工程验收单和结算表上分别有房产公司的经理、财务人员、工程技术员及陈某某等人的签名，以这些人员在案发后的证言或供述否定其当时的验收或结算行为的真实性，据理不足。④广东省高级人民法院（2001）粤高法刑经终字第 198 号刑事判决书证明，陈某某的行为不构成贪污罪，既然具有国家工作人员身份的陈某某的行为不构成贪污罪，那么无国家工作人员身份的陆某某就不能单独构成贪污罪。

因此，公诉机关指控陆某某伙同陈某某贪污公款的事实不清，证据不足，不能成立，不予支持。被告人及其辩护人辩称陆某某的行为不构成贪污罪，经查有事实依据，予以支持。

关于指控非法持有弹药罪的审查和认定如下：

经查，①侦查人员在搜查陆某某驾驶的汽车的过程中，没有出示搜查证，没有制作合法的搜查笔录，只是写了一份《检查笔录》，且仅有侦查人员签名，没有见证人、搜查人签名，没有被搜查车辆的品牌、车牌号登记，没有缴获现场的照片或陆某某对现场的辨认。②侦查人员在搜查陆某某的银行保险箱的过程中，制作了搜查证，但该搜查证无宣布日期，无被告人或其家属签名，亦无宣告人签名。③银行回执证明，在陆某某的保险箱内扣押的是运动"手枪"子弹。④扣押的所有子弹没有经过任何人辨认。

公诉机关未能提供足够、合法的证据证明在小汽车内扣押的 50 发子弹是陆某某非法持有的，也未能提供足够、合法的证据证明在陆某某的银行保险箱中搜获了 160 发子弹，因此，公诉机关指控被告人陆某某犯非法持有弹药罪的事实不清，证据不足，不能成立。

（四）认证

认证是法庭在审判过程中对诉讼双方提供的证据进行审查判断，依据证据规则、经验和逻辑确认其证据能力和证明力的一种诉讼活动，也是认定案件事实的前提和依据。为保证认证的公正性，法庭认定证据应当说明认证的理由。

根据认证活动的时间和地点不同，认证的方式可分为当庭认证和庭后认证。当庭认证是在庭审过程中，法庭对诉讼一方或双方出示并经过质证的证据当庭作出的认证。庭后认证是法庭根据案件具体情况，在庭审以后对证据作出的认证。

对于适用简易程序审理的案件，由于诉讼双方对事实、证据没有实质争议，一般需要当庭宣判，可同时当庭认定证据的证据能力和证明力。对于当庭宣判的普通程序案件，也应当当庭认证，阐述认证的理由。实践中，有的案件案情错综复杂，证据形形色色，仅仅根据法庭对一个或一组证据的举证和质证，往往很难对证据作出认证结论。特别是证据的真实性和证明价值问题，一般都需要综合判断案件中的各种相关证据甚至全部证据才能作出恰当地判断，而这往往只能在庭审结束之后才能进行。鉴于此，对疑难复杂案件的证据进行当庭认证，主要解决的是证据资格问题，即，特定的证据能否作为诉讼证据使用。[1]具体而言，法庭对于诉讼双方出示并经过质证的各种证据，可以根据证据的采纳标准，当庭作出是否采纳的决定。至于这些被采纳的证据是否真实可靠，究竟有多大的证明价值，则需要等到庭后评议时再作判断。

但不论是当庭认证还是庭后认证，均是建立在对证据的审查判断基础之上的，因此，证据的审查判断是认证的前提和基础，应结合我国三大诉讼法规定的法定证据种类，进行证据的审查判断。

第二节 法庭辩论

法庭辩论是指在法庭调查结束后，诉讼双方根据法庭调查阶段查明的事实和证据，围绕案件争议焦点，阐明自己的观点和意见，相互进行言辞辩论的诉讼活动。法庭辩论是诉讼双方平等对抗原则的具体体现，也是论证案件事实、揭示案件性质、分清是非责任的必要过程，是庭审的重要环节。

一、法庭辩论的内容及顺序

（一）辩论的内容

在我国法庭审理过程中，法庭调查阶段可以进行分散性辩论，即发表质证意

---

〔1〕 参见何家弘主编：《刑事审判认证指南》，法律出版社 2002 年版，第 8 页。

见时掺入一些辩论意见，而法庭辩论阶段进行的则是综合性辩论，即围绕全案的事实、法律关系和法律适用等问题发表的综合性的辩论意见。以刑事诉讼为例，法庭辩论的内容和范围包括指控的事实是否成立，证据是否具有证据资格和证明力，指控的事实是否构成犯罪，应当判处何种刑罚等问题。如果有附带民事诉讼的，还要围绕民事部分展开辩论。

（二）辩论的顺序

法庭辩论一般以两轮为宜，以刑事诉讼为例，法庭辩论的顺序依次为：

第一轮：①公诉人发表公诉词。②被害人及诉讼代理人发言。③被告人或法定代理人作出辩解。④辩护人提出辩护意见。然后，审判长宣布：由控辩双方进行辩论。在此过程中，应当保障控辩双方对抗辩论、自由辩论，一般不应加以限制，但对于控辩双方的发言与案件无关、重复或互相指责的情形，审判长应当制止。

第二轮：①公诉人可以发表答辩意见。②被害人及其诉讼代理人、被告人及其辩护人可依次发表新的意见。然后，审判长宣布：法庭认真听取了控、辩双方及当事人就案件事实、争执焦点、罪错责任、法律适用等问题所发表的辩论意见。各方是否还有新的辩论意见？需要注意的是，法庭辩论一般为两轮，如果控辩双方在第二轮辩论中意见分歧仍较大或有新的意见要发表，可进行第三轮的最后总结性辩论，审判长可根据案件具体情况决定法庭辩论的轮次和每轮辩论的时间。在法庭辩论过程中，发现新的事实或涉及案件定性、确定罪责的关键问题，有必要进行调查时，审判长可宣布暂停辩论，恢复法庭调查，待查清后继续法庭辩论。

如果案件中有附带民事诉讼，审判长可以宣布：下面进行民事部分的法庭辩论。顺序为：①附带民事诉讼原告人发言。②附带民事诉讼原告人的诉讼代理人发言。③附带民事诉讼被告人可就附带民事诉讼部分答辩。④附带民事诉讼被告人的诉讼代理人答辩。然后，审判长宣布：由原、被告人双方及各自诉讼代理人进行答辩辩论（顺序同刑事部分）。如果控辩双方仍举手要求发言的，审判长可宣布：如果双方还有未尽之言，庭后可以书面形式递交给法庭。最终，审判长宣布法庭辩论终结。

二、法庭辩论应遵循的规则

（一）紧扣焦点的辩论规则

诉讼双方展开的辩论，应当围绕案件争议焦点进行，对于偏离争议焦点的辩论，审判长应当予以制止。

（二）禁止强加于人的规则

诉讼双方都有权发表各自与对方相反的意见，并且可以论证自己的观点。但是，任何一方都无权将自己的意见和观点强加于对方，一定要对方接受。对于强加于人的辩论，审判长应当予以制止。

（三）禁止人身攻击性言论的规则

双方在辩论中，难免发生一方因论证举例不当，或者比喻不当而表现出对对方的不尊重，而对方因气愤而意气用事，还之以人身攻击性言语的情形。对此，审判长应当及时予以制止，并且予以必要的批评。对于情节较严重的，应当敲击法槌予以警告。

（四）禁止设问而无答案的规则

有的当事人在法庭上提出滔滔不绝的设问句，而没有一句答案，导致对方无法确定其究竟持何种意见。如一方有这种提问，审判长应当予以制止，并明确要求其直截了当地提出肯定性的意见。

三、法庭在庭审辩论中的立场

法庭应当保持中立立场，平等保障控辩双方充分展开辩论。这在刑事诉讼中尤为重要。在刑事诉讼中，法庭要重视辩护方的意见，保障辩护方充分辩论的权利。首先，法庭应当摆正自己的位置，遵守"控审分离"原则。法庭行使的是审判职能，担当法庭听证者和裁判者的角色，不承担任何举证责任，切不可混淆控诉和审判职能，充当"第二公诉人"。其次，法庭应当树立程序正义的观念，正确认识辩护人的地位，尊重辩护人的辩护意见，保障辩护人充分行使辩护职能。最后，法庭应当切实保障辩护人充分行使辩护权。无论是在法庭调查还是法庭辩论阶段，都应让辩护律师充分表达辩论意见，不可随意制止辩护人的发言，因为案情越辩越明，辩护人辩护有助于法庭准确认定案件事实。

四、审判长对法庭辩论节奏的控制

合议庭认为本案事实已调查清楚，应当由审判长宣布法庭调查结束，开始就全案事实、证据、适用法律等问题进行法庭辩论，在此阶段应注意：既要允许诉讼双方进行充分辩论，又要对双方意气用事、互相指责、偏离正题、与案件无关或重复的发言及时制止，以减少无谓的辩论，提高庭审效率，但应注意防止随意打断诉讼双方发言的情况，对辩论脱离事实和法律依据的，可引导双方就本案争议焦点展开。法庭辩论调控得当，可以使辩论内容紧扣主题，条理清楚，节省时间。

实践中，对法庭辩论的调控主要有以下方法：①分题辩论法，是指审判长在法庭辩论阶段根据诉讼双方争议的焦点和法庭调查所查明的事实等情况，归纳成若干个问题，然后组织控辩双方就每个问题分别进行辩论。这种方法适用于争议焦点较多的案件。②综合辩论法，是指法庭在进行分题辩论后，审判长引导诉讼双方就案件的整体问题进行辩论的方法。该方法常与分题辩论法配合使用。③制止辩论法，是指法庭辩论阶段出现了诉讼双方或其中一方发表与案件处理无关的或明显重复的言论或进行人身攻击时，审判长当即予以提醒并制止的方法。④限时辩论法，是指审判长根据第一轮或者第二轮辩论的具体情况，按照公平的原则限制诉讼各方在最后一二轮的发言时间的方法。

第三节　争点整理

一、争点整理的意义[1]

（一）争点整理具有聚焦作用，可以有效缩小审理范围，这样就可以大大提高审理效率，降低举证成本

我们先举一个简单的案例。

甲向乙购买花瓶，约定价款 10 万元，同时，以 12 万元的价格转卖给丙。乙在送货时不慎摔碎。甲能否向乙请求转卖所得利益 2 万元？那么这里根据哪一条法律规定主张权利呢？

"因为可以归责于债务人的事由，致给付不能者，债权人得请求损害赔偿"

甲依据这个法律条文可以提出的权利是契约上的损害赔偿请求权。

第一层次的请求权包括三个构成要件：

要件一：乙负有给付义务。

要件二：给付不能。

---

〔1〕　参见邹碧华等：《民商事审判方法》，法律出版社 2017 年版，第 206～212 页。

要件三：有可归责之事由。

我们必须把这三个要件审理清楚。

第二层次的要件分析：

先看第一个要件——乙负有给付义务。

要查清乙是否负有给付义务，必须对照《民法典》第 577 条的规定。根据该条规定，乙负有给付义务，必须具备两个要件：

要件一：甲乙之间买卖合同已经成立并生效。

要件二：依据合同乙负有给付义务。

第三层次要判断甲乙之间的买卖合同是否生效，主要有三个要件：

要件一：主体适格。

要件二：意思表示达成一致。

要件三：内容合法。

第四层次的要件分析：

判断意思表示是否达成一致，要看意思表示是否符合《民法典》关于要约承诺规则的规定。

要件一：意思表示符合要约承诺要素。

要件二：承诺与要约内容相一致。

要件三：承诺发生效力。

从以上的分析过程我们可以看出，要审清楚"乙负有给付义务"这一要件，就必须清楚第二、三、四层次的法律要件。但是，我们在审理这个案件的时候，未必需要做后面这几个层次构成要件的审理。因为当事人完全有可能对自己负有给付义务这一点没有争议，不争辩。第二个要件是给付不能，这一条乙实际上无可争执的理由，因为乙摔碎花瓶是显而易见的事。所以，乙极有可能只提出一条抗辩："我没有可以归责的事由"。对于要件一和要件二，他根本就不作抗辩了。所以，后几个层次的法律要件就不需要审理了。此时，审理范围就缩小到"是否有可归责的事由"这一要件了。

但是，实践中，乙也有可能仔细一想，自己不小心摔坏花瓶，好像有归责事由，这一条抗辩似乎提不出来，再转念一想，好像合同尚未成立，于是便对要件一提出抗辩，说其并不负有给付义务，理由是买卖合同并未成立。这时，买卖合同是否成立就成为案件审理的核心了。在这种情况下，《民法典》关于合同成立判断规则的规定就成为审理范围。前述三个层次的法律规定就成为必须审理清楚的内容。案件审理的范围就缩小至"甲乙之间的合同是否成立"这一点上了。

由此，我们可以看出，争点整理可以有效地把案件审理范围大大缩小。正如上述案例中，把审理范围缩小至"乙负有给付义务"或"是否具有可归责的事由"的要件上。将这个要件梳理出来后，案子的审理范围就大大缩小了。

（二）争点整理具有引导诉辩争锋作用，避免当事人无的放矢以及遗漏争点。同时，还可以促进当事人的诉辩过程层层递进，不断深入

诉辩争锋在诉讼中作用特别重要。兼听则明，只有在双方当事人对抗的过程中，充分听取双方的不同观点，案件的问题才容易审得清楚。因此，在审理案件时应当避免出现这种情况，即原告提出 A、B 和 C 三个主张，被告却提出 B、C 和 D 三个主张，双方在 B 主张和 C 主张两点上有交锋，但对于 A 主张和 D 主张，是各自不交锋的。这导致当事人的主张不能一一对应，不能形成有效交锋，造成抗辩的低效甚至失效。

争点整理，就是要形成一一对抗的诉辩争锋。原告作出 A、B、C 三个主张，被告同意不同意、认可不认可，等明确表态以后，再作出他的 C、D、E 主张。对于被告提出来的 D 和 E 主张，原告同不同意？这样就能让他们全面对抗，不会让他们无意中遗漏对方主张，或者有意回避对方的观点。当事人能不能全面针对对方的诉讼主张发表自己的意见，取决于法官如何引导。通过争点整理，制作清晰而详细的争点清单，然后按照一定的诉讼逻辑次序，一个一个争点审理下来，即可有效引导诉讼双方全面交锋。

（三）争点整理可以减少重复性的陈述，加快法庭审理效率

争点整理中的归纳方法运用得好，还可以起到情绪的平复作用，有助于避免当事人重复陈述频繁被打断，平复当事人的激动情绪。法官及时进行争点整理有助于传递重要的尊重信息，有助于表明法庭听取诉辩意见的理解程度。

这也是一种诉讼技巧。曾经一起案件中，旁听时人很多，在这种场景下，律师有一种表现欲望，比较兴奋，但情绪一激动话反而说不清楚，内容易反复。法官多次打断该律师的发言，"请你简明扼要，挑重点的说"，"请你不要重复"。律师因陈述频繁被打断而产生了对立情绪，反而越说越多。结果，律师与法官在法庭上的对立有些升级。律师认为法官剥夺了其表达的权利，法官认为其是在维

护审理秩序。双方的对话火药味变浓了。这就是很失败的庭审驾驭。

出现这种情况怎么处理？遇到当事人或者诉讼代理人归纳能力比较差的，法官可以帮他归纳，将其表达的内容归纳出个一、二、三点，然后再发问，"除了这三点以外，你还有什么要说的？"这样的归纳可以让当事人知道他所说的话法官全听明白了，他不需要再陈述了，实质上等于告诉他不要再重复了，从而避免使当事人觉得表达的权利被剥夺了。所以用归纳手段等于暗示他，不要重复了。同时，准确的归纳，也可以向当事人传达一个很强烈的信息，那就是法官认真听取了当事人的诉辩主张，可以让当事人感受到法官对他的一种倾听，一种尊重。这个方法很巧妙，可以让法庭上的气氛更加和谐。

（四）争点整理可以让书记员记录得特别清晰，提高庭审记录的效率

当事人说的内容比较多或者比较乱的时候，法官适时的归纳，可以使书记员记录更容易，不会遗漏要点，归纳效果非常明显。法官在一起案件中要审理许多请求、许多抗辩、许多事实，所有的内容放在一起，如何变得有条理呢？法官可以做一个审理清单，上面清楚记录请求权一、请求权二、请求权三，然后是抗辩权一、抗辩权二、抗辩权三，然后一个要件、二个要件、三个要件，逐个的审过来，确保条理清晰，也避免书记员记录混乱。所以，争点整理非常重要，是让法官、当事人、书记员等在诉讼过程中井井有条的有效的手段。

（五）争点整理有利于厘清裁判文书的制作思路

争点是当事人在案件中的争执点，是当事人呈请法官审理的对象。通过明确基础规范，分析构成要件并确定要件事实后，应当整理当事人的争点并加以固定。传统观点认为，争点应局限于事实问题，不包括法律问题，因为法律问题交由法官来决断。但在法官和当事人协同选择法律规范的情况下，争点当然应包括法律问题。其中，事实争点主要符合法律规范构成要件的主要事实，一方当事人主张而另一方当事人否认或抗辩，争点即可形成，但如果另一方当事人在经过法官明确提示后仍表示沉默，则构成自认，不构成争点。法律争点包括法律规范的冲突、模糊词语意义的确定及法律空白的补充等，但法官在确认法律争点时应避免因法律知识匮乏而产生的"假问题"。争点范围的固定，可以起到确定审理重点、突出诉辩对抗、减少争议范围、便于庭审驾驭等作用。在裁判文书制作过程中，争点范围固定好，同样有利于使裁判文书制作重点突出、详略得当。

二、争点整理的方法[1]

案件审理遵循着"一方主张——对方是否承认（自认）——不承认时举证质证——法官能否认定事实——真伪不明时由法官根据举证责任分配规则认定"的基本次序进行。争点整理也应当遵循这个次序。一般而言，争点整理可按以下步骤展开：

（一）应当正确发现、固定争点

法官应当基于当事人争议的法律关系，从当事人诉辩主张所依据的法律规范出发，发现、固定直接影响法律规范各项要件成立或满足的事实争点，以及争议法律规范能否适用的法律争点，并及时组织当事人确认，记录在案。试举一例说明如下：

在一起代位权诉讼案件中，原告债权人诉称：主债务人欠原告1200万余元到期未还，而被告次债务人对主债务人负债500万元，故要求行使代位权，由被告向原告偿还500万元。被告辩称：其与主债务人确有500万元借款关系，但并未约定还款期限，因此原告代位权行使条件不成立；另外，原告提起代位权诉讼后，被告已向主债务人偿还了500万元欠款，故请求驳回原告诉请。审理中，原告认为被告擅自偿债的行为明显与主债务人恶意串通，请求确认无效。根据原、被告的诉辩主张，双方的争执在于：①原告行使代位权的条件是否成立；②被告的清偿行为是否影响原告行使代位权。

关于第一个争议问题，原告诉请依据的法律规范是《民法典》第535条，即因债务人怠于行使其债权或者与该债权有关的从权利，影响债权人的到期债权实现的，债权人可以向人民法院请求以自己的名义代位行使债务人对相对人的权利。被告的抗辩主张并非认为原告选择的法律规范错误，而是认为其对（主）债务人的债务尚未到期，原告无权行使代位权。据此，双方的争议问题实质在于《民法典》规定的代位权行使要件之一——"债务人的债权已到期"是否已经得到满足。第一个问题的争点就应当归纳为：（主）债务人的债权是否到期，这是一个关于法律规范规定的要件事实是否成立的争议，是一个事实争点。如果法官将原告代位权是否成立确定为本案的事实争点，就犯了争点整理过于笼统的错误。

关于第二个争议问题，涉及次债务人在债权人提起代位权诉讼后，向主债务

---

〔1〕　参见邹碧华等：《民商事审判方法》，法律出版社2017年版，第212~215页。

人清偿债务的行为是否有效的问题。由于当事人对清偿的事实并没有争议，因此，第二个问题的争点可以归纳为：被告的清偿行为对原告是否发生法律效力，这是一个法律适用方面的争点。

（二）应当围绕争点进行审理

庭审开始阶段，法官应在原、被告陈述之后，简述当事人无争议的事实和证据，宣布案件的争点并听取当事人的意见，以便为后续审理打下基础；在事实调查阶段，法官应要求当事人按事实争点逐一举证、质证。在法庭辩论阶段，法官也应引导当事人围绕事实争点和法律争点展开辩论。实践证明，围绕争点审理是提高庭审效率的根本途径。当然，如果案情比较简单，当事人对争点把握较为准确，庭审开始阶段的争点整理步骤可以省略。在此需要说明的是，围绕争点审理与法官按法律规范要件全面审查案件并不矛盾，并不是说法官只能围绕争点进行审理，而对法律规范规定的其他要件事实一概不予审查，这样做既不符合法律规定，也与当前的司法实践格格不入。

法庭辩论也是争点整理发挥作用的重要领域。法庭辩论往往涉及事实认定理由是否充分、法律要件是否完备、法律观点是否正确等，其内容较为庞杂。在思路上有所欠缺的当事人，往往会在这方面存在较大问题，经常不能辩到点子上或者遗漏重要辩论要点。因此，法庭组织及引导当事人发问，也是争点整理的一项重要内容。

（三）争点整理要以要件为基本元素

争点整理应当首先明确基本元素。只有把基本元素的问题解决好，才能解决好争点过于笼统及过于琐碎的问题。

在争点整理过程中，其基本元素应当是基础规范的构成要件。例如，上文中的代位权诉讼中，被告为了否定代位权，提出了主债务人的债权未到期的答辩意见。所以，归纳争点的时候，应当归纳为主债务人的债权是否到期，而不能归纳为代位权是否成立。如果归纳为后者，就属于争点过大或过于笼统。双方当事人为了证明债权到期情况，会提供许多证据。在这些证据问题上，当事人也会发生许多争议。如果把这些证据上的争议都归纳为争点，那就属于争点过于琐碎。

所以，我们说当归纳的争点大于构成要件，就会出现争点笼统的问题；当归纳的争点小于构成要件，就会出现争点琐碎的问题。

（四）争点整理过程中争点的多层次性

争点具有多层次的特点，其根本原因在于其基础规范的多层次性。例如，违约之诉中，当事人争点如为意思表示是否成立，则其争点表现如下：

第一层次——意思表示已经成立、请求符合意思表示。

当事人对意思表示是否成立表示异议，则意思表示是否成立即成为争点。

第二层次——意思表示是否成立的要件：意思表示达成一致、内容合法、主体适格。

如当事人对内容合法、主体适格这两个要件均无异议，对意思表示是否达成一致存在争议，则意思表示是否达成一致亦可成为争点。

第三层次——意思表示是否达成一致的要件：要约、承诺、期限、承诺与要约内容一致。

当事人对其他问题均无争议，但对承诺与要约内容是否一致存在争议。此时，承诺与要约是否一致成为争点。

此时，归纳到哪一层次，不无疑义。对于这种情况，法官可以采用两种方法来整理争点，第一种方法是逐步深入法，即随着审理活动的推进而不断把争点引向深化，即诉辩初次交锋时，可归纳为意思表示是否成立；在审理意思表示是否成立的问题时，可把争点进一步归纳为意思表示是否达成一致；在审理意思表示是否达成一致时，可把争点限定为承诺与要约是否一致。这样，当事人也随着法官的归纳而不断地把诉辩的重心引向深入。第二种方法是结合法，即上述不同层次的争点可以结合起来进行归纳，比如，法官可以把争点归纳为承诺是否与要约一致，是否影响意思表示成立。

在争点整理的过程中，除了争点的多层次性之外，还要特别注意争点会不断变化，即争点的可变化性或非恒定性。比如，在一个违约之诉中，最初的争点可能是合同是否成立，然后会变成意思表示是否一致，最后转化为承诺与要约是否达成一致。

（五）争点整理的随机性和灵活性

争点整理还应当注意随机性和灵活性，即法官应当注意随时随地进行争点整理，而不是机械地在某个时间点归纳一下即告结束。

为了充分发挥争点整理的作用，我们应当把争点整理贯穿于案件审理的全程：

在庭前审查阶段，法官可以根据案件的不同类型，或与当事人谈话的内容初步帮助当事人整理一下争点，让当事人对案件基本走向有基本了解；在证据交换阶段，法官可以帮助当事人梳理一下请求权及请求权基础的构成要件，整理出有争议事实和无争议事实，并确立证据与争点之间的对应关系，尤其是要让当事人对每个争点证据的充分性有一定程度的了解；

在诉讼指导及其他庭前准备活动中，法官更应进行争点整理，让当事人明确知道自己在诉讼中的基本思路、案件的主要争执所在；

在庭审阶段，法官应当在当事人开庭陈词、质证、辩论及一些特殊情形发生时进行全面的争点整理。

此外，在案件讨论、文书制作等过程中也应当进行一些争点整理，以便厘清思路。

三、争点整理的基本要求[1]

（一）提高庭前准备的质量

通过事先阅卷，对当事人的诉求、主要理由、主要事实及存在的主要争议了然于胸，对准确地把握争点具有十分重要的作用。通过事先阅卷，整理好案情概要，明确诉求情况、对抗情况、请求权基础情况、抗辩权基础情况、双方的一致点、分歧点、相关证据情况等。

（二）提高庭审中的专注力

法庭是当事人陈述事实、发表意见、展示证据的场所。法官认真倾听，不仅是法庭礼仪、尊重当事人的需要，更是一种法定职责。专注于当事人的陈述，是准确归纳当事人争点的前提。不专注倾听，则无法准确、客观地归纳当事人陈述或辩论要点。

为了提高专注力，法官还应养成自行记录的习惯，在庭审过程中应当有意识地把当事人陈述的内容要点予以摘录，以备忘：一是要注意当事人陈述之要点；二是要注意当事人回答之要点；三是要提示当事人专注，必要时可提示当事人记录，同时还要关注当事人的理解、归纳能力；四是要注意书记员记录情况。

（三）提高审书配合意识

审书配合在法庭审理中是一个比较容易被忽视的问题。法庭记录是法庭审理中的一个非常重要的环节。它承担着客观反映庭审过程的重任，对于完整体现当事人的立场、观点、证据提出、质证等具有十分重要的意义。但法庭记录对书记员的记录能力亦有着严格的技术性要求，既要有较快的文字处理能力，亦要有较为专注的工作能力和较强的归纳能力，能确保记录的客观、全面、清晰。事实

---

〔1〕 参见邹碧华等：《民商事审判方法》，法律出版社 2017 年版，第 217～219 页。

上，并非每位书记员都有如此强大的专业技术能力，尤其是欠缺强大的归纳能力。因此，实践中经常出现法庭记录不完整、不准确而引起当事人投诉、上诉改判的情况。

法官在争点整理过程中应当特别注意利用争点整理来改善书记员的工作效果。例如，每当法官归纳好一方当事人的发言后，书记员对要点的记录效果会明显得到改善。尤其是对归纳后的要点，法官如能提示书记员记录在案，则记录势必更佳。

（四）法官应当提高归纳能力

争点整理需要法官具备从散布的、宽泛的语言材料和证据材料中总结、提炼找出各种要素和因素之间的内在联系，再从中归纳出要点的能力。

在复杂、疑难案件中，如果法官不具备强大的归纳能力，则在审理中就会容易出现抓不住要点、抓不住重点的情况，案件审理极易陷入混乱与僵局，既影响效率亦影响结果的公正性。因此，法院应当注意提高法官的归纳能力。归纳能力的提高，需要长期的积累，同时亦需要进行专业的训练。

例如，法官在开庭时可以拿一些白纸，当事人说什么法官在边上记"1、2、3、4"，争点一是什么，争点二是什么，争点三是什么，随时记录整理出来，一张纸分开记，这边一半，那边一半，这边是原告说的"1、2、3、4"，那边是被告说的"1、2、3、4"。对应起来的内容，发生交叉。没有对应到的要提示当事人进行争锋。因为在法庭上一方对对方的陈述，往往会回避对他不利的东西，会保持沉默，或者否认，或者说"不知道"，还可能提出抗辩，或者附条件自认——如果是这样说的话，那我同意他的说法。他有个前提，"如果是这样说的话"。法官要及时归纳，有效地区分出来。[1]

---

〔1〕　参见邹碧华：《要件审判九步法》，法律出版社 2010 年版，第 127～129 页。

第二编

法庭论辩技能技巧

第一章 导论

在中国政法大学教务处及李树忠教授的大力支持下，许身健教授在 2007 年和美国麦克乔治法学院的里奇教授一起，首次在中国政法大学向本科生开设了法律论辩技巧课，由此开启了这门课程在中国政法大学的探索，经过多年尝试，这门课取得了许多经验，已经日臻成熟。

1. 成果主要内容。

（1）教学目的。法律论辩技巧（Advocacy）课程的教学方法是体验式教学方法（Learning by doing），即在课堂上，每个学生完成某个任务（开场陈述、直接询问、交叉询问以及终结辩论等）之后，教授作出旨在提高学生参与庭审技能的建设性评论。一个学生扮演律师，另外一个学生则担任证人。在课程结束之后，每个学生都担任过了相应角色，得到了教授的个别评论，同时，他们也能从教授对班里其他同学的评价中获益。

法律论辩技巧课程与传统课程不同，不是以教师为主角，而是以学生为中心，教师的主要功能不在于讲解知识，而在于对学生的模拟练习进行评价指导。通过对所选择案件的庭审全过程进行模拟，使学生"亲身、亲历"参与模拟法庭活动，培养和锻炼学生发现问题、分析问题和解决问题的能力，提高学生语言表达能力、组织协调能力，提升学生的专业技能和实践技能，同时还检验学生专业知识学习成果、法学理论掌握程度，以及学生反应能力与思辨能力等。就学生反馈结果来看，课程效果比较好，学生非常喜欢此种方式的教学，并且受益匪浅。

（2）教学设计。由许身健等五位教师组成的教学团队，开始在法学院，以团队教学的方式（至少由 2 名教师合作）开设"法律论辩技巧"课程，每期课程为 36 个学分，每期有 16 名～20 名学生选修。课程教学取得了较好的教学效果，也得到了学生肯定。

1）讲授案件分析及"头脑风暴"。讲授法律论辩技巧的第一步是让全班学生投身于案件分析及"头脑风暴"。案件分析可以使学生具备准备整个案件的技能。为了让学生能从案件分析中获益，教师应该指导学生对案件证据进行详尽分析。头脑风暴阶段的焦点在法律主张（该主张与事实主张及说服主张相呼应）。

教学步骤：

A. 第一步，应当告知学生通过案件分析的方法去阅读每份文件，评估证人证言以及与案件有关的其他证据。

B. 第二步，将全班分为两组，一组为原告方代理，一组为被告方代理。将两组学生分别安排到相互听不见的两个房间。要求每组学生找到对自己一方委托人有利的事实，也就是所谓"好的事实"。让本组一个学生能在全组面前随时在黑板上列出提到的每个事实。

C. 第三步，"好的事实"记录完毕后，再由学生们说出对自己一方委托人不利的"坏的事实"。让本组一个学生能在全组面前随时在黑板上列出提到的每个事实。

D. 第四步，让学生们列出已经记录下来的三个最有利的事实以及三个最不利的事实。然后将这些事实组织成能用最有利事实抵御最不利事实的案件主张。

2）评价个别学生表现的教师技巧。教师评价个别学生表现的四步法：

A. 标题。教师要使用"这里我要和你探讨一下直接询问中使用诱导式提问的问题。"的这种标题，可以让学生关注到教师对其刚才表现进行了清晰、集中评价。

B. 回放。要马上回顾并评价的学生具体表现：小王，你在直接询问中说："您那天哪儿也没去，在家里睡了八个小时，对不对？"教师重述学生刚才讲过的内容，可以让该学生及同班同学关注教师要发表的评论。

C. 诊断。教师可以告诉学生应当如何改正其在回放阶段提到的不足，这样会更有说服力。下一步，教师要实际演示正确的做法，这样可避免学生在直接询问阶段再提出诱导式问题，教师应说："小王，你在直接询问中应使用谁、什么、哪里、何时、如何、描述一下、告诉我们等词句提问，那么你就不会触犯诱导式问题的错误了。比如，你可以问证人：6 月 10 日你在哪里？你在做什么？那天你在房间里待了多久？"

D. 机理。教师要和学生解释为什么教师的诊断要比学生做的更有说服力也更为有效。比如，在避免直接询问阶段提出诱导式问题，教师可以说："小王，如果你问开放式问题，而不是通过诱导式问题告诉证人答案，那么大家会关注证人而不是你。这就意味着证人会自己讲而非你越俎代庖。这对事实裁判者来说更有说服力。"

3）教师作出评论。

A. 教师作同步笔记

学生演示时，教师应当记录要点。这样，教师在评论时可以做到精确回放。

B. 教师评论的声调、着重点、内容以及教师的关注点

教师作建设性评论时要热情饱满。

要关注特定学生的经验以及信心。

目标在于即教育个别学生也教育全体学生。

教师旨在使学生立竿见影（给予足够指导，这样可以使学生下一次做出实质改变。）

评论要精确，而非没话找话。

教师要指出每个学生的一两点不足。

评论要以实务为导向，而非对人不对事或者人身攻击。

C. 教师评论时要避免的要点

一次评论涉及太多点。

对自己的经验大肆吹嘘。

在评论中说："我会这样做。"而非建议学生做其他尝试。

对学生冷嘲热讽："你在想什么呢?"

给出令人迷惑的评价，比如先说："太棒了!"接着提出改进的六点建议。

对班里的同学给出的是无新意的重复性评价。

（3）教学课件。"法律论辩技巧"课程由 8 次分别练习和 1 次综合演练组成，每次为 4 学时，并且形成较为成熟的教学课件和教学案件。目前主要的课件有：

第 1 讲　论辩技巧教学演示与讨论

第 2 讲　论辩技巧模拟练习

第 3 讲　说服性律师技能

第 4 讲　直接询问

第 5 讲　交叉询问

第 6 讲　专家证言

第 7 讲　法庭辩论

第 8 讲　会见

（4）案件选择。法律论辩技巧课程就是在模拟真实案件的庭审过程中来训

练学生的基本技能，因此，案件的选择是整个教学设计的基础性环节，案件选择也直接决定了教学效果。法律论辩技巧课程的案例不同于部门法学教学中使用的案例，普通的案例一般要能反映、突出教学中某一规则、原则，或者引发学生深入思考，或者具有一定的典型性和时效性。但是，法律论辩技巧课程案件的选择基本原则是为控辩双方提供原始的模拟脚本，非常重视控辩双方证据和论证的平衡性和对抗性，防止案件出现一边倒的情形。

因此，本教学团队也非常重视法律论辩技巧课程案件的选择。教学团队中的董京波博士、于国旦博士就参加过《为当事人抗辩——法律执业技能模拟训练案例集萃》（浙江工商大学出版社 2008 年版）一书的编写工作（附王萍案件、刑事案件和民事案件三件）。

（5）师资培训。董京波、于国旦博士 2007 年至 2008 年在美国留学一年，取得法律硕士学位，学习成绩优秀。部分教师分别参加过 2008 年"中美法学实践教学"研讨会、2008 年"世界法律技能教育"大会并做主题发言、2008 年参加美方教授组织的"法学教学改革——法学实践教学"培训、2009 年中美"法学实践教学在中国"会议、2009 年作为中方培训老师对受训的十余所中国法学院的教师进行实践教学的培训等。

（6）教改项目。

许身健主持中国政法大学校级教改项目"新型实践教学理论实践的探索"，2008 年；

许身健主持横向课题"法律论辩技巧"，2009 年；

许身健主持中国政法大学法学院院级课题"法律论辩技巧"，2009 年；

袁钢主持中国政法大学校级教改项目"律师实务系列案例课程研究"，2009 年；

袁钢主持横向课题"农民与农村问题法律诊所"，2009 年；

董京波主持中国政法大学校级教改项目"法学教学改革——抗辩式教学研究"，2009 年；

刘晓兵主持横向课题"诊所学生在刑事法律援助中的角色定位与立法建议"，2009 年；

董京波获美国太平洋大学教学研究资助 5 万元整，用于研究"法学抗辩式教学研究"，2009 年；

董京波参与刘瑛主持的中国政法大学校级教改项目"知识产权法诊所式教学的研究与实践"，2008 年；

于国旦主持中国政法大学校级课题"少年司法制度研究"，2004年；

于国旦联合主持北京市教委学科与研究生教育—研究生教育—产学研联合培养研究生基地项目"北京市腐败犯罪代价测量与评估"，2008年；

中国政法大学法学院实践教学团队获评2008年度"首都教育先锋先进集体"。

（7）教改著作与论文。

许身健、刘晓兵编著：《电影中的律师职业伦理》，知识产权出版社2009年版；

袁钢：《法学案例教学法的本土化演进》，载《中国法学教育研究》2009年第3期；

董京波：《国际法课程实践教学研究——抗辩式教学在国际法课程中的应用》，载《中国法学教育研究》2008年第4期；

董京波：《如何在传统课堂中训练律师技能：以许霆案及其改编案例中的模拟练习为例》，载《中国法学教育研究》2009年第3期；

董京波：《法学教学抗辩式教学方法研究》，载《中国大学教学》2010年第5期；

Dong Jingbo，"How to Teach International Advocacy in Chinese Law Schools"，*Journal of international clinical education*（UK），2009.

刘晓兵：《诊所法律援助探析》，载《中国司法》2009年第9期；

刘晓兵：《诊所教育与法律援助》，载《中国法学教育研究》2008年第4期。

2. 应用情况。

（1）教学。由许身健等五位教师组成的教学团队，自2008年开始在法学院以团队教学的方式（至少由2名教师合作）开设"法律论辩技巧"课程，并且此课程是法学院培养方式改革的重要组成部分，也是法学院"法律实务技能"模块课程的组成部分。

（2）教学录像。全部教学课程以及学生综合练习均录像并且刻录成光盘，保存为教学资料，也是教学中经常使用的重要教学内容。

（3）本科生教学。主要完成人根据以往与美国教授合作授课的经验，结合我国法学教育及法律实践的具体情况，最先尝试向中国政法大学法学本科生讲授法律论辩技巧。主要完成人对开设本课程全面负责统筹，不但负责教师团队的挑选、整合以及教学经验的总结、反馈。另外，主要完成人也精心挑选了授课所用的案件材料。袁钢自2007年开始教授"律师实务"课程，在教学中使用法律论辩基本技巧。刘晓兵教授自2008年起，连续向本科生开设"法庭论辩技巧"课程，每学期 40 名左右学生选修。

（4）模拟法庭竞赛。除了开设法律论辩技巧课程外，教学团队教师还积极指导学生参加多项模拟法庭竞赛以及竞赛试题设计，包括全国高校模拟法庭竞赛、首都高校联合模拟法庭竞赛、北京市大学生模拟法庭竞赛、中国政法大学模拟法庭竞赛、学生模拟法庭竞赛、国际刑事法院模拟法庭竞赛、北外知识产权模拟法庭竞赛等。

第二章　案件主张

第一节　案件主张的含义和作用

一、案件主张的含义

案件主张是律师办理案件时要处理的核心问题，是适用于律师代理工作中所有活动的组织原则，是案件顺利发展的基础，并对结果导向发挥着不容小觑的作用，因此其重要地位也得到了法律实践者的一致认可。随着实践的发展，人们逐渐认识到案件主张的设计和选择不仅仅局限于对法律的把握，也不再是按照一定的规则或公式将案件事实套用到适用的法条中，而是基于对案件的全面了解和深入分析，并依赖于律师自身的法律素养、逻辑思维、生活经验和知识储备等。其中对案件的把握也不再局限于案卷材料和事件本身，还应当包括所涉当事人的背景情况，裁判者的个人经历、价值观等可能影响其裁判的背景因素以及相关的社会环境等所有可能影响案件结果的因素。同时，案件主张贯穿案件发展的整个过程，且并非是僵化静止的概念，案件主张会随着委托人做决定、事实发展以及法律研究而不断推进演化。这些特点决定了案件主张的教学不能按照传统的课堂教学模式进行。事实证明，一方面模拟式和案例式教学能够以真实或近似真实的案例为基础，尽可能地让学生体验到案件主张的实际操作过程，另一方面生动的影视资料能够迅速抓住学生的眼球，并给人留下较为深刻的印象，因此，结合以上两种方法进行案件主张部分的教学能够使学生对案件主张的含义具备初步的、较为深入的认识，并对如何设计和选择更好的案件主张有更为真切地体会，为以后进一步学习和法律实践打下坚实的基础。

关于案件主张的定义有很多不同的表述，有人说案件主张是当事人双方各自就发生了何事以及为什么发生所作的简要陈述，[1]其中包含事实部分和法律部分。也有人认为案件主张指的是一个含事实和法律逻辑的有倾向性的故事构架，并在案件各个阶段引导裁判者作出决断。案件主张是当事人案情陈述的基础，使得各个事实通过当事人的故事构架衔接起来而具有了特殊意义。其将事实、情感以及法律意义都包含在了当事人的陈述中，从而构建出一个生动的画面。因此，一个有效的案件主张应当以特定一方当事人的角度提取出案件的事实、法律、逻辑以及情感形成案件特定的一面。[2]还有一种定义案件主张是一个既解释了法律主张和事实背景，同时又将尽可能多的证据串联成连贯清晰并可靠的整体的基本概念。类似的定义还有：案件主张是关于如何将事实、法律和环境融合在一起以形成代理人或被代理人所追求的结果；案件主张是究竟发生了何事的一方当事人的版本；案件主张是一个简单、连贯、可信的案情进展，且代理人可围绕此解释自己的证据以及对方可信的证据等。此外，也有学者对其进行广义上的界定，即案件主张可以被看作是将案件与当事人的生活经验衔接起来的解释性陈述。它根据法律解释事实、当事人间关系、相应的环境等并形成能够最大限度实现当事人目标的"事实"。[3]

由于案件主张包含信息、使用场合的广泛性和多样性，要对其作出全面的定义并不容易，但一般来说其构成要件涵盖了两方面的内容，即法律主张、事实主张。法律主张是指律师通过解读、分析和扩展相关法律法规及标准设计出来的法律框架。而事实主张是指一方当事人基于法律主张作出的旨在解除或减轻自身责任的案情陈述。案件主张应当有相应事实予以支持，即一方的案件主张要能够解释己方陈述的事实，包括不利事实和无争议的事实。

传统观点中，案件主张就是律师根据案件适用的法律找出符合法条要求的构成要件的事实的过程。即以法律主张为主导，以事实主张为辅助。此种模式下，案件主张的提炼需要熟悉和研究判例、法律法规、规章和条约等，然后根据法律规定决定需要证明的要件，再将用以证明这些要件的事实组合即形成了自身的案件主张。这种模式忽略了事实的重要性，限制了当事人的参与，很难真正实现当

---

〔1〕 China arbitration advocacy handbook, http://www.mcgeorge.edu/Documents/centers/global/usaid/Qingdao/Qingdao-Combined%20English%20and%20Chinese%20materials.pdf.

〔2〕 Margaret Moore Jackson, "Confronting 'Unwelcomeness' From the Outside: Using Case Theory to Tell the Stories of Sexually-Harassed Women", *Yeshiva University Cardozo Journal of Law & Gender*, 2007 fall.

〔3〕 Binny Miller, "Give Them Back Their Lives: Recognizing Client Narrative in Case Theory", *Michigan Law Review 485*, 1994.

事人追求的结果。

如上文所述，实践的发展使人们认识到事实主张在案件主张中扮演着越来越重要的角色。这里所说的事实是当事人一方面的主观事实，因此当事人的主观能动性在其中也得到了体现。即律师在设计和选择案件主张时需要以当事人为中心，了解当事人最关心的利益，然后再做出决定。此时，案件主张不再是法律主张的辅助，而是与其相辅相成。该模式下案件主张还应当符合人们的通常经验、生活常识、道德情感和裁判者的价值观。有学者把它叫作"故事情节式"的案件主张，因此其可以被理解为本案是关于什么的框架式的，简单的，核心的故事内容。[1]一方面该"故事情节"的提炼来自整个案件事实，另一方面提炼出的"故事情节"又形成了自身的事实。简单地说案件主张就是在综合考虑当事人个人情况、裁判者背景以及所有环境因素的前提下作出的关于发生了什么、如何发生以及为什么发生的说明。

例如，在一个以正当防卫作为法律主张的案例中，案件主张可能着重说明谁做了什么、谁先做、以何种强度进行等，因为这是法律规定的正当防卫的要件。但是在另一种情境下可能案件主张就要重点针对原告方证人的可信度进行，若证人是原告亲人或与被告有仇或者可以证明其当时根本就不在场，此时关于正当防卫的法律规定就不再重要了。

基于此，案件主张可以从以下几个方面进行理解：

1. 案件理论是适用于律师代理工作中所有活动的组织原则。

2. 案件理论（case theory）是将事实与法律有机结合在一起，讲述一个有说服力的故事，最终实现本方的诉讼目标。换言之，一方如欲胜诉，必须具有可以用证据证明的事实理论，同时也必须具有有说服力的法律理论。符合要求的案件理论，首先，必须具有说服力；其次，该理论自身有可信度；再次，提出该案件理论的一方能适当借助于情感因素，以情动人；最后，该案件理论应当全面，假如失之偏颇，则会走入败局。

3. 案件理论是基本的，不仅是用来解释法律理论和事实背景，并且把尽可能多的证据串联起来形成一个条理分明的、让人相信的整体。

4. 案件理论是将事实与法律有机结合，讲述一个有说服力的故事，最终实现委托人的目标。

---

〔1〕 Binny Miller, "Papers Presented at the UCLA/IALS Conference on 'Problem Solving in Clinical Education: Teaching Case Theory'", *Clinical Law Review 293*, 2002 fall.

二、案件主张的作用

一个有效的案件主张具有以下几方面的作用：首先，有效推动并直接指导着案件办理工作的顺利进行。从接见被代理人、接见证人、事实和证据的调查、谈判、起诉、开场陈述、直接询问、交叉询问、总结陈述或仲裁等其他争议解决程序办理案件过程中的许多决定都是根据案件主张作出的，例如，进行何种形式的调查、如何进行，是否进行谈判、以什么方式进行，传唤什么证人，证人作证的内容，如何询问证人，如何进行案情陈述等。这些决定均影响着当事人与代理人间的法律关系、搜集的案件信息的准确性、主张的有效性等。其次，案件主张有助于案情陈述的有效进行。案件主张可以给案情陈述提供一个基本框架，在案件主张提供的框架内进行案情陈述能够使关注的焦点集中在最有利于实现当事人目标的点上，从而避免了不加选择、没有重点的进行。再次，案件主张可以引导裁判者形成有利于己方的观点，进而作出符合当事人利益的决断。最后，按照当事人的要求提出案件主张能够使当事人感觉到自己的"故事"已被人所了解，有助于实现当事人所追求的目标，保护其最为关心的利益，从而产生一种满足感。甚至在案件结果不理想的时候为其提供心理上的正义。

第二节　如何形成案件主张理论

一、诊所方法：Buzz Group（小组）之大脑风暴

由于案件主张具有较强的实践操作性，可以头脑风暴的方式让学生自己对某个案件给出一个案件主张，打开他们的思路。在课堂中，可让学生模拟原被告及其代理律师的身份分析出各自的案件主张。具体来说，就是将学生分成原告组和被告组两组，并进一步将原告组和被告组分成若干个小组，每个小组两人，两人合作共同担任原告或被告代理律师。教师可在课前进行头脑风暴的准备，给出案例，要求学生去思考案件中有利于己方和对方的案件事实。在课堂上，老师可主导头脑风暴的进行，首先，可进行案件事实的头脑风暴，可以让学生畅所欲言说出有利于双方的案件事实，一一列在黑板上，同学们说得越多越好，教师不作评价、不予打断。另外，要注意让同学们有均等的发言机会，一个同学说出一个或两个事实，其余的机会留给其他同学说，这样才能调动全班同学的积极性。其次，当这一环节结束后，可结合案件事实进行法律要件选择的头脑风暴，即重点

围绕哪个法律问题展开抗辩。最后，在进行事实和法律分析后，让每个小组成员间相互合作并分析出自己的一种或多种案件主张，并由其他同学和老师进行评价。在评价时，教师不应给出绝对的答案，要鼓励同学自己主动思考去寻找最适合的案件主张。课上头脑风暴只是让学生初步形成案件主张，课时有限，教师可给学生布置作业，让学生在课下进一步思考案件主张，由每个原告组或被告组就本组案例设计出尽可能多的案件主张，下节课以 ppt 的形式向大家汇报。内容应当包含：案情简介、可能的案件主张、最终选择的案件主张以及为什么这样选择。每个相对应的原告组或被告组汇报完以后由其他同学和老师作点评。一个好的案件主张必须既符合委托人的愿望、符合委托人的长短期目标，也符合事实、符合法律。即应当在法律框架内尽可能挖掘、利用事实，努力达成当事人的目标。因此，评价一个案件主张的好坏时可以从以下几方面入手：是否有说服力；是否有可信度；是否能以情动人；事实把握是否全面以及是否与律师的价值观念相符。但是由于案件主张的设计依赖于具体的案件情况、背景情境、当事人和裁判者的个人因素等，因此没有统一的方法和可套用的公式，但总的来说有以下几点普遍的规则。教师可将相关规则介绍给学生，以利于学生形成和评估自己的案件主张。

第一，好的案件主张应能正确处理案件中的有利事实和不利事实。知己知彼才能百战百胜，虽然案件主张是重新组合的有利于己方的事实和法律主张，但在设计案件主张时不能只考虑对自己有利的事实，而应该全面把握。对不利于自己的事实不能一味地回避和否定，对有利事实也不能不加选择、不分重点地体现。例如，双方没有争议的事实就没有必要强调，对方证据很充足的事实也没有必要否定。也就是说不能完全试图使事实符合法律，而是要根据事实选择适当的法律。同时，在设计案件主张时还应从对方的角度考虑他们可能的案件主张。这样才能有的放矢，给对方以强有力的回击。

第二，案件主张中融合了当事人的自身特质、案件的背景情况以及诸多感情因素。在庭审课中，可将学生分为原告组和被告组。在案例讨论中，力求提取的案件主张摆脱法律规定的束缚，倾向于以"故事情节"的方式构建有利于己方的事实。融合当事人的自身特质、案件的背景情况以及诸多感情因素。以期裁判者在听到这种案件主张时产生情感上的共鸣。

第三，案件主张应尊重当事人意见。案件主张的作用就在于帮助当事人实现其所追求的结果，因此律师在设计案件主张时必须征求当事人的意见，了解当事人最看重的利益，才能帮助他达成目标，才能保证当事人的故事得到了倾听，想法得到了体现。这样，即便最后结局是败诉也能够得到当事人的理解，并给其提供心理上的正义。另外，当事人是案件胜诉与否、主张得到支持与否的最直接利害关系人，故有些决定必须要当事人自己做出。因此律师的作用就是明确当事人的目的，倾听当事人的故事，将其提炼成逻辑清晰、受到法律支持的案件主张，并对当事人某些决定的法律后果作出解释。这一点同学们可以通过模拟的方法得到体会。例如扮演原告或被告的同学可以将自己的个人考虑带入案件中，然后与其代理律师进行沟通。扮演律师的同学在给出自己的案件主张后可以给出为什么设计这种案件主张的原因，看其是否体现了当事人的意见。

例如，在一起刑事辩护案中（美国刑事制度中有认罪制度），辩护律师会告诉他的当事人如果他坚持诉讼，就面临着输掉官司而被判以一定刑期的风险，而如果他认罪，就只需承担缓刑责任。但是诉讼也有可能使其洗清罪名而被无罪释放。此时，当事人会选择何种策略就会有他自己的考虑，他可能会因接受不了进监狱服刑而选择认罪，也可能因为不愿放弃胜诉的机会而选择诉讼，当然还有可能他的确是无辜的而从情感上接受不了认罪而要求诉讼。无论如何只有当事人自己可以在这些选项中作出权衡，因此其意见对案件走向就起着决定性的作用。

律师在选择案件主张时通常面临着两种不同的选择路径，即"最佳利益"的方法和"当事人为中心"的方法。[1]其中"最佳利益"的方法是指选择最有利于赢得案件以实现当事人利益的方法。而"当事人为中心"的方法则是充分尊重当事人意见，律师向当事人就某一行为的法律后果作出明确的解释后由当事人自己作出选择。实际上第一种方法虽然叫做"最佳利益"的方法却存在着一定的弊端，即律师以自己的视角看是否能真的能实现当事人的最佳利益。因此，在案件主张的选择环节，当事人的重要性也日益被人们所认识和强调。

二、影视资料

1. 借助律政方面的影视资料也可以促进学生对案件主张的初步理解。具体教学中，可以让学生在观看影片后，先自己提炼影片中律师的案件主张并给出评价，然后老师再进行点评。例如，经典名片《费城故事》（原名 Philadelphia）中就诠释了一个很好的案件主张。影片中案件涉及的法律问题是关于在工作场所中

---

〔1〕 Kimberly A. Thomas, "Sentencing: Where Case Theory and the Client Meet", *Clinical Law Review* 187, 2008 fall.

歧视艾滋病患者应当承担一定的责任。原告是一名患有艾滋病并被一家效益很好的律所开除的律师。其代理律师首先明确了该律所对原告患有艾滋病一事是知情的，并提交了相关证据予以证明。而且将原告塑造成一名非常优秀、出色的律师。与此同时，他没有把该律所妖魔化，而是说当律所发现原告患有艾滋病的时候，他们同所有普通人的反应一样，那就是惊慌，于是便很自然地想要同这类人隔离开来。紧接着表明态度：无论律所在道德上、精神上或情感上如何评价原告都不为过，但是律所因此开除他的行为就违反了法律。影片中原告律师的案件主张就构造出了一个生动的、人们感情上易于接受的故事，同时点出其法律主张，是一个让学生体会何为案件主张的好例子。

2. 教学时可以让学生在了解故事内容后自己先给影片中的主人公设计案件主张，然后再与影片本身的设计相比较。以《34 街的奇迹》（原名 Miracle on 34th Street）为例，影片讲述的是一位叫做 Kris Kringle 的老人受雇于一家商店来扮演圣诞老人，就在商店经理发现 Kris 真的认为自己就是圣诞老人后发生了一连串的故事，使得商店的心理学者要求将 Kris 送到一家精神病院。当 Kris 在一家精神病院接受检查时，他碰到了一个律师来帮他设计应对策略。此时，同学们可能给出以下几种案件主张：①Kris 只是在开玩笑，他并不相信自己是圣诞老人；②Kris 虽然声称自己是圣诞老人，但他并不真心相信这一点，如他不相信驯鹿会在平安夜的时候从烟囱下去把礼物送给小朋友，他只是欣赏圣诞老人的善良、和蔼而太投入这个角色了；③尽管 Kris 相信他是圣诞老人，他对他人、对自己并不产生任何威胁，相反，他认为自己有着圣诞老人的善良、慷慨和对孩子们的关爱，也愿意一直这样做来感染身边的每一个人。但是影片中给出的案件主张却是 Kris 就是圣诞老人。这一案件主张的提出就很好地体现了案件主张选择时的"当事人为中心"的方法。影片中 Kris 坚信自己就是圣诞老人，并对此十分狂热，他告诉律师即便败诉了也是虽败犹荣。并说到，那个商店心理学者卑鄙、自私、虚伪、恶毒、不诚实，却被认为是正常的，如果那样就是正常的话，他宁愿自己不正常。在明确了 Kris 的真实想法之后，律师选择了这个看似不太实际的案件主张，并通过一系列证据证明了自己的主张，最终赢得了案件。本案整体虽然富有一定的浪漫主义色彩，却很好地揭示了"当事人为中心"的含义。例如，本案当事人 Kris，他最在乎的不是赢得案件，而是向人们传达自己的信念，传播美好的思想和品质。因此，律师选择了尊重 Kris 的意见，助他达成自己的愿望。

第三节　案件主张的技巧与演练

一、养女被锁葬身火海案

被告人是夫妇俩，一天夜里，家中失火，夫妇俩带着两个女儿逃出家门，而养女却不幸葬身火海。火被扑灭后，消防员惊呆了，不幸的女孩竟然被铁链锁在床上，这就是她没能逃过此劫的直接原因。这起蹊跷的火灾很快就转入刑事程序，检察官指控被告人谋杀及虐待。

双方案件理论：本案双方对抗是案件理论的交锋。

控方理论：被告人对被害人实施长期精神及肉体双重虐待，在火灾发生后，两人将亲生女儿带出火场，明知养女被锁在床上却不积极施救，最终使养女惨死火场。

辩方理论：被告人对养女视同己出，同样疼爱，将其锁在床上纯属不得已而为之，因为养女是问题少女，在学校表现不端，另外，在心智上也有问题，晚上如果放任她自由行动，那么会造成害人害己的后果。辩方坚持被害人死亡纯属意外，声称如果不爱这个孩子，那么为什么被告人有两个孩子还要收养被害人呢？

二、刘某某抢劫案之辩方案件理论

刘某某因证人辨认错误，不幸成为抢劫犯，证人的辨认令人怀疑，抢劫犯逃跑，证人不可能看清此人。该证人的记忆可能在受到询问时形成，而且可能受到了警方暗示，是不可靠的。该案没有其他证据，辩方证人可有力证明刘某某并非抢劫犯。

三、争吵激愤杀人案

在谋杀案件中，控方证据表明，在发生激烈的争吵过后，受害人被一名男子枪杀，而且有相应证据以及证人证明被告为枪击者。

作为被告的案件理论一般如下：①被告并没有开枪实施谋杀行为；②被告的确开枪击杀了死者，但确是出于正当防卫；③死者的确是被告枪杀的，但基于案发情况与环境可能属于意外事件或者轻微过失行为。

基于以上案例可以发现，对于事实的观点，无论是否有争议，都应该在庭审之前充分了解并有所准备。除了需要将其凝练为案件理论外，还必须对有争议的事实予以重点分析，提出自己的观点，并与所主张的案件理论相一致，庭审才有可能获胜。

大多数争议点比较相近的案件，胜诉与否通常都取决于案件中的少数关键点。它既可能是重要证据的可采性问题，也可能是证人对陪审团的印象问题，还可能涉及对证人的交叉询问程度等。无论争议点是什么，周全的庭审准备与有效的案件理论也是必不可少的。在庭审之前，必须要对所谓争点深入分析，整合为有效的案件理论，为庭审奠定良好的根基。

总结以上案例，一个好的案件理论应该具备以下要求：

1. 符合委托人的愿望。
2. 符合委托人的长、短期目标。
3. 符合事实。
4. 符合法律。
5. 有说服力。
6. 有可信度。
7. 能以情动人。
8. 全面。
9. 与律师的价值观念相符。

第三章 开场陈述

一、开场陈述的概念和作用

(一) 开场陈述的概念

开场陈述，英文表达是 Opening Statement。一般来说，开场陈述视为对案件框架的展示或者描述，它要求律师要以较为集中、精炼和准确的语言，把己方庭审的主张告知裁判者，并以基本事实和法律为依据予以说明。开场陈述的作用是给事实调查人/决策者提供案件概述，使其在面对证人和书面证据时能更好地记住案件事实。其功能意在通过对案件事实的概述使得事实发现者或者决策人更好地在证据语境下记住并了解整个案情。证据语境由从目击证人以及书面材料中获取的证据形成。代理律师或者辩护律师在拿到案子之后所做的大量工作和准备，都将在开场陈述中予以体现。依托案件假设以及自身所掌握的证据链条形成的案件理论而衍生出来的开场陈述，是律师在法庭上向陪审团以及法官呈现整个案情的发展脉络的重要机会，也预示着这是一次可以说服陪审团或者法官的重要机会。

一般来说，律师在开场陈述中需要完成三项主要任务：[1]

第一，讲述本方认知的案件事实（fact）。所谓本方认知的案件事实，在此并非法律事实，更不是客观事实，而是当事人及其律师单方面认定的、仅限于其主观认识层次的案件事实。案件事实依语境的不同可以指单个的案件事实，也可以指整体的案件事实，二者均需得到证据的证明。整体的案件事实亦即英美法系国家诉讼理论上的"故事"——案件主张（case story）。

第二，介绍案件的主要证据（evidence）。在开场陈述中，律师有责任对己方提出请求所依据的事实或者反驳对方请求所依据的事实提供证据加以证明。从这

---

〔1〕 关于律师在开场陈述中的任务，美国法学院的法庭论辩课程一般将其归纳并缩写为"FEC"词，即事实（Fact）、证据（Evidence）和请求（Claim）。

个意义上来说，仅有所谓的案件事实是不够的，案件事实需有证据予以支撑。如果案件事实没有证据的支撑，律师即便说得天花乱坠也没有实际意义。换言之，律师要想使己方主张的案件事实被陪审团接受并上升为法律事实，就需要为之提供一定的证据并将事实与证据有机地结合在一起。由此可见，律师在开场陈述中的第二大任务就是按图索骥，主张什么样的事实，就提出什么样的证据，使每一案件事实乃至整体案件事实都具有可信性。需要指出的是，律师在开场陈述中不但要为单个的案件事实提供证据而且要为整体的案件事实提供证据，从而为陪审团认同本方全部案件事实提供一个结构严密的证据体系。当然，律师在开场陈述过程中提出证据的时候只需说明相关事实具有何种可予佐证的证据以及该证据的名称、序号和类型即可，而无需对证据的可信度进行论辩，对证据的可信度进行论辩是其他法庭论辩阶段的事情。

第三，提出己方的诉讼请求（claim）。在开场陈述中，诉讼双方提出证据的目的是为了证明案件事实为真，但证明案件事实为真并非开场陈述的最终目的，开场陈述的最终目的是以此为基础提出一定的诉讼请求。所谓诉讼请求是当事人亲自或通过其委托的律师向裁判者提出、要求裁判者作出某种判决的请求。在美国刑事开场陈述中，诉讼请求主要表现为有罪请求和无罪请求两种形式，但在民事开场陈述中，诉讼请求的表现形式则要复杂一些，当事人可以要求裁判者确认某种法律关系是否存在，可以要求裁判者判令对方履行一定的民事义务，或者可以要求裁判者改变或消灭某种民事法律关系。

（二）开场陈述的作用

因为正如开场陈述的定义所揭示的那样，其主要作用是为了更好地帮助陪审团了解证据语境下的案情而进行的一次陈述。这就意味着在一个出色的开场陈述中就包含了律师之前对案件理论的梳理，以及在直接询问和交叉询问过程中的证人安排，甚至是对终局辩论的策划。因此，律师为了争取达到最重要的"首因效应"，应当尽心竭力地准备好自己的开场陈述，并且在法庭上展示其流利的表达、缜密的思维、巧妙的设想以及无与伦比的雄辩才华。如果在开场陈述时律师就出现思维混乱，或言辞结巴，这便是整个诉讼论辩过程中最糟糕的事情；就像一架航空器刚飞离航空港就坠落到地面上一样，其驾驶员无疑是最糟糕的飞行员之一。[1]虽然奎特利安在《雄辩之术》中的告诫已经过去了许久，但是在法庭上依

---

〔1〕　参见［英］安迪·布恩：《法律论辩之道》，姜翼凤、于丽英译，法律出版社2006年版，第64页。

然是最为精妙的警示语之一。

对于经验丰富的律师来说，开场陈述是律师第一次向法官以及陪审团陈述整个案情的好机会，也是获得他们情感上共鸣的最好的一次机会。他们试图在自己的开场陈述结束之后，就能够获得法官以及陪审团的情感倾斜，不管这种倾斜是有意识的还是无意识的。

在美国，开场陈述的权利很少被放弃，理由是律师信奉开场陈述会对陪审团有重要影响，即基于先入为主的信念。林奎斯特曾说：超过50%的情形下，开场陈述决定着审判的结果。事实上，可靠的研究显示85%的案件会产生这种决定性的作用。开场陈述使陪审团建立了基本观点，包括：谁对谁错，对错的原因，谁提供的事实有利，有什么样的结果是符合逻辑的。[1]开场陈述不仅仅面对陪审团有用，面对法官也一样有用。美国的民事案件通常都是由独任法官进行审理，如果法官对案件中的一方当事人抱有很深的偏见，那么这一方很可能会遭遇败诉，一切正如洛伊斯诉埃弗莱斯矿案所显示的那样。因此，对于麦克纳尔蒂法官的判决进行上诉是至关重要的一场反击。琼·博勒为了准备这场反击的开场陈述，就技巧练习了整整一个星期。律所聘请了一位演讲教练来帮助博勒，逐字逐句地推敲她那原本十分生硬、智慧、过多关注法律问题的开场陈述变成了生动的、饱含情感和信念的口头辩护词。而这一切都意味着她们最终的胜利。[2]

二、开场陈述的法律规制

（一）禁止辩论规则

开场陈述不仅仅是一项律师实践，它在庭审过程中的重要地位和作用也决定了其应当遵守某些法律，通常来说，许多律师和法官都对开场陈述的法律并不清楚。

总体来看，大多数法庭将开场陈述作为一项权利授予律师（维尔曼诉哈的利案，1956年），但也有些法庭认为开场陈述是一项特权（格瑞汉姆诉克劳案，1947年）。不管在权利上存在何种分歧，只要法庭给予了律师这项权利，那么律师就获得了充分发挥自己才能的自由（赫尔亚诉州案，1950年）。当然了，这种方式也会冒一定的风险，因为如果律师表现得过分夸张，可能遭遇法官喊停，他

---

〔1〕 参见［英］安迪·布恩：《法律论辩之道》，姜翼凤、于丽英译，法律出版社2006年版，第66页。

〔2〕 参见［美］克拉拉·宾厄姆、劳拉·利迪·甘斯勒：《洛伊斯的故事——一个改变美国性骚扰立法的里程碑案件》，纪建文译，法律出版社2004年版，第373页。

会提醒律师开场陈述的目的（爱得森诉通用电讯案，1967 年）。法律没有明确规定开场陈述的方式，但是却将这种自由裁量权赋予了法官，并且法官可以依据该自由裁量权来阻止律师对案件的是非曲直进行争论（州诉弗莱明案，1975 年）。[1]

这其中，禁止辩论规则最为引人注意，并且大多数的律师为了赢得陪审团的良好印象也往往会主动避免争论。同开场陈述的其他法律规则一样，关于"禁止辩论规则"也是通过法官的自由裁量权来进行控制的，因此，这一规则在不同的法院、不同的案件、不同的法官中会作出不一样的解释。尽管其内涵可能会发生变化，但是通常来说，在开场陈述中就强烈地要求陪审团就事实问题作出判断或者给出答案是明显是违背这一原则的。

例如，在一起人身伤害案件中，向陪审团进行以下阐述是妥当的：

事发时，被告坐在一家小酒馆里，在不到一个半小时的时间里，他喝了至少 4 杯威士忌酒。他为酒馆里每个人买了单，然后离开了。他是驾车离开的。事故是在此后的 20 分钟内发生的。

但是，如是以下陈述就不妥了：

原告显然喝多了，没有人能在那么短的时间内喝 4 杯酒还神志清醒。在那样的情况下，只有酒鬼和撒谎者才会声称他们仍然神志清醒。

之所以说第二段陈述违反了禁止辩论原则，就是它告诉了陪审团如何对原告拟作出的证人进行评估："只有酒鬼和撒谎者才会声称他们仍然神志清醒。"[2]

（二）　开场陈述与证据的关系

美国最高法院将开场陈述定性为"通常目的就是以一种自然的方式告知陪审团发生了什么，以便他们能够更好地理解证据"。[3]为什么开场陈述能够起到这样的作用呢？这与开场陈述的故事构造模式息息相关。

美国著名证据学家塞耶总结司法实践后得出结论：在绝大多数情况下证据法并没有规定具体的关联性标准，而是将该问题交给逻辑和一般经验。故事构造模式将"故事"作为核心概念，是因为任何故事都是符合逻辑和一般经验的事件记述过程，用讲故事的方式解读案件可以把逻辑和经验涵盖在一个统一的叙事系

---

〔1〕　参见〔美〕爱德华·T. 赖特：《法庭胜诉之策》，卫跃宁等译，中国人民公安大学出版社 2005 年版，第 136～137 页。

〔2〕　参见〔美〕史蒂文·鲁贝特：《现代诉辩策略与技巧》，王进喜等译，中国人民公安大学出版社 2005 年版，第 233 页。

〔3〕　Best v. District of Columbia, 291 U. S. 411, 54 S. Ct. 487, 78 L. Ed. 882〔1934〕.

统内，更好地达到说服的目的。然而，逻辑和经验有时又并不可靠，生活逻辑、经验法则一般能反映出事物之间发展的常态，这种常态是先验性的，对具体的个案而言可能不完全适用。除了法律明确规定推定和精确的技术鉴定可以有准确的把握之外，对这方面的判断目前仍主要依靠心理判断。"故事"概念的好处是它仅仅是个假设，通过不同故事之间的比拼以及在此基础上对证据的反复质询来实现对关联性和充分性的把握。[1]

此外，整个开场陈述对事实部分的陈述架构也是建立在对证据阐释的基础之上的。律师开场陈述应以安排好的顺序依次提出各个问题。一般说来，陈述事实应与证据的出现顺序相同，按照案件管理的新规则，当事人可以选定和安排提交证据的顺序。最明显的顺序是按历史年代排列。这样规定的理由是：法官或陪审团应有时间来理解案件，通过开场陈述和按序传唤证人的程序，帮助他们做到这一点。另外，安排证据的顺序应有逻辑性，不符合逻辑顺序的例外情形仅应当出现在必要的情形中，例如，在一开始就提出或者到最后才提出自己最强的证据。[2]

极为重要的一点是，对双方当事人或者其代理律师来说，庭审之前他们应当开示证据，法庭通常并不允许在庭上进行"证据偷袭"。但是，这并不意味着双方互相交换的证据能够被最终认定为定案依据。律师要在开场陈述中对自己的证据能够证明什么事实作出指示，并且在随后的直接询问或者交叉询问环节中，通过一位能够提供必要事实的证人，在其详述证言之后提出证据。在这一过程中，事实部分由陪审团作出决定，证据的认定则在法官的管辖范围之内。

对陪审团来说，通过开场陈述获得了对双方证据链的认知并最终提炼出对案件事实的观点。他们并不能在庭审过程中决定哪些证据能够展示，哪些证据不能展示，但是却可以根据证人的表现来判断律师是否在开场陈述中撒了谎。通过证人证言反观律师的可信度，似乎是陪审团更在行的事情。

但是，通常来说，法庭能够决定向法庭提交证据的方式。而大多数时候，这并没有详细具体的方式，而是法官根据具体案情进行自由裁量。如果法官认为这样证据并不适合在陪审团面前展示，那么律师的争辩就显得微不足道了。罗伊·布莱克在阿尔瓦雷兹案件中就曾遭遇了这样的情形，而这对于律师来说，可能是极为沮丧的事情。阿尔瓦雷兹是一名普通的巡警，为了向新来的警员演示如何进

---

〔1〕 参见葛琳：《证明如同讲故事？——故事构造模式对公诉证明的启示》，载《法律科学（西北政法大学学报）》2009年第1期。

〔2〕 参见［英］安迪·布恩：《法律论辩之道》，姜翼凤、于丽英译，法律出版社2006年版，第63页。

行日常巡逻，他领着新同事跨过自己的值班区域来到迈阿密治安最乱的游乐场。在执勤过程中，他射杀了一名携带枪支的黑人。该案件在迈阿密引起了前所未有的巨大争论，因为案件的判决将会直接加剧种族冲突以及警民冲突，因此检方为了维护社会秩序将阿尔瓦雷兹送上了法庭。为了证明案发当时没能收集到足够的证据，布莱克想提交枪击事件发生后游乐场外的暴动画面。但是，这卷录像带因为表现的场景过于恐怖，将会给陪审团带来巨大的压力，因此被法官禁止播放。这一度令他们陷入被动的局面。[1]

三、开场陈述的编排与结构

（一）开场陈述的编排

心理学的研究表明，对案件事实的建构和判断有各种不同的学说，例如，贝叶斯概率模型、代数模型、随机模型、故事模型，或者威格莫分析法、数学模式推理法以及故事构造法（也称故事讲述法）等。其中，比较有说服力的是故事构造法（以故事的建构为核心，如故事讲述法和故事模型等）。[2]故事的构造对于我们大多数人来说，并不陌生。一个好的故事必然是在特定时间、特定地点，以特定人物为中心展开的，有开始，有高潮，有结尾。所以，对陪审团或者法官进行劝说的开场陈述通常来说更像是律师在法庭上编撰的剧本。虽然这个故事应当尊重证据，还原真实，但是千万不要忘记剧本中那些激情洋溢的台词以及出乎意料的情节和情理之中的答案，这些往往令陪审团为之深深着迷。

与开场陈述不同的是当庭宣读起诉书制度，这两者都可以用于法庭的开场白，但是效果却有很大差异。因为开场陈述的故事体例的编排使得其在以下几个方面都更加优越：

1. 制度功能有所不同。公诉人宣读起诉书主要是为了明确案情和检方控诉的目的，与其后的证据出示没有内容上的直接关联性。而开场陈述则是检方在陈述简要案情的同时指出什么证据将会被出示，以及将证明什么。[3]

2. 表现形式有所不同。起诉书是根据法律规定的格式要求用书面化的语言

---

〔1〕 参见〔美〕罗伊·布莱克：《善辩者生存》，林正译，世界知识出版社2003年版，第36~37页。

〔2〕 参见葛琳：《证明如同讲故事？——故事构造模式对公诉证明的启示》，载《法律科学（西北政法大学学报）》2009年第1期。

〔3〕 参见葛琳：《照本宣科还是娓娓道来——公诉人当庭宣读起诉书制度之反思与重构》，载《西南政法大学学报》2010年第4期。

写成，逻辑顺序是先事实陈述，后法律适用。开场陈述是口语化的，以事实逻辑为线索的概括陈述，并不包含指控的具体根据和理由，易于无法律基础的陪审员迅速了解案情梗概。[1]

3. 庭审效果有所不同。与公诉人机械地宣读起诉书不同，开场陈述通常是以非正式的口头形式表达，而且它一般是简要的和概括的，而不是冗长的和详细的。控方和辩方的开场陈述都会把各自认为的案情当作一个独立的故事，向陪审团和听众娓娓道来，并向陪审团解释哪些证据将随后出示，目的是证明什么，以便让陪审团有重点地关注其随后的举证和质证过程。更为重要的是，开场陈述还具有宣读起诉书所不具备的引导和说明作用，并对案情的叙述和之后要举什么证据加以证明的内容结合起来，进行提前说明，这便大大提升了其制度价值。它不仅仅是叙述案情的简单开场，而是控辩双方举证行为的纲领，也成为裁判者和旁听者了解整个庭审过程的线索。[2]

正因为开场陈述存在着以上的制度优势，所以，目前英、美、日、意等众多国家都采用了这种制度。

（二）开场陈述的结构

一般来说，开场陈述包括导论、阐述问题、事实陈述以及结论四个部分。

1. 导论。导论部分的主要内容在于告知裁判者基本的案件理论。在之前我们曾经提出过：尝试着用一段话写出自己的案件理论，避免冗长。此处，这句话仍适用。在案件理论的描述过程中，要尽量简明扼要。围绕重要的人物、地点和事件构造起即将要描述的故事平台，尽量不要讨论细节，而只是阐发预先设计好的主题。千万不要忽视导论部分，正像我们重视开场陈述是因为"第一印象"的重要因素一样，重视导论部分也是同样的原因。只要一开口，律师的逻辑思维、语言表达、气势态度以及其他重要的特质就已经完全展现在陪审团以及法官面前，更展现在了对手面前。所以，律师们都十分重视如何在开场陈述里面设计一段精彩而且言简意赅的开场白。

2. 阐述问题。导论部分已经构建起案件发生的基本过程和图景，所以下一步通常就是让陪审团的视线集中于问题本身，而不再是那些琐碎的纠缠。如果面

---

〔1〕 参见葛琳：《照本宣科还是娓娓道来——公诉人当庭宣读起诉书制度之反思与重构》，载《西北政法大学学报》2010 年第 4 期。

〔2〕 参见葛琳：《照本宣科还是娓娓道来——公诉人当庭宣读起诉书制度之反思与重构》，载《西北政法大学学报》2010 年第 4 期。

对的是来自社会各个阶层的陪审员，每个人的文化程度、生活习惯以及正义观可能都会影响着对案件的判断。所以，在向陪审团告知相关问题时，大部分律师的通常做法都是关注真正的争议点，尽量使用清晰的日常语言，抛弃那些文绉绉的法律术语和书面语。戈茨案中，问题的焦点是：戈茨的枪击行为是不是基于常人的反应而做出的。虽然，问题焦点直接的指向就是戈茨是在正当防卫还是在故意杀人，但是无论是韦普斯还是辩护律师斯拉特尼克都没有用法律术语来呈现这一问题。韦普斯只是说：1984 年 12 月 22 日这天发生的可怕的、毁灭性的枪击，不是一个典型的纽约人以一种合适、有限的方式对挑衅所作出的反应。[1]控方用这样包含激情的日常语言向民众传达了"正当防卫"的含义，并指出"戈茨的做法并不符合合适、有限的原则"。

3. 事实陈述。这一部分的内容主要是对事实部分的讨论。最为妥帖而又保险的一种方式是按照时间顺序来表达整个故事，为了更好地营造戏剧效果从而来吸引陪审团的注意力，律师也可能会采用倒叙的方法。在这一部分，律师们总结出来的经验和教训十分多，涉及面也十分广，主要集中在以下几个原则：注重主要事实；认真考量证据的选用；避免争论，不要贬损对手；不要夸大其词，要诚实诚恳；学会更多关于展示的策略与技巧，包括律师自己以及证据。

一般来说，之所以有这么多的注意事项是因为律师必须在陪审团以及法官面前呈现一个有说服力的"故事"。如果律师平平淡淡地叙述，又或者在叙述中犯了致命的错误，这都将严重影响开场陈述的效果，所以律师要时刻记住：开场陈述决定着案件的命运。下面将进一步对上述原则进行阐述：

第一，注重主要事实。主要事实是由无数的小细节构成，但不是所有的细节，可从洛伊斯的案子得到答案。洛伊斯在埃弗莱斯矿工作的十几年里，因为矿上的恶意工作环境，长期以来饱受性骚扰之苦，并且最终患上严重的创伤后应激障碍症。起初她想起诉矿上的高级工程师史蒂夫对自己进行性骚扰，然而，在律师的建议下，她最终决定和其他妇女联合起来提起集体诉讼起诉埃弗莱斯矿，那么一切就都变了。若是前者，史蒂夫寄给洛伊斯的暧昧贺卡、所谓的鼓励性纸条以及一大堆的情书都有足够的证明力，但是矿上随处可见的裸体画报、墙上肆意涂抹的污言秽语以及男矿工们的斑斑劣迹和仇视情绪都与本案的主要事实无关了。反之，后面的细节比起史蒂夫的情书来说显得更为重要，他的情书反而变成

〔1〕　参见［美］乔治·P. 弗莱彻：《地铁里的枪声——正当防卫还是持枪杀人?》，陈绪纲、范文洁译，北京大学出版社 2007 年版，第 122 页。

证据中极小的一个组成部分。[1]因此,注重主要事实,有的时候对律师来说就是如何选取细节,他们不得不在所有细节和有关细节之间进行权衡。

第二,证据考量与证据的选用。用那些无异议的证据来说明决定性的事实是最安全的做法。并且用何种证据意图证明什么,应当在过程叙述结束后概括说明,或在叙述某具体案件事实之后进行特别说明,以便裁判者和控方在随后的举证质证环节中重点关注和回应。尽量使随后的举证过程与开场陈述中所叙述的证明情况相呼应,最终达到的效果是,在开场陈述中所陈述的案件事实作为陈述中的"关节点"都在随后的举证过程中得到一一证明,从而使开场陈述所认定的案件性质和具体事实被裁判者接受,成为裁判结果。[2]

第三,避免争论。这是开场陈述的重要法律原则。开场陈述中,应当尽量避免对对手及其证人进行评价和争论。

第四,不要言过其实。陪审团一直在悉心考察律师的可信度,这是陪审团审判的核心问题。所以,如果律师在庭审过程中引用伪造的证据,或者编造根本不存在的事实,将会因为背叛陪审团以及司法正义而尝到败诉的苦果。

第五,学会展示。开场陈述尽管禁止辩论,却并不禁止劝说,所以没人责备律师在开场陈述过程中所进行的各种各样古怪却又让人眼前一亮的设计,谁也不能猜出律师在法庭上能有多少表现力。越强的表现力会让陪审团越接受你方的观点,正是这一点推动着律师的庭上表演事业。同样的,在开场陈述过程中,律师还要适时地展示自己的证据。录音带、录像带、合适的物证,除了在接下来的询问环节中要出现的证人之外,其他的证据律师在开场陈述中可以尽情展示,只要对自己的观点有利。在第二章中展示的一些技巧将会被呈现。

4. 结论。对事实陈述完毕之后,就到了结论部分。在结论部分,大部分的律师会重述自己的案件理论,但这依然是一个梗概。之后,律师会提炼出的一个主题。围绕这个主题,在结论里强调一个最为重要的事实,根据这个事实告知陪审团针对这个案件要求的判决。

四、技巧

1. 一般以案件主张和案件主题开始开场陈述。开场陈述中的关键因素会给

---

〔1〕 参见〔美〕克拉拉·宾厄姆、劳拉·利迪·甘斯勒:《洛伊斯的故事——一个改变美国性骚扰立法的里程碑案件》,纪建文译,法律出版社 2004 年版,第 267 页。

〔2〕 参见葛琳:《照本宣科还是娓娓道——公诉人当庭宣读起诉书制度之反思与重构》,载《西南政法大学学报》2010 年第 4 期。

决策者勾勒出第一印象，而那正是律师想向决策者表述的。首次能引起注意的陈述不应该浪费在以下这样一些言辞上，比如"这是个很简单的案件"，或者"今天你将会听到双方就这个案件所出示的一系列证据……"。相反，从说出第一个字起，律师就应该告诉事实调查人为什么他们应该支持己方当事人的事实主张。

2. 在开场陈述的主体内容部分，尽量简洁地表述事实，而且只表述最基本的事实。决策者在见到和评判案件的参与者前，不可能通过口头的陈述记住整个案情。相反，其需要概括形式的事实，以便在审理中通过证据的出示了解案情后及时作出分类和归纳。律师提供的概述条理越清晰，决策者越可能记住己方陈述的事实。

3. 开场陈述尽量符合事实，而不要一味地争辩。在案件审理的开始阶段，生动有力的事实比争辩推理过程和结果，或者恳请同情，或者呼唤正义更有说服力。将那些争辩性的、演说性的技巧策略留到终结辩论阶段再使用。（对案件主张和主题的最初表述是争辩性的，但是这通常被认为是对反对争辩规则的可容许的偏差。）

4. 开场陈述中，律师应当以一种有趣的、讲故事的方式表述己方当事人的案件事实，以引起事实调查人的兴趣，从而使他希望听到接下来的证据出示内容。

5. 进行开场陈述时，尽量不要依赖事先准备的摘要笔记。当然，拿着写有概述的摘要是可以的，只是当律师向事实调查人陈述观点时，尽量避免照着纸念。而当律师通过客观的引述试图尽力说服决策者，传达己方当事人为何应当获胜的信息时，律师应该用眼神与对方进行交流。

6. 律师以这种方式来结束自己的开场陈述：让事实调查者清楚地了解你在本案中所寻求的结果。例如，在仲裁中就意味着你需要告诉事实调查人，当证据出示完毕时你将会请求仲裁庭支持你方当事人并裁决给予××数额的损害赔偿金。

第四章　庭审发问

——询问己方证人

十八届四中全会通过了《中共中央关于全面推进依法治国若干重大问题的决定》，文件规定要积极推进以审判为中心的诉讼制度的改革，确保侦查、审查起诉的案件事实证据经得起法律的检验，这一规定明确了以审判为中心诉讼制度改革的目标。这也为接下来的庭审环节的质证提出了更高的要求。

在质证环节，一方对于己方证人的询问叫做直接询问，一方对对方证人的询问叫交叉询问。本章主要就询问己方证人提供方法指导。

第一节　直接询问的概念和作用

一、直接询问的概念

直接询问又称为主询问，通常是指提供证人的一方当事人通过其律师向该证人进行的询问。直接询问之所以称为"直接"，是相对于交叉询问而言的，其在态势上与对方当事人及其证人之间并不发生直接关系。直接询问证人为证人提供了能通过证言来展示他或她的诉讼主旨的机会。直接询问主要有以下内容：①介绍无可争辩的事实；②一方对无可争辩事实作出的描述；③为允许或考虑证据开示打下基础；④提高证人的可信性。

正如上述所言，直接询问的对象是己方证人，即己方提供的证人。其主要特征是支持己方的诉讼主张以及对己方的诉讼请求有利。因此，这一询问方式主要采用开放式问题进行提问。所谓开放式问题，就是指在句式上采用特殊疑问句的问题，主要包括："谁""哪个""哪里""为什么"之类的疑问词。在美国律师眼里，一个案件的直接询问至少要完成五个以"W"开头的疑问词引导的问题才能基本涵盖案件的必要信息。这五个以"W"开头的疑问词即"who""when""where""what"和"why"。当然，类似的祈使句也是常用的方式。比如"跟我谈谈你受伤的过程"之类的话语。一般来说，开放式的问题并没有标准的答案，具有较强的灵活性、包容性和适应性，有利于证人进行更为细致全面的表述，进而有利于从证人那里获取更多的有利信息。正因如此，直接询问往往才会采用此类提问方式。

二、直接询问的目的与作用

直接询问的目的在于两个方面：从直接层面来说，其旨在从证人那里获得有利的证词，以支持本方的诉讼主张。从间接层面来说，其旨在最大限度地获得法官及陪审团的理解和同情，使庭审朝着有利于己方的方向发展。为了达到上述目的，直接询问的内容应尽可能地广泛，凡与案件事实有关而又不属于非法证据排除的情况，询问者均可以询问。当然，在实际操作中由于庭审时间以及裁判者的个人兴趣所限，也并非越宽泛越好，过于宽泛的询问在效果上也可能适得其反。英美法系国家的律师和检察官通常在直接询问中会涉及以下几个方面的内容：一是询问证人的背景情况，包括证人的身份、年龄、职业、有无伪证史等。二是询问案件发生的时间、地点和场景，使证人能够尽快而充分地进入法庭角色，减缓其压力，理清思路。三是询问案件本身，即询问证人所见所闻，特别是其亲眼看见的行为及其主体、对象、结果和经过等。四是有针对性地询问一些案件重要细节。比如，在刑事诉讼以及民事侵权诉讼中，为了获得裁判者的同情，律师可以有针对性地询问被告人在职业、个人经历以及家庭生活中受到的不公与挫折，检察官可以有针对性地询问被害人因犯罪行为所受到的生理以及心理上的损害和折磨。

第二节 直接询问的适用规则

一、直接询问的适用规则

直接询问在于厘清争议点，而使被询问的对象快速且明确地就待证事实进行陈述。另外，受询问对象容易迎合询问者的意思而进行陈述，因此，直接询问的内容需要加以限制。直接询问适用的规则主要包括：

1. 禁止与本案无关询问规则。交叉询问的进行需要避免法庭审理时间的无端耗费，有效率地发现真实，避免漫无目的的询问。与争议案件无关的询问不仅浪费诉讼时间，而且会提出无关联性的证据，因此，在直接询问中一般排除这种询问。而反询问中为了击破证言的虚伪或者证明对反询问的敌性，原则上可以进行与本案无关的询问。

2. 禁止重复询问规则。因为重复询问可能会浪费诉讼时间，所以在直接询问和再次直接询问中，一般禁止这种询问。只有在反询问时，重复询问有时可以击破他方证人的虚伪或不明确的陈述，达到削弱证人供述证明力的效果，所以不予禁止。

3. 禁止责难性询问规则。责难性询问会影响证人供述的自由意志，并且易使受询问者做出迎合询问者意思回答的危险。因此，直接询问、再次直接询问时，除了有发现真实的必要，原则上应禁止责难性的询问。但是在反询问时，因为证人、鉴定人等通常是反询问的他方证人，对有伪证嫌疑或者不认真作证的人证，有时若不施加适当的指责、非难性的询问，无法收到反询问的效果，因此，在反询问时可以进行责难性的询问。

4. 禁止诱导性询问规则。关于禁止诱导性询问，我国刑事诉讼法以及司法解释中也有所涉及，但对于什么是诱导性询问没有定义和分类，在直接询问和反询问中一律禁止诱导性询问的规定也不合理。依 Black 法律字典定义，诱导性询问是指指示证人如何回答，或将问题置于问句中的问题。

一般来说，诱导性询问是指询问者将希望得到的答案掺入提出的问题中，以暗示受询问者按照询问者的意思进行回答。诱导性询问可分为：①期待性询问。询问者暗示被询问者，使其做出预期的回答，如果不是询问者预期的答案，则不是诱导询问。②择一性询问。询问者说明事实，暗示被询问者仅能择一回答问题。③连串性询问。将几个具体而特定的相关事实在一个问题中提出的询问。由于己方证人在诱导性询问之下很有可能做出迎合直接询问一方的意思回答，而不是依据事实给出证言，诱导性询问会干扰陈述者的表达自由，因此，在直接询问中不得进行诱导性的询问。但在某些情况下，诱导性的询问也可以提出。我国应在立法中明确规定直接询问中不得进行诱导性询问及其例外情形，包括：

第一，在进入实质性询问前，询问有关身份、学历、人际关系等必要事项。

第二，当事人之间明显没有争议的事项。

第三，唤起被询问者记忆所必要的事项。

第四，被询问者对于直接询问人有敌意或者反感。

第五，被询问者有意回避或不明确回答。

第六，被询问者做出与先前不符合的陈述。

第七，为确定人或物的同一性事项。

第八，其他经审判长许可，有必要以诱导性询问发现真实的特别事项。

5. 禁止质疑证人可信性规则。直接询问一方在庭审中申请传唤证人，一方面是因为该证人可以提供有利于本方的证据，另一方面是因为该证人提供证据的表述和资信都是应该值得信任的，所以一般情况下，没有对证人信用问题产生怀疑的基础。因此，在直接询问程序中一项重要的适用规则就是禁止质疑证人的可信性规则。

但是在司法实践中，经常会出现证人在作证过程中所作的陈述内容与询问方的询问目的相违背，即陈述对直接询问方的利益不利。而且，在直接询问程序中，询问方也可以申请以对方或者对方的证人为询问对象的直接询问，在这些情况下，如果一律禁止直接询问方对证人的可信性进行怀疑，则不利于发现案件真实情况。正基于此种理由，1987年美国修改了《联邦证据规则》中的相关规定，规定控辩双方均可以提出质疑证人可信性的询问问题。但是，对于各州而言，仅仅有新泽西州、堪萨斯州与加利福尼亚州少数的几个州在适用中采用了此项规则，其他大部分州仍然禁止在直接询问程序中提出质疑证人可信性的问题。

因此，对于直接询问中质疑证人证言的可信性，仍应适当予以限制。对于具有敌对性的人证，如对方当事人、事实上视同对方当事人的证人，应允许直接询问人质疑其可信性，质疑事由不论是有关证人或证言，都可以允许。如果仅仅是陈述出乎直接询问人的意料或者损及直接询问人利益的内容，质疑的范围应仅限定于证言的可信性。

二、再次直接询问的适用规则

再次直接询问因与直接询问具有同质性，因此其适用规则也应与之相同。但要注意再次直接询问中对新事实的解释与澄清。首先，虽然再次直接询问的范围一般应限定在反询问提出的事项内，但是如果反询问过程中，询问方的询问导致证人的可信性受到怀疑，并因此造成直接询问方主张的事实仍有疑点需要澄清时，应允许略微扩大再次询问的范围，允许对附带证明事项进行询问，但不应超出澄清疑问的范围。其次，如果在反询问的过程中，询问人仅就物证或者书证的一部分内容提出问题，有断章取义的嫌疑时，应当给予再次直接询问方就物证或者书证其他内容提问的机会。

第三节　直接询问的技巧与演练

一、直接询问的技巧

1. 组织方式要有逻辑。询问者通过一种有逻辑的形式组织其希望从证人处获得的要点。即大多数人能够更好地理解按照时间顺序表述出来的一系列的事件或者信息。或许有一些情况按照时间顺序的组织不是最好的信息展示方法，但无论是按照何种顺序组织询问要点，都应是有逻辑的，以便法庭能容易地理解和更好地记住证人所说的情况。

2. 介绍证人和展现背景。每次直接询问都应从提出关于证人和揭示相关背景信息的问题开始。这种询问应该可以让证人提供这些问题答案，如："他是谁？""他为什么在这儿？""我为什么相信他？"通过这种简短的询问和回答的交流，询问者识别了证人，表明了为什么要传唤这个证人，并为因何要相信证人提供了一些根据。既然可信性总是有争执的，那么就应当对所有的证人背景提出问题。必要的（或者法庭允许的）背景信息的数量取决于证人是谁，以及他的证言对于这个案件多么重要等。

3. 再现案件过程。直接询问可以再现案件过程，这样，法官可以通过证人的眼睛体验这个事件。通过直接询问有效再现案件过程中需有三个基本考虑：观点、节奏和适当的语言。

4. 使用非诱导性提问。使用简短、开放性的问题来帮助证人用有逻辑的、有组织性的方式讲述她/他自己经历的案件版本。

例："那天你去哪里了？你觉得怎样？"不要使用诱导性提问。诱导性提问是指包括或暗示答案的问题。

例："那天你去市场了，是不是？"

5. 使用证物展示方式来帮助询问。证物可以是地图、图表、照片、武器、衣服或者任何可以被证人证实和能被用来说明一个与案件结果相关事实的物品。证物展示可以便于法庭理解证人的证词。假设一个证人就一个犯罪现场的人和物品的位置作证，听者很容易弄混或得出错误的结论。如果要求证人在听众能看到的地图或图表上标出人或物品的位置，那么证词就很容易被理解。证物展示能让一个证人的证词容易被记住。研究表明，大部分人看到的信息比他们听到的信息记住得要多得多，对听到并看到的信息记住得更多。展示要比语言表述能揭示更多的案件信息。伤害案件的图片通常就属于这种类型。与单独的语言相比，证物也能更大地影响听者的情绪。英语中有一句谚语表明了这个观点："一张图片胜过千言万语。"证物展示能帮助事实发现者获得一个对于事实更加准确地理解。当一个人听到别人描述一个地方、一个人或者一个物品，他或她的大脑里就构建了一幅那个地方或事件的图画。他构造的这幅画面可能像或可能不像真实的场景或事件。另外一些听到这个描述的人会构造他们自己的、不同的图画。在证人表述证言过程中允许他们参照地图、图表或者照片，这能够减少真实场景或事件与听者自己大脑中建构的图画之间的偏差。使用证物展示的最佳时间通常是在证人完成其对"行为"的叙述之后。然后要求证人描述并解释证物及这些证物是如何相互关联的。采取这一方法的控辩律师不会打断或转移对案情的叙述。一旦涉及与案情相关的内容，辩护律师可以要求证人描述这些证物，并集中就证人证言中更重要的事项提出问题。

6. 准备证人。只要有可能，询问者就应当准备自己的证人。这意味着让证人事先知道他将会被直接问到的问题以及他在交叉询问中可能会被问到的问题。这也意味着，只要有可能，提前向证人展示审判中将会出示给他的证物，以使他能更好地向法庭解释这些证物。如果一个证人没有就询问过程中可能涉及的问题提前得到任何通知，他可能容易被搞糊涂，在法庭公开询问的压力下表现不佳。

当然，一个律师必须特别注意不要告诉证人说什么或者他/她想听到的答案，即不要去"训导"证人，这将误导法庭并易使律师行为产生严重的道德问题。

二、直接询问的经典案例

在下列民事案件中，原告詹姆斯·史密斯向被告弗兰克·琼斯提起了诉讼，宣称在 2000 年 12 月 13 日，当他正穿过榆树大街和枫树大街十字路口时，琼斯的车过失性地撞到了他，他因此受伤。琼斯否认自己应承担责任，主张他当时有权通行，而原告违背了交通灯的指示。因此，庭审的核心争点就在于，被告是否存在过失，或者原告是否存在混合过失。

下面是对原告和车祸目击证人的直接询问，他们是人身伤害案件中两种常见的证人。

（汽车车祸案件中的受害人）

原告詹姆斯·史密斯——直接询问

问：史密斯先生，请告诉我们你的全名。

答：詹姆斯·P·史密斯。

问：你住在哪里？

答：北枫树大街 1650 号。

问：你在那里住了多久？

答：7 年了。

问：你的原籍在哪里？

答：我一直都住在芝加哥，36 年了。

问：给我们讲讲你的家人。

答：我的妻子叫朱迪，我还有两个女儿，叫贝琪和贝基。

问：你的女儿们都多大了？

答：嗯，贝琪 5 岁，贝基 3 岁。

问：你的妻子有出去工作吗？

答：现在没有，在我们有孩子之前，她曾是学校的老师。

问：你是干什么工作的？

答：我也是一名学校老师。

问：你在哪家学校教书？

答：在哈里森大街的中心学校。

问：你在中心学校干了多久？

答：8 年了。

问：你教几年级？

答：我教八年级和九年级的数学。

问：你还有其他工作吗？

答：在开学期间，我是初中男子篮球队的教练。在暑假我是撒切尔训练营的辅导员，这是一个为孩子们设置的混合日间训练营。

问：这些工作，你做了多久了？

答：自从我开始教书起。

问：史密斯先生，你在哪里接受的基础教育？

答：芝加哥公立学校。

问：在那之后，你在哪里接受的大学教育？

答：我先进入了伊利诺斯大学并于 1981 年取得了学士学位。然后我在西北大学继续学习数学，并于 1982 年获得硕士学位。

问：史密斯先生，现在让我们回到车祸发生的地方。你熟悉榆树大街和枫树大街的十字路口吗？

问：是的，我熟悉。

问：你去过那里多少次了？

答：无数次了。它就在离我家不远的街上。

问：榆树大街和枫树大街附近怎么样？

答：那是一片住宅区，全是独栋的家庭住宅。

问：榆树大街和枫树大街的走向是什么样子的？

答：榆树大街是东西走向。枫树大街是南北走向。

问：它们有多少条车道呢？

答：榆树大街有四条车道，街道两旁有停车的地方。枫树大街有两条车道，两旁也有停车的地方。

问：十字路口有交通控制设施吗？

答：是的，有交通灯。

问：交通灯位于什么位置呢？

答：每个街角的标杆上都有交通指示灯，包括车辆信号灯和行人指示灯。

问：十字路口还有其他标志、控制设施吗？

答：是的，先生。

问：如何标识的？

答：车道以白色的虚线标记。有四条人行道，以白色实线标记，而在人行道前有白色的停止线。

问：让我们谈谈 2000 年 12 月 13 号的车祸。你什么时候被撞到的？

答：大约是中午 12 点半。

问：那时候天气怎么样？

答：晴朗、干燥。

问：交通状况怎么样？

答：相当忙碌。有很多的车辆和行人。

问：你那时候正在干什么？

答：我正在人行道上朝北行走，从枫树大街的东边走向榆树大街。

问：你到达榆树大街了吗？

答：是的，我到了。

问：当你到达榆树大街时，哪条街的交通灯是绿色的？

答：榆树大街的交通灯是绿色的。

问：你做了什么？

答：我停了下来，等交通灯变色。

问：有其他行人等待交通灯吗？

答：在我这一角没有，但另一边有。

问：有任何车辆在等交通灯吗？

答：枫树大街上有一些车辆在等。

问：接下来发生了什么？

答：我站在街角，朝北看着东北角上的交通灯。枫树大街的交通灯变绿了，而榆树大街上行人的指示灯显示"通行"。

问：你接下来做了什么？

答：我走下了路边，开始过榆树大街的人行横道。

问：接下来发生了什么？

答：当我离开路边，在人行横道上刚走了三四步时，有车从我身后把我撞倒。我记得汽车猛烈地撞向了我的左腿，然后我被甩向了街道。在我被撞之后，我听到了刺耳的刹车声。

问：史密斯先生，你自己被撞后首先注意到的事情是什么？

答：我所能记住的就是刺痛，从我的左膝传来了灼烧般的疼痛。我记得我不能移动我的腿。我的肩部着地的地方也阵阵作痛，还有刺痛沿着手臂向上袭来。

问：你那时在哪里？

答：我大概面朝地下，瘫在街上。

问：接下来又发生了什么？

答：几个人跑过来，告诉我不要动。

问：然后又发生了什么？

答：我不知道在街上躺了多久，然后一辆救护车来了。他们在我旁边放了一张担架然后慢慢地把我挪到了担架上。然后我被放到了救护车里，送到了纪念医院的急诊室。

问：在去医院的途中，你感觉如何？

答：不是很好。我感觉到一股刺痛在我的腿上下窜动，我开始觉得眩晕和恶心。

问：当你到达纪念医院急诊室时，发生了什么？

答：救护车的护理员把我抬出了救护车，然后将我推到了一间急诊室。

问：在那儿发生了什么？

答：一些护士把我腿部的裤管剪开，另外一些人在我的手臂上插入了针管，抽了血。他们将一台可移动的 X 光装置移到了我的床位旁，并开始拍摄 X 光片。一位医生过来跟我说话，他给我打了针麻醉剂，这就是我记得的最后一件事了。

问：史密斯先生，你接下来能记起的事情是什么？

答：接下来我能记住的，就是我从医院的病房里醒来。

问：你注意到自己的第一件事情是什么？

答：嗯，我记得感觉非常虚弱和沉重。我的左腿一阵一阵抽痛。我向下看我的腿，发现从左脚趾到左胯部都打上了石膏。

问：你在纪念医院待了多少天？

答：大约 5 天。

问：在这 5 天你都干了什么？

答：事实上，什么都没做。我只是倚着背，躺在床上。他们用一堆枕头将我的左腿抬高，减轻肿胀的状况。

答：嗯，因为一直平躺着，我开始觉得腿部非常的僵硬和疼痛。我很难以正常的姿势入睡。我也不能坐起来。我必须使用便盆器来排便。左腿的疼痛开始变成单调的抽痛。

问：史密斯先生，让我们谈谈你离开医院后的情况。首先，你是怎么回家的？

答：护理人员将我的腿抬高，用轮椅把我推到了外面。他们帮助我上了我车的后座然后把我的腿放到了座位上。妻子把我用车送回了家。到家后，他们把我抬进了房子，送上了床，又把我的左腿垫得尽量高。

问：你在家里的床上躺了多久？

答：大约 2 周多。

问：2 周之后，你能做其他事情了吗？

答：如果使用金属拐杖，我开始能够站立几分钟。通常是去洗漱室，或伸展几分钟。

问：在那段时间，你观察到腿部有什么变化吗？

答：是的，我每次使用拐杖站起来时，腿部的抽痛就变得更加严重。腿部会肿胀和发热。

问：发生这种情况时，你会做什么？

答：我会躺下来，然后把我的腿抬高。

问：回到家后，你还看过医生吗？

答：嗯，我在 6 周之后见了医院的巴特尔医生，他移除了石膏，给我换了另外一个。

问：第二个石膏是什么样子的？

答：跟第一个很像。从脚踝部一直到我的胯部。

问：第二次石膏，打了多长时间？

答：大约8周多。

问：在那段时间，你腿部情况怎么样？

答：抽痛的情况好转了，除了我把腿放下来的时候。然后我必须把我的腿重新抬起来。

问：你再次见到巴特尔医生，是什么时候？

答：大约8周之后，我又去了他的办公室。巴特尔医生拆除了我第二次打的石膏并拍摄了更多的X光片。然后，他用弹力绷带将我的膝盖和小腿裹住。

问：在拆除石膏之后，你首先注意到你腿的情况是什么？

答：我首先注意到的是，它是多么的瘦弱。左边的大腿大概只有右边大腿的一半大小。此外，每个方向上，我的膝盖都只能大概移动三到四英寸。

问：当你试图弯曲你的膝盖时，会发生什么？

答：我不能弯曲太多，而且弯曲时会感觉疼痛。

问：你没有拐杖能行走吗？

答：不能，大约在1个月之后，我才能在腿上施加一点重量。

问：让我们谈谈对你腿部的治疗。它都包括些什么？

答：我必须用热水瓶和湿毛巾给膝盖热敷。然后必须前后弯曲膝盖，以增加它的移动幅度。我必须每天这样做好几次。

问：在治疗期间，你感觉怎么样？

答：很痛苦。我必须将膝盖的韧带拉开，从而恢复运动能力。

问：你这项治疗要进行多久？

答：我持续了3个月。在那之后，又是3个多月，我每天仍要做若干次。

问：你的膝盖恢复了全部的活动能力吗？

答：没有完全好。我可以完全伸直我的腿，但是不能像以前一样弯曲我的腿。

问：史密斯先生，让我们谈谈这一切对你的教学工作的影响。你第一次回去工作是什么时候？

答：我在春假之后回到了学校，大约在4月中旬。

问：从车祸发生那天起，直到你回到学校，你能从事任何工作吗？

答：不能。

问：回去工作之后，你还能从事以前所有的工作吗？

答：不能，那时，我虽然可以不用拐杖走路，但还是瘸得厉害。我不能指导篮球，或者做任何类似的体育运动。

问：回到工作之后，你对腿有进一步的治疗吗？

答：有，我继续每天进行热敷和弯曲练习。我还做一些力量练习，以锻炼我腿部的肌肉。

问：最后，史密斯先生，让我们讲讲现在你的感觉如何，和你能做些什么。现在你腿的状况怎么样？

答：嗯，这条腿仍然比另一条腿小，但只要我将这条腿放松，就不疼了。

问：有什么事情是车祸前能做到，而车祸后不能做到的吗？

答：是的，先生。我再也不能像以前一样打篮球或者徒步旅行了。

问：当你试图进行这些运动时，会发生什么呢？

答：我的膝盖会肿，它会开始疼痛和抽动。

问：自从车祸之后，你有打过或教过篮球吗？

答：没有，先生。我尝试过一两次，但是还是不行，太疼了。

问：史密斯先生，在车祸发生之前，你的健康状况如何？

答：我很健康，没有任何问题。

问：在这一切发生在你身上之前，你如何度过你的空闲时间？

答：主要是户外运动——和我的女儿一起玩耍，打篮球和徒步旅行。

问：你现在还做这些事情吗？

答：无法打篮球和户外旅行了。膝盖使不上劲。只要我尝试，它就会肿胀和抽痛。我还是可以跟女儿玩，但是我必须小心翼翼。

问：这会影响你和家人的关系吗？

答：我的妻子朱迪一直都很好。她非常支持我。但是对女儿而言，比较艰难。她们还太小，不能理解为什么爸爸不能跟她们一起做他以前能做的事情。

问：你对此感觉如何？

答：我主要是感到沮丧。我会想要去做以前能做的事情，特别是和孩子一起。我现在仍在学着适应现状。

问：谢谢你，史密斯先生。法官阁下，我没有其他问题了。

（车祸案件中的目击证人）

接下来的这位证人是同一起车祸案件中的目击证人，他会在原告作证完毕之后被传唤。正因如此，原告已经提到的一些事情，就不需要再重复。相反，证人应当被用于确证一些关键的事实和顺序，以证明被告存在过失，而原告不存在过失。

证人约翰·多伊——直接询问

问：多伊先生，请介绍一下你自己。

答：我是约翰·J·多伊。

倍问：多伊先生，在 2000 年 12 月 13 号，在枫树大街和榆树大街的十字路口，你看见了车祸发生吗？

答：是的。

问：你住在哪里？

答：我住在北枫树大街 1550 号。

问：你在那里住了多久了？

答：大约 1 年半。

问：你跟谁住一起？

答：我是单身。我一个人住。

问：你从事什么样的工作。

答：我是阿斯特大街 1500 号公寓的管理员。

问：你为那幢公寓工作多久了？

答：大约 2 年。

问：你是否一直从事建筑管理的工作？

答：是的，大约 20 年了。

问：多伊先生，你熟悉枫树大街和榆树大街的十字路口吗？

答：当然。

问：你多久去一次那里？

答：我每天路过那里两次，上班和回家的路上。

问：让我们谈谈你在 2000 年 12 月 13 号大约中午 12 点半，在枫树大街和榆树大街的十字路口看见了什么。你当时站在十字路口的什么地方？

答：我在十字路口的东北角上等交通灯。

问：你说你在等交通灯，具体是什么意思？

答：我正站在街角上等绿色的行人通行灯，这样我就能向南穿过榆树大街了。

问：当你最开始到达街角时，交通灯是什么颜色的？

答：榆树大街上的交通灯是绿灯，穿过榆树大街的人行横道交通灯显示"禁止通行"。

问：当人行横道的交通灯变为"可以通行"时，你在哪里？

答：我还在东北角上，面朝南方。

问：在交通灯变色之后，你做了什么？

答：我走下了路边，开始过街。

问：这时，发生了什么吗？

答：当然发生了……

问：发生了什么？

答：当我走向街道时，另一个人也面对着我，从对面的街角走上街道。

问：接下来发生了什么？

答：一辆在枫树大街上朝北行驶的车辆，突然从枫树大街右转，转向东行的榆树大树。

问：接下来又发生了什么？

答：就在这辆车转弯时，它撞到了旁边的那个男人。

问：这辆车的什么部位撞上了那个人的什么部位？

答：这辆车右前方的保险杠撞上了那个人的左腿。

问：这个男人被撞时，他在哪里？

答：他在人行横道上大约 1/3 的地方。

问：在那之后又发生了什么？

答：那辆车急刹车后，停了下来，那个男人被撞倒在路上。

问：当你目睹了这一切之后，你做的第一件事是什么？

答：我跑到这个人在街上躺下的地方，告诉不要动，也不要尝试起来。

问：你注意到这个男人怎么样了？

答：他的脸都扭曲了，他在地上蠕动，不停地试图去抓他的左膝。

问：接下来又发生了什么？

答：我和另外一些人尝试着让他觉得舒服一点，并在救护车到来之前，让他保持安静。

问：救护车来了吗？

答：来了，在 5 分钟到 10 分钟之后。

问：那时发生了什么？

答：救护车的人员慢慢地把他放上了担架，抬进了救护车，然后开走了。

问：你接下来做的事情是什么？

答：那时，有一些警察在指挥交通和与行人谈话，因此，我向他们的一员告诉了我目睹的一切。

问：多伊先生，你确定当这个男人被撞倒时，你看见他在哪里了吗？

答：我确定，他就在人行横道上，按照绿灯指示行走。

问：谢谢你。我没有其他问题了。

第五章　庭审发问

——询问对方证人

第一节　交叉询问的基本理论

一、交叉询问的定义

所谓交叉询问，是由律师在法庭上对另一方证人或鉴定人等进行的盘诘性询问。[1]《布莱克法律词典》的解释是："交叉询问是在审判或听证中由相反一方的当事人或者律师对证人进行的询问，其目标主要在于瓦解对方证人的作证资格、降低对方证人的可信度或从对方证人证言中获得有利信息，以支持本方的诉讼主张。"在刑事诉讼中，检察官对辩方证人的询问、辩护人对控方证人的询问，也属于交叉询问；但是，检察官和辩护律师对己方证人的询问则不属于交叉询问。律师应用交叉询问旨在暴露对方证人证言中的矛盾、错误或不真实的因素，以此否定或降低该证人证言的证明力。同时，通过交叉询问还可以使对方证人承认那些对本方有利的事实。一方律师若能在交叉询问中证实为另一方所主张的相反的事实，即对方所诉不是事实或不真实，就等于对方承认了某些不利于本方的事实，该种观点就会被裁定为最终答复，对方不允许反驳。

在英美法系国家，交叉询问是最具特色的诉讼程序。向对方证人实施证人交叉询问之目的在于：证人证言是一种很重要的证据，尽管人们设计了各式各样的方法让证人讲出真相，如宣誓以及对伪证者加以处罚等，然而，法庭上的虚假证言仍然层出不穷。究其原因，故意作伪证的证人占一定比例，不过，也有不少证言失实是源于时间推移等原因造成了证人记忆错误。无论怎样的原因，总需要通

---

〔1〕　参见许身健：《交叉询问：发现真相的最佳机制》，载《检察日报》2013年10月30日，第07版。

过法庭辩论和质证去伪存真，查明真相。

总而言之，交叉询问在消除证人直接证言的不利影响、获取有利于交叉询问方的信息以及降低证人的可信性等方面发挥着重要作用。例如，电影《克雷默夫妇》的妻子在直接询问环节中诉说丈夫对其伤害。之后，老公的律师连续问了妻子以下几个问题："你老公抽烟喝酒吗？他虐待孩子吗？他挣钱都给你，经济上没亏欠你吧？他劈腿了吗？"妻子的一个个是或者否的回答让其之前的证言可信度降低，这就是交叉询问。由此可见，正如证据法大师威格摩尔所言，"交叉询问是发现事实真相的最佳机制。"

我国法律没有直接规定交叉询问，但《刑事诉讼法》规定，公诉人、当事人和辩护人、诉讼代理人经审判长许可，可以对证人、鉴定人发问，鉴于现有庭审模式加强控辩双方的庭上对抗，因此，律师秉承以委托人为中心的代理原则，要认真对待这一询问方式。

二、交叉询问的基本程序

交叉询问被一些英美法系学者誉为发现真实的最重要的法律装置，同时也是使诉讼体现出对抗性质的最重要的法律机制。交叉询问的对象是证人（包括一般证人，被害人、放弃沉默权出庭作证的被告人、专家证人等），其基本程序是[1]：

1. 举证方的主询问。请求传唤证人的一方对该证人首先进行询问。这被称为"主询问"，或称"直接询问"。主询问以举证方的开场陈述为基础，其意义在于为举证方的诉讼主张正面提供证据事实的支持。控辩双方都必须通过主询问来证明自己的诉讼主张。

2. 对方的反询问。在主询问结束后，对方当事人可以针对证人在主询问时陈述的内容或与此相关的事项对该证人进行反询问。反询问有两个目的：其一，暴露对方证人的证词矛盾、错误或不实之处，以降低其证据的价值，或者证明这个证人是不可靠的。其二，使对方证人承认某些有利本方的事实。这两个目的常常混合在一起，难以分开。

3. 举证方的再主询问。反询问结束后，举证方可再次询问，使证人对其在反询问时回答的问题进行解释和补充，以维护和恢复主询问时证词的证明能力，抵消反询问的不利影响。同时对反询问中引出的新事项进行探究。再主询问还有一个作用是补充信息，即对主询问时注意不够，而反询问时对未涉及的事项进行

---

〔1〕 参见龙宗智：《论我国刑事审判中的交叉询问制度》，载《中国法学》2000 年第 4 期。

询问，但这通常需经法庭酌定许可。

4. 对方的再反询问。再主询问结束后，对方当事人可以针对证人在再主询问时陈述的事项进行再反询问，而且对于其他事项，经法庭酌定许可也可以进行询问。

5. 举证方结束询问。交叉询问通常由举证方结束询问。这种询问相当于一次再主询问。

交叉询问所使用的证人调查方法是一种问答式，而不是叙述式。按照英美的法律和司法实践，控辩方调查证人必须采用一问一答的问答方式。问答式的意义：一是问题相对集中，证言与案件的关联性较强，可以防止证人的陈述杂乱无章，陪审团听审不得要领。二是便于制止可能误导事实审理者（陪审团或法官）的不当提问和回答。因为问答式使相对的一方能够及时发现不适当、不合法的提问并提出异议，通过法官的及时制止而防止事实审理者听到和接受不适当的证言。

三、交叉询问的主要规则

鉴于询问者的诉讼立场及其倾向性，为保证证人调查的客观性，交叉询问需要确立较之审问更为严格的限制规则，尤其是对主询问。从各国的立法和实践看，主要规则有：

1. 不得质疑己方证人规则。在审判庭上接受主询问的证人，在庭前已经接受过举证方的询问，甚至有的已经受到检察官或律师的训导，一般情况下提供的证言在举证方的预料之中。但某些情况下，证人也会说出一些出乎举证方预料的情况，包括明显对举证方不利的事实。这种情况下，举证方能不能对证人进行质疑性询问？英美证据法的一般要求是禁止质疑己方证人，其基本理由是要求出庭的控辩方律师应当为其传唤出庭的证人的诚实性或可靠性担保，并保障交叉询问的有序进行，防止举证和诉讼秩序的紊乱。然而，这一传统规则正在弱化，例外的情况不断增加。这种允许质疑的例外情况主要有：对提出意外证言的证人；对经其作证判定怀有敌意的证人；对传唤出庭但在庭上拒绝提供证言的证人；证人是对方当事人或与对方当事人有某种特殊关系的人。在一般认可不得质疑己方证人规则的国家或司法管辖区，传唤证人一方如适用例外规定，应经庭审法官审查批准。

2. 禁止诱导性主询问的规则。反对诱导性询问是各种证明体制中对证人询问的一般原则，其意义在于保证证言的客观可靠性，防止受询问人的主观影响。

然而，在询问证人时还需注意询问的有效性、所获信息的充分性以及诉讼的效率，因此，贯彻这一规则时对一些技术性问题需要妥当把握。

第一，反诱导性询问规则通常只适用于主询问，不适用于反询问。因为反询问之前证人已接受了非诱导性的主询问，而且这种证人接受诱导性问题中所包含的虚假暗示的危险基本不存在。在反询问中大量使用诱导性问题，这是交叉询问制度的一个特点。

第二，在主询问中，为实现证明的效率和有效性，适用诱导禁止规则也允许某些例外存在。英美刑事庭审大致允许以下例外：①在涉及与案件核心问题无直接关系的预备性、入门性、过渡性事务时允许提出诱导性问题。②当证人作出意外回答时，可以提出诱导性问题。如证人的陈述与其在预审听证或大陪审团调查中提供的证言有实质性区别，法官通常允许参考其过去的证言进行诱导性询问。③对理解能力有限的证人，如智力低下的人或孩子进行主询问时也可以视不同情况提出诱导性问题。④对那些显然可以启发其记忆的证人，可以适时提出诱导性问题。⑤对鉴定人，即所谓专家证人，提出诱导性问题常常是允许的。⑥对明确有敌意的证人可以提出诱导性问题。

第三，由于诱导性问题与非诱导性问题在实践中可能有一定交叉和模糊性，利用这一点，进行具有一定诱导性而又不至于违反规则的询问，即"擦边操作"，是英美法庭询问证人的一个技术性特点。但这种询问一般情况下不致引起异议，因为适当限制回答的范围也是允许的。而且律师还可以利用那些例外规定，如对于与案件核心问题无直接关系的预备性入门性问题可以诱导询问，在核心问题与非核心问题上作文章，而对非核心问题及"擦边"问题使用带有某种诱导性的询问。

除以上两项交叉询问的特殊规则以外，交叉询问还须遵循证人调查普遍适用的证据调查规则，如：①相关性规则。要求询问的问题与案件有实质性联系并对案件事实有证明力。②反对复合式及其他混乱性问题的规则。为了保证证人能清楚和完整的回答问题，控辩律师的询问必须保持问题的简洁和清晰。在问答式询问中，应采用单一式问答，即以一个问题询问一个事项为准，不得提出那些可能使证人迷惑与误解，或者缺乏逻辑前提造成逻辑混乱的问题。③意见规则。要求证人作证只能陈述自己体验的过去的事实，而不能将自己的判断意见和推测作为证言的内容。除非某一意见合理地建立在证人的感觉之上，而且对清楚理解该证人的证词或确定争议中的事实有益。

第二节 交叉询问的技巧与功能目的

一、技巧

1. 因为证人对交叉询问一方来说是十分不友好的，所以控制证人是最重要的。否则，证人就会抓住机会强化其证词对对方的有利性。

2. 与直接询问中的焦点是证人不同，交叉询问中的焦点是律师。实际上，进行交叉询问的律师变成了证人。通过精心准备的、包含对事实主张的提问，律师的目的是把证人的多数回答限制在"是"或"不是"这两个词内。一个成功的交叉询问应该达到的效果是：证人有效地肯定了询问律师观点的正确性。

3. 控制证人的主要方式是利用"诱导性问题"，即陈述一个事实，然后以提问的方式结束。换句话说这里的"问题"实际上是随后欲得到肯定回答的提问方对事实的主张。例如：

——你下午四点钟离开办公室，不是吗？

——你坐的公共汽车，不是吗？

——车上只有你一个人吗？

——车子的窗户是开着的吗？

——你看到一辆小轿车驶过吗？

——那辆小轿车的颜色是金属绿色吗？

4. 在交叉询问中，绝对不要提不固定的问题（即以"谁，什么，哪里，什么时候，怎么样，为什么，描述一下，告诉我们……"等开始的问题）。使用这种不固定的问题会使证人有效地摆脱询问律师的控制，提供对该律师的当事人不利的证据。

5. 把交叉询问控制在将于终结辩论（见下文）中需要的观点范围内，包括对己方有利的观点，通过对方证人产生的对对方不利的观点，以及使证人作证时可信度降低的证人可靠性问题。当律师尽力表达完了这些观点时，停止提问！交叉询问时就同一个问题反复提问会降低其有效作用，也会给证人创造机会去消除对对方不利的回答和解释。

6. 如果证人没有回答律师精心准备的有关事实的问题而给出了他想说的答案，那么律师应该在他回答完毕时原原本本地重复自己的问题。如果证人仍然拒绝回答该问题，那么律师应该逐字地问第二遍。一般来说，第二次或第三次提问时，证人会回到原来的轨迹上，回到询问律师的控制下。

7. 如同在开场陈述、终结辩论和直接询问中一样，"主要"和"最新"原则也适用于交叉询问。换句话说，以最重要的问题开始和结束交叉询问。

二、交叉询问的功能目的

（一）降低或摧毁反方证人的可信度

如前所述，交叉询问是对反方证人的询问，因而具有一定的盘诘性。具体而言，这种盘诘性主要表现为发问方以质疑为目的向反方证人提出尖锐的问题，盘诘的重点通常为反方证人的某些弱点，特别是反方证人与作证有关的个人品格或反方证人与案件当事人、案件审理结果具有某种利害关系。一旦发问方把反方证人的相关不良品格或利害关系揭示出来，就可以使裁判者对其作证的可靠性和客观性产生怀疑，从而达到降低或彻底摧毁证人信用的效果。当然，作为前提，发问方必须事先掌握反方证人存在与作证有关的不良品格或证人与案件当事人、案件审理结果具有某种利害关系，这样才能使交叉询问有的放矢。当然，发问方对反方证人不良品格的攻击应严格局限在与作证相关的范围内，不得涉及与作证无关的品格，尤其不得攻击证人的人格。

在美国纽约的一起破坏军事行动案中，律师马丁·利特尔顿对纽约市军械库督察员福勒的交叉询问充分体现了这一功能。在该案中，控方指控橡胶雨衣制造商拉斯若斯先生以行贿方式生产有瑕疵的军用雨衣，因而触犯了《破坏行动法》，纽约市军械库军需官办公室的督察员福勒则作为控方证人出庭，并在先前的直接询问中指证拉斯若斯先生行贿，为的是生产有瑕疵的军用雨衣。对此，拉斯若斯的辩护律师马丁·利特尔顿以福勒的不良履历作为切入点，通过交叉询问证实福勒曾经作过伪证，从而向裁判者证明福勒是不可信任的。

该案辩护律师对证人的交叉询问原文如下[1]，

律师：福勒先生，在你填给政府的履历上，就是我给你看的你签名并且宣誓的履历上，你贴了你的照片，是不是？

证人：是的，先生。

律师：你在填给政府的履历中写道，你出生于佐治亚州的亚特兰大，是不是？

〔1〕 参见［美］弗朗西斯·韦尔曼：《舌战羊皮卷》，林正译，新华出版社 2002 年版，第 37～39 页。

证人：是的，先生。

律师：当你申请这份职位时，你说你曾担任过橡胶与合成物部门的主管，并被问到下列问题。对此你写的是：受雇期间为"1897年2月到1917年8月，共20年。"受雇地点为"布鲁克林。"受雇单位为"橡胶测试公司。"薪水是"周薪37.5美元。"你是这样写的，对吗？

证人：是的，先生。

律师：你宣誓了，对不对？

证人：是的，先生。

律师：你真的是从1897年2月到1917年8月，共20年期间受雇于橡胶测试公司吗？

证人：不，先生。

律师：那不是真的，对不对？

证人：不是真的，先生。

律师：你真的曾在该橡胶与合成物部门担任主管吗？

证人：没有，先生。

律师：那是假的，对不对？

证人：是的，先生。

律师：那么，在证词中"根据我身为橡胶及合成物部门主管检验员的经验"这个表述是不成立的，对不对？

证人：是的，先生。

律师：你知道这句话是假的，对不对？

证人：是的，先生。

律师：当你宣誓时，你知道你是在对谎言宣誓吗？

证人：是的，先生。

律师：那么你是故意如此宣誓的？

证人：是的，先生。

律师：你宣誓时就知道你犯了伪证罪？

证人：我并不这样认为。

律师：你不知道你宣誓并伪称有20年的专家经验是犯了伪证罪吗？

证人：知道，先生。

律师：而你却宣誓了，不是吗？

证人：是的，先生。

律师： 而这事关一个人的自由，不是吗？

证人： 是的，先生。

律师： 陪审团来这里，是要考虑你是否值得信任，你知道吗？

证人： 知道，先生。

律师： 你故意对谎言宣誓，并以你的笔迹写下来。你明知它是假的，却故意对它宣誓，那么你就是知道你犯了伪证罪，不是吗？

证人： 我并不这么认为。

利特尔顿律师最后问道："现在，我的当事人可能因为你的宣誓和证词而失去自由，你是否仍然认为这不是伪证罪呢？"福勒无言以对。在接下来的交叉询问中，利特尔顿律师继续披露证人福勒在 20 年间没有稳定的工作，多次改名换姓，甚至曾因签发无效支票而受到指控。而福勒面对辩方从政府部门取得的书面履历以及履历中记录的种种细节，完全无法招架，只能承认。其结果是，证人在陪审团面前完全丧失了可信度，控方也因此一败涂地。

在中国的一起财产纠纷案中，被告律师的交叉询问也体现了这一功能。在该案中，原告吴某某（1967 年出生）经人介绍，于 2003 年 9 月 23 日与被告李某某（1952 年出生）登记结婚，两人均系再婚。2003 年 9 月 22 日，两人曾一起去储蓄所存款 25 000 元，存款户名是李某某，密码也由李某某设置，吴某某不知道密码，对此双方均无争议。但是，原告认为 25 000 元是自己借给被告做生意的钱，而被告则坚持这笔钱是自己做生意赚来的。在法庭上，原告吴某某申请被告儿子李小某出庭作证，被告却提出一份 1998 年的民事调解协议书，以证明与其子早已断绝父子关系。由于该份调解协议书此前未在举证期限内向合议庭提出，举证未被接受。被告儿子李小某出庭作证，声称其曾于 2003 年 9 月 22 日看到父亲向继母吴某某借了 25 000 元钱，并当庭指称其父赌博、做生意没赚到钱、与他人非法同居。被告律师随即对被告儿子作了以下交叉询问：

律师： 李小某，我问你一个问题，你和你父亲住在一起吗？

证人： 不住在一起。

律师： 你和你父亲来往密切吗？

证人： 我没有找过他，只是他找过我。

律师： 你赡养了父亲吗？

证人： 权利和义务相一致，他和我母亲离婚后就抛弃了我，从小就没有抚养我，我没有义务赡养他。

被告律师拿出 1998 年的那份民事调解协议书的复印件，其中有：①李某某给付李小某 4300 元谋生；②李小某从今后再不向李某某要钱，李某某与李小某关系已断决。然后，律师指着这些文字问道，继续对证人发问。

律师：这份民事调解协议书是真的吗？

证人：没错，是真的。

被告律师未再就其中的事实进行核对，上述问话已经充分证明李小某与其父李某某之间具有很深的矛盾，李小某证词的可信度由此大打折扣。

（二）降低或瓦解反方证人证词的证明力

一般来说，反方证人之所以出庭作证，其目的是为了支持反方的诉求。既然是为了支持反方的诉求，那么反方证人完全有可能提供虚假证词，这在古今中外的庭审质证中并不鲜见。然而，在许多情况下，以交叉询问的方式从正面驳斥反方证人的谎言并不容易，因为谎言往往是反方证人经过一定思考才编造出来的。但是，谎言毕竟是谎言，只要发问方在交叉询问中据此推导出一个相应的谬论，就可以降低或瓦解反方证人证词的证明效力。为此，发问方在询问过程中应重点关注以下两个方面的内容：其一，证言本身是否存在自相矛盾之处、模棱两可之处或不合逻辑之处；其二，证人证言与其他证据、事实或常理之间是否存在冲突。

美国第 16 任总统林肯在"伊利诺伊州诉阿姆斯特朗（Illinois vs. William Armstrong）"案中对证人查尔斯进行的交叉询问成功揭示其提供的证言与事实相悖，从根本上瓦解了证言的证明力。在该案中，被告威廉·阿姆斯特朗（William Armstrong）被控于 1857 年 8 月 29 日午夜谋杀詹姆士·默兹克（James Metzker），控方证人查尔斯·艾伦（Charles Allen）出庭作证，声称其亲眼看见阿姆斯特朗用弹弓射中默兹克的眼睛。案件看来证据确凿，但林肯并未被谎言迷惑，而是顺势对查尔斯展开了如下交叉询问：

律师：你真的目睹这次射击吗？

证人：是的。

律师：你站得靠他们很近？

证人：不，大约有 150 英尺还多。

律师：是在空旷的野外？

证人：不，在树林里。

律师：什么树林？

证人：桦木林。

律师：8 月里树上的叶子还是相当密实的吧？

证人：看起来是这样。

律师：你还记得事情发生的时间吗？

证人：大概晚上 11 点多。

律师：现场有烛光吗？

证人：没有，我要烛光干什么？

律师：晚上 11 点多，没有烛光，在 150 英尺开外的距离你如何看到射击？

证人：有月光啊，月光很亮。

律师：月亮很圆吗？

证人：是的，是一轮满月。

此时，林肯从口袋里掏出一本蓝色封面的年历，翻到当晚的天文表，放到证人查尔斯面前，然后继续对证人发问："从年历上看，8 月 29 日晚上的月亮应该是刚过下玄月，怎么会是满月呢？"证人无言以对。林肯继续追问："从年历上看，当天晚上 11 点多天上是见不到月亮的，你怎么会见到月亮呢？"证人再次无言以对。林肯进一步问道："在如此漆黑的晚上，不用说 150 英尺开外的射击，就是稍远一点的东西都看不清楚，这难道不是事实吗？"证人仍然无言以对。谎言就此不攻自破。

在我国台湾地区的一个案件中，检察官的交叉询问也发挥了类似功能。2011年，我国台湾地区传出"毒饮料事件"，一些厂商在饮料中违法添加了"塑化剂"，牵涉近 200 家厂商。其中一个厂长因在饮料中违法添加大量塑化剂而被起诉。在庭审中，辩护律师出示一份被告患有妄想症的医学报告，声称其所说的话全不可信，包括其在警察局的供词。辩护律师的用意是显而易见的，即推翻被告的全部供词，从而使之脱罪。检察官迅速将目光转向被告，展开以下交叉询问：[1]

检察官：你确定患有妄想症吗？

被告：是的。

检察官：既然你患有妄想症，那么你说的每一句话都不可信，那么你刚才点头承认自己患有妄想症也不可信。你究竟是要大家相信你患有妄想症还是没有患上妄想症？

被告不知所措地低下了头。

---

〔1〕 参见蒋骁飞：《归谬反驳：让对手捉襟见肘，自讨苦吃》，载《演讲与口才》2012 年第 6 期。

（三）从反方证人口中获得有利证言

交叉询问具有一定的求证性，发问方在就同一事实对证人进行盘诘的同时，也可以有意识地从证人口中获取有利证言[1]。所谓有利证言，是指反方证人提供的、有利于本方诉求的证言。通常，相对本方证人的支持性证言来说，从反方证人口中获取的有利证言对本方诉求具有更强的证明力。

从诉讼态势上来说，反方证人通常不会自愿为本方提供有利证言。反方证人之所以提供有利证言，不外乎两个原因：一是不得已而为之，即反方证人在发问方的交叉询问的凌厉攻势下不得已说出实情。二是不小心而为之。证人总有说漏嘴的时候，证人说得越多，出错的机会就越多。因此，发问方应从以下两个方面努力，以充分发挥交叉询问获取有利证言的功能：一是主动出击，步步为营，强化对证人的控制，通过一环紧扣一环的连续发问，从证人口中获得有利证言。二是敏锐捕捉反方证人无意之中透露的案件信息。为此，发问方不宜过早暴露发问目的，而应尽可能采取欲擒故纵或围魏救赵的迂回方式使反方证人放松警惕，或者将关键问题化整为零并融入一些看似无关紧要的"枝节问题"之中，让反方证人在不经意中给出有利证言。一旦在交叉询问中获得有利证言，发问方就要及时作出以下处理：一是利用该有利证言补强己方的证据或主张，或者攻击反方的证据或主张。二是在必要时提醒书记员对该有利证言进行完整记录，以便在后续的质证或论辩中加以引用。

在著名的辛普森杀妻案中，辩方律师贝莱对控方证人福尔曼警官的交叉询问就充分发挥了这一功能。在该案中，控方怀疑现场发现的那只手套是负责侦办该案的福尔曼警官故意伪造的证据，因而反复对手套的来源和外观向福尔曼警官进行交叉询问，后者不但未能自圆其说，反而多次说漏了嘴。其中最为关键的有两处：一是关于手套的发现时间。福尔曼警官说是 13 日早晨 6 点左右，发现时间距案发的深夜 10 点半左右已有 7 个多小时。二是关于手套的处置方式。福尔曼警官说是用钢笔把它翻过来看了看，然后交由手下处理。问题是，福尔曼是一个资深的警官，为何如此草率地处理一个如此重要的物证？为何送检的手套上的血迹在时隔 7 个小时以上仍未凝结？这不能不引起辩方的怀疑[2]。在随后的交叉询问中，辩方律师针对福尔曼警官无意中透露的这些信息对控方进行穷追猛打，

---

〔1〕　参见刘晓兵：《交叉询问质证功能论略》，载《证据科学》2016 年第 4 期。

〔2〕　参见加州人民诉欧·杰·辛普森（the People v. Orenthal James Simpson）一案的庭审记录以及刘晓兵编著：《美国法庭论辩制度——影像与现实》，中国政法大学出版社 2013 年版，第 193～194 页。

最终赢得辩护，使辛普森脱罪。

在周某斌案二审中，证人胡某斌推翻自己先前向法庭作出的证言，声称自己确实向周某斌行贿过，从而出现两份截然相反的证言。对于两份证言何者为真，辩护人易某友律师也对证人作了交叉询问。面对律师的追问，证人不得已透露出其受到的外来压力，从而在一定程度上支持了辩护方的观点。

第三节　交叉询问的技巧和演练

一、辛普森杀妻案中的交叉询问

（一）案情简介

1994 年 6 月 12 日晚上十点多钟，在洛杉矶西区一个豪华住宅区邦迪（Bundy）发生一起凶杀案，死者是美国著名黑人橄榄球明星欧·杰·辛普森（O·J·Simpson）的前妻妮克·布朗（Nicole Brown）和附近一家餐馆的侍应生罗纳·戈德曼（Ron Goldman）。两人浑身血痕，均被利器割断喉咙而死。次日凌晨，也就是案发后四五个小时，洛杉矶警方的 4 名警官来到死者前夫辛普森位于洛克汉姆（Rockingham）的住所，发现其门外的白色福特野马牌汽车染有血迹，车道上也有血迹，按门铃无人应答。4 名警官爬墙而入发现只有辛普森的朋友卡图·凯林（Kato Kaelin）在屋内。其中一个名叫福尔曼（Fuhrman）的警官在后园找到一只染有血迹的手套和一顶编织帽。正式审判开始后，控方指控辛普森预谋杀人，作案动机是嫉妒心和占有欲，罗纳则属于误闯现场，偶然被杀。但是辩方认为，辛普森没有作案时间，妮克和罗纳很有可能被贩毒集团或黑手党徒杀害。经过数月的法庭交锋，陪审团最终裁决辛普森无罪。

（二）庭审记录精选

辛普森杀妻案的刑事审判时间跨度长达 10 个月，从 1995 年 1 月一直持续到同年 10 月。在这个案件的交叉询问中，辩方律师贝莱提出了七个细节性的质疑：第一个质疑是关于福尔曼违背侦查程序的询问，福尔曼在多个场合借故离开其他警官单独行动，令人生疑。第二个质疑是关于对野马汽车内部染有血迹的询问，福尔曼在查看汽车之前就说其内部染有血迹，让人不可思议。第三个质疑是关于手套的询问，福尔曼认为手套有可能是另一名受害者遗落的，其发现手套以后没有进行必要的处理完全不合常理。第四个质疑是关于福尔曼证言前后不一致的询问，福尔曼一开始说除了手套没有发现其他物件，后又说还发现了一顶编织帽，这与作为警官应当具备的职业敏感性不符。第五个质疑是关于福尔曼证词不合逻辑的询问，福尔曼警官说他一开始就不确定死者就是妮克，但从未向温纳特以及其他警官提出质疑，这显然有撒谎之嫌。第六个质疑是关于那名男性死者身上伤口性状的询问，伤口明显是刀具切刺而成，但福尔曼却说是撕裂的，让人不得不怀疑其真实目的。第七个质疑是关于福尔曼警官存在种族偏见或歧视倾向的询问，对此贝莱律师有名有姓地举出了 3 个证人，让人不得不相信福尔曼的种族观念存在问题。

在上述七点质疑之外，贝莱律师还有两处询问挑战福尔曼证词的可靠性：一是在美国，警察必须就其参与的调查活动出庭作证，对于控辩双方的询问，无论是直接询问还是交叉询问，均无权依据美国联邦宪法第五修正案保持沉默，这是法庭审判和程序公正的重要保障。然而，在辩方律师贝莱的逼问之下，福尔曼好几次无言以对，这实际上相当于不打自招，变相承认涉嫌伪造证据，陷害被告。二是福尔曼警官在案发之夜本不轮岗，但他却不辞辛苦地深更半夜赶到现场并自告奋勇带队前往辛普森住宅，并且白色福特野马车内部的血迹、妮克住宅后面的手套和帽子、辛普森住处带血的手套、二楼卧室带血的袜子都是他一人在其他警官不在场的情况下单独发现的。

以下是贝莱律师对福尔曼警官交叉询问的部分节选，

贝莱： 好的。所以事实上在你就几个疑点询问凯林先生之后，你打断他并问了他两个问题：一是，这部福特野马车是谁的；二是，他是不是这部车的唯一驾驶人。是这样吗？

福尔曼： 是的，先生。

贝莱： 福尔曼警官，这两个问题为何在那时就这么重要？

福尔曼： 因为汽车上染有血迹。

贝莱： 好。那么，我此前曾提到过，你叫温纳特警官进去讯问凯林，因为你对此很有怀疑，对吧？

福尔曼： 怀疑我的用心，不，根本不是。

贝莱： 怀疑你是否有权命令本案的领队警官，即便是一个下级警官？

福尔曼： 我并没有给他任何命令。

贝莱： 哦，当你说你将凯林带进屋子的时候，你的辩护律师克拉克女士曾问你把他带到哪里了，你的回答是："里面有一个吧房，看起来像是健身房，或台球房，当你面朝屋子里面的时候，右边有四五个吧椅。我说：'你何不在这里坐一会儿，稍后会有一位警官你谈话，你就坐在这里，放松放松。'我说完以后就走到屋子的前部，在厨房发现温纳特警官，我对他说：你跟平房里的那位男士去谈谈，他就坐在吧里。'然后我就走出了屋子。"现在，福尔曼警官，在你决定走出屋子之前，你和凯林先生谈过话，不是吗？

福尔曼：谈过。

贝莱：既然你已经和他谈过话，你为何觉得还有必要让另一位警官和他谈话呢？

福尔曼：我并不觉得有这个必要。

贝莱：那你为何叫温纳特警官去跟他谈话呢？

福尔曼：我要赶去查看凯林声称的声响来自哪里。

贝莱：在温纳特警官前去询问这个证人之前你为什么不把这个他也应该关心的事情告诉他呢？

福尔曼：没有为什么。我只是要去调查那声响的源头，并看看我们是否能够接近南墙。

贝莱：你为什么不告诉温纳特警官，你要去调查那个声响的源头而他应当完成对凯林的询问？

福尔曼：没有为什么。

贝莱：没有为什么？好吧。在笔录的同一页的第 18 行你说过的话："我接着走出屋子"，克拉克女士问你："为什么？"你的回答是："我的……根据凯林的陈述，碰撞的声响以及他听见这个声响的时间，结合内部染血的野马汽车，我的感觉是还可能存在另一个碰上空调或者沿着这座房子南面的路线翻墙逃走的受害者或嫌疑人。"你在直接询问中读过这段回答吗？

福尔曼：读过，先生。

贝莱：你认为我从笔录里引述的这段话正确吗？

福尔曼：正确。

贝莱：在那个时间点，福尔曼警官，你是如何提前知道野马汽车内部有过或应当有血迹的呢？

福尔曼：我不知道。

贝莱：那你为何使用"内部"这个说法？

福尔曼：我不确定是否这么说过。

贝莱：关于你使用"内部"这个说法，这是第一次引起你的注意吗？

福尔曼：这是你第一次提到这个问题，至于野马汽车里面染上血迹的说法，我从来没有使用"内部"一词。

贝莱：你没有使用"内部"一词吗？

福尔曼：我不确定，先生。但我在野马汽车里面没有见到任何血迹。

贝莱：你使用了"内部"一词，并且是无意的。或许是你说漏了嘴？

福尔曼：不，不可能。

贝莱：不见得吧。如果你的确这么说了而又不是说漏了嘴，你对这个错误却没有什么理由予以解释啊？你希望就这么留下这句话吗？

福尔曼：不。我希望说的是，在那天早上我进入住宅之前，我并没有看见野马汽车内部染有血迹。

贝莱：福尔曼警官，我刚才的问题是，如果你的确在事实上说过，在那个时间点，野马汽车内部的血迹让你感到警惕而又没有说漏嘴，你该用"内部"一词却为何不用呢？

福尔曼：我没有在汽车内部见到任何血迹，先生。

贝莱：福尔曼警官，你为何该用"内部"一词却不用呢？

福尔曼：我告诉过你，我不确定我是否这么用过。

贝莱：你的证言已被制成录音带，你最近听过没有？

福尔曼：没有，我从没听过。

贝莱：你认为这个录音带能否证实是法庭书记员的错误还是你的错误？

福尔曼：当然能，先生。

贝莱：好，这个问题暂时留下。福尔曼警官，在笔录的第 54 页，即交叉询问之下——对不起，在克拉克女士直接询问的结尾部分，在说到你发现那只手套并在一张为听证方便而标记为证据 D 的照片中予以辨认之后，我想问你，你是否被克拉克女士问及这些问题并作以下回答。问："当你看见那只手套，它是否具有某种意义？"答："是的。它看起来与我此前在妮克住处发现的那只手套非常相似。"问："基于这个发现，先生，你做了什么？"答："我走近看了看。我注意到它与地面并不协调……地面有杂物和树叶，而这只手套至少并不脏，只是看起来有点粘和湿，两个指头套粘在地面，像是被什么液体粘在地面。我没有碰这只手套。我想，丢下手套的人应该沿着步行道走远了，就去寻找他们，但如你在照片 A 中可见，我在经过那个空调风机位置的时候，马上撞到了蜘蛛网。"福尔曼警官，还记得你是这么回答的吗？

福尔曼：记得。

贝莱：好。因此我相信，看到手套以后你的第一反应是去追查丢下手套的人，对吧？

福尔曼：是的。

贝莱：现在你也会这么回答，对吧？

福尔曼：没错。

贝莱：你认为丢下手套的人应该就是凶手，对吧？

福尔曼：这个我不确定。后来我们发现，结果是……

贝莱：对于丢下手套的这个人，你认为他会是什么样的人？

福尔曼：我不知道，先生。

贝莱：它没有让你想到你自身的安全吗？

福尔曼：不，我想了。

贝莱：那你采取任何防范措施了吗？

福尔曼：是的。

贝莱：你怎么做的？

福尔曼：我继续往前走，而不是往后。

贝莱：意识到危险以后，你是往前朝着危险的方向走而不是往后避开危险，你是这样认为的吗？

福尔曼：是的，相对于前面的危险，如果后面有人，那会更危险。

贝莱：对不起。我想你说过，当你经过空调风机位置的时候，那应该是东面，你没有到过那边，对吧？

福尔曼：是的。

贝莱：你真的往那个方向去寻找过丢下手套的那个人吗？

福尔曼：……

贝莱：你的确这样说过，不是吗？

福尔曼：没错。

贝莱：如果是这样的话，那么危险在你的前方而你的后面应该相当安全，不是吗？

福尔曼：如果我转头往西，那应该不安全，先生。

贝莱：所以在你看来，前行并可能遇到凶手比起尽快离开那个地方更安全，是吗？

福尔曼：当然。

贝莱：好的。当你碰到蜘蛛网的时候，是否让你觉得，不管是谁丢下这实只手套，其应该是和你同一路线进来并沿着同一路线返回？

福尔曼：有可能。但我并不知道他们丢下手套的时候是什么状况。

　　贝莱：我不是讨论人是什么状况。我是说，如果过道上有蜘蛛网，很有可能这里最近没有人通过，对吧？

　　福尔曼：如果跑的话，这种可能性比较大但如果爬的话，那就难说了。

　　贝莱：或者走。你有没有见过地上有人爬过的痕迹？

　　福尔曼：我没有见到地上有痕迹……

　　贝莱：现在，福尔曼警官，在乌尔曼律师对你的交叉询问中，曾就你在妮克住处的活动问过你几个问题，诚如你对我们说的那样，你的说法是——在笔录的第 64 页上面："由于不能在你最初的位置清晰地观察两具遗体，瑞斯克警官领着你沿着德西路上了一条通道，从里面穿过屋子，这样你才能绕开血迹走出前门并获得一个更好的观察位置。"没错吧？

　　福尔曼：没错，先生。

　　贝莱：好的，在第 64 页的上面，你的确是这么说的，对吧？

　　福尔曼：是的，我是这么说的

　　贝莱：那么，你认为从你所处的位置到那具遗体有多远的距离？

　　福尔曼：我的位置正好处在那具女性遗体的上方，大约 3 英尺。到那具男性遗体的距离大概 10 英尺、12 英尺。

　　贝莱：好的。在这个有利位置你第一眼看到的是你向我们说起的那只手套。

　　福尔曼：不是第一眼，不是的。

　　贝莱：你第一眼见到它是什么时候？

　　福尔曼：我们带了手电。当时我们已经查看了那具男尸，正在查看女尸。看到手套是在我第一次出了屋子并走到那边，也就是北侧，班迪路 875 号北侧的时候。那里有一个铁围栏，穿过铁围栏你就可以很近地查看那具男尸，在查看的过程中我发现它们在男尸的脚边。

　　贝莱：你在 7 月 5 日的证词中用过"它们"一词吗？

　　福尔曼：用过，先生。

　　贝莱：在你的证词中，"它们"所指的最后一件物品是"手套"吗？

　　福尔曼：单个手套，是的。

　　贝莱：我只是简单地问你，笔录的第 14 行，在你说"我看见它们就在男尸的脚边"之前，手套是我们一直在讨论的物品吗？

　　福尔曼：我说"它们"是指编织帽和手套。

　　贝莱：告诉我这一页什么地方提到了编织帽，可以吗？

　　福尔曼：这一页，没有。

贝莱：好的，福尔曼先生，你在前面一页什么地方提到编织帽吗？

福尔曼：你想让我看一下前面那页吗？

贝莱：当然，如果不看一下第 63 页你怎么回答这个问题。

福尔曼：（看）我没有……

贝莱：第 65 页，福尔曼警官，第 8 行："那张照片"是指那张"在你所处的位置可以精确记录手套"的照片吗？

福尔曼：根据我的记忆应该没错。

贝莱：好的。你事实上并没有捡起这只手套并对它进行检查，对吧？

福尔曼：是的，当时没有。

贝莱：你是这么说的吗？

福尔曼：是的。

贝莱：那你什么时候捡起的这只手套？

福尔曼：我没有捡起它。但在我从辛普森住处返回妮克住处的时候我用钢笔把它翻过来看了看。

贝莱：这就是你说"你没有捡起这只手套"的意思？你记得你用钢笔把它翻过来了？

福尔曼：我认为那是乌尔曼律师在提问中的话。我没有用过"捡起"一词。

贝莱：但是，福尔曼警官，这个问题是向你提出的。他说："事实上你没有捡起这只手套并对它进行检查，对吗？"你的回答是："是的，当时没有。"在这个回答中并没有关于你在什么时候用钢笔把它翻过来的……

福尔曼：是的，那一页没有。

贝莱：你能在其他哪一页找到你说你后来捡起手套是这个意思吗？

福尔曼：不能，先生……

贝莱：福尔曼警官，昨天，很可能是上个礼拜，当你被告知其中一个死者可能是辛普森前妻的时候，你曾表现出一定的怀疑，你还记得吗？

福尔曼：记得，先生。

贝莱：你说你对这个事实不是很确定？

福尔曼：那名女受害者是妮克·布朗这个事实？

贝莱：没错。

福尔曼：是的，先生，我记得。

贝莱：现在你坐在证人席上，关于你或你的下属确认死者就是妮克·布朗的时间，你最清楚的记忆是什么？到底是哪一天的什么时候？

福尔曼：我要说的是 6 月 13 日的某个时间，但是具体时间我想不起来了。

贝莱：是你到达现场后的 1 个小时，2 个小时还是 3 个小时？

福尔曼：我想不起来了，先生。

贝莱：在 5 点稍过，当你前往告知辛普森其前妻死讯的时候，你事实上已经知道他的前妻确已死亡，这个推断有问题吗？

福尔曼：我自己并没有去辛普森的住处，所以我认为这只是推测。而且，我认为我的下属去那里是为了对此展开调查或告诉其前妻的死讯。

贝莱：福尔曼警官，请看笔录第 31 页。

福尔曼：（看第 31 页）

贝莱：第 4 行是克拉克女士的问题："此时你知道——到第 5 行——你知道其中一名死者——至少这名女性死者是谁吗？"答："我被告知——当 1 点过 5 分我在住所接到通知时，我得知其中一名死者是辛普森的前妻。"问："你是否把这个消息转告给温纳特警官？"答："是的，我转告了。"那么，当你在 1 点过 5 分得知其中一名死者就是妮克·布朗的时候，你对此还感到怀疑么？

福尔曼：我们绝对没有任何理由认为那就是这名女性死者。

贝莱：当温纳特警官把辛普森前妻的死讯告诉你的时候，你没有提出质疑吗？

福尔曼：没有任何质疑发生，先生。

贝莱：对温纳特警官关于这名女性死者身份的说法你没有提出任何问题？

福尔曼：没有。

贝莱：你从未问过他吗？

福尔曼：我想我不能在调查一开始就得出这样一个结论。

贝莱：即使你的顶头上司已经告诉过你，你也不相信死者的身份？

福尔曼：我没有提出质疑……

贝莱：那么，福尔曼警官，如果你回到笔录即 7 月 6 日听证笔录的第 21 页，这一页的下面，第三个直接询问的问题。

福尔曼：哪一页，先生？

贝莱：第 21 页，第二天的内容。

福尔曼：第二天。

贝莱：对第 20 行一个问题的回答，第 24 行："好的。关于发现手套，发现手套以后，你做了什么？你发现手套在过道上，然后你做了什么？"你答道："我继续沿着通往房子后面的通道向东，并且我可以说花了好一会儿时间，可以说大概 15 分钟左右去寻找丢掉手套的人，这个手套上面有血，说明有人受伤。

我在附近找遍了所有我认为可以躺人或因受伤倒下的地方，然后回到住宅的前面。"我认为此处的"躺"应该是"藏"才对。

福尔曼：是的……

贝莱：好的。并且这就是你花了15分钟的搜寻？

福尔曼：是的，先生。

贝莱：好的。那么，今天稍早的时候，到你领着温纳特警官和兰格警官下去看手套的时候，你是否跟他们说到你的想法，还有一个你知道的问题。你还记得吗？

福尔曼：我记得这个问题，是的。

贝莱：在发现手套的现场，你不确定跟他们说了什么吗？

福尔曼：是的，我不确定我是否说了，没有……

贝莱：你领着两位警官查看手套之后，走出房子，只是在房前站着，对吧？

福尔曼：站了一会儿，是的。

贝莱：好的。那么，是不是就在那个时间点，温纳特警官宣布这是一个犯罪现场？或者就像你早先告诉我们的那样，在那一天的晚些时候？

福尔曼：我想我们在那时有些讨论，但大概就在那时，温纳特警官和我被派到了妮克的住处。

贝莱：在看到你发现的手套之后的几分钟内，温纳特警官是否说了："我们应该把它当做犯罪现场处理？"

福尔曼：是的，但这和"这就是犯罪现场"是有区别的。

贝莱：我知道。他在考虑他认为需要作出的决定。你是这样理解的吗？

福尔曼：是的……

贝莱：好的。那么，你说"当我发现这只手套并确实意识到它在外观与颜色上与犯罪现场的那只非常相似。"你能告诉我们是在这个阶段的什么时间点吗？

福尔曼：我前面已经说了好几次，当我看见手套的时候，我觉得它看起来与妮克住处的那只非常相似。

贝莱：你心里立即产生这个联系？

福尔曼：是的。

贝莱：没错吗？

福尔曼：关于它看起来很相似这种联系，没错……

贝莱：好的。所以你作证说你被一条两英尺宽的小路吸引了，只带着一个很小的手电，也没穿背心，你说的是防弹背心，没错吧？

福尔曼：没错，先生。

贝莱：你愿意向法庭解释一下你是如何被那个地方吸引的吗？

福尔曼：我当时正专注于那个地方。

贝莱：为什么专注？

福尔曼：因为我当时正好就在那里。

贝莱：没有别人和你在一起？

福尔曼：我一个人在那里就可以了。

贝莱：没有别人和你在一起，对吗？

福尔曼：是的。

贝莱：你没有穿防弹背心，对吧？

福尔曼：是的。

贝莱：你的手电并不足以胜任这项任务，是吗？

福尔曼：不，它的状态很好，足以胜任。

贝莱：但是你安慰自己说，尽管存在这些问题，你还是能够继续工作因为你认为你是在找一个受害者而不是嫌疑犯，对吗？

福尔曼：是的，我还是比较在意这些问题的。

贝莱：如果可以的话，福尔曼警官，请你告诉法庭，你在妮克住处发现的嫌犯手套为什么会使你认为你将会遇见一个受害者？

福尔曼：因为除了那只染有血迹的手套，我没有发现其他任何能让我相信有嫌犯存在的东西。

贝莱：你意识到了你此前曾告诉过我们。

福尔曼：是的。

贝莱：此前曾经宣誓过的证言。

福尔曼：是的。

贝莱：即这只带血的手套使你认为你应该找到嫌犯？

福尔曼：或者受害者。

贝莱：是的。但是，在这里，你已经宣誓并说过，你之所以不带武器就敢于单独行动，至少没穿防弹背心就单独行动，其唯一的理由就是你并不认为会遇到一个嫌犯。你这么说过，不是吗？

福尔曼：是的，我说过……

贝莱：这是否意味着，如果你继续往东穿过那条布满蜘蛛网的通道，你并不认为前面会有危险，因为不管你发现的人是谁，这个人都会因为受伤而不具有危险性？

福尔曼：我不认为没有危险，不是这样的。

贝莱：但是你说了："我必须承认，我认为我行动的唯一理由是，我觉得我可能发现一个受害者而不是嫌疑人。"不是吗？

福尔曼：或许那只是这样一种期望。

贝莱：你现在说那只是一种期望而不是想法？

福尔曼：不，我说的是，那或许是一种期望，是当时和当初的念头……

贝莱：好吧。在昨天描述这次行动的时候你告诉我们，你当时只是站着，如释重负，并在德西路和班迪路交叉的地方等待换岗，对吗？

福尔曼：我们已经在说班迪这个地方了？

贝莱：是的。

福尔曼：是的，先生。是在班迪路北面的住宅。

贝莱：斯潘格勒上尉，也就是你在警察局的上司，来到这里并带你走到罗纳·戈德曼遗体蜷伏在那里的围栏，对吧？

福尔曼：是的。

贝莱：在那里，斯潘格勒上尉要你查看一下，你检查了罗纳·戈德曼的遗体，发现上面有一道裂口。

福尔曼：这个是斯潘格勒上尉检查的。

贝莱：但是你也看了，对吧？

福尔曼：是的，先生。

贝莱：你认为那是一道撕裂的伤口？

福尔曼：我用的是"裂口"一词。

贝莱：但我当时要你具体描述的时候，你没有说过它是撕裂的吗？

福尔曼：是的，我说伤口是撕裂的，不是切口。

贝莱：好的。不管怎样，当时我还问过你，你在那个地方是否还见过其他什么东西，你说没有，是这样吧？

福尔曼：是的。

贝莱：好的。那么，在7月5日，翻到笔录的第64页，这个我们前面已经看过一遍，你也说到了这件事情，你当时并没有说你如释重负，对吗？看到第64页，福尔曼警官。

福尔曼：你得告诉我在哪一行，先生。

贝莱：好的。从最上面开始，就像今天早上一样，一边读一边找，就能发现在哪一行了，"站在楼梯上，能清楚地俯视那名女性死者，但看不清那名男性死者"。

福尔曼：没错。

贝莱：好的。你当时说，在第14，哦，12行："当时我们带着手电，我们正在查看那名女性死者。此前已经看过那名男性死者。"你当时仍在楼梯上，对吧？

福尔曼：是的。

贝莱：你说"当我第一次走出住宅并走到住宅北侧，班迪路875号北部的时候，我发现一只手套……那里有一个铁围栏，通过铁围栏可以很近地看到那名男性死者。正在查看的时候，我在这名死者的脚边发现了他们。"我们早先读过这一段文字，你记得吗？

福尔曼：是的，先生……

贝莱：好的。那么，在提供这段证词的时候，你已经忘记了死者身上的裂口吗？

福尔曼：没有。

贝莱：你也忘记了斯潘格勒上尉让你做的事情？

福尔曼：没有。

贝莱：好的。福尔曼警官，我再问你一次，今天早上我们让你看第49页，因为在这一页的第23行出现了一个"野马汽车内部血迹"有关的词。

福尔曼：哦。

贝莱：你同意这一页说的事实吗？

福尔曼：同意，先生。

贝莱：那好。但是你的感觉是法庭记录员记录错了？

福尔曼：我可没那么说。我的意思只是说并不是"在野马车内部"。

贝莱：你说什么？你的回答是什么？

曼福尔曼：你能再问一下这个问题吗，先生？

贝莱：你说法庭记录员并没有记录错，但问题是这个回答在那里摆着，那是怎么回事呢？

福尔曼：我不知道。我只知道我作证的时候是什么意思。

贝莱：好吧。因此如果你说了"内部"一词，是你的口误？

福尔曼：是的……

贝莱：（请求法庭播放录音带，法庭于1点58分播放了录音带。）这份录音带是否让你想起来了？

福尔曼：当然，先生。

贝莱：好的。你现在说说，你当时是怎么说的？

福尔曼："内部"。

贝莱："内部"。

福尔曼：是的……

贝莱：好的。这些年你有没有在一个征兵站说过，如果你看见一个"黑鬼"开车带着一个白人女性，你就拉响警笛让他们停车？

福尔曼：没有。

贝莱：你是否记得有人问过你，如果你没有理由让他们停车，你会怎么做？

福尔曼：我不记得曾有任何人问过我这样一个问题，先生。

贝莱：你没有说过，如果你需要，你就可以找到这样一个理由？

福尔曼：没有。

贝莱：好吧。下一个问题。你有没有在征兵站当着包括凯瑟琳·拜尔在内的女性的面说过，你最希望看到的是把所有的"黑鬼"聚在一堆，然后把他们杀死？

福尔曼：没有

贝莱：好的。你昨天告诉过我们，你的确常去尼诗酒馆？

福尔曼：是的，先生。

贝莱：你能否想起曾遇到过一个名为安德·泰里的人在那里……？

福尔曼：不，想不起来了。

贝莱：1985 年或 1986 年你有没有在轩尼酒馆跟一个高个女士交谈过，说黑人男性与白人女性在一起违反自然法则？

福尔曼：没有。

贝莱：而且你还说，一旦你看到这种情况，马上就把他们抓起来？

福尔曼：没有。

贝莱：没有出现过这种情况吗？

福尔曼：没有。

贝莱：福尔曼先生，如果你说过这样的话，你一定忘不了，对吧？

福尔曼：当然。

贝莱：所以此时，如果安德·泰里或凯瑟琳·拜尔声称你说过这样的话，一定是他们搞错了，对吧？

福尔曼：当然。

贝莱：并且，如果乔·弗丝，一个海军陆战员，声称是他在征兵站把你介绍给刚从咖啡馆出来的凯瑟琳·拜尔，然后你们俩一起商量约会，那也一定是他搞错了吗？

福尔曼：没错…

分析：在本案庭审中，辩方组织的交叉询问精准到位，刀刀见血，特别是贝莱律师对福尔曼警官的交叉询问，更让控方感到狼狈不堪：一方面，福尔曼的证词要么前后不一或自相矛盾，要么不合逻辑或不合常理；另一方面，福尔曼在日常执法行为中表现出来的种族偏见也被辩方紧抓不放，任凭其左冲右突也没能逃脱一环紧接一环的追问。经过这一轮的交叉询问，陪审团不得不怀疑控方对辛普森的指控是否站得住脚。

在询问过程中，贝莱表现出成熟而精湛的职业技能。例如，他非常熟悉案情，事先做了周密的调查，对控方证人的证词进行及时而有效的分析并发现其中的破绽，对询问的要点和策略了然于胸，等等。除此之外，贝莱的询问技巧还突出地表现为以下三个方面：

1. 欲擒故纵，先提出一般的前提性问题，然后再出其不意地亮明询问目的。例如，在谈到福尔曼发现辛普森住处的手套以后，贝莱首先让他确认其在直接询问中的证词的真实性，然后问他发现手套以后做了什么，意识到危险以后怎么应对，碰到蜘蛛网以后怎么判断，等等。最后在发现福尔曼已经没有退路的时候，贝莱才揭开底牌——让陪审团确信这只手套的来源值得怀疑，因为福尔曼在发现这样一件重要证物的时候居然没有采取处理措施，而是继续"寻找"丢下手套的受害者或嫌疑人。

2. 穷追不舍，不给对方回旋余地。例如，在问及福尔曼的种族偏见时，贝莱首先问福尔曼是不是多次骂过"黑鬼"的话；在福尔曼否认之后，贝莱随即指出他骂过"黑鬼"的地点——兵站；在福尔曼再次否认之后，贝莱马上指出两个证人的名字——安德烈·泰里或凯瑟琳·拜尔；在福尔曼仍然否认之后，贝莱立刻使出最后的杀手锏："如果乔·弗丝一个海军陆战队员，声称是他在征兵站把你介绍给刚从咖啡馆出来的凯瑟琳·拜尔，然后你们俩一起商量约会，那也一定是他搞错了？"这样，辩方律师贝莱以严密的逻辑和出色的询问技巧把福尔曼警官逼进了无路可退的绝地。

3. 避免纠缠，在达到询问目的以后及时转向其他问题。例如，在贝莱质疑福尔曼警官为什么要支开温纳特警官单行动时，福尔曼一直说："没有为什么"。此时，贝莱律师并未与其纠缠，而是及时转到另一个问题，即福尔曼警官凭什么在未经事先检查的情况下就知道野马汽车"内部"染有血迹。

第六章　终结辩论

第一节　终结辩论的概念和意义

一、终结辩论的概念

终结辩论，英文表述是 colsing statement，其是法庭论辩中的最后一道程序，是双方律师在开场陈述和证人询问完成后，根据证人询问情况和证据展示情况，概括案情，指出案件的关键细节，整合证人的陈述，并解释两者之间的重要关系，进而结合说理和法条引用给出自己对案情的总的看法的辩论程序。在终结辩论中，律师概括案情并最后一次说服事实调查人作出对其当事人有利的裁决。

结案陈词和开场陈述具有密切联系。开场陈述是诉讼双方在正式开庭后就案件的基本事实、主要证据以及诉讼主张向裁判者所作的第一次陈述。结案陈词则是在案件庭审结束前对包括开场陈述在内的各个法庭论辩环节的总结和提升，也是对开场陈述的呼应和修正。作为现代对抗式诉讼制度首尾相顾的两个基本环节，开场陈述旨在为裁判者描绘一幅关于案件事实的"路线图"，而结案陈词则为裁判者指出本方诉讼所欲到达的"目的地"，不但要对某些案件事实予以重申和强调，而且要在此基础上提出明确的诉讼主张和诉讼请求。

根据美国联邦宪法第五条、第十四条修正案的精神，首先，结案陈词是正当程序的必然要求，即诉讼双方有权在法庭审理的最后阶段对彼此争讼的基本事实、主要证据和诉讼主张进行总结、重申或强调并向陪审团成员提出一个终结版的"故事"，以补强己方的说服力。其次，结案陈词是诉讼双方不可剥夺的一项诉讼权利，并且这项权利是平等分配的无论是刑事诉讼中的控辩双方还是民事诉讼中的原被告双方，均有权进行结案陈词，法官亦应确保双方都能获得均等的结案陈词的机会。再次，结案陈词不仅是一项诉讼权利，而且也是整个法庭审理过程中必不可少的一项独立的程序设置，法官不能以任何理由不经结案陈词便对陪审团进行评议指示。当然，尽管结案陈词是法庭审理的必经程序，但这并不意味着某一诉讼方不能以某种理由缺席这一程序或放弃该项权利。最后，结案陈词对诉讼双方均意味着"翻盘"的机会，如果前面的工作做得不尽理想，在结案陈词阶段还有机会加以弥补。正因如此，双方律师谁也不敢对结案陈词掉以轻心，都会在这一最后关头奋力博取裁判者的理解或同情。此外，由于美国实行比较彻底的对抗主义诉讼模式，诉讼双方在开场陈述、直接询问和交叉询问中均可根据自身判断随时打断对方发言，致使原由开场陈述描绘的关于案件事实的完整版本被完全拆散或打破，陪审团成员也因此而把注意力更多地集中到案件事实的各个片段而不是实整体。也就是说，只有到了结案陈词阶段，诉讼双方才有机会对本方"故事版本"的各个片段进行连续而完整的总装，以此向陪审团成员展现本方的案件主张并提出本方的诉讼主张。从此种意义上来说，结案陈词的确是双方对此前一系列法庭论辩环节的保障性修正或弥补。

二、终结辩论的意义

在法庭审判中，仅仅具有诉辩者在开场陈述中对案件事实的概述以及诉辩者在证人询问中通过直接询问和交叉询问对案件证据的展示，还不足以说服案件事实调查者/决策者作出对己方有利的裁决。因为如果说诉辩者的开场陈述给事实调查者/决策者描述了一幅图画的话，那么在证人询问中的证人证言以及所展示的书证物证未必和那副图画非常契合，因为在前两个过程中，诉辩者并没有机会对证据和案情的相关性进行说明，而且没有进行必要的说理和法条援引，所以为了说服决策者作出对己方有利的裁决必须整合证人证言以及书证、物证，以使它们与开场陈述所描述的图画完美契合，而且有必要进行适当的说理和引用适当的法律，而这正是律师在终结辩论所要做的。

在开场陈述和证人询问中，我们已经请求事实调查者/决策者相信我们，但是请求是毫无价值的，我们必须让他们实实在在地相信我们，而这是终结辩论的目标。终结辩论不是为了燃起陪审团的激情而提出煽动性的请求（萨吉奥诉斯德艾里斯案，1976年），不是为了出于个人利益的请求（布鲁克博诉福特汽车公司案，1977年），不是律师发表意见的手段（北卡罗来纳州诉洛克里尔案，1977年），也不是给律师作证的机会（卡里塔克谷公司诉普艾尔案，1978年），更不是传唤证人的机会（合众国诉墨菲案，1985年）。终结辩论的目的是在开场陈述和证人询问的基础上，让事实调查者/决策者相信事实，并基于事实对己方作出有利的裁决。

此外，在之前的程序中，虽然裁判者对案情已经有了深入了解，但是故事的结尾要由其他人、其他有权的人来作出。作为法庭审查的最后一道程序，终结辩论的意义是不言而喻的。正如其目标所揭示的那样，在开场陈述和证人询问的基础上，让事实调查者/决策者相信事实，并基于事实对己方作出有利的裁决。这是我们最后的机会，这就意味着一位好的律师必须具有控制收场的能力，不论我们在开场陈述中描述了一个多么精彩的故事，不论我们在证人询问中表现得多么睿智，如果我们不能在终结辩论中说服事实调查者/决策者，那么之前的所有努力都是毫无意义的。而如果律师在终结辩论中表现得非常出色的话，指出了案件的关键细节，并组合证人的陈述，解释了两者之间的关系，将开场陈述中描述的图画和证人询问中的证据完美契合，那么开场陈述、证人询问和终结辩论就组合成了一个完整的事件构想。而在这完整构想之上再加以适当的说理和法条引用，那么庭审胜率会大大提升。

第二节　终结辩论的规则

终结辩论是审判的全部三个方面——开场陈述、证人询问、终结辩论——的最后一个方面。与开场陈述、证人询问不同，终结辩论具有自己独特的性质。开场陈述是律师对要审理的案件事实所作的概述，它的作用是给事实调查人/决策者提供案件概述，帮助事实调查人/决策者理解庭审中提示的证据，使其在面对证人和书面证据时能更好地记住案件事实。而证人询问，无论是直接询问还是交叉询问，也仅仅是通过证人之口进一步描述案件事实。无论是在开场陈述还是在证人询问中，律师对该案件的理论或者法律的争论都是禁止的，起码也是受限制的。但是终结辩论不同，终结辩论是律师通过自己的语言说服事实调查人/决策者作出对其委托人有利判决的最后机会，该过程不会中断，不受大多数限制形式的约束，而且没有间断性地让与对方进行对抗辩论的期间需要，因此终结辩论是纯粹辩论的时刻。

但是纯粹辩论的时刻并不意味着无限制的辩论，道德和法律已经在各个方面对律师的终结辩论进行了限制，律师必须熟悉法律或者惯例的限制，明白如何在法律许可的范围内说服法官和陪审团。一般来说，以下辩论在终结辩论中是不被允许的。

一、对个人信念的陈述

美国律师协会（ABA）制定的《职业行为示范规则》3.4（e）条就说到，律师"对争论中的事实声称有亲身的感知……或就案件的公正性、证人的可信性、民事诉讼当事人的应受惩罚性以及刑事被告人的罪与非罪陈述个人意见"是不恰当的和不符合职业道德的。

对个人信念的陈述的限制是出于以下考虑：由于事实调查人/决策者是以法律和证据为基础裁决案件的，而不是以对律师的信任为基础的，因此要求事实调查人/决策者根据他对律师的信任来裁决案件是不符合职业道德的。反对个人信念陈述的规则避免了将律师的可信性置于争议之中，如果律师陈述个人的信念，那么事实调查人/决策者就有必要对律师的可信性进行考察，此外对个人信念的陈述不可避免地暗示律师了解到了记录中所没有的信息，因而是在促使陪审团根据无记录证据来裁决案件。[1]因此这种对个人信念的陈述在终结辩论中是明显不妥的。例如，下面这个例子就明显不妥：

"我知道那将至少花5分钟时间从被告的停车库走到他的办公室，本人在市里工作，而且我自己走过那样的距离很多次。相信我，那是至少5分钟的步行路程。"

很明显，律师在上述例子中是在主张他自己的亲身感知，而不是以被采纳的证据为基础。

二、诉诸成见或者偏执

我们必须深知事实调查人/决策者裁决案件的基础应当是而且必须是法律和证据，而不是老套的、先入为主的偏见。因此通过诉诸种族、族群、宗教信仰、性别或者其他形式的成见来试图说服事实调查人/决策者是不道德的。但是并不是说提及种族、性别或者族群就是不妥的，如果一方当事人的种族与目击证人的辨认相关，那么提到这个问题就不是不妥的。

三、就证据进行不实陈述

尽管作出推断和结论是许可的，但是在终局陈述中有意识地误读或者故意歪

〔1〕　参见［美］史蒂文·鲁贝特：《现代诉辩策略与技巧》，王进喜等译，中国人民公安大学出版社2005年版，第299页。

曲事实都是不当的。[1] 其中的道理是显而易见的，因为一旦事实调查人/决策者发现律师对证据的不实陈述，那么他们就会对律师在整个庭审中的表现产生质疑，这无疑会对案件的结果产生重要影响，而且显而易见的是不利的影响。

四、对法律的不实陈述

在终结辩论中律师都可以来解释相关的法律，但是律师绝不能误述法律，不适当的误导事实调查人/决策者。其中的道理也是显而易见的，这种行为不仅会引起事实调查人/决策者的反感，影响一时的裁决，而且即使侥幸在这次审判中成功误导了事实调查人/决策者，那么也很有可能在上诉或者再审程序中被推翻。因此，律师可以希望事实调查人/决策者会适用严酷的、不公平的法律，但是律师不能怂恿他们这样做。

五、诉诸事实调查人/决策者的个人利益

反对诉诸事实调查人/决策者个人利益的原则在法庭审判中又被叫作"黄金规则"，这一规则禁止律师要求事实调查人/决策者设身处地地考虑诉讼当事人的境况，并预想可能出现的结果。之所以会禁止这种陈述是因为它会促使事实调查人/决策者基于自己的个人利益考虑而使他们基于某种偏见作出某种不适当的裁决。下面是一个经典的被禁止辩论的摘录：

本案中的原告在工业事故中失去了右臂。你们必须决定需要多少钱来赔偿他的损失。让我来问问你这样一个问题：如果换成是你的话，你想要多少钱？如果有人提出给你 100 万美元来换你的右臂，你会愿意吗？200 万美元呢？

这样的辩论显然是在诉诸事实调查人/决策者的同情，而不是基于其实实在在的物质损失和精神损失，虽然这种损失难以准确评估。例如，有的律师在终结辩论中出现了这样的话语："尊敬的法官、各位陪审员，您是最公正不阿的，您会愿意拿您用尽一生的心血所经营的良好信誉去满足自己一时的私欲吗？"千万不要以为这样的反问会给终结辩论带来任何有利影响，要知道诉诸事实调查者/决策者个人利益的做法是很不道德的。

---

〔1〕 参见 〔美〕史蒂文·鲁贝特：《现代诉辩策略与技巧》，王进喜等译，中国人民公安大学出版社 2005 年版，第 301 页。

六、诉求感情、同情和激情

尽管实际上在每个案件审判过程中都会存在感情倾向的问题，但是，律师仍然不能在终结辩论中要求事实调查人/决策者基于同情心或者感情来裁判。但这并不意味着我们不能描述当事人的悲惨境地，只要这种悲惨是实实在在的，能被事实证据证明的，那么引起的事实调查人/决策者的同情也只是一种附带效果，而非积极要求事实调查人/决策者基于同情心或者感情去裁判。如在一场交通事故的索赔案件中，以下辩论是不被允许的：

本案中的原告在这场惨烈的交通事故中失去了双腿，丧失了劳动能力，可是他还有 80 岁老母亲和 2 个正在上幼儿园的孩子。面对这种对原告近乎毁灭性打击的车祸，你们难道一点也不同情他吗？你们就不能为他多争取点赔偿吗？

很明显上述辩论的律师并没有基于事实来说服事实调查人/决策者，而是希望事实调查人/决策者能根据同情心作出有利于原告的裁判，因此这种辩论是不妥的。但是下列辩论却是被允许的：

本案中的原告在这场惨烈的交通事故中失去了双腿，丧失了劳动能力，并忍受着残酷的身体疼痛和精神的巨大打击。此外，原告还有 80 岁的老母亲需要其去赡养，以及 2 个上幼儿园的孩子需要他抚养。而这一切都需要一大笔费用，因此被告主张的赔偿费用我们不能接受。

因此，我们必须区分赤裸裸地要求事实调查人/决策者依据同情心进行裁判和基于事实博取事实调查人/决策者的同情心，这两者是不同的，前者是不被允许的。

第三节　终结辩论的结构与安排

一般来说，终结辩论由导论、主体、结论三部分组成。三部分必须紧密结合，并具有逻辑性和可信性，服务于说服事实调查人/决策者的目标。

一、终结辩论的结构

（一）导论

所谓导论就是论述主体部分之前概述终结辩论主旨思想的简单概括的陈述。一般来说，为了说服事实调查人/决策者，终结辩论的导论部分必须具有一个突出鲜明的主旨，所谓主旨就是诉辩者通过法庭审判所欲实现的目标。如在刑事审判中，辩方律师终结辩论的主旨就应当是"这场刑事犯罪并非是我的当事人所为，我的当事人是无辜的"。而为了印证和实现这一主旨，诉辩者就必须进行说理，终结辩论必须传达出律师关于本案的理论，因此案件的理论部分也应成为导论的重要组成部分。比如在刑事案件中，辩方律师的主旨是"这场刑事犯罪并非是我的当事人所为，我的当事人是无辜的"，那么其最合理的理论基础就应该是主张存在合理怀疑和无罪推定。而为了更好地解释合理怀疑和无罪推定的理论，那么犯罪的构成要件又是必须要说明的，如犯罪主体、犯罪客体、犯罪主观方面和犯罪客观方面。在终结辩论中，某些证据可以被弃置，某些法律问题可以被忽略，但是进行说理是绝对必要的。因为不论证据是多么的确凿无疑，如果没有适当的说理，这些证据都是毫无意义的，因为它们不会自动去佐证你的主旨。因此说理是终结辩论中非常重要的一部分，它意味着你必须告诉事实调查人/决策者，你的当事人有权得到一个有力裁判。

为了在终结辩论中有一个合适的主旨，我们必须对案件事实有一个整体把握，不能对其中某个部分过于敏感，或将其中一点作为整个案件的主旨。例如，王某案（见本书第三编第四章内容），分析出在该案的终结辩论中应当有什么样的主旨和终结辩论。很明显，本案原告王某称其被解雇的原因是她拒绝了 H 先生的追求，因此向杭州市西湖区人民法院提起诉讼，要求派尼科包装公司赔偿相关损失。因此本案的主旨应当是王某被解雇是否合法，派尼科包装公司是否应当承担违约的损害赔偿责任。因此原告方终结辩论的主旨应当是王某因为拒绝 H 先生的追求而被解雇，而非因为工作能力等合法的理由被解雇，派尼科包装公司违反了合同法的规定，应当依据相关法律承担违约责任。而被告方终结辩论的主旨应当是派尼科包装公司解除与王某的劳动合同是因为王某工作效率低下，不遵守公司的规定，并不是因为 H 先生的关系，其单方解除合同并没有违反相关法律。上述主旨在王某案中是显而易见的，因此说理也应当围绕解除合同的合法性进行，但是很多律师在遇到这个案子时，过分关注该案中是否存在 H 先生对王某的性骚扰，进而围绕性骚扰进行说理，最后提出的诉讼请求也是对性骚扰这一侵权的损害赔偿，完全曲解了本案，本案的核心是劳动合同关系，而非侵权关系，即使本案中存在着侵权的事实。

（二）主体

主体就是终结辩论的主要部分，一般来说主体包括事实问题和法律问题两个方面。而无论是事实问题还是法律问题都应当包括问题和论点两部分内容。

终结辩论应有来自各种证言和物证的信息，并且这些证据只能产生一个结果，那就是为了更好地说理和证明律师的主旨，虽然说理是终结辩论必不可少的部分，但是仅仅有说理还是远远不够的。因此，在这一部分，律师应当归纳支持己方立场的具体证据，并使用证物、证言、常识证明自己的论点，即为什么己方是正确的，而对方是错误的，而为了实现这一目的，下列技巧是有必要的：己方证据充分，对方证据不充分或者没有证据；己方观点与物证相符，对方不相符；己方观点与常识相符，对方不相符。

在这一部分，除了事实问题之外，我们还必须牢记，这是一场法庭审判，其起因于法律，最终也要归结于法律。事实调查人/决策者是在证据基础上依据法律对诉讼当事人作出最终裁决的，因此我们必须陈述法律问题并归纳出自己的法律论点。无论是诉辩方在终结辩论中的说理还是证据引用都必须指向应当适用其当事人的法律，这才是终结辩论的目的："我们的当事人必须接受正确的法律审判"。讨论法律在开场陈述过程中是受到严格限制的，而在证人询问中则是完全禁止的，但是在终结辩论中，法律的适用则是一项主要内容，诉辩方必须利用好最后一次机会说服事实调查人/决策者援引对其当事人有利的法律，作出有利于己方的最终判决。

（三）结论

结论是终结辩论对案件作出的总结性判断。在结论中，我们应当重申主旨，但注意不要过分使用同一句话作为主旨。不管在进行第一次陈述时主旨是多么地引人入胜，如果不断重复同一句话，那么再吸引人的话也会变得平淡无奇，甚至会令人厌烦。因此，比较明智的做法是基于审判的主旨变换说法。而为了实现律师的主旨，我们应当进一步总结案件理论，进而根据法律提出我们的具体主张，要求具体判决。

（四）终结辩论的形式

由于终结辩论具有不同的形式，从而对相应的诉辩方提出了不同的准备要求，在此，有必要简单介绍下终结辩论的形式和不同的准备技巧。在大多数司法辖区，当事人的终局辩论被分成三个清晰的部分，按照以下的顺序体现：原告主辩论、被告主辩论、原告的反驳。而有些司法辖区只有原告主辩论和被告主辩论。虽然不同的形式有着终结辩论的共性，但是每种形式也有自己独立的适用方法和特殊的技巧套路，而这也是讨论终结辩论的意义所在。

由于诉讼体制的内在特质，如一个民事案件的原告必须通过证据上的优势战胜对方，而在刑事案件中，检控方或者原告必须面面俱到以排除合理怀疑。因此无论是在民事案件还是在刑事案件中，原告主辩论必须具有综合性，遗漏某一个因素都是致命的，都会留给被告方可乘之机。相对而言，被告方在终结辩论中可以有相当多的选择，他们往往只需要通过证明原告事实中的某一个因素不成立就可以占到优势。因此被告方在终结辩论中不需要像原告那样将问题争点陈述的那么复杂、那么全面。正是基于这种诉讼上的不平等性，许多司法辖区赋予了原告方的反驳辩论权，而没有赋予被告方再次的反驳辩论机会，而在原告的反驳辩论中，就没有必要像原告主辩论那样面面俱到了，只需要针对被告方的主张进行反驳就可以了。而对被告方而言，其最大的困难就在于他不能根据原告的反驳再一次发言，所以在原告方有反驳机会的司法辖区内，被告方就有必要在终结辩论中对原告方的反驳辩论进行预测，比较有效的途径就是预测并明确回答原告可能的反驳观点，下面就是一个例子：

这整个事故原本是完全可以避免的，如果原告仅仅只是闪到一边而不是在街道中间猛地踩刹车。如果她没有造成这起事故，她至少对此负有责任。现在当原告律师再次主张，她可以主张没有时间闪到一边。别相信这个，她真的有足够的时间闪到一边去，让我们来看看证据……

这种追求控辩均势的制度设计要求原告方在主辩论中要面面俱到，但是其有再次陈述的反驳机会。而对被告方而言，其只有一次机会，他虽然可以在终结辩论中抓住原告的一个致命因素即可，但是他有必要对原告的反驳进行预测，这就要求原告方和被告方针对这种辩论形式对自己的终结辩论做出相应的合理的安排。

二、终结辩论的技巧

1. 不要试图讲述整个案件过程，重复你在审理中所得出证据的每一个细节。相反，应该把精力集中在能够决定对你当事人有利的一两个核心的问题上。在此之后，重复一些经过挑选的事实，而这些事实应该是能够证明为何这些关键的问题应该以有利于你当事人的方式得到解决。

2. 尽量把你的终结辩论简化成一份提纲概述，而不是一份完整的演讲稿。这样会使你摆脱对书面讲稿的依赖，摆脱照着纸念终结辩论词，转而通过交谈和不断的眼神交流与事实调查人/决策者进行真正的交流。非常重要的一点是和事实调查人/决策者直接地、坦率地、发自内心地讲述，过分依赖书面讲稿会在终结辩论中降低你所作陈述的说服力。

3. 当你通过提出一些观点和事实为你的当事人争辩时，多使用一些可视的证据：照片、图表和与证据相关的清单。研究表明人们对于见到的信息比听到的接受得更多，看到的东西比听到的更能说服自己。

4. 用充满信心和热情的语气表达你的观点。如果你对自己的当事人充满信心，并通过声音把这种信念传达出来，那么你的终结辩论将会充满说服力。

5. 承认案件中存在的困难之处，尽管它们将对对方有利。对于这些困难如何能妥当地处理，最终得出对你当事人有利的裁决，要尽你所能做出最好的解释，坦率面对胜于懦弱回避。

6. 直接查阅参考你认为与事实分析联系最紧密的法律。

7. 充满敬意地引导事实调查者/决策者，让他们决定哪些证人是可信的，哪些证人的证词有太多的漏洞。通过你的陈述表明为何一个证人比另一个更容易让人相信。

8. 在结束终结辩论前，告诉事实调查人/决策者正确的裁决结果。那就意味着你应该直截了当地明确表达你寻求的裁决结果而不是表达得模糊不清，让人难以确定和知晓你的意图。

第三编

模拟法庭与法庭论辩案例研习

第一章　刑事模拟审判研习：被告人
王某过失致人死亡案

一、案情简介

被告人王某于 2019 年 4 月 8 日 23 时许，在北京市朝阳区小红门乡某小区 B 室，因琐事与被害人丁某妹（女，殁年 28 岁）发生争执并引发肢体冲突。争执期间，被告人王某与丁某妹在争抢拖把过程中，拖把金属管状把手端刺入丁某妹左胸部并刺破心包前壁，丁某妹经抢救无效死亡。经鉴定，被害人符合"被类圆形管状物刺击胸部，刺破心脏，致失血性休克死亡"。被告人王某于 2019 年 4 月 9 日向公安机关主动投案。

二、证据材料

1. 证人刘某的证言及辨认笔录：在 2019 年 4 月 9 日 0 时左右，我在租住地北京市朝阳区小红门乡某小区 B 室的家中刚要睡着，迷迷糊糊听见隔壁 B 室有吵架打斗的声音，也没注意吵什么，过了一段时间 B 室男租户敲门让我和室友来帮忙救救 B 室的女孩。我出来后看到走廊和 B 室屋内有一些血迹，B 室有一个女孩躺在地上好像晕了，B 室男租户一只手扶着她，因为有血所以没敢多看，后来另一名女租户打了 120，没等 120 过来我和其他两个女孩一起去楼下找到一个保安，让他帮忙把人先抬下来，保安和我室友就上楼了。后来 B 室男租户先跑下来开车，他们很快就把 B 室女孩抬下来放到了 B 室男租户的车上，另外两个室友上车去了医院，过了十几分钟他们就回来了，说 B 室女孩让 120 带走了，B 室男租户跟着去医院了。

证人刘某辨认出本案被告人王某即是居住于合租房 B 室的男子。

2. 证人张某（证人刘某的室友）的证言内容与刘某证言基本一致。张某同时证明，B 室的两人平时关系不太好，经常会吵架发生争执，有时还会传来打架声。

3. 证人于某（合租屋 A 室居住者）的证言内容与刘某、张某证言基本一致。

4. 证人杨某的证言：我是北京市红十字急救中心的急救医生。2019 年 4 月 9 日 0 时 23 分许接到调度派警，在北京市朝阳区小红门乡某小区 9 号楼有人胸部出血需要急救。0 时 38 分许，我到达北京市朝阳区小红门乡某小区南门的时候被伤者的家属拦下，当时伤者平躺在一辆汽车上，我们将她抬到担架上并装到急救车进行初步身体检查。伤者当时双色瞳孔散大固定、直径 6 毫米，颈动脉无脉搏、胸部无起伏，左胸部肉眼可见一直径约 3 厘米左右的圆形伤口。伤口的出血已经停止，后查心电图呈直线。之后我对伤者进行了心脏复苏，有血液从伤口流出，后把伤者送往北京中医药大学东方医院急救室了。在送往医院的途中，我建议陪同伤者的那名男子报警，那名男子就用手机报警了。他报警时说和他女朋友发生了争执。当时那名男子只穿了一条黑色内裤，我记得他身上有抓痕。他在车上全程都很着急，给受伤女子搓手搓脚。

5. 证人郑某的证言：我是丰台区东方医院的急诊室大夫，在 2019 年 4 月 9 日 0 时 50 分左右，有一名女性病人从 999 急救车上送至我院，死者心脏部位有一处近 5 厘米的伤口，无法进行胸部按压，而且我们医院没有抢救设备，在进行了简单的人工呼吸后，因为当时死者已无生命体征，所以没有再进行抢救。和死者一起来的是死者的男朋友，他告诉我死者的伤口是因为他和死者发生争执，死者先动手打的他，之后他用拖把捅伤了死者，具体我不清楚。

6. 证人杭某的证言：我是北京市朝阳区小红门乡某小区的保安员。2019 年 4 月 8 日 23 时许，我在南门岗亭值班时，突然一名女子跑来说需要我的帮助，简单询问情况后就和该女子来到了 9 号楼 10 层的一户室内。一进屋我看到一名年龄约 30 岁的女子上身裸露下穿内裤躺在地上，该女子身上盖了一个蓝色的被子，地上有血，应该是受伤了。屋内还有一名约 30 岁只穿了一条内裤的男子，这名男子让我帮忙把女子抬上电梯，我上前帮忙，并一起把女子放到了男子车上。后来救护车就到达了现场。

7. 证人闫某的证言：我是北京市朝阳区某小区的保安，在 2019 年 4 月 9 日 0 时左右，我的同事杭某用对讲机叫我赶紧去 9 号楼。到了之后就看到杭某和一个穿内裤的男子抬着一个身上有血的女子刚出电梯，然后我们几个人就把那名女子抬到一辆黑色小轿车上，小轿车开走后我就继续巡逻了。那名女子是用被子裹着抬下来的，被子上有血，那名穿内裤的男子很着急，神情比较紧张。

8. 证人丁某姐的证言：我是丁某妹的姐姐，2019 年 4 月 8 日 18 时许，我请我妹妹还有其他五个同事一起吃饭，吃完饭是 22 时左右，我和妹妹一起打车回家，她将我放到租住的地方后自行回家。在 22 时 40 分左右，我收到我妹妹的微信说到家了，之后就没再联系，直到 2019 年 4 月 9 日我收到警方信息说我妹妹因与王某发生纠纷后死亡。我妹妹是 2017 年年底离异的，后和王某成为男女朋友。2019 年 3 月，我妹妹来京和王某一起租住在朝阳区小红门乡某小区。

9. 本案被害人丁某妹的户籍证明、心电图检测结果死亡证明书、火化证明等材料证明：被害人丁某妹的身份情况、案发当天的心电图检测为直线以及之后死亡的情况。

10. 房屋租赁合同：被害人丁某妹于 2019 年 3 月 14 日承租了小红门乡某小区 9 号楼 B 室房屋的情况，租期至 2020 年 3 月 13 日。

11. 现场勘验检查笔录及补充工作说明：2019 年 4 月 9 日 2 时 15 分，侦查人员对本案案发地进行勘验检查。在被害人居住的 B 室，发现房门内东墙有血迹、双人床西侧地面有血泊；在血泊周边散落有拖鞋、绿色塑料拖把把手、毛巾两条、白色电热壶底座一个。在拖把把手、毛巾和电热壶底座上均发现有血迹；在双人床西侧墙上发现血迹；血泊南侧地面有黑色背包和黑色短袖上衣（胸前有一处不规则形状破损）；双人床上有床垫、被褥等；衣柜南侧立放有一个金属杆的绿色拖把，拖把长 120 厘米、拖把杆直径 2.5 厘米、拖把杆中间靠上部位变形未完全折断，在拖把杆上发现血迹。另在卧室东墙下的方桌上发现一部屏幕已经损坏的黑色手机、在方桌西侧的椅子上发现一部白色手机和一部粉色手机，其中粉色手机屏幕损坏。

侦查人员另对被告人王某驾驶的车辆（车牌号：×××）进行勘验，在后侧座椅提取血迹一处。

笔录另附有相关现场照片。

12. 北京市朝阳区公安司法鉴定中心出具的死亡原因鉴定书：经对被害人丁某妹的尸体进行检验，其体表主要损伤为左胸乳头内上方 5 厘米处类圆形创 1 处，该创向内进入胸腔，创道深达左心室后壁，其创缘整齐、创壁较光滑、创腔内无组织间桥。创道直径约 2.0 厘米左右。其中第四、五肋间、左心室前壁可见类圆形创口伴有创内组织缺损，左心室后壁可见环状创口，圆环宽 0.2 厘米。综合以上各层创口、创道及创底的形态特点，分析为断端较锐利的类圆形管状物刺击形成。

另检查丁某妹枕部头皮下血肿及全身多处条片状擦挫伤为钝性外力作用形成。

毒化检验出乙醇，含量为 107.9mg/100ml，一般未达到中毒量。

综合以上，鉴定意见为丁某妹符合类圆形管状物刺击胸部，刺破心脏，致失血性休克死亡。

13. 北京市朝阳区公安司法鉴定中心鉴定书：对在案勘验检查活动中提取的各类物证与被告人王某、被害人丁某妹的血样进行同一认定。经鉴定，在案发现场发现的血迹均检出被害人丁某妹的 DNA；在案拖把头拭子未获得常染色体 STR 多态性检验结果。

14. 北京中衡司法鉴定所司法鉴定意见书：经该鉴定机构于 2019 年 4 月 9 日对本案被告人王某的损伤进行鉴定，经检查王某体表面部、鼻背部、颈部、前胸部以及左侧胸背部、左上肢均见多处擦划伤，经鉴定其所受损伤构成轻微伤。

15. 当庭播放的被告人王某于 2019 年 4 月 9 日 0 时 49 分使用证人杨某电话（号码：189×××××××）拨打的 110 报警电话录音。当日，王某在报警电话中称因为两口子起争执"她打我，我打她""她用墩地的拖把打我，我也用拖把打她""她左侧乳房受伤"。王某在电话中称正在去东方医院的路上，医生说人快不行了，让其报警，并向报警台留了其某小区的住址等信息。

16. 搜查笔录、扣押决定书、扣押清单等证明：经侦查人员对案发现场进行搜查，起获黑色内裤一件、黑色背心一件、绿色拖把一把、绿色拖把把一根。另扣押有被害人身着后经技术提取的粉色内裤一条。上述物品均移送在案。

17. 刑事判决书证明：被告人王某的前科情况。

18. 户籍材料证明：被告人王某的身份情况。

19. 到案经过证明：在被告人王某拨打 110 电话报警后，民警前往东方医院了解情况，后将在现场的被告人王某抓获。

20. 公安机关调取的滴滴代驾乘客订单信息证明：186×××××××（王某手机号码）乘客于 2019 年 4 月 9 日 0 时 0 分发单，起点位于小红门乡某小区南门、终点位于右安西里某号楼。后乘客于 2019 年 4 月 9 日 0 时 1 分取消订单。

21. 被告人王某供述：（2019 年 4 月 9 日供述）我与丁某妹是在 2017 年 10 月的一个朋友聚会上认识的。当时我们俩聊得来，而且婚姻都不幸福。大约一个星期之后就确定了关系，之后过了半年左右我们两个分别离婚，正式在一起。丁某妹是 2019 年 2 月底从安徽老家来北京的，最开始她住在她姐姐家，2019 年 3 月，我们一起租住在朝阳区小红门乡某小区 B 室。

2019 年 4 月 8 日，我在家一整天没出门，丁某妹出门工作。17 时 50 分许，丁某妹给我发微信说她要和她姐丁某姐及一些同事一起吃饭，叫我不要等她了，我跟她说不让她喝酒。我自己在家吃饭时喝了两瓶 500 毫升玻璃瓶装的燕京啤酒。大约 21 时 40 分许，丁某妹返回家中，自称喝了 3 瓶啤酒。我平时挺烦丁某妹喝酒的，所以当时心里就有点烦。22 时 30 分许，我们都洗完澡上床，我又埋怨了两句她喝酒的事，后准备和她发生性关系。丁某妹这时睡在我的左边，我用手抱着她，她突然用嘴咬了我左肋部一下，我觉得她咬我有点痛，就不跟她抱在一起了，我们两个都有点不高兴就没有再继续。之后丁某妹就开始数落我一星期没上班、工作不稳定，我们就吵了起来。之后我气还没有消，我知道她对我前妻特别敏感，我就故意给我母亲打电话让她帮我联系我的前妻。丁某妹听到十分生气，用手挠我的脸、耳朵和前胸，用牙咬我的头。我问她是不是疯了，双手抱着她将她按在床上。因为她有点发疯，我起床穿上黑色 T 恤、黑色裤子用手机叫了一个滴滴代驾，想让司机把我送到北京市西城区也就是我母亲和我儿子的住处。叫完滴滴代驾两三分钟，我考虑了一下没有必要走，就把代驾给取消了打算上床睡觉。丁某妹不让我上床睡觉，用手拽着我的领子来回拉扯，把我的 T 恤领子拉坏了。我把上衣脱掉只穿了一个内裤，想出门冷静一下。丁某妹拉着我不让我出去，我回头用右脚踢了她肚子一下，出门到电梯门口冷静了一会儿。几分钟后，我返回屋内，丁某妹还是不让我上床，我躺在地上的瑜伽垫上睡了。23 时 30 分许，我躺着拿我手机删除和我前妻支付宝聊天记录，丁某妹应该是看到了，就开始抢我的手机，将我的手机抢走摔在地上，我也把她手机抢过来走到阳台把她手机摔坏了。丁某妹看到手机被我摔坏，就从屋里那里一个拖把，双手拿着拖把杆、用拖把的拖头打我。第一下打在我的后背上，我躲在床上半靠在床头，丁某妹继续用拖把头打我，我用左手臂挡着，拖把杆打在我胳膊上，我当时骂她"喝点酒是不是就不是你了"，她继续打我。我特别生气，就从床的北侧下来，双手夺住拖把头，开始跟丁某妹争抢拖把。我们两个来回拉扯，拖把头冲着我、拖把杆冲着她。来回争抢了两三下，最后我没有站稳，她拉了一下拖把杆，我向前一倒，头部磕到了卧室的墙上，拖把杆一下子扎到她胸口上了。丁某妹捂着胸口坐在地上，说胸口疼，我看到她胸口有一个伤口一直在往外流血。因为我们俩的手机都被摔坏了，我就去叫了一起租住的另外两家，请他们帮忙打 120 和出门找人帮忙。后来室友叫过来一个小区的保安，我和保安两个人没有抬动丁某妹，后又来了两名保安，我们四个人将丁某妹用被子包裹抬至楼下，因为急救车没有到我就将丁某妹抬到我的车上去医院，结果到了小区南门，救护车也赶到了，我们将丁某妹移至救护车上，送往东方医院。在医院的路上，医生建议我报警，我就用医生的手机拨打了 110 报警电话。

　　扎到丁某妹的拖把是我和丁某妹在 3 月份一起买的，是一个挤水胶棉拖把，杆是不锈钢材质的，长约 1 米，可伸缩。丁某妹的伤应该是我们俩在争夺拖把的时候，拖把把手上面的塑料壳脱落了，露出了不锈钢材质的杆子，我用拖把的杆子扎伤了她，造成了圆形的伤口。我不清楚把手上面的塑料壳是什么时间脱落的，最开始丁某妹拿拖把打我时，我没有注意塑料壳是否在杆上套着。

（2019 年 4 月 10 日供述）关于争抢拖把以及丁某妹受伤的经过，被告人王某供述为：丁某妹一直拿拖把打我，她把我打急了，我就从床的北侧下去，上前抢她拿的拖把让她不能继续打我。当时我们站在床北侧床角的位置，我俩面对面，东西向站立，我站在东侧，她站在西侧，她靠床角的墙比较近。我俩面对面夺那个在我们中间的拖把，整个拖把是平行悬空的，我拿着海绵面拖头一边往我的方向拉，她拿着拖把有头的那边往她的方向拉，持续几下后，她好像是踩到地上的烧热器了，失去重心向后仰了一下，我也失去重心向前冲了一下，好像是我的头或者手磕到了卧室的墙上，这时我发现她拿着的拖把杆一头一下子扎在她的左胸口上了，拖把掉在地上。丁某妹捂着胸口坐在地上，说胸口疼。

拖把案发后我就没有动过，应该还在现场地上。

（2019 年 5 月 17 日供述）案发时，我发现丁某妹被扎了以后，我看见拖把在地上，就把拖把拿起来立在旁边了。我当时看到拖把有点变形，还看见拖把把的塑料套掉了。

（2019 年 6 月 14 日供述）抢拖把的时候，丁某妹往回拽，我只是固定拖把，不让她继续打我。抢拖把的时候，她失控，我固定着拖把那一边，她一失控，往后倒、失去重心就倒下去了，我也被她带了一下，我的头或者胳膊碰着墙，这时我才找到重心稳住身体，她背靠在墙上，我看她捂着左侧胸口说"老公，疼"，我发现她胸口流血，就用右手抱着她，这时我看到拖把在地上，我怕它碍事，左手把拖把拿起来往边上一扔，扔到凳子附近。我之前说丁某妹是踩到电热壶底座后才失去重心的，是我猜测的，因为那个位置有一个抹布和电热壶底座，她可能是踩到后滑倒了。

2019 年 5 月 23 日，北京市公安司法鉴定中心对被告人王某进行了测谎鉴定，对王某使用准绳问题测试法，王某回答"丁某妹是你故意弄死的吗?""当晚是你先动的手吗?""拖把把手上的塑料壳是你弄掉的吗?""拖把把手上的塑料壳是你故意弄掉的吗?"的答案均为"否"，测试心理反应均为正常。对王某使用隐蔽信息测试法，王某回答"你确切记得丁某妹被扎时你是什么状态吗?"中"你是差点摔倒吗"以及"你是站在丁某妹前面吗?"回答为是;对"你是平稳站着吗""你是坐在地上吗""你是站在丁某妹旁边吗""你也记不清了吗"回答为否，测试心理反应不特异。

三、模拟审判笔录

书记员：请保持安静，现在宣读法庭纪律：

根据《中华人民共和国人民法院法庭规则》第 17 条，全体人员在庭审活动中应当服从审判长或独任审判员的指挥，尊重司法礼仪，遵守法庭纪律，不得实施下列行为：

（一）鼓掌、喧哗；

（二）吸烟、进食；

（三）拨打或接听电话；

（四）对庭审活动进行录音、录像、拍照或使用移动通信工具等传播庭审活动；

（五）其他危害法庭安全或妨害法庭秩序的行为。

检察人员、诉讼参与人发言或提问，应当经审判长或独任审判员许可。旁听人员不得进入审判活动区，不得随意站立、走动，不得发言和提问。法庭纪律宣布完毕，请全体人员认真遵守。

书记员：全体起立，请审判长和审判员入庭。

审判长：请坐下。

书记员：报告审判长，法庭准备工作就绪，请指示开庭。

审判长：现在开庭。（敲锤）请法警带被告人入庭。

审判长：北京市朝阳区人民法院今日依法公开开庭审理由北京市朝阳区人民检察院提起公诉的被告人王某涉嫌过失致人死亡一案。现在宣布本案合议庭人员，本案由审判长何某、审判员高某某、审判员闫某某依法组成合议庭审理，书记员宋某某担任本案的法庭记录。本案由北京市朝阳区人民检察院指派检察员易某某、郑某出庭支持公诉。被告人王某委托北京市律师事务所律师刘某某担任辩护人。被告人，你是否同意该律师为你出庭辩护？

被告人王某：同意。

审判长：根据《刑事诉讼法》与《刑诉法解释》，被告人和辩护人在法庭审理过程中有下列诉讼权利，①申请合议庭组成人员、公诉人回避的权利。②提供证据，申请证人出庭，申请调查取证，申请重新鉴定或者重新勘验、检查的权利。③自行辩护和作最后陈述的权利。④被告人在宣判后享有上诉的权利。被告人和辩护人是否申请法庭回避？

被告人王某：不申请。

辩护人：不申请。

审判长：现在开始法庭调查环节，请公诉人宣读起诉书。

公诉人：北京市朝阳区人民检察院起诉书。

被告人王某，男，1991年1月5日出生，汉族，初中肄业，户籍所在地安徽省，现居住地北京市朝阳区小红门乡某小区B室。曾因犯危险驾驶罪于2018年4月16日被北京市西城区人民法院判处拘役1个月，罚金人民币1000元。现因涉嫌犯故意伤害罪，于2019年4月9日被刑事拘留，同年5月17日被逮捕。现羁押于北京市朝阳区看守所。

本案由北京市公安局朝阳分局侦查终结，以被告人王某涉嫌故意伤害致人死亡罪于2019年8月8日向本院移送审查起诉。本院受理后，于2019年8月9日已告知被告人王某有权委托辩护人，于2019年8月9日已告知被害人近亲属丁某1、丁某姐有权委托诉讼代理人，依法讯问了被告人，听取了辩护人刘某某、被害人近亲属丁某1、丁某姐及其诉讼代理人吕某某的意见，审查了全部案件材料。

经依法审查查明：

被告人王某于2019年4月8日23时许，在北京市朝阳区小红门乡某小区B室，因琐事与被害人丁某妹发生争执并引发肢体冲突。其间，被告人王某与丁某妹在争抢拖把的过程中，拖把金属管状把手端刺入丁某妹左胸部并刺破心包前壁，造成其经抢救无效死亡。经鉴定，被害人符合"被类圆形管状物刺击胸部，刺破心脏，致失血性休克死亡"。被告人王某于2019年4月9日向公安机关主动投案。

认定上述事实的证据如下：①物证：拖把杆塑料套、拖把杆；②书证：户籍证明、死亡证明书、火化证明、房屋租赁合同、被告人王某犯危险驾驶罪的刑事判决书、户籍材料、到案经过、滴滴代驾乘客订单信息；③证人证言：证人刘某、张某、于某、杨某、郑某、杭某、闫某、丁某姐的证言；④被告人供述和辩解：被告人王某的供述；⑤鉴定意见：北京市朝阳区公安司法鉴定中心出具的鉴定书2份、北京中衡司法鉴定所出具的司法鉴定意见书1份；⑥勘验、检查、辨认、侦查实验等笔录：证人刘某的辨认笔录、北京市公安局朝阳分局现场勘验检查笔录及补充工作说明、搜查笔录、扣押决定书、扣押清单；⑦视听资料：被告人王某使用证人杨某电话拨打的110报警电话录音。

本院认为，被告人王某在与被害人丁某妹发生肢体冲突争夺拖把的时候，应当预见不锈钢管制成的拖把杆可能会在争夺的过程中给丁某妹造成伤害，但是由于被告人王某之疏忽大意应当预见而没有预见，因此造成被害人丁某妹在争抢拖把的过程中心脏被捅伤最终失血过多而死，其行为触犯了《中华人民共和国刑法》第 233 条之规定，犯罪事实清楚，证据确实、充分，应当以过失致人死亡罪追究其刑事责任。被告人王某有自首情节。本院根据《中华人民共和国刑事诉讼法》第 176 条之规定，提起公诉，请依法判处。起诉书宣读完毕。

审判长： 被告人王某，你对所指控的犯罪事实有无意见？

被告人王某： 无意见。

审判长： 你是否认罪认罚？

被告人王某： 我认罪认罚。

审判长： 辩护人对起诉书指控的事实有无异议？

辩护人： 辩护人认为本案属于意外事件，打算做无罪辩护，将在法庭辩论阶段具体阐述。

审判长： 首先请公诉人向被告人讯问。

公诉人： 被告人，根据刑事诉讼法相关规定，公诉人现在依法对你提问，希望你能够如实回答。你和被害人平时关系如何？

被告人王某： 我们挺亲密的。

公诉人： 你们认识多长时间了？

被告人王某： 我们是 2017 年 10 月认识的，到 2019 年有 2 年了。

公诉人： 什么时候开始住在这个案发的房间？

被告人王某： 我们是 2019 年 3 月住在案发房间的。

公诉人： 在和她争吵的过程中，你有没有注意到这个拖把的把手上面的塑料壳已经脱落了？

被告人王某： 我不知道。我平时在家也不做家务，都是她做的。

公诉人： 你在和她争吵的时候看到这个塑料壳了吗？

被告人王某： 我没有。

公诉人： 那么在案发的时候，你跟被害人争抢这个拖把的原因是什么？

被告人王某： 她拿拖把打我，我为了让她不要打我，我才去抢夺拖把的。

公诉人： 是谁先动的手？

被告人王某： 是她。

公诉人： 你们在争吵的时候，你们双方拽着这个拖把的时候，你是往哪个方向发力的？

被告人王某： 我就是阻挡她向我作用力。

公诉人： 就是你是朝着她的方向发力的，是这个意思吗？

被告人王某： 对。

公诉人： 她摔倒在地的原因是什么？

被告人王某： 她是突然失重的，我后来看到地上，她应该是踩到什么东西滑倒了。

公诉人： 在报警的那个录音里，你说你用拖把杆打过被害人，但在公安机关讯问你的时候，你没有提到这一点。案发的时候你是否用拖把杆打过被害人？

被告人王某： 我没有打过她，我在报警电话里说的是她打我我打她，我把打理解成推搡行为了。

公诉人： 你和她动过手吗？

被告人王某： 我只在10点半左右的时间，她扯破我的衣服的时候向她踢了一脚，但到了11点半之后，我们争抢拖把的时候，是没有打过她的，我一直在躲避她的打击行为。

公诉人： 审判长，公诉人没有问题了。

审判长： 请辩护人发问。

辩护人： 被告人，刚才你提到的时间都是怎么确定的？

被告人王某： 我是根据后期的报警时间，然后根据我的理解推断，大概的时间段，像9点半、11点半这样，往前推定。

辩护人： 你是否愿意向被害人的家属道歉并补偿？

被告人王某： 我非常愿意。我愿意用我后半辈子的努力去弥补他们，我真的非常对不起他们。

辩护人： 审判长，辩护人发问完毕。

审判员： 我有一个问题想问一下公诉人。在你们提交的鉴定报告里面，并没有明确写到拖把杆进入被害人胸口这种创伤的深度，这个有补充吗？我希望公诉人提交一下证明，在什么样的力度以及在什么样的情况下拖把杆的尖头才会进入到如此深的深度。这种情况是两个人推搡或者说摔倒所致，还是在一种非常用力的故意的情况下才能达到，我觉得需要有一个鉴定报告或者一种勘查报告。

公诉人： 我们会申请鉴定人出庭，届时让鉴定人说明情况。

审判员： 我有一个问题想问一下被告人王某，你在和被害人争抢拖把的时候，手放在什么位置？是靠拖把杆中间还是两边位置？

被告人王某： 我握着拖把头。她一直在动，我一直处在躲避的状态。

审判长： 被告人，你跟被害人争抢拖把的时候，海绵头朝着你，杆的那部分对着被害人，对吧？

被告人王某： 对的。

审判长： 在争抢时，杆的那部分是否对着被害人的心脏？

被告人王某： 我当时还没有意识到，但是现在想想的话，应该是对着她胸口的位置。

审判长： 在争抢时，你是否用了非常大的力气？

被告人王某： 我当时已经与她争吵了很长时间，我已经有一些生气，然后她还把我的手机砸碎了，其实我是用力了的。

审判长： 以你的视角，是可以看到拖把杆对着丁某妹的心脏，对吧？但是你没有注意到塑料壳已经掉落了？

被告人王某： 普通的拖把怎么可能会一下子就把别人戳死了呢？

审判长： 但是事实就是你把别人戳死了。

被告人王某： 我很难过。

审判长： 那请问当时是你自己重心不稳一下子往前冲了一下，是吗？

被告人王某： 首先是我站不稳，然后是她突然往后扯，那我就有一个作用力倾斜下去，我就撞到墙壁上了。

审判长： 撞到墙壁上，你一起来就看到她被扎了是吗？

被告人王某： 是的，她就喊疼，然后我就看到她流血了。

审判长： 然后你做了什么？

被告人王某： 然后我就迅速地去找了手机，但是手机已经摔碎了，我只好去敲隔壁门，让他们打电话急救，然后把我妻子抱下楼。

审判长： 下面请公诉人出示本案证据材料。

公诉人： 我们先出示证人证言这组证据。证人主要是刘某、张某、于某、杨某、郑某、杭某、闫某、丁某姐这几位。先请证人刘某出庭作证。

公诉人： 证人刘某，你听到的争吵持续了多长时间？

证人刘某： 我当时听到争吵的时候，快要睡着了，应该没有多长时间吧。

公诉人： 被告人叫你进去帮忙时，你有没有注意拖把的位置？

证人刘某： 没有注意，只注意那个男的托着那个女的。

公诉人： 你有了解他们俩关系是怎样的吗？

证人刘某： 他们俩关系应该还可以。

公诉人： 你能陈述一下被告人当时的状态吗？尤其是他当时是何种神情，他当时的动作等。

证人刘某：在 2019 年 4 月 9 日 0 时左右，我在租住地北京市朝阳区小红门乡某小区 B 室的家中刚要睡着，迷迷糊糊听见隔壁 B 室有吵架打斗的声音，也没注意吵什么，过了一段时间 B 室男租户敲门让我和室友来帮忙救救 B 室的女孩。我出来后看到走廊和 B 室屋内有一些血迹，B 室有一个女孩躺在地上好像晕了，B 室男租户一只手扶着她，因为有血所以没敢多看，后来另一名女租户打了 120，没等 120 过来我和其他两个女孩一起去楼下找到一个保安，让他帮忙把人先抬下来，保安和我室友就上楼了。后来 B 室男租户先跑下来开车，他们很快就把 B 室女孩抬下来放到了 B 室男租户的车上，另外两个室友上车去了医院，过了十几分钟他们就回来了，说 B 室女孩让 120 带走了，B 室男租户跟着去医院了。

公诉人：被告人向你求助时神情如何？

证人刘某：当时感觉他应该挺慌张的。

审判长：请问被告人王某是你当时在合租房 B 室见到的男子吗？

证人刘某：是的。

审判员：被告人王某当时的精神状态如何？他清醒吗？有没有因为饮酒导致一些不能自控的情形出现？

证人刘某：我没有注意有没有饮酒，只注意到他很慌张。

审判员：你进入到被告人王某的房间时，有注意到被害人丁某妹的状态吗？

证人刘某：她受伤了，当时她处于昏迷的状态，是保安抬的她。

审判员：保安抬她的时候，她有在动吗？她有表现出痛苦吗？

证人刘某：是可以看出她是活着的。

审判长：请公诉人继续出示证据。

公诉人：公诉人申请证人张某出庭作证。

公诉人：证人张某，现在公诉人向你发问，请如实回答。你和被告人、被害人是合租的关系吗？

证人张某：是的，我们合租了一套房。

公诉人：案发当天你有没有听到争吵的声音？

证人张某：当时比较晚了，我听到了隔壁房间争吵的声音。

公诉人：你还记得争吵大概持续了多长时间吗？

证人张某：也不是特别长，我觉得在十多分钟到半个小时之间吧。

公诉人：基于平时你对被告人和被害人的了解，你觉得他俩关系怎么样？

证人张某：他们俩关系不太好，经常发生争吵。

公诉人：案件发生后，你有进入到他俩的房间吗？

证人张某：听到争吵，过了段时间后，隔壁的王某让我们去救救丁某妹，我们就过去看了一眼。

公诉人：进去的时候你有没有看到拖把？

证人张某：当时的情况特别慌乱，就看到了许多血，丁某妹躺在地上，没有注意其他的。

公诉人：丁某妹当时是活着的状态吗？还有反应吗？

证人张某：这个没有注意。

公诉人：你跟被告人王某接触的时候，他的神态是怎样的？

证人张某：他很紧张、着急。

审判员：听到争吵后，他是立刻来找你们，还是过了段时间来找你们？

证人张某：应该是隔了一会儿，但具体间隔多长时间，我没有注意。

审判员：被告人来找你们时，你们是睡着还是醒着？

证人张某：还没睡。

审判长：请公诉人继续出示证据。

公诉人：公诉人申请证人于某出庭。

公诉人：证人于某，公诉人现在向你发问，请如实回答。你和王某、丁某妹是什么关系？

证人于某：我们是合租的关系。

公诉人：当时你有听到他们的争吵声吗？

证人于某：有的，可能是在半夜 12 点左右，我听到他们屋传来吵架声和打斗的声音。但是因为他们平时老吵，所以我没有当回事儿。当时王某敲了我屋的门，让我出来看看那个女孩，我就出来了。

公诉人：你进去了他们房间吗？

证人于某：没有进去，就在外面。

公诉人：丁某妹被抬出来的时候，你有注意到她是什么状态吗？

证人于某：她流了好多血，其他的没太注意。

公诉人：被告人与被害人平时关系怎么样？

证人于某：我在家的时候老听到他们吵架，我想他们的关系可能没有很甜蜜。

公诉人：他们以往的吵架在你印象中，最激烈会到什么程度？

证人于某：两个人破口大骂的程度吧。因为我在隔壁屋，所以只能听到他们的吵架声。其他的就不太了解。

公诉人：你对被告人王某有什么印象？

证人于某：我和他不是特别熟的关系。印象中他平时会喝喝酒，人还可以吧。

公诉人：你在隔壁住了多久？

证人于某：我应该是 3 月份的时候搬过来的，到现在应该有一个多月了吧。

公诉人：公诉人发问完毕。

审判员：你们一共住了几户？

证人于某：我们是三室一厅。

审判员：王某与丁某妹之前吵架会动手吗？

证人于某：我们平时屋门都是关着的，所以我不太清楚。

审判长：请公诉人继续出示证据。

公诉人：公诉人申请证人杨某出庭作证。

公诉人：证人杨某，公诉人现在向你发问，请如实回答。先简单介绍一下你的身份。

证人杨某：我是北京市红十字急救中心的急救医生。

公诉人：当时你是否看到了造成被害人受伤的物品？

证人杨某：没有。当时伤者左胸部可见一直径约 3 厘米左右的圆形伤口，后来才知道是拖把杆造成的，我也是第一次听说。是这样的，2019 年 4 月 9 日 0 时 23 分许接到调度派警，在北京市朝阳区小红门乡某小区 9 号楼有人胸部出血需要急救。0 时 38 分许，我到达北京市朝阳区小红门乡某小区南门的时候被伤者的家属拦下，当时伤者平躺在一辆汽车上，我们将她抬到担架装到急救车进行初步身体检查。伤者当时双色瞳孔散大固定、直径 6 毫米，颈动脉无脉搏、胸部无起伏，左胸部可见一直径约 3 厘米左右的圆形伤口。伤口的出血已经停止，后查心电图呈直线。之后我对伤者进行了心脏复苏，有血液从伤口流出，后把伤者送往北京中医药大学东方医院急救室了。在送往医院的途中，我建议陪同伤者的那名男子报警，那名男子就用手机报警了。他报警时说和他女朋友发生了争执。

公诉人：被告人在车上的神情是什么样的？

证人杨某：紧张带着难过。

公诉人：你当时的急救措施是否到位？

证人杨某：肯定是到位的。

公诉人：送到医院后，如果急救得当的话，伤者可能是重伤或者轻伤的程度吗？

证人杨某：不太可能，我当时就判断伤者可能挺不过去了。我只负责将伤者送往医院，之后发生的事情我不太清楚。

审判长： 请公诉人继续出示证据。

公诉人： 公诉人申请证人郑某出庭作证。

公诉人： 请你介绍一下自己。

证人郑某： 我是丰台区东方医院的急诊室大夫。在 2019 年 4 月 9 日 0 时 50 分左右，有一名女性病人从 999 急救车上送至我院，死者心脏部位有一处近 5 厘米的伤口，无法进行胸部按压，而且我们医院没有抢救设备，在进行了简单的人工呼吸后，因为当时死者已无生命体征，所以没有再进行抢救。

公诉人： 在之前急救的时候，您有没有遇见过拖把致人死亡或者伤害的情况？

证人郑某： 在我的从业经验中，没有遇见过。

公诉人： 您还记得被害人伤口的具体特征吗？

证人郑某： 我记不太清了。

公诉人： 当时您有见到被告人吗？

证人郑某： 见到了。和死者一起来的是死者的男朋友，也就是被告人，他告诉我死者的伤口是因为他和死者发生争执，死者先动手打的他，之后他用拖把捅伤了死者，具体我不清楚。

公诉人： 当时被告人的神情是什么样的？

证人郑某： 当时他很难过，也很慌张。

公诉人： 我想问一下证人郑某，医院为何没有抢救设备？如果有抢救设备，有救活的可能性吗？

证人郑某： 这个我也不太清楚。死者的伤口是在胸口处，根据我们的经验，当时我们已经穷尽了所有的急救可能。

审判长： 请公诉人继续出示证据。

公诉人： 公诉人申请证人杭某出庭作证。

公诉人： 证人杭某，公诉人现在向你发问，请如实回答。先介绍一下你的身份。

证人杭某： 我是北京市朝阳区小红门乡某小区的保安员。

公诉人： 事发当晚，你进去过被害人的房间吗？

证人杭某： 进去过。

公诉人： 是怎么进去的？

证人杭某： 当晚 11 点左右，我在南门岗亭值班时，突然一名女子跑来说需要我的帮助，简单询问情况后我就和该女子来到了 9 号楼 10 层的一户室内。一进屋我看到一名女子躺在地上，身上盖了一个蓝色的被子，地上有血，应该是受伤了。屋内还有一名男子，就是被告人。

公诉人：是你把被害人抬下楼的吗？

证人杭某：是被告人提的，他让我帮忙，我和他一起抬下去的，把女子放到了他车上。后来救护车就到达了现场。

公诉人：被害人当时还有反应吗？

证人杭某：我当时太紧张了，没注意，但是看着情况很严重，流了很多血。

公诉人：你认识被害人和被告人吗？

证人杭某：不认识，但是我值班的时候看到过他们在小区里面散步，知道是小区的住户。

公诉人：你是什么时间去的？

证人杭某：晚上 11 点左右。

公诉人：怎么确定时间的？

证人杭某：我当时刚换完班，所以记得。

审判长：当时进到房间的时候，你有闻到酒气吗？

证人杭某：没什么印象了。

审判员：我有一个问题想问证人杭某。你们当时是用抓手抓脚的方式抬被害人还是用担架抬被害人？

证人杭某：抓手抓脚抬。

审判员：你进屋的时候，被害人的穿着是什么？

证人杭某：她只穿着内裤。

审判长：请公诉人继续出示证据。

公诉人：公诉人申请证人闫某出庭。

公诉人：证人闫某，请简单介绍一下你的身份。

证人闫某：好的。我叫闫某，我是北京市朝阳区小红门乡某小区的一名保安。我家住在北京市海淀区幸福小区 2 - 503。

公诉人：事发当晚，你进屋了吗？

证人闫某：没有的。

公诉人：那你当时是怎么知道这个事情的，能简要描述一下吗？

证人闫某：好的。事发当天，我记得特别清楚，是 2019 年 4 月 9 日凌晨，因为前一天刚好是我的生日。我在 2019 年 4 月 8 日的晚上就近买了蛋糕，吃完晚饭，给家里人打完电话，就开始在小区里巡逻。大概在 2019 年 4 月 9 日 0 时左右，我听到对讲机里在喊我的名字，是我的同事杭某，他说让我赶快到 9 号楼一下，说是有紧急情况。我也不知道发生了什么事，就火急火燎地赶过去了。当我到一楼的时候，就发现我的同事杭某和一个穿着内裤的男子在抬着一个女子从电梯里往外出，那个女的身上带血，好像受伤了，我就赶忙上去搭把手，帮着就抬到外面停着的一辆黑色小轿车上了。后来我继续巡逻去了。

公诉人：好的，那你当时看到那位女子的状态是什么样的？还活着吗？

证人闫某：这个我不知道，我就看到她好像昏过去了，闭着眼睛，不知道是不是还活着。反正她当时是用被子裹着下来的，被子上有血，身上也有，看起来还挺严重的。

公诉人：那你是见到了被告人是吧？

证人闫某：对，我见到了。

公诉人：他有什么反应吗？你对他的印象是什么？

证人闫某：我记得他当时神情特别的紧张，一直在东张西望，然后就是很不冷静，很手足无措，在旁边搓手，还时不时地左顾右盼。

公诉人：审判长，公诉人发问完毕。

辩护人：证人，你说当时被告人在搓手，搓的是谁的手？还有他当时的动作行为能展开来谈谈吗？

证人闫某：嗯，搓的是他自己的手。我估计就是当时情况紧急，他穿得太少了，加上他又很紧张的缘故吧。当时天很黑嘛，然后其实周围都没有什么人经过，但是那个男的我记得就是一直在东瞅西瞅，好像怕被人发现的样子，有点可疑。

辩护人：辩护人发问完毕。

审判长：请公诉人继续出示证据。

公诉人：公诉人申请证人丁某姐出庭作证。

审判长：证人，请说明一下你的姓名、性别、身份、职业以及你与被害人之间的关系。

证人丁某姐：我是被害人丁某妹的姐姐，我叫丁某姐。就是她杀了我的妹妹！我还要证明什么我的身份！

审判长：请证人保持冷静。

公诉人：公诉人现在向你发问，你了解到的被告人与被害人关系怎么样？

证人丁某姐：就谈恋爱的那种关系呗！甜蜜的时候甜蜜，不甜蜜的时候吵架，他就把我妹杀了。2019年3月，两个人同居了，我妹也不经常和我说他们吵不吵架的事，但是我知道王某老是喝酒。

公诉人：你最后一次见你妹是在什么时候？

证人丁某姐：2019年4月8日下午6点，我请我妹妹还有其他五个同事一起吃饭，吃完饭是10点左右，我和妹妹一起打车回家，她将我放到租住的地方后自行回家。在11点半左右，我收到我妹妹的微信说到家了，之后就没再联系，直到2019年4月9日我收到警方信息说我妹妹因与王某发生纠纷后死亡。

公诉人：你是否见过被告人王某？

证人丁某姐：我们天天都能见到。

公诉人：审判长，公诉人发问完毕。

辩护人：我对被害人的遭遇表示同情。你怎么看待被告人王某与你妹妹的关系？

证人丁某姐：我妹不是离婚了嘛，我也比较支持我妹走入一段新的感情中。听我妹说，王某很爱喝酒，这一点我不是很欣赏。

辩护人：因为被告人王某喜欢喝酒，所以你对他有负面评价是吗？

证人丁某姐：喝酒是好事吗？

辩护人：喝酒还要看质与量。

证人丁某姐：就是他把我妹杀了！

审判长：证人丁某姐，请保持冷静。法庭再次对你提出警告。

辩护人：当晚，你妹妹喝了多少酒？

证人丁某姐：去聚餐嘛，主要还是吃饭。

辩护人：一滴酒都没有沾吗？

证人丁某姐：多少还是喝了一点，我妹喝完之后也挺正常。

审判员：你妹妹平时喝酒吗？酒量好吗？

证人丁某姐：我感觉还可以吧，但是案发当天肯定没有喝醉。

审判长：请公诉人继续出示证据。

公诉人：第一组证据是物证，拖把杆和拖把杆上掉落的塑料套等，之前已经移交给法庭。

审判长：被告人，你对上述证据的三性有无意见？

被告人王某：无意见。

审判长：辩护人，你对上述证据的三性有无意见？

辩护人：对证据三性无意见，但是上述证据充分证明了被告人积极救助丁某妹的事实。

审判长：请公诉人继续出示证据。

公诉人：第二组证据是被告人王某的户籍证明、被害人丁某妹的死亡证明书、火化证明、房屋租赁合同、被告人王某犯危险驾驶罪的刑事判决书、户籍材料、到案经过、滴滴代驾乘客订单信息，用来证明事发当时的时间、地点。

审判长：被告人，你对上述证据的三性有无意见？

被告人王某：无意见。

审判长：辩护人，你对上述证据的三性有无意见？

辩护人：无意见。

审判长：公诉人继续。

公诉人：第三组证据是鉴定意见，北京市朝阳区公安司法鉴定中心出具的鉴定书两份以及北京中衡司法鉴定所司法鉴定意见书一份，用来证明被害人丁某妹的死亡原因。

审判长：被告人，你对上述证据的三性有无异议？

被告人王某：无异议。

审判长：辩护人，你对上述证据的三性有无异议？

辩护人：我们要申请鉴定人余某出庭。

审判长：准许。请法警带鉴定人出庭。

鉴定人：经对被害人丁某妹的尸体进行检验，其体表主要损伤为左胸乳头内上方5厘米处类圆形创1处，该创向内进入胸腔，创道深达左心室后壁，其创缘整齐、创壁较光滑，创腔内无组织间桥。创道直径约2.0厘米左右。其中第四、五肋间、左心室前壁可见类圆形创口伴有创内组织缺损，左心室后壁可见环状创口，圆环宽0.2厘米。综合以上各层创口，创道及创底的形态特点分析为断端较锐利的类圆形管状物刺击形成。

辩护人：你以前遇到过拖把杆刺伤人的例子吗？

鉴定人：没有，这是我从业以来第一次遇到这种情况。

辩护人：如果抢救及时，被害人能否被救活？

鉴定人：有可能。

辩护人：被害人的死亡原因是什么？

鉴定人：鉴定意见为丁某妹符合类圆形管状物刺击胸部，刺破心脏，致失血性休克死亡。

辩护人：被害人的创伤是特别用力还是一般用力才能达到？

鉴定人： 都有可能。

公诉人： 公诉人补充提问，被害人伤口处有无残留物？

鉴定人： 没有。

审判长： 被告人有无异议？

被告人王某： 无异议。

审判长： 辩护人有无异议？

辩护人： 无异议。

审判长： 请法警带鉴定人退庭，请公诉人继续出示证据。

公诉人： 第四组证据是勘验、检查、辨认、侦查实验等笔录，主要是证人刘某的辨认笔录、北京市公安局朝阳分局现场勘验检查笔录及补充工作说明、搜查笔录、扣押决定书、扣押清单，用以证明取证过程合法有效以及案发时的环境。

审判长： 被告人对证据三性有无异议？

被告人王某： 无异议。

审判长： 辩护人对证据三性有无异议？

辩护人： 无异议。

审判长： 请公诉人继续出示证据。

公诉人： 下一组证据是视听资料，被告人王某使用证人杨某电话拨打的 110 报警电话录音，申请当庭播放。

审判长： 准许。

（当庭播放 110 电话报警录音）

审判长： 被告人对证据三性有无异议？

被告人王某： 无异议。

审判长： 辩护人对证据三性有无异议？

辩护人： 无异议。

审判长： 请公诉人继续出示证据。

公诉人： 公诉人出示证据完毕。

审判长： 辩护人有无证据出示？

辩护人： 没有。

审判员： 被告人，我想问你两个问题。第一个问题，你与丁某妹争吵的时候，她的穿着是什么？

被告人王某： 穿着一条黑裤。

审判员： 上半身呢？

被告人王某：裸着，那个时候我们准备睡觉了。

审判员：现场有一个黑色短袖，是谁的？

被告人王某：我的。

审判员：为什么这件短袖胸口有个破洞？

被告人王某：她扯的。

审判员：第二个问题，你们争执的时候，为什么拖把杆会直接插进被害人的身体，而不是你也往后拐、拖把杆握在你的手里呢？你能给我解释一下当时的情景吗？

被告人王某：她后来失重了，我往前冲了一下，就直接插进去了。

审判员：拖把杆是什么时候拔出来的？

被告人王某：她喊疼，我就把它拔出来了。

审判长：被告人，根据证据11，现场发现一个黑色短袖上衣，并且胸前有一处不规则的形状破损，但是当时你穿的是衬衣，你却说这是你的，你能解释一下吗？或者说这就是被害人的，那为什么被害人当时穿着上衣，你却把它脱了呢？

被告人王某：衣服是我的，她扯破了。

审判长：在你的供述里面，你穿的是衬衣，她把你的领口弄坏了。但是证据11里的黑色短袖上衣是胸口破损。

被告人王某：出于止血目的。

审判长：所以你就把她的上衣给脱下来了是吗？

被告人王某：对的。

审判长：那脱下来之后你干嘛了。

被告人王某：帮她止血。

审判长：你怎么帮她止血的？

被告人王某：用被单。

审判长：对案发现场拍照，有一个白色抹布，上面有较多血渍，当时你就是用那个帮她擦了吗？

被告人王某：是的。

审判长：那你为什么不先报警？

被告人王某：我们两台手机被摔坏了。她把我手机摔坏了，我把她手机摔坏了。还有一台手机报废了，现场一共3台手机。

审判长：你帮她止血的行为是在叫室友之前还是在叫室友之后？

被告人王某：是叫室友之前。我急着帮她处理，然后再叫的室友。

审判长：被告人，你确定塑料壳在你们争夺的时候已经掉了吗？

被告人王某：那个套环吗？我后期不断回想，它是掉了的。我在争夺的时候没有发现它是掉了的，当拖把杆刺进去的那一刻我才发现。

审判长：双方都没有问题了吧，法庭调查环节结束。现在开始法庭辩论环节，请公诉人发表公诉意见。

公诉人：审判长、审判员：

根据《中华人民共和国刑事诉讼法》第 189 条、第 198 条和第 209 条之规定，我们受北京市朝阳区人民检察院的指派，代表本院，以国家公诉人的身份，出席法庭支持公诉，并依法对刑事诉讼实行法律监督。现对本案证据和案件情况发表如下意见，请法庭注意：

一、本案犯罪事实清楚，证据确实、充分

在刚才的法庭调查中，公诉人就被告人王某过失致人死亡的犯罪事实进行了详细讯问，围绕本案的起因、经过和结果，向法庭出示了全案证据。这些证据经法庭质证，来源合法，内容客观、真实，彼此之间相互印证，可以作为定案的根据。

证人刘某的辨认笔录，北京市公安局朝阳分局现场勘验、检查笔录及补充工作说明、搜查笔录、扣押决定书、扣押清单等证实案发后对该案相关现场进行勘查并对物证进行提取的取证过程合法有效；被害人丁某妹的户籍证明、心电图检测结果、死亡证明书、火化证明等书证，可以证明被害人丁某妹的身份情况以及之后死亡的情况。拖把杆把手塑料壳、拖把杆等物证、房屋租赁合同、公安机关调取的滴滴代驾乘客订单信息等书证与被告人王某的供述，被告人王某拨打 110 报警电话的录音，证人刘某、张某、于某、杨某、郑某、杭某、闫某、丁某姐等人的证言能够相互印证，共同证实王某在与被害人丁某妹争吵打斗的过程中致丁某妹死亡的时间、地点、经过等情况；拖把杆把手塑料壳、拖把杆等物证与北京市朝阳区公安司法鉴定中心出具的死亡原因鉴定书、北京市朝阳区公安司法鉴定中心鉴定书等鉴定意见以及被告人王某的供述可以相互印证，证明被害人丁某妹的死亡系因被塑料壳脱落的不锈钢拖把杆刺击胸部，刺破心脏，致失血性休克死亡。被告人王某犯危险驾驶罪的刑事判决书证明被告人王某的前科情况。被告人王某的报警录音等视听资料可以证明被告人王某存在自首情节。被告人王某的户籍信息等书证可以证明被告的个人信息以及其已经达到完全刑事责任年龄。

上述证据能够形成完整的证明体系，充分证实我院起诉书指控被告人王某犯过失致人死亡罪的事实清楚、证据确实充分，已达到排除合理怀疑的证明标准。

二、被告人的行为构成过失致人死亡罪

过失致人死亡罪，是指过失造成他人死亡结果的行为。根据《中华人民共和国刑法》第 233 条之规定，过失致人死亡的，处 3 年以上 7 年以下有期徒刑；情节较轻的，处 3 年以下有期徒刑。构成要件内容为实施了致人死亡的行为，并且已经造成死亡结果。责任形式为过失，行为人对自己的行为造成他人的死亡结果具有预见可能性，或者已经预见而轻信能够避免。

第一，本案中，被告人王某与被害人丁某妹因情感连同经济上的琐事发生争吵打斗，二人在争抢拖把杆的过程中，被告人将把手塑料壳脱落的不锈钢拖把杆扎入了被害人的左胸口，造成被害人心脏破裂，致失血性休克死亡。其行为与被害人的死亡结果具有因果关系。

第二，根据北京市中衡司法鉴定所出示的司法鉴定意见书，可以证明被告人王某在扭打中受到被害人的打击仅对其造成轻微伤，被害人的行为并非刑法意义上的不法侵害，被告人争抢拖把杆的行为也即不构成正当防卫，其亦无其他违法阻却事由。

第三，根据现有证据以及北京市公安司法鉴定中心对被告人王某进行的测谎鉴定结果，并不能够得出被告人王某具有伤害甚至杀害被害人的故意。但即使被告人王某没有伤害故意，其对于所造成的被害人的死亡结果也存在着疏忽大意的过失。诚然，拖把杆是十分普通的日常生活工具，并不是常见的高危物品，但是作为心智健全的成年人，被告人应当意识到其与被害人平行争抢拖把杆的行为是十分具有危险性的行为。拖把杆虽然把手处有塑料套保护，但是这种拖把一般都为组装产品并非一体成型，把手处的塑料套很容易就可以取下，露出的拖把杆断端锐利，在剧烈撞击下很容易造成人身伤害。被告人王某与被害人丁某妹在争抢拖把杆的时候，拖把杆端正对着丁某妹，不论拖把杆把手上的塑料套是在争抢之前还是之后脱落的，被告人都应当预见到与被害人争抢拖把杆极有可能给对方造成伤害。

综上所述，被告人的行为构成过失致人死亡罪，应当依照《中华人民共和国刑法》第 233 条的规定对其定罪处罚。

三、量刑上存在减轻处罚情节

第一，被告人王某具有自首情节，可以从轻或减轻处罚。根据《中华人民共和国刑法》第 67 条的规定，犯罪以后自动投案，如实供述自己罪行的，是自首。对于自首的犯罪分子，可以从轻或者减轻处罚。根据证人杨某的证言和被告人王某的报警录音以及到案经过证明，可以证明被告人王某在案发后自动投案。根据

被告人王某投案后的供述和其他证据，可以证明被告人在到案后对自己罪行的供述基本属实、完全。部分供述前后存在一定出入，但不影响基本的犯罪事实和主要情节的认定，可以认定为如实供述。

第二，被告人王某认罪态度良好，当庭表示认罪认罚。且被告人主观恶性不大，再犯可能性和社会危害性都较小，社会影响也较小，因此可以酌定从轻处罚。

综上所述，根据《中华人民共和国刑法》第72条、233条之规定，我院建议判处被告人王某有期徒刑1年零8个月，缓刑2年。提请法院依法裁判。

审判长：被告人王某，你对此有无意见？

被告人王某：无意见。

审判长：请辩护人发言。

辩护人：尊敬的审判长、审判员：

作为王某的辩护人，我首先向被害人丁某妹及其家属表示同情；不管王某有罪与否又或是罪轻罪重，丁某妹死亡的结果都令我相当痛心。但作为一名律师，我也必须向法庭表明，法律就是法律，被害人丁某妹死亡的结果固然令人同情，但我们仍必须以事实为依据、以法律为准绳，不能将个人情绪、舆论压力等法外因素作为判断王某是否触犯刑法及其罪轻罪重的考量中。经审慎地阅读所有案卷材料，我认为，起诉书中认为王某构成过失致人死亡罪属于定性错误、适用法律错误，且如依据过失致人死亡罪量刑则会导致量刑错误，破坏罪责刑相适应原则。

一、起诉书认为王某构成过失致人死亡罪，属于定性错误

1. 主观上，王某从始至终都不具有过失的心理。经审慎梳理，还原出本案的基本事实为：被告人王某与被害人丁某妹于2017年确立恋爱关系，并自2019年3月14日起同居于北京市朝阳区小红门乡某小区B室。2019年4月8日晚，二人因生活琐事引致争吵，其中丁某妹不乏用嘴咬王某左肋部、用手挠王某的脸及耳朵及前胸、用牙咬王某的头、不让王某上床睡觉、用手扯坏王某衣服领子等行为，而王某则主要有将丁某妹按在床上的防御性行为，以及曾有暂时离开该住处以便二人冷静的念头。当晚23时30分许，丁某妹抢走王某手机并将其摔在地上，王某见状便把丁某妹手机抢走并于阳台将其敲坏，于是丁某妹拿起拖把并用拖头打王某，王某防御性地夺住拖把头，二人便来回拉扯，随之丁某妹因失重向后倒，亦因此其所握住的拖把杆扎入其左胸口中，并致其受伤流血。王某见状急忙寻求隔壁室友及保安的帮忙，辗转将丁某妹送至东方医院，同时王某于送院途中亦主动报警。至急诊室时丁某妹已无生命体征，死因是类圆形管状物刺击其胸部并刺破其心脏，致其失血性休克死亡。有在案的被告人供述、证人杨某证言、现场勘察检查笔录等证据予以佐证。

根据《中华人民共和国刑法》第233条规定，过失致人死亡罪，是指行为人因疏忽大意没有预见到或者已经预见到而轻信能够避免造成的他人死亡，剥夺他人生命权的行为。

由此可见，因疏忽大意没有预见到或者已经预见到而轻信能够避免造成他人死亡的过失心理是存在于过失致人死亡罪的罪名基因中的，是过失致人死亡罪的法定构成要件之一，但是我们一遍遍地依托证据反复印证，都仅能得出：被告人王某在当时处境下，即当时的因日常琐事而致摩擦争吵、并进而引发二人互相拉扯着拖把这一极其常见的日常打扫工具的处境之下，是不可能通过所谓的合理注意而预见到丁某妹死亡结果的心理状态，而无法推出所谓的因疏忽大意没有预见到的过失心理。我必须提醒的是，"过失致人死亡"是指行为人因疏忽大意没有预见到或者已经预见到而轻信能够避免造成的他人死亡，剥夺他人生命权的行为，即过失之心理是这一行为的核心要义，然而如前所述，拖把，是极其常见的用于清洁地面的生活用品，是几乎每家每户都会配备的清洁工具，它完全不像刀具等具有明显危险性的物品，亦因此拖把能致丁某妹死亡是王某从始至终都难以预料的、是存在于王某意志以外的。若认为王某具有过失心理，是对事实的全然不尊重，也是对法律的尽数背离。

2. 客观上，王某的行为不存在被认定为过失致人死亡行为的空间。

第一，王某的行为不存在被认定为过失致人死亡行为的合理性。根据《中华人民共和国刑法》第233条规定，过失致人死亡罪，是指行为人因疏忽大意没有预见到或者已经预见到而轻信能够避免造成的他人死亡，剥夺他人生命权的行为。第一点，如前所述，王某从始至终都不具有过失之心理；第二点，本案中王某的行为是与丁某妹互相拉扯拖把，并且其行为是基于丁某妹先以拖把头打他而引发的，即王某的行为是为了避免继续被丁某妹以拖把伤害而引致的防卫行为，而不应被理解为伤害丁某妹并剥夺丁某妹生命权的行为。因此，无论从任何层面解读，王某的行为都无法被认定为过失致人死亡之行为。

第二，王某的行为与丁某妹死亡的结果之间不存在刑法意义的因果关系。如前所述，王某的行为是防卫行为，是为阻止继续被丁某妹以拖把击打而作出的与丁某妹互相拉扯拖把之行为，王某之意在于停止伤害，而争夺过程中拖把杆向着丁某妹、拖把头向着王某的这一状态，完全是由于丁某妹最开始以拖把头打王某所导致的走向，即对于王某而言，拖把杆向着丁某妹的情形完全是随机性的，更遑论其后拖把杆扎入丁某妹胸口之结果。因此，王某的防卫行为与丁某妹死亡结果之间决不具有因果关系。

第三，关于王某的行为之定性，认定为意外事件是最恰如其分的。根据《中华人民共和国刑法》的第16条规定，意外事件是指，行为在客观上虽然造成了损害结果，但是不是出于故意或者过失，而是由于不能预见的原因所引起的，不是犯罪。第一点，王某不具有过失心理，这一点已于前面有详尽分析，于此不再赘述；第二点，王某不具有故意心理，"故意"是指行为人明知自己的行为会产生危害社会的结果，并且希望或者放任这种结果发生的心理状态。在本案中，王某的行为是防卫行为，是因意图避免继续被丁某妹击打所作出的与丁某妹拉扯争夺拖把的防卫行为，他唯一期待的是制止丁某妹继续用拖把打他，他期望通过自己的防卫行为达到保护自己的结果，而决不是所谓的明知自己的行为会产生致丁某妹死亡的结果，更不必说所谓的希望或者放任死亡结果发生；第三点，本案中存在相当明显的不可预见原因，即拖把致人死亡的情形，是令社会一般理性人出乎意料的，这是由于拖把本是作为极其常见的、几乎家家户户均配备的清洁工具，社会一般人对于拖把所掌握的常识仅应止于拖把应如何清洁晾干、如何避免细菌真菌、如何消毒等基于其自身特性的知识，法律所能期待的亦仅是社会一般人应认识到因拖把具有长杆结构所以可能会造成一定伤害，但正如任何其他随处可见的物品，如桌子、杯子等，都可能造成一定伤害，这样的认知常识决不能被延伸为一般人应认识到拖把会扎入人胸口从而致人死亡，否则便是法律对公民负以过高的注意义务，是有悖常理的。因此，本案之情形，正高度类似于施工时脚手架坠落从而砸伤路人一般，是王某意志以外的原因而非其过错所引发的偶然事故，应当定性为意外事件。

综上所述，起诉书认为王某构成过失致人死亡罪属于定性错误，因为基于主观及客观的两个层面进行考量，均完全不存在适用过失致人死亡罪的空间。若仅基于对丁某妹的同情而贸然认定王某构成与其行为完全不相一致的失衡的罪名——过失致人死亡罪，则会弄巧成拙，全然罔顾事实且尽数背离了法律，从而破坏了社会主义之法治。

二、即使被告人王某的行为构成犯罪，也应是属于犯罪情节较轻的，且有自首情节，依法可以从宽处理

1. 被害人丁某妹存在一定过错。本案中，引发王某争夺拉扯拖把的防卫行为的正是丁某妹首先拿起拖把并以拖把头击打王某之行为，以及在此之前，丁某妹作出了用嘴咬王某左肋部、用手挠王某的脸及耳朵及前胸、用牙咬王某的头、不让王某上床睡觉、用手扯坏王某衣服领子等种种伤害性行为。由此可见，丁某妹是最先作出言语争吵之外的肢体伤害行为的一方，她的过错十分明显且无可争辩。

2. 王某的犯罪记录与本案无关。王某曾因犯危险驾驶罪于2018年4月16日被北京市西城区人民法院判处拘役1个月，罚金人民币1000元。首先，危险驾驶罪是指在醉酒状态，或者以追逐竞驶、严重超载、违法运输危险化学品等方式在道路上驾驶机车，并危及公共安全所构成的犯罪。其量刑为处拘役，并处罚金。王某的刑罚为拘役1个月，是拘役的最低期限，由此知悉王某危险驾驶的情节是较轻的。其次，结合危险驾驶罪的定义可悉，其与本案之情形毫无关联，若这般搭建联系是不合逻辑、肆意关联的体现。最后，累犯要求前后两次均为故意犯罪，本案不符合累犯的认定要求。

3. 王某真诚悔过，并愿积极承担民事赔偿责任。

综上所述，同时结合第一部分所证王某案根本不存在适用过失致人死亡罪相关规定的空间，亦因此不能对王某判处3年以上7年以下有期徒刑，或3年以下有期徒刑，否则会造成对罪责刑相一致原则的根本破坏和颠覆。同时，我亦想强调的是，本案到目前为止，控辩双方都各有一个版本，或许没有一个能令人百分百信服。我在此请大家在坚持种种理性的考虑和挣扎的同时，重新以我们本身为人子或为人父母的角度来代入本案的伦理关系。我的当事人王某，经历过一段不幸福的婚姻，后初遇丁某妹时，二人因相似的婚姻不幸经历产生深刻共鸣，他们随之爱上彼此。王某以为终于遇到了自己真正的幸福，果断离婚、勇敢走出已深陷泥沼的过去的那段婚姻，投入与丁某妹的幸福生活中。大家能想象得到，当他们热恋时是多么温馨。谁知好景不长，二人共同生活时，似乎逃不出生活终归于柴米油盐的魔咒，彼此性格和习惯的差异仿佛更加明显和尖锐，因各种琐事而起的摩擦和争吵似乎总是不绝于耳。在2019年4月8日这一看似与以往无任何不同、稀松平常的日子里，他们又再次因琐碎之事而争吵，他们也以为这次争吵与以往的任何一次争吵没有什么不同，然而，在丁某妹拿起拖把头击打王某、王某随之争夺拖把想停止丁某妹的击打，二人陷入互相拉扯拖把之后，不料拖把杆的塑料套竟然脱落了，露出了不锈钢材质的杆子，并且令人难以预料地扎入了丁某妹的左胸口。王某当下本能反应想去救丁某妹，他立刻去看丁某妹的状况，并急忙寻找隔壁室友帮忙联系救护车。我想提醒大家，如果王某真的想杀害丁某妹，大可以慢悠悠地穿上衣服再送她去医院，但他并没有这么做，反而他不顾自己身上只穿了一条黑色内裤就到处寻找别人帮忙叫救护车，还在送医途中就主动报警。那既然如此，大家可能会问，既然被害人不是王某杀的，那是谁杀的？答案是没有，没有人杀她！因为整件事情根本是一场意外！我们到底应该相信本案是由于一段已陷入泥沼、暗藏憎恨和杀机的变形恋爱关系而导致的罪恶，还是选择相信只是由于两个人不当地处理生活琐事摩擦时而造成的令人难以预料的意外？我们是不是要为了表现正义感，要为死者的死找出凶手来承担责任，就刻意排除意外的可能性，不惜拆散王某的家庭，不惜扭曲真相，令死者不安，令生者痛苦？又或是我们相信确有这些可能是死于意外，这样就可以保全一个家庭，避免制造更多的悲剧。我相信法院会作出公正的裁决。

以上辩护意见，请合议庭合议时予以充分考虑。谢谢法庭！

审判长：根据双方发表的意见，合议庭认为本案的争议焦点在于被告人王某在主观上的罪过到底是什么。就王某的主要罪过问题，请双方发表进一步的辩论。

公诉人：下面公诉人就争议焦点发表意见。首先，刚才辩护人屡次提到拖把属于普通的生活用品，确实，拖把在日常生活中很常见，每家每户都有。但是我们需要注意，在具体的案件、具体的环境、具体的情节中，拖把杆是不是一个生活物品就需要探讨。如果说用于平时的卫生清洁，它毫无疑问是一个普通的生活用品。但是，任何物品在争吵、打斗的过程中都可能会成为伤害对方的武器，不能因为它是日常生活唾手可得的，我们就否认它的危险性。因为在本案中，被告人和被害人在自己生活的房间当中争吵，看上去不是一个高危的行为。但是，既然被告人王某在遭受到丁某妹使用拖把拍打自己的时候，他也采取了相应的制止反抗的行为，那么被告人王某同样应当认识到，在争吵的过程中拖把杆这种金属物品的参与也有可能给对方造成伤害。这说明被告人王某在这个过程当中是完全可以意识到拖把杆是有一定的危险性的。因此，这个时候我们要求被告人王某注意到拖把可能带来的危险，并没有苛以被告人过高的注意义务。我们想提请合议庭注意的是，案发的这个拖把杆虽然把手处有塑料套的保护，但是这种拖把一般都是组装的产品，是非常廉价的、普通的塑料加金属制成的一种物品，它并非是一体成型的，所以说把手处的塑料套用很小的力气便可摘下，露出的拖把杆断裂的横截面是非常尖锐的。所以说如果我们把普通的有塑料套的拖把杆视为普通的生活用品，那么在塑料壳已经脱落的情况下，一般正常的成年人都应该认识到一个塑料壳脱落的拖把杆和一个圆形的管状物品是没有任何区别的，它们都会对人身造成一定的伤害。因此，公诉人认为，在本案中认定被告人王某存在疏忽大意的过失是没有法律上的问题的。其次，刚才辩护人提到的是由被害人丁某妹首先主动攻击被告人王某，北京市中衡司法鉴定所出具的司法鉴定意见书可以表明被告人王某在扭打中受到被害人丁某妹的打击，仅具有轻微伤。因此，被害人用拖把杆拍打被告人的行为并不是刑法意义上的不法侵害，并不存在任何的违法阻却事由。以上是公诉人针对争议焦点发表的意见。

审判长： 辩护人，请问你还有补充吗？

辩护人： 针对公诉人刚才发表的两点意见，我有相应补充。第一点，我想提请合议庭注意的是我们没有否认拖把的危险性，没有任何一个人否认拖把具有危险性，正如没有任何一个人否认一把椅子、桌子的危险性，甚至一根头发也可能具有危险性。如果用一根头发扎住人的喉咙，也有可能致人窒息。没有人否认任何物品都有可能具有危险性。然后，我们依然认为公诉人对被告人王某实在是苛以了过高的注意义务，我们必须请合议庭注意的是，当时拖把头向着王某、拖把杆向着丁某妹的这个走向，是由丁某妹最初行为决定的一个相当随机的走向。那么，我们又如何让当时已经受尽欺凌的被告人王某注意到向着丁某妹的拖把杆的塑料罩有可能脱落，又非常戏剧性地扎入她的胸口致其失血性休克死亡呢！我们必须注意到的是，他们并不是在旷野里争吵，并不是在一个不存在任何危险性的空间，所以我们依然认为当时本身只是有防卫之意的王某被苛以了过高的注意义务。第二点，公诉人刚刚提到我们所强调的是由丁某妹最先引发的一个行为，但公诉人随之说的是丁某妹仅对王某造成了轻微伤，那么我想请问的是，谁先引发这个伤害性行为与丁某妹仅对王某造成了轻微伤这两件事之间有任何的逻辑关系吗？换言之，王某最终仅被造成轻微伤这个结果能够否认最初确实是由丁某妹做出言语争吵之外的肢体伤害行为的这一个事实吗？不能否认。这两者之间是没有任何逻辑关系的。我方认为，对于这样的肆意联系，合议庭是不应当考量进去的。以上是我的补充。

审判长： 好，法庭辩论的环节结束，现在是被告人最后陈述部分。

被告人王某： 尊敬的审判长，审判员，我是王某，在这最后的陈述阶段，我首先想向我的爱人表示真诚的歉意，尽管你在天上已经听不到我的道歉了，但我真的真的衷心地想说对不起，是我的冲动害了你，让你那么爱美的人却冷冰冰地躺在我们的小家里，我不该和你吵架，即便心里有气想要你表现得更在乎我一点，也不应该故意借别人来刺激你，我曾经承诺过为你遮风挡雨却没想到最终给你造成最大痛楚的人是我。其次我必须向我爱人的家人与朋友表示歉意，我曾经向你们承诺过要对她好，却未曾设想过最终会沦落到这种局面，我无颜祈求你们的原谅却希望可以尽我所能地为你们承担更多责任，赡养老人、承担家务做些我力所能及的事情，用我的后半生去弥补你们的痛楚。

另外，我想对我的行为作出解释：我从始至终都没有杀害我的妻子的故意，只是我当时和丁某妹经过长时间的争吵已经非常烦躁了，当她砸碎我的手机并拿起拖把，用拖把头打我，我防御性地夺住拖把头，二人来回拉扯，我怎么也不会想到她会因失重向后倒，我所握住的拖把杆怎么能够扎入她的胸口，并致其受伤流血呢？我至今都没有想明白那拖把柄是怎么刺进去的。在她受伤后我吓了一大跳，匆匆忙忙寻求隔壁室友及保安的帮忙，辗转将丁某妹送至东方医院，在送院途中我也经医生提醒主动报警了，我真的很后悔，我至今也很恍惚，怎么会这样呢？我怎么会亲手毁了自己的家呢？测谎鉴定也可以证实我没有撒谎。

我请求审判长，各位审判员能够考虑我的真实想法，我还有年迈的老母亲以及年幼的儿子需要照料，我还能劳动，我希望还能继续作为两个家庭的经济支柱，承担我作为一个父亲、女婿、儿子的责任，支撑他们走出我所带来的现实痛苦。请你们给我一次机会改正我的错误，让我能够用我的行动回报社会。

审判长：现在休庭 20 分钟，我们将在评议后当庭宣判。

书记员：现在请全体起立。请审判长和审判员入庭。

审判长：请坐下，现在宣布合议庭评议结果。

我们认为，本案中被告人王某的主观罪过认定为本案的核心问题。在本案审理过程中，控辩双方就王某主观上应为故意、过失还是意外事件展开了激烈辩论。根据双方的争议焦点及本案的所有证据，本院综合分析评判如下：

一、被告人王某就丁某妹死亡之结果缺乏故意

结合案发起因、被告人与被害人的关系、打击工具、打击部位、打击力度、双方力量对比和介入因素等综合分析判断被告人王某对死亡结果是否具有故意。

第一，被告人王某在 2019 年 4 月 9 日、4 月 10 日和 6 月 14 日就丁某妹致命伤的形成原因作出了供述，其主要内容均一致，不一致的主要是其对双方摔倒原因的猜测，即可能是因自己或被害人重心不稳而导致自己往前摔倒，导致拖把杆刺向丁某妹心脏。结合案发时出租屋较为狭窄、地面上有较多杂物的环境，结合当时被告人王某正处于较为激动亢奋的情绪影响下，王某在供述中对其摔倒原因记忆不清是有可能的，同时被告人就摔倒原因也以"可能"表示自己的猜测，故其供述仍具有可信度。

第二，故意犯罪的成立不仅要求有故意行为之存在，行为人还要对行为的危害后果有认识或预见，并且希望或放任该结果发生。首先，本案属于激情犯罪，双方作为同居男女朋友关系，虽因琐事而引发矛盾，但双方之间没有激烈的矛盾或利益冲突，故难以说明王某具有明显的伤害意图。其次，案发当天的伤害行为致使两人造成轻微伤，表明双方均具有轻微伤行为的故意，但不足以说明后续的致死行为系故意，本案凶器即拖把为丁某妹带进房间内，并用此击打王某，在某种程度上可以说是被害人自己创设了风险，被告人王某之所以争夺拖把，是为了防止被丁某妹再次殴打，其仅有争夺拖把的意图，但不具有伤害或杀人行为的故意。我们认为，在当时双方均处于激动情绪的影响下，双方均没有认识到拖把自身的危险性，同时案发后王某立刻向其他租户求救，故王某就丁某妹死亡结果缺乏故意。

综上所述，故意犯罪中的故意是对犯罪结果的认识与意欲。我们认为本案中，被告人王某对争夺拖把可能导致被害人丁某妹死亡的结果缺乏认识；同时结合案发起因、被告人与被害人关系来看，王某主观上对丁某妹死亡的结果也缺乏希望或放任态度，故其不成立故意犯罪。

二、被告人王某就丁某妹死亡之结果成立疏忽大意的过失，而非意外事件

我们认为，王某主观上为疏忽大意的过失，即应当预见到其与丁某妹争抢拖把的行为可能会导致丁某妹的死亡后果，却因为疏忽大意而没有预见，导致了此桩悲剧发生。根据行为本身的危险程度、行为的客观环境以及行为人的认知能力水平，我们认为行为人在当时的情况下应能预见结果的发生。

第一，根据在案证据，我们认为被告人王某在与丁某妹争抢拖把时应当认识到拖把杆上的塑料壳已经脱落。根据王某的供述，其与丁某妹争夺了拖把两三下后便因重心不稳而往前摔。若该塑料壳为双方争夺时脱落，接下来的情形应为丁某妹因握住塑料壳而失去对拖把的控制，同时因惯性作用导致拖把一下子拉向王某方向，导致王某向后倒而非本案中的向前冲。由此可知，拖把杆上的塑料壳至少是双方争夺拖把时就已经脱落，露出其不锈钢材质的杆子。因此，我们不应认为行为人在此情形下没有看到塑料壳已经脱落、无论如何争抢均不会导致拖把杆扎人的情况发生。双方在争夺前塑料壳就已经脱落，争夺时拖把平行悬空，且被告人对拖把杆的那一面朝着被害人这一点明确知情，那么被告人的注意义务为：应当看到塑料壳已经脱落，此时拖把已露出其不锈钢材质，双方争夺过程中稍有不慎，裸露出的钢管部分便会刺向被害人致其伤亡。辩护人所述的拖把杆为日常生活工具、王某不能预见到拖把杆会伤人的观点我们认为不能成立，我们认为，不是"拖把伤人"，而是"钢管伤人"，因而有必要对行为人提出更高的注意义务。

第二，根据案发具体情形，我们认为被告人王某应认识到与丁某妹争夺拖把的过程中可能会导致丁某妹死亡结果。首先，案发地点为狭窄的出租屋内，丁某妹站在房间西侧，王某站在房间东侧，房间内空间本就狭窄，该拖把又长 1.2 米，在并不宽阔的房间内争夺不锈钢材质的管状物（或进一步可以称为钢管），可见行为本身的危险程度较高。其次，被告人王某在其供述中多次明确说明，在争夺拖把时，其认识到拖把海绵面拖头的一面对着自己，拖把杆的一面对着被害人丁某妹，其也认识到该拖把为不锈钢材质，在争夺拖把时整个拖把都是平行悬空的，双方在用力争夺物品时，为了更好地用力，会调整自己的争夺姿势，致使拖把两边或头部部分均对准的是抢夺者的胸部位置。最后，拖把在刺中丁某妹心脏后被王某扔至旁边的凳子附近，王某也供述在丁某妹被扎后拖把已经有些变形，结合案发时双方激动的情绪状态，我们认为双方当时均铆足了力气争夺拖把，此力度下只要行为人一放手，在巨大的惯性作用下甚至足以刺穿另一方的脆弱部位，致使其死亡。

综上所述，我们认为在狭窄且凌乱的出租屋内，被告人王某明知该拖把为不锈钢材质，在争夺拖把时拖把杆的一面正对着被害人胸部，且应当知道拖把在争夺前其拖把杆一面的塑料套已经脱落，却没有认识到塑料套已经脱落，并与被害人同时使用了极大力气争夺该极其锋利的钢管，而在重心不稳的情况下导致其松手，拖把由于惯性作用直接刺向被害人心脏处，致使其失血性休克死亡，因此，被告人王某就丁某妹死亡之结果成立疏忽大意的过失。

本院认为： 被告人王某应当认识到拖把杆上的塑料壳已经脱落，此时裸露出的钢管在极强力度下已然成为伤人之利器，却在激动情绪的影响下未有认识，反而使用极大力气与被害人争夺该拖把，最终过失造成一人死亡的后果，其行为触犯了刑法，已构成过失致人死亡罪，依法应予惩处。北京市朝阳区人民检察院指控被告人王某犯过失致人死亡罪的事实清楚，证据确实、充分，指控的罪名成立。鉴于被告人王某具有刑事前科，酌予从重处罚。本院认为，被害人丁某妹对其自身死亡的结果亦存在一定过错，故对辩护人关于被害人具有过错的意见，本院予以采纳。同时，被告人王某在犯罪后自动投案，如实供述自己所犯罪行，且当庭表示认罪认罚，对其自首情节与认罪认罚的情节依法从宽处理。对本案赔偿等情况，在量刑时一并考虑。综上，根据被告人王某犯罪的事实、犯罪的性质、情节以及对于社会的危害程度，本院依照《中华人民共和国刑法》第 233 条、第 67 条、第 72 条第 1 款、第 73 条第 2 款、第 3 款，《中华人民共和国刑事诉讼法》第 15 条之规定，判决如下：

被告人王某犯过失致人死亡罪，判处有期徒刑 1 年，缓刑 2 年（缓刑考验期自判决确定之日起计算）。

如不服本判决，可在接到判决书的第二日起 10 日内通过本院或直接向北京市第三中级人民法院提出上诉，书面上诉的，提交上诉状正本一份，副本两份。

审判长：本案庭审终结，现在我宣布闭庭。

书记员：全体起立。请审判长和审判员退庭。

书记员：请公诉人、辩护人和其他人员退庭。

第二章　民事模拟审判研习：张某某诉北京市石景山医院生命权、身体权、健康权纠纷案

一、案情简介

2020 年 3 月 14 日，高某某在北京市石景山医院妇产科就诊，在等待 B 超检查时于门诊四层东侧电梯间旁护栏处等待，原告到门诊一层缴费。后高某某于石景山医院妇产科四层回廊处坠入楼下天井，经抢救无效死亡。高某某的近亲属张某某向法院提起诉讼。

二、证据材料

1. 中国人民解放军总医院抢救告知书，外出检查、治疗（手术）知情同意书，病案纸，检验报告，急诊抢救血糖测试表格，医嘱记录单，护理记录单，病危病重通知书，医疗门诊收费票据等，证实高某某坠楼后于中国人民解放军总医院抢救、治疗的医疗费用。

2. 准予火化尸体证明、火化证明，证明高某某坠楼后的死亡事实。

3. 石景山公安分局关于高某某死亡的调查结论，治安死亡告知工作情况，证明公安的调查结果并不能排除医院中存在他人故意或过失致使高某某死亡的可能性。

4. 出生医学证明，户口复印件，结婚证复印件，证明原告张某某的诉讼主体资格，以及高某辰、石某某、张某怡、张某欣、张某恒作为高某某第一顺序继承人的参诉资格。

5. 病人病历，证明医院的诊疗过程不存在过失，也没有影响或刺激高某某的异常行为，与高某某的死亡没有必然、直接的因果关系。

6. 医生王某询问笔录，证明被告诊疗过程无异常，不存在过失。

7. 医院监控录像 1，证实高某某坠楼前后医院人流量少，不存在就诊环境混

乱或紧急突发事件。

8. 徐某、杨某、王某某询问笔录，证明高某某坠楼区域当时不存在就诊环境混乱或紧急突发事件。

9. 石景山公安分局《关于高某某死亡的调查结论》，证明排除了他人故意或者过失导致高某某坠楼的情况。

10. 公安机关现场勘察记录及模拟测试录像，证明高某某坠楼处医院防护栏防护有效的事实。

11. 医院监控录像2，证明高某某就诊中并未表现明显异常。

12. 张某霞询问笔录，证明高某某就诊时外部表现无明显异常。

13. 安保人员巡查记录，证实安保人员巡逻和紧急处理及时。

14. 保安闫某某、霍某某询问笔录，证明安保人员及时赶赴现场并报警的事实。

15. 高某某坠楼时录像截图4张，证明高某某坠楼时医院门诊候诊人员少及候诊区未发生紧急事件且证明被告尽到了及时救治义务。

16. 病历和转诊记录单，证明医院尽到了救助义务。

17. 建筑工程规划许可证附件，证实2002年11月实施的门诊楼加层项目工程。

18. 门诊楼加层工程竣工移交证书，证明被告门诊4楼防护栏于2003年9月验收合格正式投入使用。

19. 《民用建筑设计通则》（GB50352－2005），证明被告门诊四楼防护栏高度合规。

20. 《民用建筑设计统一标准》（GB50352－2019），证明建筑标准不适用与本案。

三、模拟审判笔录

（开庭审理前，书记员应当查明当事人和其他诉讼参与人是否到庭，落座后宣布法庭纪律，请审判员入庭就座）

审判员：请坐下。张某某诉北京市石景山医院生命权、身体权、健康权纠纷一案现在开庭（敲击法槌）。北京市石景山区人民法院民事审判庭根据《中华人民共和国民事诉讼法》第123条的规定，首先核对双方当事人身份。原告，你的姓名、年龄、职业、住址？有无代理人及代理权限？

原告：张某某，31岁，个体户，北京市石景山区麻峪村新街8号。

石某某，51 岁，无业，北京市石景山区麻峪村新街 8 号。

高某辰，52 岁，无业，北京市石景山区麻峪村新街 8 号。

原告代理人：刘律师，特别授权。

审判员：被告代理人，你的姓名、年龄、职业、住址？有无代理人及代理权限？

律师：李律师，特别代理。

审判员：原被告代理人对对方出庭当事人有无异议？原告？

原告：没有。

审判员：被告？

被告：没有。

审判员：各方当事人对对方出庭人员资格无异议，本庭予以确认，上述人员均可参加本院的诉讼活动。北京市石景山区人民法院民事审判第一庭现在开庭。本案适用简易程序，由审判员一人独任审理，现征询双方当事人意见，是否同意由审判员一人适用普通程序独任审理本案？

原告：同意

被告：同意

审判员：（敲击法槌）本案由审判员独任审理，本院书记员承担法庭记录工作。有关当事人诉讼权利和义务本院已于开庭前书面告知，不再重复。下面本庭根据《中华人民共和国民事诉讼法》第 46 条的规定，交待回避权。合议庭组成人员及书纪员有以下三种情况，可能影响案件公正审理的，当事人可口头或书面申请他们回避：①是本案当事人或者是当事人、诉讼代理人的近亲属；②与本案有利害关系；③与本案当事人有其他关系，可能影响对案件的公正审理的。现在询问双方当事人是否申请回避？原告？

原告：不申请。

审判员：被告？

被告：不申请。

审判员：现在进行法庭调查。首先由原告陈述诉讼请求、事实和理由。

原告：我们的诉讼请求是：

l. 依法判令被告赔偿原告 2 566 787.13 元。其中，①死亡赔偿金 1 355 120 元；②丧葬费 53 082 元；③精神抚慰金 530 820 元；④被扶养人生活费 627 765.13 元。

2. 判令由被告承担本案诉讼费。事实与理由简要说明如下：高某某坠亡后，被告未提供四楼时的监控，未能证实高某某就诊时的精神状况及事发时周围情况，对医院是否尽到及时抢救责任存疑，且事发回廊处栏杆高度为 1.1 米，与《民用建筑设计统一标准》（GB50352－2019）第 6.7.3 条规定的 1.2 米存在差距，不符合国家标准，存在安全隐患。

综上我们认为医院未尽到其应承担的保护义务、安全保障义务，未提供符合安全标准的公共设施。依据《中华人民共和国侵权责任法》（已失效）第 16 条规定，侵害他人造成人身损害的，应当赔偿医疗费、护理费、交通费等为治疗和康复支出的合理费用，以及因误工减少的收入。造成残疾的，还应当赔偿残疾生活辅助具费和残疾赔偿金。造成死亡的，还应当赔偿丧葬费和死亡赔偿金。第 37 条规定，宾馆、商场、银行、车站、娱乐场所等公共场所的管理人或者群众性活动的组织者，未尽到安全保障义务，造成他人损害的，应当承担侵权责任。

法律由人而设、为人而设。本案不单单是一个人的坠亡，更是三个孩子失去了母亲、年迈的父母失去了女儿，死者死亡时不满 30 岁，尚有大好年华等在前方而生命却戛然而止。为了维护原告的合法权益，根据《中华人民共和国民事诉讼法》第 119 条规定，特向贵院提起诉讼，请求依法判决，维护原告的合法权益。

审判员：现在由被告答辩。

被告：针对原告的诉讼请求，我方不予认可，现提出以下四点答辩意见。

第一，医院的医疗服务行为中不存在过错。高某某于 2020 年 3 月 14 日到我院妇产科就诊，医院的诊疗过程不存在过失，与高某某的死亡没有必然的、直接的因果关系。

第二，高某某行为应属自杀，超越了医院可以预见、防范、控制的安全保障范围。①高某某坠楼前后门诊楼候诊患者已经非常少了。当时门诊楼也未发生紧急事件。可以排除因门诊就诊环境混乱及紧急突发事件造成高某某坠楼。②依据公安机关调查结论为："该人死亡不属于刑事案件"，可以排除他人故意或过失伤害造成高某某坠楼。③高某某坠楼前后我院门诊楼四层防护栏杆是牢固且完好无损的。身高 1.6 米的高某某跨越 1.1 米且没有任何损坏的护栏较为困难，因外力坠楼不符合常理。④高某某在诊疗的过程中，也神志清醒、言语通利、对答切题，在当时其轻生之念并无显露迹象。事发时高某某的陪诊家属没有进行陪护，如高某某当时的精神情况及情绪存在异常，按照常理不会让高某某独自在护栏旁等待，在此情况下，被告不存在需特别提示和告知患者家属陪护的义务。⑤高某某作为完全民事行为能力人，自杀是死者积极追求死亡后果的方式，是其对自己生命权、健康权的放弃，超越了一般经营者、管理者可以预见、防范、控制的安全保障范围。况且，作为最为亲近的亲属，原告所提出的针对高某某精神状态、就诊情绪及医院是否进行劝阻等情况的疑问，反映出原告也在一定程度上肯定了高某某存在自杀坠亡的可能性。

第三，医院已在责任范围内尽了安全保障义务。①我院保安巡逻的频率大约为一个小时巡视一次，事故当天保安认真职守和巡视，承担起安全保卫职责，在事故发生后，也及时赶赴现场并报警。因此被告尽到了合理的场所管理和安保义务。②依据监控录像显示，高某某11点25分坠楼，我院医务人员于11点26分发现并查看情况，11点27分医务人员及安保人员到达坠楼现场进行紧急处置，11点32分将坠楼者抬上平车向急诊转运。据此，高某某坠楼之后被告尽到及时抢救义务。

第四，高某某坠楼处防护栏符合国家建筑标准。我院于2002年11月开始对门诊楼进行加层改造，2003年9月完工投入使用，此后未再进行改造和新建。高某某坠楼处防护栏高度为1.1米，符合《民用建筑设计通则》中栏杆高度不应小于1.05米的建筑标准规定。原告提出的《民用建筑设计统一标准》适用于新建、扩建和改造的民用建筑设计。被告认为不适用本案。

综上所述，高某某在石景山医院问诊，医院完全尽到了相应的保护义务、安全保障义务，请求法院依法驳回原告诉讼请求。

审判员：根据原告方的陈述和被告代理人方的答辩，合议庭认为本案的争议焦点共有3点：

1. 案涉栏杆是否符合国家强制性标准；

2. 关于高某某坠楼前的精神状况及情绪是否存在异常问题；

3. 医院是否尽到日常安保巡查、及时抢救的义务问题。

就合议庭归纳的这三个争议焦点双方有无异议和补充？原告？

原告方：没有。

审判员：被告？

被告方：没有。

审判员：现在双方当事人围绕合议庭归纳的争议焦点及主张的事实提供相关证据，首先原告。

原告：我方共提供以下几组证据。

1. 中国人民解放军总医院抢救告知书，外出检查、治疗（手术）知情同意书，病案纸，检验报告，急诊抢救血糖测试表格，医嘱记录单，护理记录单，病危病重通知书，医疗门诊收费票据等，证明高某某坠楼后于中国人民解放军总医院抢救、治疗的医疗费用。

2. 准予火化尸体证明、火化证明，证明高某某坠楼后的死亡事实。

3. 石景山公安分局关于高某某死亡的调查结论，治安死亡告知工作情况，证明公安的调查结果并不能排除医院中存在他人故意或过失致使高某某死亡的可能性。

4. 出生医学证明，户口本复印件，结婚证复印件，证明原告张某某的诉讼主体资格，以及高某辰、石某某、张某怡、张某欣、张某恒作为高某某第一顺序继承人的参诉资格。

审判员：被告请提供相关证据。

被告：①病历。②询问笔录（医生王某），证明被告诊疗过程无异常，不存在过失。③医院监控，证明高某某坠楼前后医院人流量少，不存在就诊环境混乱或紧急突发事件。④询问笔录（徐某、杨某、王某某），证明高某某坠楼区域当时不存在就诊环境混乱或紧急突发事件。⑤石景山公安分局《关于高某某死亡的调查结论》，证明排除了他人故意或者过失导致高某某坠楼的情况。⑥公安机关现场勘察记录。⑦测试录像，由被告提供，证明高某某坠楼处防护栏防护有效。⑧医院监控，证明高某某就诊中并未表现明显异常。⑨询问笔录（张某霞），证明高某某就诊时外部表现无明显异常。⑩安保人员巡查记录，证明安保人员巡逻和紧急处理及时。⑪询问笔录（保安闫某某、霍某某）证明安保人员及时赶赴现场并报警。⑫高某某坠楼时录像截图4张医院监控，证明高某某坠楼时我院门诊候诊人员少及候诊区未发生紧急事件，证明被告尽到了及时救治义务。⑬病历和转诊记录单，证明医院尽到救助义务。⑭2002年11月实施的门诊楼加层项目工程。⑮门诊楼加层工程竣工移交证书，证明被告门诊4楼防护栏于2003年9月验收合格正式投入使用。⑯和⑰《民用建筑设计通则》和《民用建筑设计统一标准》，证明被告门诊四楼防护栏高度合规。

审判员：原告代理人对被告所提供的证据的真实性及证明力有无异议？

原告：有异议，首先，我们对被告证据③、⑧、⑫、即监控录像的真实性，合法性无异议，但认为与本案案发真实情况无关，被告并未提供案发楼层4楼监控，并不能从现有的三层的监控推出就诊人流量较少的结论，也不能还原真实的案发情况，并不能排除医院中存在他人故意或过失致使高某某死亡的可能性。其次，我们对被告证据⑩安保人员巡查记录的真实性、合法性、关联性存疑，该记录系手写，且记录时间为整点，即11时，12时，并未涉及案发11点30分左右的巡查情况。

对于证据⑦测试录像，我们认为其系被告单方制作，单方测试，因此对其合法性、真实性均不认可。

被告：就原告针对我方证据提出的异议，我方不予认可。针对证据③、⑧、⑫的监控录像，我方认为与本案有关联性，其一，该监控录像能完整呈现高某某坠落到 3 楼前后的真实情况，可以证明高某某坠落后的具体状况以及医院保安及医护人员及时发现及时抢救，可证明医院尽到了及时抢救的义务，当然与本案有直接的关联性；其二，医院人流量作为一个整体的概念，三层作为门诊足以直接反映当时医院的人员来往情况，这是一般常理。其三，针对安保人员巡查记录，安保人员巡查记录系手写是当前生产生活的普遍状况，可以看到很多单位或机构的保洁、安保记录都是手写的，并不因为是手写就质疑真实性，且相比打印，手写作为特定人的笔迹，更能反映其真实性。其四，对于测试录像，我们找了第三方的人员做测试，也有留存完整的视频，且 1.1 米的高度对于 1.6 米左右身高女性的高度是完全客观的事情，不存在什么作假可能，原告方若不相信可自行进行测试比对或进行鉴定。

审判员：被告代理人对原告所提供的证据的真实性及证明力有无异议？

被告：我方有异议

审判员：有何异议？

被告代理人：我方认为原告方提供的证据关联性不足。依照行为发生时适用的法律，也即原侵权责任法规定，安全保障责任在负有安全保障义务的一方已经证明自己已尽到相应责任之外，其余的应当依照过错责任的归责原则，即应当由原告方举证我方有过错。在此情况下，原告方提供的证据并不能直接证明我方存在任何的过错，更无法证明我方与高某某的死亡有直接因果关系，我们对于对方证据的关联性有异议。

审判员：想问一下被告，你们在做这个实验的时候，就是找了一个和高某某身高身材差不多的人做的这个实验对吗？在进行此实验的时候，原告是否在场？

被告：是的，原告不在场

原告：我们不在场，且并未通知我们有相关测试，只是被告单方模拟的，并不能证实案发真实情况。

审判员：原告对所提供的证据有无补充及说明？

原告：暂时没有。

审判员：被告代理人对所提供的证据有无补充及说明？

被告代理人：没有。

审判员：双方当事人在事实方面没有补充，法庭事实调查结束。下面围绕争议焦点分别进行法庭辩论。

审判员： 首先由原告就第一个争议焦点作辩论发言，即案涉栏杆是否符合国家强制性标准。

原告： 石景山医院作为具有社会公共事业的机构，理应对建筑设施有更严格的标准，案件发生当时为 2020 年，2019 年的民用建筑设计统一标准已经公开，医院不应以最低的标准要求自己，而应当考虑将患者损害发生的可能性降至最低。

审判员： 下面由被告作辩论发言。

被告： 原告所提出的"按照 2019 年民用建筑设计统一标准"来改建医院设施，这于法无据，并非医院的法定责任。

被告于 2002 年 11 月开始对门诊楼进行夹层改造，2003 年 9 月完工投入使用，此后并没有再进行改造和新建。当时适用的是 1989 年开始试行的《综合医院建筑设计规范》（JGJ49 - 89 号），其中并没有提到医院栏杆的具体高度，在没有特殊行业标准的情况下，根据当时的一般行业标准，也就是《民用建筑通则》（JGJ37 - 87 号），证据第 84 页，我们医院的栏杆符合国家标准。石景山医院已经在法定范围内承担了相应的责任。

更何况，根据 2020 年 12 月 31 日《国家卫生健康委、国家中医药管理局关于印发公立医院全面预算管理制度实施办法的通知》，其中第四章预算编制的第17 条第 5 项中提到，公立医院应当坚持厉行节约、勤俭办院的方针，加强成本核算和控制，充分考虑成本费用开支范围和规模。之前已经提到，石景山医院的栏杆已经符合建筑国家标准，改建扩建都是不必要的支出，改建扩建也会影响到门诊活动的开展，反而不利于医院更好地提供诊疗服务。原告方不应苛责医院，不应该无限度地扩大医院的安保责任。

审判员： 我想问一下被告，你们医院的建设有无经过合法的招投标过程？

被告： 有的。

审判员： 你们医院在建过程中，是否有过纠纷？

被告： 这个没有。

审判员： 在建好投入运营之后，是否因为建筑物的质量出现过安全问题？

被告： 没有。

审判员： 在医院多年营业中，你们有没有对医院的相关设施进行定期的安全检查？

被告： 我们有定期的巡逻。

审判员：原被告法定代表人双方就第一个争议焦点还有无新的辩论发言？原告？

原告委托代理人：没有。

审判员：被告？

被告委托代理人：没有。

审判员：就第一个争议焦点双方无新的辩论，下面就合议庭归纳的第二个争议焦点双方进行辩论，即关于高某某坠楼前的精神状况及情绪是否存在异常问题。首先原告作辩论发言。

原告：首先，案件发生于疫情防控时期，只允许我妻子一人就诊，我在楼下等待，对我妻子就诊时的精神状态不了解，且案发时，我堂妹去缴费不在案发现场，亦对我妻子的精神状态不了解。但是，我可以证实的是，当天早晨出发前去医院时，我妻子的精神状态正常，没有任何自杀的倾向。

审判员：下面由被告方作辩论发言。

被告：对于原告的观点我们表示不赞同。关于高某某坠楼前的精神状况和情绪是否存在异常及医院的提示义务问题，从我院监控视频可以看出，事故发生前高某某进入医院的行为并未有明显异常，行走自然。高某某在诊疗的过程中，也神志清醒、言语通利、对答切题，在当时其轻生之念并无显露迹象。并且，高某某独自在门诊四层东侧电梯间旁护栏处等待做 B 超检查（B 超检查室门诊四层）时，其陪诊家属到门诊一层缴费，事发时高某某的陪诊家属没有进行陪护，被告认为陪诊家属对高某某的基本情况应该非常了解，如高某某当时的精神情况及情绪存在异常，按照常理不会让高某某独自在护栏旁等待，在此情况下，被告不存在需特别提示和告知患者家属陪护的义务。（证据清单中的证据 11 医院监控、证据 12 张某霞的询问笔录可以对上述内容作出证明）

从我们接触到患者自始至终未发现任何异常，已经在最大限度内尽到了对患者的职责，不能简单的因为其入院前无自杀倾向就认定医院有责任。

此外，根据高某某丈夫、父亲等亲属的笔录来看，高某某在因流产而出现各种身体不适的情况下，原告作为丈夫，从未提出主动关心和带妻子看病，甚至不能达到夫妻相互关心的一般程度，我们有理由提出怀疑，死者生前在家庭中是否处于一个较为弱势和长期不被关心的处境，从而导致她内心抑郁，选择自杀。

审判员：原告，你们的家庭情况如何？结婚多少年了？

原告：家庭情况很好，十几年了。

审判员：你们家里的房子产权证上写的是谁的名字？

原告： 这个因为是我父母出钱买的，所以是写的他们的名字。

审判员： 你们最近有出现什么变故让她情绪出现波动吗？

原告： 没有，我们很好。

审判员： 被告，你们医院方在高某某跳楼后去抢救，她当时是什么反应？有无求生意识？

被告： 我们去的时候她已经不是很清醒了，看不出来。

审判员： 原被告法定代表人双方就第二个争议焦点还有无新的辩论发言？原告？

原告委托代理人： 没有。

审判员： 被告？

被告法定代表人： 没有。

审判员： 就第二个争议焦点双方无新的辩论，下面就合议庭归纳的第三个争议焦点双方进行辩论，即医院是否尽到日常安保巡查、及时抢救的义务问题。首先原告作辩论发言。

原告： 我们认为安保人员巡查记录时间间隔过长，且其记录为三层有人坠落，并非第四层，与本案无关，且这项记录系手写，对其真实性存疑。案发当天，根据我方提供的中国人民解放军总医院急诊病案首页，可知高某某于14点30分转入中国人民解放军总医院进行急诊抢救，此时已经距离其坠落过去了整整3个小时，其间我们作为病人家属，并未见到任何能证明石景山医院抢救的过程，我们认为石景山医院并未尽到及时抢救的义务。

被告： 对于原告的观点我们表示不赞同。

在医院全景已经布置了监控摄像头的前提下，我们安排安保人员每小时巡逻一次并留下记录，结合考虑安保成本和医院预算，巡查和记录的间隔时间符合一般常理，是合理的。关于记录是手写而不是电子录入，这只是医院的管理方式，也是常见的记录方式，比如很多单位都会在电梯里贴上今日消杀记录表，消杀防护人员完成工作后马上用笔签名。同理，石景山医院每位轮值保安当场巡查完拿出笔立马签字记录，反而更能记录下当时的真实情况。

根据当时的监控录像，高某某在11点25分坠楼，在证据清单第13页中关于杨某的询问笔录中提到，11点25分他就已经发现这个意外情况，立马通知了急诊科同事，在证据清单第9~11页徐某证词可以相互印证。在证据清单第75页危重病人特别记录中显示，在11点30分就已经开始记录高某某的病情和处理情况。

并且，该记录中也体现，在 14 点 05 分时，石景山医院呼叫 120 进行转诊，根据原告代理人的表述，原告方到达中国人民解放军总医院是在 14 点 30 分。我们查看了高德地图、百度地图、腾讯地图三个主要导航软件，通过比对可知，从石景山医院到达中国人民解放军总医院，在不堵车的情况下路程约为 16 分钟，由此可见，我们在 25 分钟内完成了转院，把全身多处骨折、外伤较为严重的患者小心地抬上或抬下救护车，并办理完所有相关手续，这个时间花费是合理的，所以可以认为，石景山医院已经尽到了及时抢救的义务。

审判员：被告，医学这一块法庭不太了解，想请你们解释一下高某某坠楼当时是没有当场死亡的，当时意识尚清楚。之后的死亡结果和坠楼有直接的因果关系吗？还是说随着时间发展病情加重后死亡？

被告：是随着时间发展病情加重后，转到了中国人民解放军总医院，然后死亡的。

审判员：在决定转运的时候，你们医院是否对高某某的身体状况进行了评估，当时是否符合转运的条件？

被告：是的，不然我们也不会转运，相关的证据里也有原告的签字，可以看到他们当时同意了。

审判员：原告，我看到你们在这个转院单据上签字了，你们认为医院采取了及时有效的措施来挽救高某某的生命吗？

原告：我们认为没有，根据被告方的回应，转运高某某是从 14 点 05 分，这距离事故发生已过去了 2 个小时左右，我们认为他们应当更早送到中国人民解放军总医院。

被告：高某某坠楼后一分钟之内医院的安保和医护人员就已经发现，并且采取了紧急的抢救行动，这在医院的抢救记录单中都有详细记录，一直到 14 点 05 分开具转运单，全部都有详细的抢救记录，这 2 个小时我们一直在积极地尽力抢救，发现医疗水平不够的情况下及时告知要转院，这是十分正常且必要的医疗行为，也是院方能给到急救患者最大的保障和救治，谁也不能确定一开始能不能急救成功，在这样的状况下医院尽全力救治，然后送到中国人民解放军总医院，没有任何过错和怠慢。更何况，在石景山医院急救中的很多医疗行为，比如一些检查和急救数据，对于后面中国人民解放军总医院继续急救也是十分重要的数据，没有所谓的拖延时间和做了无用功之说。

审判员：被告，你们医院的监控当时是什么情况？平时医院的监控是由保卫处管理的吗？

被告：是的，不过案发时不巧监控视频故障。但是我们不可能预料到当时会发生意外事件，医院不可能提前去破坏掉监控视频。这并不能说明医院有推卸责任之嫌。

审判员：原被告代理人双方就第三个争议焦点还有无新的辩论发言？原告？

原告：我们认为就监控视频而言，被告方提供不了的辩解表示存疑。被告作为医院，理应享有对医院全部事务的管理权，保卫处作为内设机构，应当服从医院的调用监控指令，但是在我方多次请求四层监控录像的情况下，医院非但不提供，且推三阻四，因此，我方有理由怀疑院方有意隐瞒真实的案发情况，推卸责任。

审判员：被告代理人？

被告：原告方请求查看监控录像时并没有提供相关机构所开具的申请文件，也没有相关工作人员陪同。出于管理要求以及对被摄人员的个人信息保护，我们不能随意向外人调取、公布监控录像。

审判员：双方无新的辩论意见。法庭辩论结束，下面征询双方当事人最后意见。原告，最后还有什么意见？

原告：坚持诉讼请求。请求法院依法维护我方的权利。

审判员：被告，最后还有什么意见？

被告：请求依法驳回原告的诉讼请求。

审判员：下面依据《中华人民共和国民事诉讼法》第 85 条、第 86 条的规定，对本案进行调解。原告代表人，是否愿意调解？

原告代理人：不同意调解！听候判决。

审判员：被告？

被告：不同意调解。

审判员：由于原被告方不同意调解，法庭不再做调解工作。本案的开庭审理到此结束，现本法庭休庭 10 分钟，而后作出判决，现在休庭。

书记员：全体起立，请审判员退庭。

书记员：休庭时间到，请全体起立，请法官到庭。

审判员：请坐下，现在继续开庭，经过本庭考量，本庭认为本案事实清楚、法律关系明确，可以结案。本庭经过充分考虑，并进行了认真的定夺，作出以下结论，现予宣布：

本院认为，根据《中华人民共和国侵权责任法》（已失效）第 6 条规定，行为人因过错侵害他人民事权益，应当承担侵权责任。北京石景山医院是否应承担侵权责任这一问题：

第一，应考量案涉栏杆是否符合国家强制性标准。据北京石景山医院提供的建筑工程规划许可证显示，被告于 2002 年 11 月开始对门诊楼进行加层改造、2003 年 9 月完工投入使用，此后未再进行改造和新建，因此应适用《民用建筑设计通则》。高某某坠楼处防护栏高度为 1.1 米，符合《民用建筑设计通则》的建筑标准规定。原告所主张的《民用建筑设计统一标准》，其总则中规定了："本标准适用于新建、扩建和改建的民用建筑设计。"建设案涉大楼时，该标准尚未制定出台，不存在适用标准问题，故案涉栏杆符合国家强制性标准。

第二，关于高某某坠楼前的精神状况及情绪是否存在异常问题。高某某于 2020 年 3 月 14 日到石景山医院妇产科就诊，就诊时有家属陪同。因高某某需做 B 超检查，故在门诊四层东侧电梯间旁护栏处等待，其陪诊家属到门诊一层缴费。高某某的陪同家属对高某某的基本情况应该非常了解，如果高某某当时的精神状况及情绪存在异常，按照常理不会让高某某独自在护栏旁等待。并且，结合当日接诊医生询问记录，高某某当时的精神状况及情绪不存在异常，跟其他患者并无差别。高某某作为一名成年人，对危险应有认知，其自身应对坠楼一事承担责任。

第三，医院是否尽到安保义务、及时抢救的义务问题。依据监控录像显示，高某某 11 点 25 分坠楼，石景山医院医务人员于一分钟后发现并查看情况，第二分钟医务人员及安保人员就到达坠楼现场进行紧急处置，11 点 32 分将坠楼者抬上平车向急诊转运。据此，高某某坠楼后，石景山医院尽到及时抢救义务。并且，依据巡查记录，安保人员按时对门诊区域的诊疗环境进行了巡查并记录，尽到日常安保巡查义务。

第四，原告主张被告石景山医院，在高某某坠亡后，不能提供其坠楼时的监控录像，无法确认事发时具体情况，无法确认高某某就诊时的精神状况及是否因就诊而导致情绪异常，无法确认事发时高某某周围是否有院方人员在场进行及时劝阻，医院是否尽到及时抢救责任。以上主张，均需原告举证证明高某某的死亡后果系由可归责于被告之过失所致，此为原告的法定义务。但原告对此并未举证，未履行其在诉讼中的法定义务，没有作出令人信服的合理解释。

综上，北京石景山医院的防护栏杆高度符合相关规定，不存在安全隐患；高某某坠楼前的精神状况及情绪不存在异常；医院已经尽到了日常安保巡查、及时抢救的义务，除非自身故意或者神志不清，否则不会发生坠楼事件。被告北京石景山医院已经尽到了必要的安全保障义务，其对高某某的死亡没有责任，故原告要求被告承担赔偿责任的诉讼请求，证据不足，本院不予支持。依照《中华人民共和国侵权责任法》（已失效）第 6 条第 1 款、《最高人民法院关于适用〈中华人民共和国民法典〉时间效力的若干规定》第 2 条、《最高人民法院关于适用〈中华人民共和国民事诉讼法〉的解释》第 90 条规定，本庭判决如下。

　　审判员： 驳回原告张某某的全部诉讼请求。本案受理费 13 499 元，由原告张某某负担。如不服本判决，可在判决书送达之日起 15 日内，向本院递交上诉状，并按对方当事人的人数提出副本，交纳上诉案件受理费，上诉于北京市第一中级人民法院。在上诉期限内，提出上诉却拒不交纳或逾期交纳上诉案件受理费的，按未提出上诉处理。

　　审判员： 现在宣布闭庭。

　　书记员： 在审判员退出法庭后当事人及旁听人员退出法庭。

第三章 行政模拟审判研习：甲某诉北京市公安局石景山分局不予行政处罚决定案

一、案情简介

某年某月某日 16 时许，甲某驾驶小汽车行驶至某地，在非机动车道因通行琐事，下车与张三发生争执。在争执过程中，张三用手打了甲某的左脸颊一个巴掌。甲某随即拨打电话 110 报警，张三亦在现场拨打电话 110 报警，随后二人均在现场等待民警出警。

当地公安机关的派出所民警接警后立即出警，到达事发现场后，将甲某和张三均带回派出所，办理了《受案登记表》，并为甲出具了《受案回执》。在调查过程中，张三主动并如实陈述了其与甲某发生争执的经过及殴打甲某的事实情况。

当日甲某就其被张三殴打导致的受伤情况，到某医院就诊。某医院为甲某出具《诊断证明书》："临床诊断：头部软组织挫伤。"

派出所在调查过程中，向某司法鉴定所出具《鉴定聘请书》，对甲某身体损伤程度进行鉴定。10 日后该司法鉴定所出具《司法鉴定意见书》："……六、鉴定意见：被鉴定人甲某的损伤程度不构成轻微伤。……"派出所于次日向甲某和张三分别依法送达《司法鉴定意见书》后，二人均未对鉴定结果提出异议。

派出所在调查过程中，还组织甲某对张三进行辨认并制作了《辨认笔录》，甲某在辨认中准确辨认出了张三。

派出所在调查过程中，经上级公安机关批准办理了《呈请延长办案时间审批表》，将本案的办案时间延长 30 日。

某派出所于某年某月某日 16 时 00 分采用《传唤证》的方式将张三传唤至该派出所接受询问，并制作了《被传唤人员家属通知书》将传唤情况通知了张三的家属。当地公安机关于受案后的第 62 天对张三作出了《不予行政处罚决定书》，后向甲某和张三分别依法送达。

公安机关对张三作出的《不予行政处罚决定书》内容是："违法行为人张三。现查明某年某月某日 16 时许，张三在某地点，因琐事纠纷对甲某进行殴打，造成甲某身体受伤（经法医鉴定不构成轻微伤），后张三向公安机关如实陈述其行为。以上事实有报案记录、到案经过、证人证言、辨认笔录、伤情鉴定意见书等证据证实。根据《中华人民共和国治安管理处罚法》第四十三条第一款、第十九条第四项的规定，现决定不予行政处罚。如对本决定书不服，可在接到本决定书之日起 60 日内依法向上一级公安机关或某区人民政府提起行政复议，或在接到本决定书之日起 6 个月内依法向人民法院提起行政诉讼。"

甲某在接到《不予行政处罚决定书》后不服，遂未经行政复议程序，其直接在法定期限内，自己作为原告，以公安机关作为被告，向人民法院提起行政诉讼，诉讼请求：①撤销《不予行政处罚决定书》；②要求被告对甲某提出的报警重新履行治安管理处罚职责；③诉讼费用由被告负担。

二、证据材料

1.《110 接处警记录》两份、出警录像及《受案登记表》和《受案回执》，证明依法受理本案情况。

2. 对甲某制作的《询问笔录》。

3. 对张三制作的《询问笔录》。

4. 对现场证人丙制作的《询问笔录》。

（证据 2 至证据 4 均证明依法履行调查职责情况。）

5.《鉴定聘请书》，证明依法对甲某身体损伤程度聘请司法鉴定机构进行鉴定情况。

6.《司法鉴定意见书》及其《送达回执》，证明甲某被殴打致伤不构成轻微伤的情况。

7.《辨认笔录》，证明依法履行调查职责的情况。

8.《传唤证》《被传唤人员家属通知书》，证明对张三依法进行传唤和履行通知家属的情况。

9.《延长询问查证时间审批表》，证明依法延长传唤时间的情况。

10.《到案经过》，证明张三到案的情况。

11.《呈请延长办案时间审批表》，证明依法延长办案时间的情况。

12.《诊断证明书》《门诊病历》及伤情照片，证明案情事实的情况。

13.《不予行政处罚决定书》及其《送达回执》，证明依法作出《不予行政处罚决定书》及送达的情况。

三、模拟审判笔录

书记员

（一）法庭准备

书记员：请肃静！现"甲某诉北京市公安局石景山分局八宝山派出所不予行政处罚决定"一案，法庭审理即将开始。传原被告及委托代理人到庭就座。下面开始查验当事人与其他诉讼参与人的到庭情况。根据《中华人民共和国行政诉讼法》第101条、《中华人民共和国民事诉讼法》第123条的规定，查明当事人及其他诉讼参与人的到庭情况。原告是否到庭？

原告：到庭。

书记员：原告委托代理人是否到庭？

原告委托代理人：到庭。

书记员：被告是否到庭？

被告法定代表人：到庭。

书记员：被告委托代理人是否到庭？

被告委托代理人：到庭。

书记员：第三人是否到庭？

第三人：到庭。

书记员：现在宣布法庭规则：

1. 审判人员入庭、退庭时，全体人员应当起立；

2. 诉讼参与人应当遵守法庭规则，维护法庭秩序，不得喧哗、吵闹；发言、陈述和辩论，须经审判长许可；

3. 旁听人员必须遵守下列纪律：①未经许可，不得录音、录像和摄影；②不得随意走动和进入审判区；③不得发言、提问；④不得鼓掌、喧哗、哄闹和实施其他妨害审判活动的行为；

4. 诉讼参与人和旁听人员应关闭寻呼机及移动电话等通讯设备；

5. 诉讼参与人、旁听人员在听到法槌声后，应当立即停止发言和违反法庭规则的行为。

法庭纪律宣读完毕。全体起立！请审判长、人民陪审员入庭。

书记员：报告审判长，诉讼参与人均已到庭，法庭准备工作就绪，请审判长宣布开庭。

审判长：全体请坐！

审判长：北京市石景山区人民法院行政审判庭现在开庭。

（二）宣布开庭

审判长：首先核实当事人及诉讼代理人的基本情况。原告方姓名、出生年月日、民族、职业、住址。

原告：甲某，2000年1月1号，汉族，职业为主播，现住北京市海淀区西土城路25号。

委托代理人1：于律师，法大法硕律师事务所律师。

委托代理人2：靳律师，法大法硕律师事务所律师。

审判长：代理人是一般授权还是特别授权？

委托代理人1：特别授权。

委托代理人2：特别授权。

审判长：请被告向法庭报告单位名称以及住所地、法定代表人、委托代理人以及其他到庭人员的姓名及职务。

被告：北京市公安局石景山分局八宝山派出所，住址为北京市石景山区某小区甲66号，法定代表人马某某，职务为所长。

被告：北京市公安局石景山分局八宝山派出所民警，王某某。

委托代理人1：王律师，五个人律师事务所，特别授权。

委托代理人2：王律师，五个人律师事务所，特别授权。

审判长：第三人。

第三人：张三，1999年6月6日出生，住北京市海淀区西土城路10号。

审判长：依照《中华人民共和国行政诉讼法》第54条的规定，北京市石景山区人民法院行政审判庭今天依法公开开庭审理"甲某诉北京市公安局石景山分局不予行政处罚决定"一案。本案由本院行政审判庭审判员担任审判长，会同人民陪审员赵某某、潘某某共同组成合议庭，法官助理张某协助处理有关事务，书记员李某某担任法庭记录。关于当事人在诉讼过程中享有的权利和应履行的义务，本合议庭在庭前已经以书面方式向双方当事人告知。对此，原告是否已经了解？是否申请合议庭组成人员及书记员回避？

原告：了解，不申请回避。

审判长：被告？

被告：了解，不申请回避。

审判长：第三人？

第三人：了解，不申请回避。

审判长：根据《中华人民共和国行政诉讼法》的规定，经本合议庭庭前审查，原告、被告、第三人具有行政诉讼当事人资格，原告、被告委托代理人的代理手续符合法律规定，本庭准予上述当事人及其诉讼代理人出席参加诉讼。

（三）法庭调查

审判长：现在进行法庭调查。根据《中华人民共和国行政诉讼法》第6条规定，人民法院审理行政案件，对行政行为是否合法进行审查。法庭审查包括对被告的法定职责、行政行为认定事实、执法程序、法律适用等方面进行审查，采用当事人陈述、当庭举证、质证及法庭询问的方式进行法庭审查。本合议庭已在庭前以书面形式告知各方当事人，请当事人按照注意事项规定的要求进行当庭陈述、举证质证。现在按以下顺序进行当事人陈述。首先由被告宣读被诉行政行为，请被告宣读。

被告：好，被告作出的具体行政行为是《不予行政处罚决定书》，文号是京公石不罚决字〔2022〕672号《不予行政处罚决定书》具体内容如下："违法行为人张三。现查明2022年4月1日16时许，张三在莲花东路，因琐事纠纷对甲某进行殴打，造成甲某身体受伤（经法医鉴定不构成轻微伤），后张三向公安机关如实陈述其行为。以上事实有报案记录、到案经过、证人证言、辨认笔录、伤情鉴定意见书等证据证实。根据《中华人民共和国治安管理处罚法》第四十三条第一款、第十九条第四项的规定，现决定不予行政处罚。如对本决定书不服，可在接到本决定书之日起60日内依法向上一级公安机关或某区人民政府提起行政复议，或在接到本决定书之日起6个月内依法向人民法院提起行政诉讼。"具体行政行为作出的时间是2022年6月2日，送达时间是2022年6月2日，宣读完毕。

审判长：下面由原告宣读起诉状，起诉状中的自然人工作情况可以省略。首先要明确诉讼请求。

原告：原告的诉讼请求是：①撤销《不予行政处罚决定书》；②要求被告对甲某提出的报警重新履行治安管理处罚职责；③诉讼费用由被告负担。事实与理由如下：①**公安机关延长办案时间的行为与公安机关处理结果相矛盾。**根据《中华人民共和国治安管理处罚法》第99条的规定：公安机关办理治安案件的期限，自受理之日起不得超过30日；案情重大、复杂的，经上一级公安机关批准，可以延长30日。为了查明案情进行鉴定的期间，不计入办理治安案件的期限。在本案中，公安机关在办案过程中已经发现本案的案情重大、复杂，原告受到严重身心伤害问题需要延长时间查明，因此本案被告的派出机构在调查过程中，经被告上级公安机关批准办理了《呈请延长办案时间审批表》，将治安案件办案时间延长30日。然而公安机关对我方作出的《不予行政处罚决定书》内容却表明违法行为人张三在某地点，因琐事纠纷对我方原告进行殴打，造成原告身体受伤。这一程序前提与处理结果截然相反，被告根据彼时案发的情况已经可以确认原告身心遭受严重损害才作出的延长办案时间的决定，此后又作出《不予行政处罚决定书》毫无道理。公安机关的行为前后矛盾，程序不正当，处理结果不公平。②**公安机关未经调解即作出不予处罚的决定，于法不当，于理难容**。根据《中华人民共和国治安管理处罚法》第9条的规定，对于因民间纠纷引起的打架斗殴或者损毁他人财物等违反治安管理行为，情节较轻的，公安机关可以调解处理。经公安机关调解，当事人达成协议的，不予处罚。本案中公安机关未对当事人进行调解，当事人之间亦未达成协议，公安机关直接作出不予处罚的决定，于程序上并不符合要求，于法理情理亦存在不容。我方原告遭受了第三人的单方面殴打，造成了面部软组织挫伤的后果，其人身权利受到了损害，个人尊严亦受到了相当程度的侵犯。如若公安机关认为属于情节较轻，理应安排调解，而不应该在完全未考虑当事人感受的情况下，擅自作出了不予处罚的决定。这属于对公民权益的极大忽视，是傲慢无礼的表现，违反法定办案程序，亦与全心全意为人民服务之宗旨相悖。③**公安机关提供的《司法鉴定意见书》合法性存疑**。根据《公安机关办理行政案件程序规定》第87条的规定，为了查明案情，需要对专门性技术问题进行鉴定的，应当指派或者聘请具有专门知识的人员进行。需要聘请本公安机关以外的人进行鉴定的，应当经公安机关办案部门负责人批准后，制作鉴定聘请书。首先，本案中是派出所自行寻找的司法鉴定所，其独立性存在一定的疑问。其次，被告提供的证据材料中只出示了《鉴定聘请书》，但根据法律的规定，《鉴定聘请书》的制作需要经公安机关办案部门负责人的批准。本案所示证据材料中并未有证据材料证明其向司法鉴定所出具《鉴定聘请书》经过负责人批准，即《司法鉴定意见书》的出具存在程序上的瑕疵，其合法性存在疑问。④**对第三人作出的处罚决定适用法律错误，量罚失当**。根据《中华人民共和国治安管理处罚法》第43条第1款规定，殴打他人的，或者故意伤害他人身体的，处5日以上 10 日以下拘留，并处 200 元以上 500 元以下罚款；情节较轻的，处 5 日以下拘留或者 500 元以下罚款。

本案派出所作出的《不予行政处罚决定书》认为被告并未违反《治安管理处罚法》第 43 条第 2 款情况不真实，严重偏离真相，法律适用错误，行政处罚畸轻。原告与第三人发生普通辩论系日常生活纠纷，主观上未有惹是生非、挑衅斗殴的意识，客观上未有殴打对方之行为。然而第三人却先掌掴原告，其挑衅斗殴意图明显。其所实施的强力故意伤害行为，对原告的安全造成极大的威胁，给原告的身心健康造成了实质性的侵害。而且，此掌掴行为造成了恶劣的社会影响，给本地治安风气、民众团结友爱的氛围造成了极大的破坏，属于情节十分恶劣的社会恶性案件，为明显的寻衅滋事行径。因此，公安机关应当按照《中华人民共和国治安管理处罚法》第 43 条第 1 款规定的殴打他人的情形处理，对第三人给予行政处罚。

根据《中华人民共和国治安管理处罚法》第 19 条第 4 项的规定，违反治安管理但主动投案，向公安机关如实陈述自己的违法行为的，可以减轻处罚或者不予处罚。但本案中第三人并不属于《中华人民共和国治安管理处罚法》所规定的主动投案并向公安机关如实陈述自己的违法行为的情形。第三人是在殴打原告本人后被原告本人要求报警处理，其主观上并无主动投案的意图，所以公安机关不应以此为由对第三人作出减轻处罚或者不予处罚的决定，原告陈述完毕。

审判长： 下面请被告北京市公安局石景山分局宣读答辩状。

被告： 针对原告向人民法院提交的《行政诉讼状》中列举的事项，根据以上陈述，答辩人认为：①**对公安机关延长办案时间的行为问题，回应如下：** 根据《中华人民共和国治安管理处罚法》第 99 条的规定，本案在办案期限上符合法定程序。原告称本案程序前提与处理结果截然相反，是在知道本案结果的基础上倒推本案并不符合案情重大、复杂的前提，而事实上公安机关是根据实际办案的真实情况作出延长办案期限的决定。办案时间予以延长，恰恰说明作出不处罚决定是本所经过深思熟虑、考虑各方因素作出的，而不是随意作出的。②**原告针对我所提供的《司法鉴定意见书》合法性存疑作出如下答复：** 根据《公安机关办理行政案件程序规定》第 87 条的规定，首先，派出所寻找的司法鉴定所为北京市盛唐司法鉴定所，其主要从事法医临床鉴定、法医病理鉴定、文书鉴定、痕迹（限于指印）鉴定、电子数据鉴定等。盛唐司法鉴定所对于类似事项具有丰富的鉴定经验，所以对其独立性与权威性、公正性应予以认可。其次，原告指出《鉴定聘请书》需要公安部门证明经过负责人批准，以此说明该《鉴定聘请书》确由负责人亲自进行批准。公安机关办案过程中需要负责人批准的事项有严格的程序和规定，本案中本所是经过公安负责人口头批准出具的《鉴定聘请书》。原告在此对案件无关紧要的细微程序提出怀疑，是存心刁难，原告以此怀疑鉴定程序存在瑕疵是没有道理的，其并非想从根本上解决此次矛盾纠纷。③**原告对于我所未经调解即作出不予处罚的决定相关问题，答复如下**：根据《中华人民共和国治安管理处罚法》，本案适用的是"可以调解处理"，而不是"应当进行"。由此可以看出，调解并非本案的必经程序。在处理本案时原告情绪极为不稳定，当时情况下调解明显不能解决纠纷。今天，虽然我所已对此案作出裁决，并且已走上行政诉讼的程序，但我们仍然对双方当事人提出希望，希望双方当事人本着"以和为贵"的理念，握手言和，从根本上达到化解矛盾的目的。原告以未经调解为由主张本所作出的不处罚决定是"傲慢无礼"的，这是对本所的凭空抹黑，毫无事实根据。④**针对原告提出对第三人作出的处罚决定适用法律错误，量罚失当，我所作出的答复如下**：本案中我所适用《中华人民共和国治安管理处罚法》第19条第1项、第4项，违反治安管理有下列情形之一的，减轻处罚或者不予处罚：即情节特别轻微的；主动投案，向公安机关如实陈述自己的违法行为的。在本案中，原被告系通行琐事发生纠纷。经司法鉴定，原告伤情不构成轻微伤。而且在案发当日派出所确实接到张三的报案，证人丙的证言中也证明这一点。张三在殴打原告后并未逃离，而是主动报案，并如实陈述，与现场调查、原告陈述、丙的证言相差无几，并非原告所诉"掌掴行为造成了恶劣的社会影响，属于情节恶劣的案件"。因此，我所在作出决定时适用法律正确。

综上所述，北京市公安局石景山分局八宝山派出所作出的京公石不罚决字〔2022〕672号《不予行政处罚决定书》程序合法，证据确凿充分，适用法律法规正确，是正确有效的。请人民法院依据《中华人民共和国行政诉讼法》第54条之规定判决驳回原告的一切诉讼请求，我方陈述完毕。

审判长：好的，下面请第三人张三陈述意见。

第三人：我请求驳回原告的申请。本人行为造成结果显著轻微，被告适用法律正确。当时的情况是：我准备骑电动车去附近喝酒，到莲花东路时，看到原告将车停在马路上，我就骂原告没素质，接着我们争吵起来。吵架的过程中，因为原告出言伤人，用语不堪，还侮辱我的家人，我被刺激到了，才会打原告一巴掌。之后由于无法结束争执，我就选择报警处理了。我愿意承认自己的错误，但原告也应该认错。所以被告以主动投案为由对我作出不予行政处罚的决定，我认为是适当的。

审判长：根据合法性审查的原则，结合各方当事人提出的诉讼主张及理由以及答辩情况，本院确定此次开庭审理的重点是《不予行政处罚决定书》的合法性。各方当事人是否听清了？原告？

原告：听清了。

审判长：被告？

被告：听清了。

审判长：第三人？

第三人：听清了。

审判长：现在对被告的法定职责进行审查，首先由被告北京市公安局石景山分局八宝山派出所回答，你单位具有对本行政区域内发生的违法行为进行行政处罚的法定职责吗？此项职责的法律依据是什么？

被告：被告具有此项法定职责。具体的法律依据是《中华人民共和国治安管理处罚法》第 7 条，国务院公安部门负责全国的治安管理工作。县级以上地方各级人民政府公安机关负责本行政区域内的治安管理工作。治安案件的管辖由国务院公安部门规定。案件发生在石景山区，涉及治安管理工作，我所作为石景山区的公安机关，具有对本行政区域内发生的违法行为进行行政处罚的法定职责。

审判长：《中华人民共和国治安管理处罚法》第 7 条对吧，原告对被告刚才对有关法定职责的陈述有无异议？

原告：无异议。

审判长：第三人对被告关于法定职责的陈述有无异议？

第三人：无异议。

审判长：好的，下面进入举证质证环节。首先进行证据审查。当事人举证，可就证据来源、证明内容的合法性、真实性、关联性，也就是对证据三性陈述各自意见。由于本案已经进行了庭前证据交换，在证据交换阶段，法庭已向各方送达了对方当事人的证据复印件，且对各方证据原件与复印件进行过核实工作，均核实无误。故此次法庭不再重复送达证据，也不再重复核对。证据审查按被告、原告、第三人的顺序进行。首先由被告进行举证。举证时注意说明证据的证据序号、证据名称、所证明的内容。

被告：好的，我方提交的证据有三组。

第一组有 10 项证据，分别是《110 接出警记录》两份、出警录像、《询问笔录》（甲某）、《询问笔录》（张三）、《询问笔录》（证人丙）、《辨认笔录》、《传唤证》及《被传唤人员家属通知书》《鉴定聘请书》，主要的证明事项是我所在案件发生后依法履行了调查职责。

第二组有 6 项证据，分别是协和医院出具的《诊断说明书》《到案经过》《受案登记表》及《受案回执》《司法鉴定意见书》及《送达回执》《延长询问查证时间审批表》《呈请延长办案时间审批表》，主要的证明事项是此案件的事实情况及案情经过。

第三组有 1 项证据，是《不予行政处罚决定书》，主要的证明事项是派出所最终对此案件处理的结果是对张三不予行政处罚。

以上，我方的合理证据出示完毕。

审判长：好，被告提交了三组证据，共 17 份。下面原告就被告提交的证据，分别发表质证意见。质证意见应围绕证据来源，证明内容的合法性、真实性、关联性。发表质证意见，没有异议的，你就直接说对证据没有异议，有异议的你单独列出来，好吗？开始。

原告：对于《司法鉴定意见书》及《送达回执》这些证据我有异议，我认为该项证据不具有合法性。派出所就是和张三串通一气，自己找司法鉴定所鉴定违反法定程序，另外我这绝不是不构成轻微伤，都毁容了能是轻微伤吗？

审判长：原告，我确认一下你是对第二组证据中的第 4 项证据《司法鉴定意见书》的合法性有异议是吗？对其真实性、关联性没有异议是吗？

原告：对。

审判长：行，听明白了。对于其他证据都认可是吗？

原告：是的。

审判长：原告对被告的举证质证意见发表完毕。好，那么请第三人对被告提交的三组证据发表质证意见。

第三人：我没有异议。

审判长：下面请原告进行举证。

原告：好的，我提交的证据有 1 份，是《诊断证明书》，主要的证明事项是我患有应激性狂躁症。以上，我方的合理证据出示完毕。

审判长：原告向法庭提交了 1 份证据。那么下面请被告对原告的这份证据发表质证意见。

被告：我们不认可该证据。首先，原告提交的诊断证明系其单方诊断，且有明显的人为篡改痕迹。其次，原告患有应激性狂躁症与本案并无关联，因此对于该项证据的真实性、关联性我们不予认可。

审判长：对该份证据的真实性、关联性有异议是吧？

被告：对。

审判长：好，下面由第三人对原告的这份证据发表质证意见。

第三人：我也对证据的真实性、关联性有异议。

审判长：下面由第三人举证。

第三人：我没有证据。

审判长：各方当事人提交的证据，需要等待本合议庭评议后再决定是否予以认定。下面就被告认定事实部分，询问各方当事人。由陪审员潘某某发问。

人民陪审员：首先，请被告向法庭陈述作出不予行政处罚决定的事实根据是什么？

被告：事实根据为原告与第三人之间的纠纷为通行琐事引起，此前双方无任何恩怨。原告甲某伤情经鉴定不构成轻微伤。案发后张三主动投案，如实供述，态度较好。此为事实根据。

人民陪审员：被诉《不予行政处罚决定书》中记录"2022年4月1日16时许，张三在北京市石景山区莲花东路，因琐事纠纷对原告甲某进行殴打"，请被告详细描述一下经调查了解到的该起纠纷的起因、经过及结果。

被告：2022年4月1日下午16时，原告考完驾照第一次开车上路，在把车停在莲花东路与小屯路交界处的路边车位时，张三骑电动车经过路口，差点与原告相撞，原告随即下车与张三发生争执。在争执过程中，张三用手打了原告的左脸颊一个巴掌。原告随即拨打电话110报警，张三亦在现场拨打电话110报警，随后二人均在现场等待民警出警。

人民陪审员：原告对于被告认定的事实细节有无异议或需要补充？

原告：那天是我考完驾照后第一次自己上路开车去接我朋友，我想把车停在路边的车位，结果在拐进非机动车道的时候张三突然骑电动车飞快地冲出来，差点儿就撞上了，我就打开车窗说他走路注意着点儿，我这还打了右转向灯呢。语气可能不是特平和，因为他突然跑出来吓了我一跳，我本来就是新手，万一撞到他怎么办啊？结果他就开始骂我开车不长眼睛，在非机动车道也不知道看着点儿，让我下车。我火也上来了，就下车跟他吵起来了，结果他抽了我一巴掌，当时好多人都围观。后来我脸肿了好多天，都耳鸣了。这事儿发生之后，我好多天不敢出门，对外面的世界很恐惧，整天郁郁寡欢，越来越暴躁。

人民陪审员：原告，所以你对派出所认定的事实无异议，是吗？

原告：对。但我觉得过错主要在张三。

人民陪审员：请问第三人对于被告认定的事实细节是否有异议或需要补充？

第三人：我有补充。当时原告堵在非机动车道上，严重影响了道路交通秩序，我自己是正常行车的，对方却反过来冲我发火，我觉得这样开车太没素质了才和原告吵起来。之后吵架的过程中，原告用语不堪，深深地刺激到了我，所以才打了对方一巴掌。

人民陪审员：第三人，你认为本次纠纷发生的主要过错在你还是在原告？

第三人：我情急之下打人是不对，但是原告违反交通规则、侮辱我在先。我主动报警寻求解决方式，如实陈述事发情况，承认错误，更没对原告造成严重伤害，原告现在还不依不饶，所以我觉得主要过错在原告。

人民陪审员：好的。请问被告，纠纷发生当晚，你是否相继接到了原告与第三人的报警电话？到达现场后，第三人配合调查时的态度又是怎么样的？

被告：纠纷发生当晚我所确有接到原告与第三人报警电话。我和警员赵某某到达现场后，发现原告与第三人情绪很激动，但是均配合调查，如实陈述案发经过。

人民陪审员：请问被告，当时原告和第三人的陈述与询问笔录是否基本一致？与今天庭上的陈述是否基本一致？

被告：均基本吻合。

人民陪审员：被告，你在调查案件的过程中认为本次纠纷中双方过错程度如何？

被告：我认为双方均有过错。本案的主要过错在于张三出手打人，负主要责任。但是因为二人争执在先，原告出口伤人，激怒了张三，也具有一定过错。

审判长：好的。下面对被告的执法程序进行审查。首先请被告陈述一下本案中的执法程序。

被告：2022年4月1日下午16时许，北京市公安局石景山区八宝山派出所相继接到原告与第三人的报警电话，称在莲花东路与人发生争执，请求处理。八宝山派出所接到报警电话后立即出警，将二人带回询问。当晚派出所带原告验伤，由医院出具《检查报告单》。后2022年4月3日聘请了北京市盛唐司法鉴定所进行鉴定。4月13日出具鉴定结果，鉴定结果为不构成轻微伤。2022年4月26日16时采用传唤证的方式将张三传唤至该派出所接受询问，并制作了《被传唤人员家属通知书》，将传唤情况通知了张三的家属。2022年6月2日派出所作出了《不予行政处罚决定书》送达甲某和张三。

审判长：原告对于被告陈述的有关执法程序是否有异议？

原告：我有异议。公安机关于受案后的第62天对张三作出了《不予行政处罚决定书》，这个时间已经超出了《中华人民共和国治安管理处罚法》第99条的规定了。

审判长：那第三人对于被告的执法程序有无异议？

第三人：没有异议。

审判长：本庭对于被告的执法程序需要再明确几点。首先请问被告，到达事发现场后，是否对原告、第三人及证人分别进行现场询问？

被告：是，我和另一位警员赵某某到达现场后分别对原告、第三人、证人进行了现场询问。

审判长：请问被告，你方出具的《鉴定聘请书》是否经县级以上公安机关负责人批准，具体以什么名义进行的委托鉴定？又是在何时为甲进行了身体损伤程度鉴定？

被告：我方出具的《鉴定聘请书》经过上一级公安机关负责人批准，以北京市公安局石景山分局的名义进行委托鉴定。在2022年4月3日出具《鉴定聘请书》，鉴定结果出具的时间为2022年4月13日。

审判长：请问被告，是何时传唤了第三人？传唤的原因和依据是什么？

被告：2022年4月26日传唤了第三人，传唤的原因是为了查清于2022年4月1日张三与原告之间的纠纷细节，认定张三的主观态度。依据是《公安机关办理行政案件程序规定》第67条第1款和第4款：①需要传唤违法嫌疑人接受调查的，经公安派出所、县级以上公安机关办案部门或者出入境边防检查机关负责人批准，使用传唤证传唤。对现场发现的违法嫌疑人，人民警察经出示人民警察证，可以口头传唤，并在询问笔录中注明违法嫌疑人到案经过、到案时间和离开时间。②公安机关应当将传唤的原因和依据告知被传唤人，并通知其家属。公安机关通知被传唤人家属适用本规定第55条第1款第5项的规定。

审判长：请问被告，在传唤时有无将原因和依据告知第三人？

被告：有。

审判长：好的。请问第三人，你在接受传唤时是否被告知了原因和依据？

第三人：是，我在4月26日接到八宝山派出所的传唤证，传唤时明确告知了我原因和依据。

审判长：好的。两位陪审员有要补充发问的吗？

人民陪审员：请问被告，为何在受案后的第62天才对张三作出《不予行政处罚决定书》，是否超出法定办案期限？

被告：本案中作出决定并没有超出法定期限，根据《中华人民共和国治安管理处罚法》第 99 条的规定：公安机关办理治安案件的期限，自受理之日起不得超过 30 日；案情重大、复杂的，经上一级公安机关批准，可以延长 30 日。为了查明案情进行鉴定的期间，不计入办理治安案件的期限。本案在办案期限上符合法定程序，是在依法延长办案时间，且其中包含为查明案情进行鉴定的 10 天时间的前提之下作出的，没有超出法定办案期限。

人民陪审员：请问被告，在执法过程中对"案情重大、复杂"的理解如何？是为"重大"且"复杂"，还是"重大"或"复杂"？

被告：我们执法过程中理解的案件适用本条的前提是"重大"或"复杂"。

人民陪审员：好的，没有其他问题了。

审判长：现在对被告适用法律进行审查。请问被告，你方作出本案被诉不予行政处罚决定出的法律依据是什么？要说明具体条款。

被告：适用的是《中华人民共和国治安管理处罚法》第 19 条第 4 项，违反治安管理但主动投案，向公安机关如实陈述自己的违法行为的，减轻处罚或者不予处罚。第 43 条第 1 款殴打他人的，或者故意伤害他人身体的，处 5 日以上 10 日以下拘留，并处 200 元以上 500 元以下罚款；情节较轻的，处 5 日以下拘留或者 500 元以下罚款。

审判长：请问原告对被告适用法律的依据有没有意见？

原告：有，我的律师会在法庭辩论阶段进一步阐述。

审判长：请问第三人对被告的法律适用有意见吗？

第三人：我没有意见。

审判长：现在对被告作出不予行政处罚的决定是否适当进行审查。原告认为被告应当对你于 2022 年 4 月 1 日（案发日）的报警重新履行治安管理处罚职责，该项请求的理由与起诉状是否相同，是否还要补充？

原告：与起诉状相比没有变化。

审判长：请问被告，你方作出本案被诉不予行政处罚决定时都考虑了哪些因素？

被告：我所考虑到第三人张三在作出行为时的主观恶性较小，并无寻衅滋事、惹是生非之端，出手伤人是有纠纷在先而并非随意殴打，张三本人亦无违法犯罪记录，询问时如实供述。原告的受伤情况不构成轻微伤，且无社会不良影响，综合考量以上各方面因素，决定不给予张三行政处罚。

审判长：对于原告和第三人之间的肢体冲突是否属于殴打他人或故意伤害他人身体？你方从情节上如何评价？

被告：原告与第三人之间的肢体冲突是属于殴打他人的情形，但是情节较为轻微，不足以给予行政处罚。张三确实掌掴了第三人，这些肢体冲突确实可以认定是殴打他人的行为。

审判长：那么对于这次冲突的情节，你方如何评价？

被告：我认为冲突的情节比较轻微。

审判长：那有没有进行调解？

被告：由于当时双方情绪都较为激烈，不适合进行调解，所以本所没有组织调解。在现场警员也提出了调解的建议，当时二人情绪一直都很激动，拒绝调解建议。

审判长：那有没有等到当事人情绪稳定后再提出调解建议呢？

被告：直到结案前双方都没有向我所提出明确的愿意调解的意愿，因此全案并未进行调解。

审判长：还有一个问题。对于《中华人民共和国治安管理处罚法》第19条第4项的"主动投案、如实供述"与第43条描述的"殴打他人或故意伤害他人身体"两项情节，你是如何认识和考量的？

被告：殴打他人，是指行为人公然实施损害他人身体健康的打人行为，一般采用拳打脚踢等暴力方式，多以徒手为主，很少借助外物或者使用棍棒等器具殴打他人。故意伤害，是指一般借助外物以非暴力方式伤害他人身体，除了拳打脚踢或者使用棍棒等器具殴打外，以其他方式故意伤害他人身体的行为都属于故意伤害。基于殴打情节较轻，张三在打完一巴掌后并没有对原告实施二次伤害，主观上并没有很强的恶意，也没有伤害故意，客观上也没有借助外物，所以并不构成故意伤害。但张三构成"主动投案"，这是因为案发后张三主动报了警，在原地等候并未离去，等待办案过程中态度较好，并如实供述案发经过。张三的供述与原告、证人的供述基本吻合。治安管理处罚法中，本着"处罚与违法行为相当"的原则，我们认为张三的违法行为情节较轻，且主动投案。二者权衡之后本所决定不给予行政处罚。

审判长：好，最后一个问题，对于第三人具有同样违法事实的人是否作出同样的处理？

被告：本所是作出了同样的处理。平时办案中对于殴打他人的行为人，情节不足以构成轻微伤且行为人态度较好且主动投案的，也同样给予不予处罚决定。

审判长：请问第三人，你对于被告作出不予处罚决定有什么意见？

第三人：我没有意见。

（四）法庭辩论

审判长：通过当事人的陈述、举证质证及法庭询问，法庭调查结束。下面进行庭审小结，通过法庭调查，法庭总结一下本案的庭审焦点，即：

1. 八宝山派出所呈请延长办案期限的行为是否合法；

2. 八宝山派出所对《中华人民共和国治安管理处罚法》第 19 条与第 43 条的法律适用是否错误。

这是本院总结的最关键的两点。现在开始进行法庭辩论，辩论中需要遵守的有关规定已向各方当事人告知，请各方当事人先围绕争议焦点进行辩论，之后有其他争议焦点可以再提出。辩论依照顺序进行。首先由原告陈述辩论意见。

原告委托代理人：尊敬的审判长、陪审员，我是原告的代理律师靳律师。法大法硕律师事务所接受本案当事人的委托，并指派我担任本案诉讼代理人。接受委托之后，本诉讼代理人进行了阅卷并进行了全面调查，今天又参加了庭审，对于该案有了较为全面的了解。现在我方陈述辩论意见。首先，本案中公安机关办案时间延长了 30 日，其依据为《中华人民共和国治安管理处罚法》第 99 条的规定：公安机关办理治安案件的期限，自受理之日起不得超过 30 日；案情重大、复杂的，经上一级公安机关批准，可以延长 30 日。为了查明案情进行鉴定的期间，不计入办理治安案件的期限。显而易见，本案案情不复杂，既然不复杂为何需要延长 30 日，我方认为适用法律与实际矛盾。

审判长：请问原告委托代理人和原告本人有无需要补充的地方？

原告：没有。

原告委托代理人：没有。

审判长：好的，下面请被告对此发表辩论意见。

被告：针对原告靳律师提出的意见，我方回应如下。关于办案期限延长的问题，根据《中华人民共和国治安管理处罚法》第 99 条的规定：案情重大、复杂的，经上一级公安机关批准，可以延长 30 日。为了查明案情进行鉴定的期间，不计入办理治安案件的期限。在本案中，查明案件与鉴定时间为 10 天。本案在办案期限上符合法定程序。原告称本案程序前提与处理结果截然相反，是在知道本案结果的基础上倒推本案并不符合案情重大、复杂的前提，事实上公安机关是根据实际办案的真实情况作出延长办案期限的决定。办案时间予以延长，恰恰说明作出不处罚决定是本所经过深思熟虑、考虑各方因素，而不是随意作出的。

审判长：好，被告委托代理人和被告本人还有其他要补充的吗？

被告委托代理人：没有。

被告：没有。

审判长：另一位代理人或原告本人还有其他辩论意见吗？

原告委托代理人：有。尊敬的审判长、陪审员，我是原告的代理律师于律师。根据法律和事实，现发表如下辩论意见，请法庭予以考虑。首先，根据《中华人民共和国治安管理处罚法》第 43 条第 1 款规定，殴打他人的，或者故意伤害他人身体的，处 5 日以上 10 日以下拘留，并处 200 元以上 500 元以下罚款；情节较轻的，处 5 日以下拘留或者 500 元以下罚款。本案中，派出所对张三作出《不予行政处罚决定书》，请问被告方是否认为张三并未违反《中华人民共和国治安管理处罚法》第 43 条第 1 款的规定，没有殴打他人呢？没有伤害他人身体呢？该决定明显严重偏离真相，属于法律适用错误，行政处罚畸轻。根据原告所叙述的上述事实，原告与张三发生普通辩论系日常生活纠纷，主观上没有惹是生非、故意挑衅的意图，客观上也并没有殴打对方的行为。然而，张三却在这场普通的纠纷中，大打出手，寻衅滋事，主动掌掴原告。其挑衅斗殴意图明显，人身危险性极高，不仅对原告的个人安全造成极大的威胁，更重要的是此蓄意的挑衅斗殴、主动掌掴的行为造成了恶劣的社会影响，对于本地民风淳朴善良、民众团结友爱，以及一直以来保持优良治安风气的社会环境造成了极大的破坏，属于情节十分恶劣的社会恶性案件。因此公安机关应当按照《中华人民共和国治安管理处罚法》第 43 条第 1 款规定的殴打他人的情形处理，对张三给予行政处罚。并且，张三此举对于原告的身心健康造成了外人无法亲身感受到的严重侵害。容貌对于一个正值桃李年华的靓丽少女来说，多么的重要。我们至今仍可以清晰地看见她脸上的伤痕，多少个夜晚她都流着眼泪度过，忍受着他人流言蜚语，不敢出门的日子并没有那么好过，这已经严重影响到原告的正常工作生活，给她的身心带来了巨大的伤害，出于对女性群体或对一个刚刚踏入社会的孩子的保护来讲，法治社会绝不能轻易姑息张三这种恶劣的行径。

审判长：本庭提醒一下，原被告接下来对于本案的辩论意见请围绕争议核心进行，与本案争议核心无关的内容请简要陈述。原告委托代理人和原告本人还有其他要补充的吗？

原告委托代理人：没有。

原告：没有。

审判长：那被告对于原告提出的有关法律适用的陈述有无辩论意见提出？

被告：关于对张三作出的处罚决定适用法律的问题，张三的行为本来是要按照《中华人民共和国治安管理处罚法》43条第1款作出轻微处罚，但是基于其殴打情节较轻，且在案发后主动报警，在原地等候，在公安机关办案过程中态度较好，并如实供述案发经过，属于主动投案，因此又符合19条第4款，治安管理处罚法中，本着"处罚与违法行为相当"的原则，我们认为张三的违法行为情节较轻且主动投案，所以本身轻微的处罚又减轻，最后决定不给予行政处罚。完毕。

审判长：被告另一位委托代理人以及被告本人有无补充？

被告委托代理人：没有。

被告：没有。

审判长：第三人有无要补充的辩论意见？

第三人：没有。

审判长：那么请原告继续发表辩论意见。

原告：公安机关在对张三作出的《不予行政处罚决定书》中依据《中华人民共和国治安管理处罚法》第19条第4项，然而该第19条第4项是这样规定的，违反治安管理但主动投案，向公安机关如实陈述自己的违法行为的，可以减轻处罚或者不予处罚。但本案中张三并不属于《中华人民共和国治安管理处罚法》所规定的主动投案并向公安机关如实陈述自己的违法行为的情形。张三是在殴打原告后被原告要求报警处理，其主观上并无主动投案的意图，而是我方原告的要求，公安机关完全混淆两者区别，对该法的理解不仅不够充分，甚至歪曲立法意旨，公安机关理当不应以此为由对张三作出不予处罚的决定。

审判长：原告另一位委托代理人以及原告有无补充？

原告委托代理人：没有。

原告：没有。

审判长：请被告对此进行答辩。

被告：本案中第三人张三在案件发生后没有逃离现场，而是报警并且在原地等待警察到场，并向公安机关如实陈述了自己的行为。并且即便如原告诉讼代理人所讲第三人张三没有报警，张三仍在原告甲某报警后原地等待，没有逃跑。更遑论第三人张三已经报警，因此公安机关有充分理由认为第三人张三构成主动投案并向公安机关如实陈述自己的违法行为的情形，可以以此为依据最终作出不予行政处罚的决定。完毕。

审判长：被告另一位委托代理人或被告本人有补充的辩论意见吗？

被告委托代理人：没有。

被告：没有。

审判长：那么请第三人发表辩论意见。

第三人：我没有需要补充的辩论意见。

审判长：好的。那么对本庭总结的焦点均已辩论完毕。请问原被告是否还有需要补充的焦点？

原告：原告还有一点补充，我们认为公安机关提供的《司法鉴定意见书》合法性存疑。根据《公安机关办理行政案件程序规定》第87条的规定，为了查明案情，需要对专门性技术问题进行鉴定的，应当指派或者聘请具有专门知识的人员进行。需要聘请本公安机关以外的人进行鉴定的，应当经公安机关办案部门负责人批准后，制作鉴定聘请书。首先，由派出所自行寻找的司法鉴定所，是否是完全独立，是否存在沆瀣一气的情况，其独立性存在一定的疑问。其次，原告提供的证据材料中只出示了《鉴定聘请书》，但根据《公安机关办理行政案件程序规定》第87条的规定，《鉴定聘请书》的制作需要经公安机关办案部门负责人的批准。本案所示证据材料中并未提及司法鉴定所出具《鉴定聘请书》是否经过负责人批准。因此，该《司法鉴定意见书》的出具存在程序上的瑕疵，其合法性存在一定疑问。完毕。

审判长：请被告对此进行回应。

被告：好的。关于本所提供的《司法鉴定意见书》合法性的问题，首先，司法鉴定机构有鉴定资质，属于独立的第三方鉴定机构，鉴定结果也是没有异议的；其次，我方出具的《鉴定聘请书》已经过上一级公安机关负责人批准，以北京市公安局石景山分局的名义进行委托鉴定，我们已经在庭前证据交换阶段提交了经公安机关办案部门负责人的批准的相关证据材料。

审判长：在庭前证据交换中有出示是吧？

被告：对。

审判长：原告是否还有辩论意见？

原告：有。我方想请问被告，本案中公安机关没有为我方当事人进行调解。根据《中华人民共和国治安管理处罚法》第9条的规定，对于因民间纠纷引起的打架斗殴或者损毁他人财物等违反治安管理行为，情节较轻的，公安机关可以调解处理。经公安机关调解，当事人达成协议的，不予处罚。我方认为应当调解而未调解，属于程序有误。

审判长：请被告对此进行回应。

被告：关于没有进行调解的问题，《中华人民共和国治安管理处罚法》第9

条的规定，对于因民间纠纷引起的打架斗殴或者损毁他人财物等违反治安管理行为，情节较轻的，公安机关可以调解处理。公安机关"可以调解处理"，而不是"应当进行"，调解并非本案的必经程序。在处理本案时，原告情绪极为不稳定，我方警员对当时情况已经进行了详细陈述。当时情况下调解明显不能解决纠纷。后续原告也并未提出自己有调解的意愿，调解也就不了了之。我所对此案已作出裁决，并且已走上行政诉讼的程序，但我们仍然对双方当事人提出希望，希望双方当事人本着"以和为贵"的理念，握手言和，从根本上达到化解矛盾的目的。原告以未经调解为由主张本所作出的不处罚决定是"傲慢无礼"的，这是对我所的凭空抹黑，毫无事实根据。

审判长：请第三人发表辩论意见。

第三人：我没有需要补充的辩论意见。

（五）最后陈述、休庭、闭庭

审判长：各方当事人已经就争议的问题充分发表了意见。如果没有新的辩论意见，法庭辩论结束，现在由当事人进行最后陈述。陈述的内容应简明扼要、言简意赅。首先请原告作最后陈述。

原告：坚持我方的诉讼请求。

审判长：好的。被告，请作最后陈述。

被告：我方坚持答辩意见，请求驳回原告诉讼请求。

审判长：好。本案已经经过了法庭调查和法庭辩论，并听取了双方的最后陈述。合议庭将在对本案进行评议后，依法作出裁判，并当庭宣判。现在休庭20分钟，合议庭进行评议，20分钟以后在本法庭继续开庭。

书记员：全体起立！请审判长、人民陪审员退庭。

【休庭20分钟】

审判长：现在继续开庭。经过合议庭评议，现在进行宣判。由于本次是当庭宣判，因此法庭今天仅对事实认定、本院认为及裁判主文部分进行宣读，具体法律文书的内容以最终送达的裁判文书为准。

经审理查明，2022年4月1日16时许，在北京市莲花东路与小屯路交界处，原告甲某驾驶机动车在非机动车道上停车过程中，第三人张三认为其影响道路交通秩序，遂发生口角。二人言辞激烈，在争执纠纷过程中，张三掌掴了甲某的左脸颊。甲某随即拨打电话向被告八宝山派出所报警，张三亦在现场拨打电话报警，随后二人均在现场等待民警出警。接报后，八宝山派出所出警，将原告、第三人及证人丙均带回派出所，办理了受案登记，并为甲某出具了《受案回执》，并分别对甲某、张三、证人丙分别制作了询问笔录。当晚，派出所工作人员带原告验伤，由医院出具《检查报告单》。2022 年 4 月 3 日，八宝山派出所以石景山分局的名义委托北京市盛唐司法鉴定所对甲某进行伤情鉴定。2022 年 4 月 13 日，北京市盛唐司法鉴定所出具《司法鉴定意见书》，认定甲某身体所受损伤不构成轻微伤。2022 年 4 月 26 日派出所采用《传唤证》的方式，将张三传唤至该派出所接受询问，并依法将传唤情况通知张三的家属。2022 年 6 月 3 日，八宝山派出所作出被诉《不予行政处罚决定书》，于同日向甲某、张三送达。甲某不服被诉不予处罚决定，于 2020 年 6 月 4 日向本院提起行政诉讼

本院认为，根据《中华人民共和国治安管理处罚法》相关规定，被告石景山分局对于其辖区内发生的治安违法行为，具有进行警告及 500 元以下罚款的治安管理处罚法定职责。

关于被诉处罚决定程序的合法性。本案中，被告八宝山派出所于 2022 年 4 月 1 日接到原告和第三人的报警当日受理后，于 2022 年 6 月 3 日作出被诉不予处罚决定。并于 2022 年 4 月 3 日办理委托鉴定手续，2022 年 4 月 13 日北京市盛唐司法鉴定所出具《司法鉴定意见书》。根据《中华人民共和国治安管理处罚法》第 99 条规定，鉴定期间不计入办案期限，八宝山派出所的办案期限并未超出法定期限，办案程序合法。

关于法律适用是否正确。本案中，原告甲某将相关车辆停放在非机动车道的行为确有不当，且经鉴定甲某身体所受损伤不构成轻微伤。八宝山派出所综合考虑整个纠纷的具体情况，认定张三实施掌掴甲某面部的违法行为属于情节较轻，本院认为该认定合理。根据《中华人民共和国治安管理处罚法》第 43 条第 1 款规定，殴打他人，或者故意伤害他人身体，情节较轻的，处 5 日以下拘留或者 500 元以下罚款。

同时，本案中张三具有主动投案、如实陈述违法行为的情节，符合《中华人民共和国治安管理处罚法》第 19 条第 4 项规定的"减轻处罚或者不予处罚情形"。而根据《公安机关执行〈中华人民共和国治安管理处罚法〉有关问题的解释（二）》中关于适用减轻处罚的规定，由于本案中法定处罚种类只有一种，在该法定处罚种类的幅度以下无法再减轻处罚，应当不予处罚。因此，被告八宝山派出所对张三不予行政处罚，事实认定清楚，适用法律正确。

针对原告依据《中华人民共和国行政诉讼法》第 70 条，以适用法律、法规错误的或者行政行为明显不当的，请求人民法院判决撤销并判决被告重新作出行

政行为，本院不予支持。

综上，依照《中华人民共和国行政诉讼法》第 69 条之规定，判决如下，请全体起立：驳回原告甲某的诉讼请求。案件受理费 50 元，由原告甲某负担（已缴纳）。如不服本判决，可以在判决书送达之日起 15 日内向本院递交上诉状，并按对方当事人的人数提出副本，上诉于北京市第一中级人民法院。

请审判双方核对庭审笔录，当事人和其他诉讼参加人认为对自己陈述的记录有差错的有权申请补正，核对无误后签字、退庭。本案闭庭！

第四章 法庭论辩研习：王某诉派尼科 包装公司劳动争议案

一、案情简介

2008年5月16日，派尼科包装公司雇佣原告王某在其车间工作。根据公司规定，原告有60天的试用期。同年6月30日，车间经理H先生解雇了原告，原告称被解雇的原因是她拒绝了H先生的追求，因此向杭州市西湖区人民法院提起诉讼，要求派尼科包装公司赔偿相关损失。

二、证据

证据1：违纪行为意见书

时间：2008年6月2日

员工：王某

评价：效率低下，完不成流水线上的配额工作，离开工作位置的时间过长。

领班：陈某

经理：H先生

员工意见：／

员工确认：王某

证据2：违纪行为意见书

时间：2008年6月11日

员工：王某

评价：迟到10分钟，两次着装不合适，效率低下。

领班：陈某

经理：H先生

员工意见：／

员工确认：王某

证据3：违纪行为意见书

时间：2008 年 6 月 27 日

员工：王某

评价：迟到 20 分钟，效率低下，完不成流水线上的配额工作，休息时间过长。

领班：陈某

经理：H 先生

员工意见：／

员工确认：王某

证据4：终止劳动合同通知书

尊敬的王某女士：

2008 年 5 月 16 日你与我公司签订了劳动合同，其中规定了 60 天试用期，在试用期期间由于你工作效率低下，经常迟到，各方面表现不佳，不符合本公司要求，公司决定不再与你继续劳动合同，公司即日起与你终止劳动关系。

根据有关规定，公司将发给你剩余工资 1000 元和 100 元的遣散费，共计人民币 1100 元。请在 6 月 30 日中午 12 时前办理交接手续，并领取本月的工资及相关费用。

派尼科包装有限责任公司（公司印）

签发人：H 先生

2008 年 6 月 30 日

证据5：劳动合同

〈派〉劳合 17 号

甲方（用工单位）名称：派尼科包装有限责任公司

地址：杭州市文一路 5 号友谊大厦 3 楼

电话：0571－288653××

法定代表人：Bryan Allen

乙方姓名：王某

性别：女　　年龄：22　　学历：本科

籍贯：广州　身份证号码：44068119770217361××

现住址：杭州市天目山路 888 号 3 单元 402 室

电话：137322890××

根据《中华人民共和国劳动法》《中华人民共和国劳动合同法》《杭州市劳动合同条例》及其他法律规章及政策，经平等、自愿协商，甲乙双方签订本合同。

第一条　工作任务及工种

1.1　乙方在甲方担任营销部职员，乙方应根据甲方的要求完成甲方安排的具体工作。

1.2　乙方同意甲方认为必要时可安排乙方从事其他工作，包括试用期期间的转岗实习。

1.3　正式录用后，如甲方发现乙方不适应或难以胜任工作，甲方可将乙方调整到更适合乙方的工作岗位并相应调整其工资。如乙方仍不能胜任新的工作岗位，甲方有权解除本合同。

第二条　合同期及试用期

2.1　本合同有效期自 2008 年 5 月 16 日至 2010 年 5 月 16 日，试用期 60 天。

2.2　甲方在试用期届满前有权对乙方进行评估，如经评估乙方不符合录用条件，严重违反员工手册或出现法律规定的其他情形，甲方有权解除本合同或调整乙方的工作岗位并相应调整其工资。

2.3　本合同期满前，甲方有权对乙方工作表现进行评估考核，并与乙方协商合同续订事宜。

第三条　工作时间

标准工时制：每日工作不超过 8 小时、每周工作不超过 40 小时的工时制度。每个工作日享有 30 分钟的用餐，上午和下午各有 15 分钟的休息时间，该段时间不计算在每周 40 小时的工作时间内。

第四条　劳动报酬

试用期阶段为每月 1200 元，试用期合格后转为正式员工，收入按下表计算：

乙方每月税前工资总额为	[1500]	元人民币
其中基本工资为	[1000]	元人民币
生活津贴	[500]	元人民币
其他	[　　]	待定

4.1　甲方于每月 26 日前（含）向乙方发放当月工资。

4.2　乙方自入职工作满 1 年后，可根据甲方内部规定享受 2 个月基本工资金额的年终奖金，具体规定详见员工手册。之后年终奖金计算截止到每年的 12 月 31 日。

4.3　甲方根据经营情况及乙方的工作业绩和表现向乙方发放奖金，具体办法甲方制定。

4.4　加班工资的计算方法

4.4.1　甲方安排乙方延长工作的时间，甲方向乙方支付加班工资（乙方小时工资乘以加班小时乘以 150%）。

4.4.2　甲方对乙方在休息日加班给予调休或支付加班工资（乙方小时工资乘以加班小时乘以 200%）。

4.4.3　如乙方在法定休假日加班，甲方应支付的加班工资为乙方小时工资乘以加班小时乘以 300%。

4.5　乙方的加班及加班工资应根据本合同第 3 条规定的乙方具体适用的工时制而定。具体有关加班工资的计算以及支付方式请参照员工手册。

第五条　劳动保险和福利待遇

5.1　甲乙双方必须依法参加社会保险，按月缴纳社会保险费。乙方缴纳部分，由甲方在其工资中代为扣缴。

5.2　劳动合同解除时乙方经济补偿（生活补助费）按国家有关法律、法规、政策以及甲方依法制定的规定执行。

5.3　乙方患病或负伤的医疗期及其待遇按国家有关法律、法规、规章、政策执行。

第六条　休假

6.1　乙方除了可以享有法定假期外，还享受带薪假，带薪假包括带薪年休假和公司带薪假。乙方工作第 1 年可享有 6 天的带薪假，第 2 年可享有 10 天的带薪假，第 3 年开始至第 20 年内可享受每年 12 天的带薪假，满 20 年后每年可享有 15 天的带薪假。

6.2　带薪年休假和公司带薪假的定义以及带薪假的使用请参照员工手册中的带薪假条款。

6.3　其他休假按国家有关法律、法规、规章、政策执行，具体见员工手册。

第七条　劳动纪律

7.1　乙方应自觉遵守国家的法律、法规和社会公德、职业道德，自觉维护甲方的声誉和利益。

7.2 乙方在合同期内必须遵守甲方现今及今后依法制订和不断修改的各项制度和纪律,包括员工手册、行为准则和操作程序指南等。

第八条 劳动合同的变更、解除、终止

8.1 符合《劳动合同法》规定的条件或者经甲、乙双方协商一致,可以书面形式变更本劳动合同的相关内容或者解除合同。

8.2 除因乙方不胜任工作,甲乙双方无须签订书面变更协议甲方即可依法适当调整乙方工作内容外,其他对本劳动合同的变更,双方应当签订《变更劳动合同协议书》。

8.3 本合同部分条款变更后,未变更的部分仍然有效。

8.4 《劳动合同法》规定的终止条件出现的,本劳动合同予以终止。

8.5 在本劳动合同解除或终止后,乙方办理工作交接。应当支付经济补偿的,在办结工作交接时支付。

第九条 违约责任

甲乙任何一方违反本合同规定,给对方造成经济损失的,应当承担赔偿责任。

第十条 争议解决

甲乙双方因履行本合同发生争议,当事人可以向劳动争议仲裁委员会申请仲裁。对仲裁裁决不服的,可以向人民法院提起诉讼。

第十一条 法律适用及合同执行

11.1 本合同适用中华人民共和国法律。

11.2 本合同未尽事宜,按照国家及省市有关规定执行。

11.3 本合同如与今后国家的法律法规相抵触时,以国家新的法律法规为准。

11.4 凡本合同中涉及的附件包括员工手册、行为准则和操作程序指南是本合同不可分割的一部分,与本合同具有同等法律效力。如附件与本合同之间有不一致,以本合同内容为准。

11.5 本合同经甲乙双方签字或盖章后生效。本合同一式叁份,具有同等法律效力。甲乙双方各执一份,其余用于人事档案备案。

甲方:派尼科包装有限责任公司(公司印)　　乙方:王某

签字:H 先生　　　　　　　　　　　　　　　签字:王某

时间:2008 年 5 月 16 日　　　　　　　　　时间:2008 年 5 月 16 日

证据6：原告王某的陈述

我的姓名是王某，1986 年 3 月 21 日生，学历是大学本科毕业。2008 年 5 月，通过我的好朋友李某玉的介绍到了被告派尼科包装公司工作。当时填完工作申请表后，我受到了 H 先生经理的面试，并顺利获得了雇佣合同，5 月 16 日开始正式上班。

根据当时公司的规定，所有新员工要下车间实习 60 天作为试用期，期满后另行分配工作，我的实习工种是车间包装工，工作时间是每天 8 小时，一周 40 个小时左右，午餐时间休息半小时，上午下午各有 15 分钟轮休，实习阶段月工资 1200 元人民币，转正后进入采购部工作，月薪将是 1500 元人民币，表现好的话，每年还有一定的奖励。试用期开始后，我开始从事包装工作，领班是陈某。周一开始上班，第一个星期安然无事。

周五是陈某的生日，这个流水线上的员工下班后和他一起去喝酒。我们去了距离公司 1 公里远的"九点半"酒吧。因为整个星期我都是和李某玉一起挤公交车上班，所以我们是一起去的酒吧。到了之后大概有 20 个员工在那里聚会，因为开始没有足够的座位，所以我们都站着，等到 7 点之后，我和李某玉把两张桌子并到一起，然后坐下来。H 先生 1 个小时后才到，那天晚上我没有与他讲话。他坐我旁边时，我有点惊讶。当然，陈某也坐在那里，和 H 先生坐对面。

我们又聊了一会儿，H 先生为桌上的每个人买了一瓶酒。我喝了 4 瓶，因为空腹喝酒我感到有一点头疼。派尼科包装公司对员工着装无过多规定，那天我穿了 T 恤衫和牛仔裤。我们大家一起聊天，后来李某玉的男友马某也来了，由于座位比较挤，我又正好坐在 H 先生的旁边，所以只能四个人挤在一张沙发上了，但是过了一会 H 先生突然就把他的手放在我的膝盖上。我不知道该怎么做，所以我什么也没说。我试图做的像什么也没发生，继续我们的谈话。很明显，H 先生因为我什么也没做而大胆起来，他的手又移到我的大腿上。我只能坐的更靠近李某玉一些，把我的腿移开，他才住手。

之后我们一群人一起准备离开酒吧，无意中，我和 H 先生落后了一点，等到我们出来的时候，其他人已经走了，这时 H 先生说他有车可以送我，我虽不太愿意，但是当时头很痛，所以也就勉强答应了。当我们在我家楼下停下时，他告诉我工作做得很好，还说等我试用期结束后会得到提升。还说虽然通常是陈某提出提升建议，但他才是最后决定者。当他跟我说话的时候他又把手放到我的大腿上。我当时很害怕，因为只有我们两个人，而且街上的灯光不好。我没有离开，但告诉他我得走了。他说想给我一个 goodbye kiss，我想这是美国人说再见的礼节，所以也不好意思拒绝，但是没想到我在把我的脸转向他时，他突然吻了我，我当时很惊讶但没有抵抗或把他推开。我很快下了车。当我进到楼里以后，我给李某玉打了电话告诉她刚才发生的一切，我告诉她我的心里怪怪的，很不舒服。她当时说 H 先生是要追求我，我说我才不要，他都可以做我爸爸了。

2008 年 5 月 26 日我早上 8 点上班。我看见 H 先生在他的办公室里跟陈某说话。他的办公室靠近员工去车间的入口。他办公室的前面几乎全是玻璃。下面的三尺是混凝土块，其他的全是窗户。

H 先生还是照样在上班时间到车间转几次。有时他会停下来跟某个员工或者陈某说话，其他时候他会查看一下车间是否运行正常。大约 9 点 30 分的时候，H 先生走到我这，问我是否过了个好周末。他没有多说什么，我们谁也没说周五晚上的事情。

在第一个星期我跟陈某在工作上没有什么问题。但第二星期的周一时，陈某指责我说我的工作拖沓，不够快并且在浴室休息的时间过长。周一那天 H 先生对我的工作表现什么也没说，他只是早上跟我说了那一次。在接下来的一周中，陈某一直监视我，指责也没有停息过。李某玉不在这条流水线上工作，但是我还是向她抱怨陈某。

2008 年 6 月 2 日周一我继续去工作，陈某拿着一个书面意见书在等着我，上面说我不在工作岗位上的时间太长，而且达不到要求的生产配额。他告诉我在开始工作之前他不得不和 H 先生见一下。我和陈某在 H 先生办公室等他到来，陈某给了他一份意见书复印件。H 先生看了之后提醒我说我在试用期，再有任何书面意见书将会影响他是否决定将我转成正式员工。我和陈某离开办公室时，H 先生告诉我说我得在意见书上签名，让我签完名后还给他。在我离开办公室之前他告诉我，我笑的时候更漂亮。当时我因为工作受指责心里很难过，就说我不喜欢笑，他说我不用为工作担心。当我转身要走时，H 先生问我下班后要不要跟他一起去喝几杯缓解一下情绪，我拒绝了他。我直接去了我工作的地方，在 H 先生办公室里的延长逗留激怒了陈某。我尽我所能去努力工作，尤其当陈某在旁边时。

那天 H 先生还是照常在车间转。在前几次，他完全无视我的存在，我感到他是对我的拒绝感到恼火，这让我有些不安，我不想因为这个影响到我获得一份稳定的工作，于是决定找个机会和他打个招呼以缓和一下这种气氛。下午下班的时候我经过他的办公室和他说再见，他走过来说了几句客套话，然后他递给我一张纸条，叫我回去再看，事后我看到了纸条的内容是："我很喜欢你，也真的希望能看到你成功。"我还把这张纸条给李某玉看了，李某玉说他对我有好感。

　　之后的日子我尽力好好工作，但没有想到陈某没什么可以挑剔我的，竟在服装上开始找我茬。公司本来对员工在车间工作时的着装就没有很具体的要求，又是五六月份，杭州的天气很热，车间内又没有空调，我们大家基本上都开始穿T恤。我认为我的T恤没有太紧或有挑逗性。但是6月4号陈某开始指责我的着装。那天，因为天气太热，我将T恤袖子卷至肩膀，并在腰际那打了个结。当他说这样着装不合适，会影响到其他员工时，我马上放下袖子，打开结。马某强在我旁边工作，他告诉陈某他没有被我的着装干扰到，陈某评价说我是在工作不是在海滩上。

　　H先生在15分钟前曾经过我这里，他没有对我的着装作任何评价。事实上，当他经过时他朝我笑了。几天之后，为了避免陈某再次指责，我就穿了一件宽松得体的T恤去上班。T恤的前面写着："当你在读这些文字时，你正在盯着看。"当马某强看见时，他说他要做一个慢读的人。林某在旁边工作，当她听到他的话时，她告诉他的文盲终于有回报了。我只是在笑这个笑话，对他俩没说任何事情。

　　过了一会，H先生来车间转，看到了我的T恤，对上面的文字说了几句，马某强说H先生视力不好，需要近一点看，H先生听到后笑了，我也在笑他们的笑话，但没有任何评论。不一会陈某到了，麻烦开始了。他告诉我那件T恤不合适，我得反着穿。马某强建议我立即在那里换下来，但是陈某对我说休息时反过来穿。

　　我工作的第四周开始时平安无事，我想我的工作表现进步多了。陈某在我这个地方不会花太多时间。然而，2008年6月11日，当我来上班的时候陈某在等我。我那天睡过头了，因为前一天没有设置闹铃，手机也关了，李某玉也没联系到我，我早上8点10分才到，迟到了10分钟。这是我到这个公司上班的第一次迟到。陈某告诉我他在写我迟到和平时的表现。书面意见书上说我迟到，着装不得体，还是个工作效率低下的员工。

　　陈某给了H先生一份意见书复印件。当H先生早上转到车间时通知我休息时到他办公室去。我在午饭休息时去他办公室，H先生的桌上有一份意见书复印件，他看了看，问我有什么要说的。我告诉他我早上睡过头了，H先生问我的男友为什么没有叫醒我，我告诉他我没有男友，所以自己睡。他笑了笑，然后提醒我说我在试用期，我没说什么，始终低着头，他拍我的肩膀，然后对我说如果我再有什么问题的话，我将不会转成正式员工，更不用说去做正常的白领工作了。后来，他让我在意见书上签名，这段时间他的手一直没有从我的肩膀上拿走，而是从肩膀的位置放到了我的腰部，然后贴近我的身体，我很不舒服，但是又不能说什么，毕竟 2 个月时间就快要结束了，他递给我一支笔，然后凑到我耳边很近，对我说"签字吧"。我赶紧签了，因为这种姿势太让我尴尬了。当我转身要逃离的时候，H 先生挡在了我和门之间，问我有没有漂亮的生活照，希望我能给他一些，还说既然我没有男友他希望可以周末带我去"雷迪森"跳舞，他说他跳的很好，但是特别想和我跳，我说周末已经有其他安排了，急忙走出办公室。整个下午我的心情都很紧张，一直在想中午的事情，我很想去和人力资源部的冯某反映这个事情，但是想想毕竟 H 先生才是对我的工作做决策的人，说了肯定没用。下午 H 先生转到车间的时候走到我身边悄悄对我说下班时候到他办公室去一下。我下班的时候还是去了，但是让李某玉等在门口，让她超过 5 分钟的时候就给我打手机。我进到办公室后，H 先生一直对我微笑，说其实我可以表现得更好些，因为我是个聪明的人，我什么也没说，然后他从抽屉里拿着一个礼盒放到我面前，拿起我的手对我说这个是送给我的礼物，我说不要，他说他坚持，不要让他不高兴，这期间他一直摸着我的手不放，我希望赶快走，所以接过了礼物说了声"谢谢"，就赶紧出来了。在路上，李某玉叫我打开礼物，我打开后看到是一套黑色女士内衣，李某玉当时叫了起来说这也太夸张了，H 先生一定是对我有意思，我说这让我太苦恼了，因为我并不喜欢他，但是这样的情况好像已经不是我能控制的了。从那天晚上开始，我的睡眠开始出现问题，满脑子都是在想自己应该怎么办。

那个周六下午，我离开公寓去见几个朋友和买东西。当我刚要走出住所的单元门时，我看见 H 先生开着车从小区的通道经过。我等了一会确定他走了才走出去。当我正走出小区门的时候，看见 H 先生从对面方向开过来了，为了避开他，我赶紧跑进附近的一家小店装着买东西，但我没有看到 H 先生伸出头来。

2008 年 6 月 16 日周一我去上班，H 先生走出办公室停下来向我打招呼，问我周末过得好不好，我说很好，并问他周末干什么，他笑着说他很寂寞，在等我的电话，可是我没有打。我什么也没说，而且我们两个谁也没有说周六下午时他开车经过我的公寓这件事。

周一又是很热的一天，那天早上什么特殊的事情也没发生。在午饭休息时间结束时我往脸上和脖子上泼了一点冷水凉快一下，当我回去工作的时候我的 T 恤有点湿。马某强说了些关于我参加湿 T 恤比赛的话，我问他我会不会赢。林某听到了他的话后，对他说她要用冷水浇他。马某强说他会握住水管的，做我和林某之间的湿 T 恤比赛的裁判。一会的嘲弄之后我们三个开始回到工作中。

陈某碰巧经过，看到了我的 T 恤，他又一次指出我的着装不合适。马某强对他说那天下午公司有湿 T 恤比赛。陈某只是看了看马某强，告诉他不要怂恿我。

2008 年 6 月 18 日周三，李某玉被东西砸到了脚不得不离开车间去做 X 光。在下午休息时我给我的一个男性朋友张某打了电话，要他下班来接我。我在 4 点 30 分晚一点就离开了公司，走到主门那里等他。5 点不到时 H 先生开车到主门这，并问我要不要搭便车。我告诉他说我在等一个朋友，不需要搭车。他问我张某是男是女，我告诉他我这个朋友是前一份工作时和我一起工作的人。我没有告诉他我的朋友是男的是因为我想这跟他无关。他没有重复问题但是他继续和我闲聊，我知道他在等着看谁会来。几分钟后，我的朋友来了，我立刻和 H 先生说再见。

周四早上，因为李某玉仍在看医生，所以我自己坐公交车上班，当我到时 H 先生在车间入口处站着。他要我去他的办公室，告诉我陈某指责湿 T 恤事件。他说陈某在工作上没有太多的幽默感，但是当你了解他时会发现他是一个很好的人，然后他说如果我花时间去了解他，我会发现他也是一个很好的男人。当我问 H 先生我是否可以去工作时，他问我下班之后去哪，我告诉他张某是我唯一的朋友，他会送我回家。H 先生说如果我让他送我回去的话，他不仅会请我吃饭，还会送我比上次更有趣的礼物。我一想到上次的礼物脸就红了，他说他喜欢看我害羞的样子，很美。我没说什么，尴尬地笑了笑后就去工作了。因为这个事情耽搁了些工作时间，我到岗时大约 8 点 15 分，陈某在等我。在他说话之前我告诉他说刚才 H 先生在和我谈话，他叫我不要觉得自己年轻就老在老板面前晃，然后就走开了。我很恼火因为是 H 先生骚扰我在先，而且我没有鼓励他这样做。

2008 年 6 月 23 日周一，H 先生在车间入口处又一次叫住我问我周末过得好不好，我说很好，他又问我有没有见张某，我说对不起这是我的事情，他说他觉得张某在追求我，我又一次告诉他我们只是朋友不是在约会。他又问我是不是在商场把工资全花完了。这句话把我吓坏了，我想他怎么知道我去买东西的。我对 H 先生什么也没说，但我担心他在跟踪我。当我一来到岗位上时，陈某就来到我这里了。他告诉我他知道我没有迟到，但是看到我在跟 H 先生调情。我告诉他不是这样的，是 H 先生在我进车间的时候叫住我的。陈某说如果我以前更好地工作的话，我就可以不跟 H 先生调情了。我当时很生气，但又没有发作，心情开始变得越来越紧张，人也慢慢地开始变得比以前安静了很多，有时候同事从我身边走过我总以为是 H 先生，在之后的工作和生活中李某玉偶尔也说我好像变得有些神经兮兮的。

周二那天 H 先生下班时叫住我，他要我进他的办公室，我照做了，他告诉我周六是他生日，想和我单独出去庆祝。我告诉他对我来说跟老板约会不是很方便，委婉地拒绝了他。H先生站在我和门之间，我感到很不舒服，我告诉他我要走了就从他身边走过去了。

周五，我挤的公交车途中抛锚了，等我赶到车间的时候已经8点20分了，陈某已经在等我了。我解释了，但是他仍然说要给我一份书面意见书。周五那天H先生去车间逛了几次，而且都没看我，我感觉到自己陷入了麻烦，因为陈某会给我另一份意见书而H先生不理我，这样我的工作很可能出现大问题。为了改善一下不良的气氛，下班时，我在H先生的办公室那里停下来祝他生日快乐并祝他有个愉快的周末。他问我是否改变主意周六和他共进晚宴了，我告诉他说没有。由于连续的情绪紧张，我老是失眠、心慌，总是担心害怕什么。前段日子，几个在杭州工作的大学同学聚会，讲到同班女同学小霞自杀未遂，据说她得了抑郁症。我知道她找工作时不顺利，交往多年的男朋友又分手了。我担心自己也得抑郁症了，所以周末我去浙一医院看了医生，医生诊断说我是轻度抑郁，让我减轻一些思想负担，调整好情绪，适当注意休息，并建议我休息3天。我决定周一拿着病假单到单位去请假。

2008年6月30日周一，这是李某玉受伤后我们第一次同行。我要她早点走因为我不想迟到。当我到车间的时间是7点50分，我没有看见陈某或H先生。几分钟后林某就到了，她说看见陈某和H先生在车间的入口处。她说他俩并没有真的在谈话，看上去好像在找人。我知道这不是一个好兆头。十几分钟后，马某强到达了工作岗位，他说迟到了，而且必须从陈某和H先生之间穿过，他说他只是笑笑，尽快地走过去。

当陈某走到我这里来时大概8点15分，我正在工作。我继续工作试着不理他，但他还是走到我这里，手里拿着一张意见书。他对我说："你是怎么溜进来的？"我告诉他我8点之前就来上班了，如果不信可以查我的时间卡。我拿出自己的病假单递给陈某，陈某接过来看了看就扔在一边，说正好有礼物要送给我，可以让我好好休息休息，于是递给我一张2008年6月27日作出的意见书，上面写着周五我迟到，而且工作效率低下，休息时间超过规定时间。他告诉我H先生要立即见我。

我去了H先生的办公室，他拿着一份意见书的复印件在等我，他告诉我陈某从开始就在指责我，他试图劝陈某给我时间去适应新工作。他走近我说看来不仅我的能力不够，而且不够聪明，所以我不能再继续工作了，我应该打卡出去，上交我的工作证。他递给我一份文件，是《终止劳动合同通知》。我很沮丧因为我尽力了，我请求 H 先生再给我一个机会，我告诉他我这么早来上班就是因为我周五迟到了不想再迟到。H 先生告诉我没有机会了，他已经给过我很多机会了，是我不懂把握，他对我很失望，他已经作出了最终的决定。我太生气了，也顾不得什么了，大声斥责 H 先生我被解雇是因为我没有和他出去，他说我失去了另一个机会，然后叫了保安带我到人力资源部办理离职手续，之后我被带出工厂。

当我被派尼科公司雇佣时，我有一本员工手册，我知道手册中包含着禁止骚扰，并向人力资源部报告的规定。这些管理人员在车间旁边的大楼里面，我被雇佣时到该部门去填写那些文件了。在我解雇之前我从没有向人力资源部报告，我不止一次看到冯某（人力资源部主任）经过车间，我从没有向她举报 H 先生。

王某
2008 年 8 月 1 日

证据 7：H 先生的陈述

我的姓名是 H 先生，1952 年 6 月 26 日出生。2003 年 2 月，我的妻子 Nancy 跟我分居。几周之后，Nancy 提出离婚，并且申请了禁令。我们刚分居时，我待在我们的房子里，我和 Nancy 吵了一架。我们两个都冲着对方嚷，我很生气。我从没有打过 Nancy 或者朝她扔东西，但是她的律师向法官申请了禁令。我意识到我们不可能和解，所以我没有反对禁令。我也从没有违反禁令。我们于 2003 年 8 月 19 日离婚。

我自从 1985 年 9 月就在派尼科包装公司工作。1993 年 1 月我成为两条包装流水线的领班。陈某在我下面工作，1996 年 10 月我被提为车间经理时他被提为领班。

李某玉在陈某下面的包装流水线工作。2008 年 4 月流水线出现一个空缺岗位时，李某玉说她有一个朋友，叫王某，正在找工作。李某玉是个好员工，所以我愿意接受她的推荐。我告诉李某玉说他的朋友可以填写一张人力资源部的求职申请表。

2008 年 5 月王某来面试，我给了她这份工作，我同意她 2008 年 5 月 16 日开始上班。我把她送去人力资源部见冯某，完成了文件登记手续。

所有新员工有 60 天的试用期。60 天之后他们就转成正式员工，享有医疗保险和其他福利。我向王某说明了这些，而且在新员工拿到的员工手册中也写明了这些内容。

我一天会到车间去几次，看看一切是否运行正常。我知道所有员工的名字，我会跟他们简短的打个招呼或说会儿话，尤其是在他们休息时。当我进车间后走到李某玉那对她说我给了王某一份工作，谢谢她的推荐。我知道李某玉说我说过要雇佣她所有的漂亮朋友。我可能这样开过玩笑，不过我不记得我们说了什么。

王某在陈某下面工作。王某和李某玉在不同的流水线工作，从流水线一个工作位置是看不到另一条流水线发生了什么的。即使员工在不同流水线工作，他们休息时仍然可以聊天。

陈某负责监管流水线，并且负责解决发生的问题。如果一个问题很严重的话，员工会收到一份书面意见书，我会和员工一起看一下。大多数时间陈某和其他交意见书的领班也会参加会议。员工应该在意见书上签字，如果对发生的事件有争议的话可以在上面注明。

我对车间里谁被雇用或者解雇有最后的决定权，即使我会注意车间里发生了什么，但是我通常会依靠领班的评价作最后的决定。

我不记得王某的第一个星期工作上有什么不平常的状况。有几次我看到她正在工作，她看上去在学习怎样工作。在第一个星期，新员工会由某人培训，所以王某有人帮着工作。我注意到她在举重一点的箱子时很费力。

我和王某会偶尔打个招呼。在第一个星期，我只跟她说了两三次话，问她是否顺利，她没有抱怨工作或者陈某。

2008 年 5 月 23 日，有些员工决定下班后留下来喝酒给陈某庆祝生日。他们告诉我去"九点半"酒吧，我说我做完车间的工作就去，我在别人下班一小时以后才离开工作车间的。

当我到"九点半"酒吧时有些员工已经离开了。李某玉和其他人把桌子并到一起所以每个人都可以坐下。我跟陈某坐对面，当我坐下时发现王某坐在我的右边，李某玉在她旁边，后来来了一个年轻男子坐在李某玉另一边，王某说那是李某玉的男朋友。

李某玉的大部分时候在跟她男朋友讲话，所以王某跟我和陈某谈了很多。我不知道我来之前王某喝了多少，但是我确实给桌上的人各买了一份酒。王某很友好，我看不出她和陈某在工作上有任何问题。

王某坐的位置紧靠着我，而且频繁地碰到我。大约 1 个小时之后，我把手放到她的膝盖上。王某什么也没说，也没推开我，所以我继续放了一两分钟。王某和其他员工一样穿着牛仔裤。

我可以说王某玩得很开心，并没有打算一会就离开。等我们一群人一起准备离开酒吧，她和我一起走在最后，我不知道她是不是有意想跟我单独相处，但是等我提出用我的车送她回家时，她丝毫没有犹豫就接受了。

王某住在流水苑小区的公寓里面，我们几分钟就到了那里。我在公寓楼前停下来，又聊了几分钟。我不记得我们谈了些什么，但她看上去非常放松，不急着下车。我弯下身子亲吻了她，她没有推开我或者进行反抗，还说了声晚安才下车。她看上去并没有因为我吻她而烦恼。

当王某离开后，我意识到不应该吻她，因为我是她的老板，而且我们年龄差距太大，我想周一不再向王某提起这件事，看看她有什么反应。

2008 年 5 月 26 日我在车间巡视时看到了王某，我们相互问了好，谁也没提周五晚上发生的那件事。我也没跟陈某或者任何人提过。

那个星期里，陈某有些时候告诉我他对王某的工作表现不满意。他说她是个工作效率低下的员工，当她的休息时间结束时不能及时回去工作。我告诉陈某如果这些问题继续存在的话就告诉我。

那个星期我去车间巡视的时候就非常留意看王某的工作表现是不是进步了。王某很友好，我经常看见她跟其他的员工说话，尤其是她去休息或休息回来的时候。她举重一点的物品时还是有问题，我希望她能变得更强壮，工作学习上有所进步。

周四时，陈某告诉我如果王某周五的工作还没有进步的话，他会给她一份书面的意见书。我告诉他这是他的决定，如果他给她书面意见书的话我周一早上将会跟他和王某谈一下。周五傍晚，陈某离开之前对我说王某周一上班时他会给她一张书面意见书。

2008 年 6 月 2 日周一早上上班时，我发现王某和陈某在我的办公室里。陈某给了我一份书面意见书的复件，我快速看完了，提醒王某她是在试用期，如果她再收到书面意见书的话可能就不会转成正式员工了。

意见书在送给人力资源部前要求员工在上面签名，陈某先走了，王某留下来签名，她显得很沮丧，脸上都是愁苦的表情，我不希望她因此丧失工作热情，毕竟还是年轻的新人，所以我就鼓励她说当她有更多经验后工作就会变得容易些。为了让她轻松一些，我告诉她应当笑着，而且她笑的时候更漂亮，可她明显没从沮丧中解脱出来，她回答我说不喜欢笑。

我看到王某说在她离开办公室前我请她出去喝酒，我没有请她，因为刚讨论过她的工作表现，请她出去不合适。王某在我告诉她笑的时候更漂亮时立刻就离开了办公室。那天晚些时候王某在车间跟我打过招呼，我们简短地说了几句话，她看上去还是很重视我的意见，当然，她还是很沮丧，我不希望她因为一份书面意见书就彻底地否定了自己，我希望看到她在工作上积极进步，作为领导和前辈，我也想给新员工最大的帮助和鼓励，所以我写了一张字条下班后给了她，内容是："我很喜欢你，也真的希望能看到你成功"

几天之后，王某和陈某又起了冲突。车间里很热，王某把她的 T 恤的袖子卷了起来，并且在 T 恤的下面打了个结。我看到她了，但对她的衣着什么也没说，过了一会儿我才知道后来陈某经过时要求王某解开她的 T 恤。

接下来的那个星期王某和陈某在着装方面又起了冲突。她穿了一件上面写着"当你在读这些文字时，你正在盯着看"的 T 恤。我看到后说我在试图读这些文字呢，马某强在旁边听到我的话后说我应该走近一点，因为我的视力很差。王某听到这些笑话的时候也在笑，很明显她很喜欢引起注意。当陈某过来时我不在旁边，但是下次我看到王某时，她的那件 T 恤是反着穿的。

当我在车间里转时我没有意识到王某的工作表现有什么不同之处。她频繁向我问好或者短时间停下来问我一个问题。我知道她不是我们最好的员工之一，但是她看起来在进步。

2008 年 6 月 11 日王某迟到了，陈某给了她另一份书面意见书。意见书上提到她的日常工作表现和她的着衣问题。我告诉王某下次休息时到我的办公室来，她午饭的时候进来了。她说她迟到是因为睡过了头，我说了她男朋友叫她起床的事，我把它看成一个玩笑，可是她没有开玩笑的心情，所以我就不说了。

我劝告王某努力工作，提醒她如果她的工作表现还没有进步的话她将不会被雇佣为正式员工。我把书面意见书放到桌子上让王某签字，然后她离开去吃午饭了。

我的桌子对着墙，我得走到王某的后面去走出办公室。我经过她时没有碰她，也没有请她一起吃晚饭。那天下午，当我在车间转时王某笑着向我打招呼，她绝对没有表现出很厌烦我。这次收到书面意见书她不像上次那么沮丧了，但是我看得出她的情绪还是有些低落和紧张，我想她大概需要我的鼓励，所以我就让她下班的时候到我办公室，我跟她谈了一下，主要是鼓励她，希望她更有自信。

王某的公寓在交通繁忙的天目山路上，在我知道王某住在那之前之后，我都有很多次经过那里。我知道王某说她看到我开车经过她的公寓，而且在很短的时间内从相反的方向返回来。她可能看到我开车经过，但是我没有跟踪她，也没有在她的公寓前反复的开车过来过去。

我知道陈某很厌烦王某的湿 T 恤，那个时候我没有在车间转，所以我什么也没看见，我知道王某怂恿某些男员工看到她时发表评论。

2008 年 6 月 18 日，李某玉被什么东西砸了脚，不得不离开工厂去拍 X 光片。王某一直是跟李某玉一起上班的，那天傍晚当我离开工厂时，看见王某站在主门那儿，我问她需不需要搭便车，她说一个朋友会来接她。我等了几分钟以确定王某有人接回家。我们边等边聊天，然后一个男的开车过来。我问王某是不是她男朋友，她说只是同事关系。

第二天，当王某上班时我看到她了，陈某已经跟我说过了湿 T 恤的事情了，所以在王某进车间时我提起了这件事了。我问她晚上是否需要搭便车，她说她可以自己坐公交车。我告诉她说李某玉不上班时如果她需要搭便车可以告诉我一声。我没有请她出去吃饭，但是我说过在回家的路上我会给她买一份麦当劳快乐餐。王某谢过就去工作了。我没问她前天晚上她和朋友干什么了，那天我在车间看到王某几次，每次她都笑着向我问好，看上去我请她搭便车没有惹怒她。

对我来说无论是在车间还是在休息室跟王某谈话都不奇怪，我不记得 2008 年 6 月 23 日周一我们谈话的具体细节了。我确定我问她周末过得好不好，我没有问她周末有没有跟别人约会，因为上周五是发薪水的日子，我记得我问过她是不是把薪水花光买东西了。我不知道她是不是去买东西了，但是我以为她去了，开了这个玩笑。

那个星期余下的那几天我和王某之间没发生什么事，周四或者周五王某离开休息室时我跟她说几句话，她问我周末有没有计划，我告诉她说周日是我的生日，我的一些朋友周六会带我出去吃晚饭，我没有请王某加入我们。周五下班的时候王某在我办公室那停下来祝我生日快乐，我谢谢她并祝她周末愉快。

王某离开车间后，陈某来到办公室告诉我那天早上王某又迟到了，他还说王某没有进步，应该被解雇。我们讨论了她的记录，我告诉陈某当她周一上班时我解雇王某。陈某写好意见书，说周一他会把意见书送给王某。

2008 年 6 月 30 日周一，当王某的轮班开始后她进了我的办公室，我告诉她事情没有解决，陈某不断指责她的工作表现，她被解雇了，然后叫保安护送她出去。

第一次王某说她被解雇是因为没有跟我出去，我说不对，她已经收到好几次警告了，我告诉她是李某玉给她介绍的这份工作，但是她自己没有好好利用这次机会。我想她当时这么想是因为她被解雇了很烦恼，当她静下心来以后应该没什么事了。

王某是唯一一个没做满 60 天试用期的员工，陈某告诉我王某没有进步，我们认为剩下的几个星期里也不会有所改变。

H 先生

2008 年 8 月 7 日

证据8：李某玉的证言

我是李某玉，我从2004年就在派尼科包装公司工作。我在包装流水线上工作，领班是陈某。车间经理是H先生，陈某直接向他报告车间情况。

陈某负责两条相互挨着的包装流水线，从我开始工作的时候他就是我的直接上司。两条流水线上的员工互相看不到。

2008年4月，我听说另一条流水线上有一个空缺岗位，我想到了王某，我们从高中开始就是朋友，我知道她当时正在找工作。我向H先生介绍了一下王某的情况，他让我拿一张申请表给王某填写，然后带回来给他。几天后，H先生在他办公室面试了王某，他的办公室前面差不多全是玻璃，我能看到他们在交谈。不一会儿，我便看见H先生和王某在转着介绍车间。

当我午饭休息时间结束回去工作时，H先生走过来告诉我他雇佣了王某。我说谢谢他，他说我应该告诉我所有其他的漂亮朋友来申请工作。

2008年5月16日王某开始上班，我们都是一起乘公交车。第一个星期王某没有任何问题，但是她的确说过这是份辛苦的工作。

2008年5月23日周末时，我们决定去"九点半"酒吧庆祝陈某的生日。我和王某一起去的酒吧，并且打电话给我男朋友马某，告诉他下班后在哪里见我们。酒吧很挤，我们都站着喝酒。有些人离开了，所以我们可以把几张桌子拼在一起围着坐下来，王某当时坐在我旁边。H先生开始没在那，当我坐下后才第一次见他。他坐在王某旁边，陈某坐在他对面。后来我男朋友马某来了，他坐在我另一边，这样我们四个人坐了一张沙发，座位比较挤，大家都往中间凑了凑。

当我们坐下后，H先生给每个人买了一份酒。我大部分时间都在和马某还有我们对面的人说话，偶尔会跟王某说话，但她大部分时间都在和陈某和H先生说话。我们大约坐了1个小时后王某开始向我这边靠。一开始我没在意，但是不一会儿她又向我这边靠。我觉得不太对劲儿，就用眼神询问她，她含蓄地说她需要更多的空间，并且眼睛瞟向H先生，我看到他正向王某靠近，所以我向外移了一下，好给王某多一点地方。

之后我们一群人一起离开酒吧，我跟男朋友在一起。大约半个小时后，王某给我打电话，说H先生送她回家时吻了她，她有点不知所措。我告诉她H先生可能想追求她，并说H先生不是她吻的男人中最坏的，她说是最老的，都可以做她爸爸了。我们的谈话很短，但是我没感觉到王某很烦恼。

我跟王某直到周一一起坐公交车时才又一次见面，我告诉她如果她跟H先生约会她一定会转正，但是王某说她没打算跟H先生约会，那天亲吻时他们都喝了酒。她没有因那件事烦恼，但是我可以确定她不想因这件事受嘲弄。

我和王某走进车间时我们看到 H 先生和陈某在他的办公室里。王某直接去了她工作的地方，我也去了我工作的地方。我从工作的地方看不到另一条流水线，所以我不知道那天发生了什么。那天回家的路上王某也没说关于 H 先生和陈某的任何事情。

H 先生一天通常要去车间转几次，陈某负责两条流水线，他不可能一直监视着我们。我在 H 先生办公室里看见陈某很多次，他负责给工厂的其他部门打电话确定生产和运输发货。

我们一天之中有两次 15 分钟的休息时间和 30 分钟的午饭休息时间。我们不能同时休息，因为我们得保持流水线的运行。我们休息时不需要把工作时间卡插入计时钟打上时间。有时我休息时会看见王某，我知道王某不会总是按时回到她的工作岗位上。有几次我进休息室时她已经在那了，但是她还会跟我一起待着，再一起回到工作岗位。我也看到王某回到工作岗位时在与其他员工说话。每个人都会在某些天多待几分钟，王某跟别人没什么区别。

直到这个星期的后几天我才知道王某和陈某之间出现了问题。王某抱怨说陈某一直在监视她并且指责她的工作。我跟陈某之间没有问题，所以我鼓励王某尽最大努力坚持。

如果员工拿到书面意见书，他就得见 H 先生和陈某。员工需要在意见书上面签名，上面为员工留出来一个地方可以写任何评论。我认为意见书是放到员工档案里的。接下来的那个星期一（6 月 2 日），我听到流言说王某收到了一份书面意见书，并且被 H 先生叫去办公室了。下班后，王某告诉我她收到了书面意见书，H 先生和陈某跟她谈过话了。当陈某离开后，H 先生约她一起出去，并且提醒她 H 先生才是最后决定她以后能否留在公司的人，但是她拒绝了一起出去的要求。王某还给我看了一张纸条，说是 H 先生下班后偷偷递给她的，上面写着"我很喜欢你，也真的希望能看到你成功。"我当时还逗她说："看来经理是认真了，他肯定对你有意思，你好好考虑一下吧。"

有一天王某穿着一件写着"当你在读这些文字时，你正在盯着看"的 T 恤时，我告诉她这件 T 恤会让她引起更多注意，她只是笑。我不知道陈某指责过她卷起 T 恤的事情。如果我知道，我可能对王某说她穿这件 T 恤不合适。下班后我看到王某时，那件 T 恤是反着穿的。王某告诉我是陈某要求她在休息时反过来穿的。

2008 年 6 月 11 日，当我正要离开公寓时王某给我打电话让我先走吧，她睡过头了，之后自己过去。我不知道她几点到的，不过过一段时间我看到她时，她告诉我她又收到陈某的另一张意见书。后来她也说了跟 H 先生见面的情况。很明显，H 先生说过她和她男朋友的事，并在让王某签字的过程中刻意跟她进行亲密的身体接触，还跟她要生活照片，并且再一次提出带王某外出，到"雷迪森"跳舞，但是王某还是没有答应，她说即使她丢了这份工作，她也不会跟他一起出去。

下班的时候王某告诉我 H 先生要在办公室见她，她有点担心，就让我等在门口，如果超过 5 分钟她没出来就给她打电话。我透过窗子看到 H 先生递了一件东西给王某，还一直握着王某的手不放。回家的路上，王某告诉我 H 先生刚才给了她一件礼物，她为了赶紧离开只好收了，我让她打开看看，居然是一套黑色女士内衣，我觉得太夸张了，就打趣王某说 H 先生肯定喜欢她。但是王某看起来并不轻松，她说自己并不喜欢 H 先生，所以他这样的举动只会让她感到苦恼和惶恐，她很担心自己控制不好这种情况，一晚上她都显得忧心忡忡。

2008 年 6 月 18 日，我失手把箱子砸到了脚上，不得不离开工厂去拍 X 光。离开前，我告诉王某她得自己去坐公交车或者搭便车回去了。

在我出事的前几天，王某跟陈某又起冲突了。那天很热，当王某午饭后离开休息室时我看到她了。她的头发和 T 恤都湿了。我没对她说什么，但是当她一会告诉我说陈某指责她的湿 T 恤时我一点也不觉得惊讶。王某还笑着说如果 H 先生经过的话，那件湿 T 恤会保证她得到一份固定工作的。

我直到 2008 年 6 月 30 日才上班。我不上班的那几天跟王某谈过几次，我觉得她好像精神差了很多，而且很容易被惊吓到，一点小的响动她就很紧张的左顾右盼，好像很没有安全感。我很担心她，问她怎么了，她突然就哭起来，说 H 先生老是骚扰她，约她出去，关心她的社交生活，甚至可能在跟踪她，自己已经冷淡地拒绝了，可是他还是不肯放过自己；而陈某又误会自己在老板面前卖弄风情。她觉得自己很累，又要防着 H 先生，又要被陈某冤枉，又要保住工作，真是心力交瘁，她还说不知道自己能不能撑下去。她周日打电话给我是约我周一一起坐公交车上班时，她说我们最好早一点去，因为她不想迟到。我告诉她我得在工作之前去一下人力资源部，是应该早去一会儿。我们早到了 20 分钟，王某直接去了车间。我知道她在 8 点之前就开始工作了。

那天晚些时候，我听到王某被解雇了。我知道一些其他试用期的员工没有被转成全职的正式员工，但是这是我第一次看到有人在 60 天的试用期内被解雇。

那天我回到家给王某打电话，她告诉我今天在 H 先生办公室里听到 H 先生宣布解雇自己的时候，她大声斥责 H 先生，说自己被解雇是因为她没有和他出去，H 先生说她失去了两次好机会。

李某玉

2008 年 8 月 15 日

证据9：陈某的证言

我叫陈某，在派尼科包装公司工作了 16 年。9 年前，H 先生成为车间经理时，我代替他成了两条流水线的领班。李某玉在我的流水线上工作了 4 年。

流水线出现空缺时，李某玉告诉我她有个朋友正在找工作。我告诉李某玉她得跟 H 先生说，因为他是做雇佣或解雇决定的人。几周后，王某被雇佣了。

根据公司规定，所有新员工都有 60 天的试用期。在包装流水线工作很累，因为必须快速工作，并举起一些重的包裹。从一开始，我就怀疑王某能否胜任这项工作。

第一个星期，王某接受培训，跟我或者其他的员工在一起工作。我注意到王某喜欢聊天，但她应该花更多的时间工作。我开始对王某做出评论以促其提高工作效率。

每个员工上下午各有 15 分钟的休息时间，加上午饭 30 分钟的休息时间。流水线不能关闭，所以员工一般会在运行慢的时候或者有人休息回来时去休息。我们没有要求员工记录休息时间。如果有人滥用休息时间的话，我会加以指责的。

王某从一开始在休息时间上就有问题。有时她会跟要休息或者休息回来的员工说话。员工有时会快速地离开去休息，而王某看起来并不想利用她的休息时间去休息室休息。

在王某工作的第一周结束时，我们去酒吧庆祝我的生日。王某和李某玉一起来的，和 H 先生一起离开的。在他们离开前我们坐了一两个小时。在酒吧我没有看到王某和 H 先生之间的接触。他们双方离开时看上去也没有什么不高兴。

王某被解雇后，我听到了一些 H 先生骚扰她的议论。H 先生没有告诉我他请王某出去，也没有对我说应该怎样对待王某。当 H 先生在车间巡视时，我看到他俩经常谈话。因为王某有点卖弄风情，我以为她在巴结老板。

2008 年 6 月 2 日星期一，我给了王某第一份书面意见书。那是因为她工作拖拉，不在工作岗位的时间太长。如果我给了某个员工一份书面意见书，那个员工和我就要去见 H 先生来谈这个问题。

我们俩同 H 先生见面平静无事。他告诉王某她想试用期满后转成正式员工就必须更好地工作。员工必须在意见书上签字，还可以在上面写意见。当王某在签字时我离开了办公室。他们谁也没对我说我离开后他们的谈话。

那个星期的另一天，我口头指责了她的着装。车间里很热，王某把T恤的袖手卷起来，并且把T恤的下面打了个结，所以她的腹部就露出来了。我告诉她说她的着装不合适，把结打开，把袖子放下来。马某强说王某很漂亮。但是我说我们不是在海滩上。

几天以后，王某穿了一件上面写着"当你在读这些文字时，你正在盯着看"的T恤。我告诉她不应该穿那样的T恤来上班，休息时反过来穿。马某强又说要让王某立即换过来，王某觉得很有意思，可我没觉得。

后来一周王某的工作表现也没有大的改变。有时她工作的很努力，但是我感觉当我在旁边时她才会更努力的工作。2008年6月11日，王某迟到了。我因为她的迟到、全部的工作表现和不合适的着装又给了她一份书面意见书。

我给了H先生一份意见书复印件，他说他会跟王某谈谈的。那天上午很忙，我没有参加王某和H先生的谈话。我不知道他们说了些什么，但是下午晚些时候我看到当H先生在车间里转时王某走过去了，他们交谈了一两分钟。

下个周一我和王某又发生了另一件事。那天车间里很热，王某应该是在她午饭休息时把水从头上浇下来。当我在车间看见她工作时，她的头发和T恤全湿了。我告诉王某她的外表不合适，马某强又说了些话。我感觉到王某喜欢她所引起的注意。

2008年6月27日周五，王某又迟到了。当我遇见她时，她说路上堵车。这是她第二次迟到，而且她的工作表现没有丝毫进步。与其再给她一张书面意见书，我决定不如直接找H先生谈谈这个问题。

周五一整天我都很忙，直到员工们离开后我才有机会跟H先生说话。我告诉他王某又迟到了，应该被解雇。我们讨论了所有的问题。H先生说周一王某来工作时他会解雇她。

我准备了最后一份书面意见书，计划6月30日周一王某来上班时交给她。我没有看见她进来，大约在8点15分我在她工作的地方见到了她。我把意见书给她，对她说她得立即去见H先生。我没有去H先生的办公室，但是一会儿我就看见保安人员护送她出去了。

王某被解雇几个星期后人力资源部的冯某联系我。她说王某已向劳动争议仲裁委员会申请仲裁，声称H先生对她性骚扰。我告诉冯某，H先生没有跟我说起过请王某一起出去，而且对王某的所有指责是我指出的而不是H先生。

据我所知，王某是唯一的一个试用期60天未满即被解雇的人，我觉得没有理由拖延这个决定，因为她的工作表现没有进步。

陈某

2008 年 8 月 12 日

证据 10：马某强的证言

我叫马某强，从2001年6月就在派尼科包装公司上班。2008年5月的一天，王某被公司雇佣，并且和我在一条流水线上工作。H先生是车间经理，陈某是我所在的流水线和旁边的那条流水线的领班。

我不善于记日期，但是王某刚工作不久我们就去一个酒吧为陈某庆祝生日。我们都站着因为酒吧太挤了，我们没地方坐。我记得那天晚上我跟王某只是简短地说了说话，我那天喝了一瓶就走了。我不记得在我离开前H先生是否到那里了，但是有些员工把桌子拼在了一起，这样可以坐下来。在坐下之前我已经走了。周一时我没有听到我离开后发生了什么事情的传言。

我所在的这条流水线很多人来了又走。这是份很累的工作，因为一直很忙还要搬重箱子。王某是中等身材的女人，在搬重箱子时吃力。她看上去工作很努力，可以跟上工作的运行。我没有一直注意她，我们也不是搭档。但是她工作很好，尤其是对一个新员工而言。

王某很友好，与那个地方工作的任何员工都说话。她很吸引人，有时有点像戏弄人。车间没有空调，夏天会很热。一天，王某把她的T恤的袖子卷起来，下面的衣服打了个结，露出一部分腹部。当然，流水线上的一些男员工很乐意，并在议论。王某回应了某些议论，看上去很喜欢引起注意。不一会儿，陈某来到这条流水线，叫王某把T恤的结打开。王某照做了，一些男员工说陈某破坏了有趣的事。

大概一星期之后，王某穿着那件写着"当你在读这些文字时，你正在盯着看"的T恤。一些男员工在谈论。我说要做一个慢读的人，林某说我是文盲之类的话。H先生经过时看到T恤了。我听不清楚H先生和王某在说什么，但是他们在笑。王某看上去很喜欢这些玩笑，直到陈某出现并且指责这件T恤。他告诉王某下次休息时反过来穿，我建议说立马换下来，但是陈某并不觉得有趣。

一两个星期后，王某午饭休息后回来工作时又惹怒了陈某。那天车间很热，王某用水龙头的水或其他东西从头上浇下来凉快一下。当她回来工作时她的头发和T恤都湿了。当然，我和一些男员工看到了并谈论了几句。我建议公司举办一次湿 T 恤比赛。王某和另一位员工回应了几句,我以为事情就这样结束了。然而,陈某过来了,被王某的外观惹恼了。

由于某种原因,陈某好像从一开始就想伺机惩罚王某。我们上下午各休息 15 分钟,午饭休息 30 分钟。我们休息时不用计时,有时一些人回去的晚一点。不过陈某好像在监视王某,当她没有按时回来工作或工作时跟其他人说话时他就会注意。

王某没有对我说起过 H 先生。每当 H 先生来车间转时,王某会特意跟他说话。他们的谈话不长,大多数时候我听不到他们在说什么。我觉得王某是个卖弄风情的人,当她和 H 先生在一起时就表现的那样。

我知道王某从 H 先生那里收到了几张书面意见书,因为这件事她被叫去 H 先生办公室好几次。她没有告诉我任何细节,只是说陈某对她很挑剔。当知道王某在试用期满前被解雇时我很吃惊。我知道有些人 60 天后没有被雇佣,但是我不记得任何人在试用期还没结束就被解雇了。我认为王某工作很努力,尽她的最大努力了。一些不如王某工作努力的员工在解雇前都被允许完成了 60 天的试用期。

马某强

2008 年 8 月 25 日

证据 11:林某的证词

我是林某,我从 2001 年就在派尼科包装公司工作。陈某是两条流水线的领班,直接负责两条相互挨着的包装流水线,我从开始工作时便在陈某的下面工作,他总是对我很公平。

2008 年 5 月王某被雇佣到我所在的这条流水线工作。所有的新员工第一个星期都被安排跟一个有经验的员工学习。王某被安排跟我学习。王某不是一个强壮的女人,搬一些重箱子时很吃力。但是,她学得很快,工作也很努力,可以让流水线运行。在第一周我没听到陈某指责王某,我告诉陈某,王某下周可以不需要我的帮助,自己工作了。

有些员工计划周五出去为陈某庆祝生日。我家有两个孩子,就没有去。据我所知,聚会应该是平静无事的,因为周一我没听到任何言论。

王某一周后便开始自己工作。王某看上去工作很努力,但是一个新员工的工作速度通常赶不上一个更有经验的员工。王某搬重箱子还是很吃力,但随着时间的过去,她这方面也有提高。

我们一天有两次 15 分钟的休息时间,30 分钟的时间吃午饭。员工可以在浴室里休息，但是我们会在运行慢一点时离开流水线去浴室或喝点水。我们不用在每次休息时计时。

　　员工休息时一般不会延长几分钟。如果休息时间滥用的话陈某会做出评价的。王某很友好，与那地方工作的任何人都讲话，很喜欢帮助人。她很可爱，也很漂亮，大家都喜欢和她交往。王某休息经常会多于 15 分钟，但很少会超过 20 分钟。

　　H 先生一天会到车间巡视几次。王某和 H 先生之间总有话说。他们谈论时间不长，但是 H 先生对王某说的话比我们其他人说的话要多。

　　在王某被解雇前她多次向我抱怨陈某。她感觉陈某总是监视她，任何小事都对她很挑剔。王某不是最好的员工，但她很努力，并且越来越好。

　　王某没有对我说起 H 先生请她一起出去或骚扰她的事情。但我有一次透过玻璃无意中看到 H 先生摸王某的腰，王某转开身子，好像是想躲开。

　　王某因为服装问题被口头指责过三次，但我不记得准确的时间了。第一次是那天车间很热，王某把袖子卷起来，把 T 恤的下面打了个结。这样就露出了肚脐，引起了这条流水线上的一些男员工的注意。马某强在王某的旁边工作，他谈论了几句，我听不到陈某说了什么，但是王某很快把结打开，放下袖子。

　　第二次指责发生在一周后。王某穿着一件上面写着"当你在读这些文字时，你正在盯着看"的 T 恤来上班。马某强谈论说要做慢读者，我对他说他不是，慢读者是文盲。H 先生经过时看到她的 T 恤，我听不到谈论的内容，但是，H 先生、马某强和王某在笑。当陈某过来时事情就结束了，我敢说陈某对王某不满意。在王某休息时，她将那件 T 恤反过来穿了。

　　第三次指责发生在车间很热的另一天。王某应该将头发放在水龙头下浇了，因为当她午饭回来时，她的头发和 T 恤全湿了。这一次，马某强又在谈论，我对他说他也需要用水龙头浇一下。几分钟后，陈某过来了，我听不到他说了些什么，但从他的面部表情可以看出他不高兴了。

　　我知道陈某给了王某几份书面意见书，也知道她去过 H 先生办公室去见 H 先生。有一次，王某回来时很烦，但她没有和我谈论什么。在 H 先生办公室里好像没有发生严重的事情，因为当 H 先生经过时王某和他继续相互问好和谈话。我记得 2008 年 6 月 30 日周一那天的事，因为那天发生的事比较特殊。那天我大概 8 点到车间，我到后发现王某已经在了，她和我打了招呼但似乎不像平时那么开心，我还问她："今天怎么来那么早啊？"她说："林组长，我可能要请假几天，我周末去看医生了，医生建议我休息几天。"那天上午陈某来找过王某，他把王某叫到一边，陈某手里拿着一张纸，我猜想那是意见书，他们似乎争执着什么，稍后，王某气呼呼的去了 H 先生办公室，忽然，H 先生办公室传出争吵声，透过窗户，我看到王某很激动地说着，情绪有点失控。不久保安带她出去了。从那天后，我再也没在车间看到过王某。

我知道王某被解雇时很惊讶。其他试用期内有问题的员工都被允许待到 60 天结束时再解雇。

林某
2008 年 8 月 10 日

证据 12：冯某的证词

我的姓名是冯某，从 1999 年 1 月就成了派尼科包装公司人力资源部的主任。我职责的一部分是处理员工招聘进来或离开的文件工作，也负责执行我们均等就业机会委员会的计划。因为种族、性别或者民族出身而歧视员工是违反公司规定的，公司也禁止任何形式的骚扰。

每个员工都有一本员工手册，上面有我们均等就业机会委员会的规定，以及如何投诉违反规定的行为。员工被鼓励而不是被要求向他们的直接上司投诉问题。手册中还向员工说明他们可以直接到人力资源部提出投诉。

我的办公室在行政楼，跟车间紧挨着。所有被雇佣的新员工都要到人力资源部填写一些要求的文件。员工如果有工资或者附加福利方面的问题他们也来人力资源部。每一个员工都知道力资源部的位置。

车间的员工不到 50 人，而且变化不大。我可以喊出所有员工的名字。我不是每天都会去车间，但如果我在休息室见到他们时总会与他们谈话聊天。

当王某被雇佣时我给她办理了登记文件工作，并给了她一份员工手册的复印件。我在车间看见王某不止一次，她没有对我说起任何 H 先生对她性骚扰的话。在王某被解雇前她也没有向人力资源部提交正式的投诉。

我负责管理员工的个人档案。如果一个员工收到了一份书面意见书或者其他训诫行为，我会收到一份复印件，把它放到员工的档案里。如果员工只是口头上的提醒或意见我是不会被通知的。

如果员工不同意书面意见书，可以在上面写上自己的意见。我不负责调查意见书上的所有争议，除了涉及违反公司均等就业机会委员会规定的争议。如果王某在她的任何一份意见书上写明 H 先生因为她不跟他一起出去而骚扰她的话，我会进行调查的。

当王某被解雇时，王某的工资是 1200 元人民币。根据当时公司的规定，所有新员工要下车间实习 60 天作为试用期，期满后另行分配工作，王某的实习工种是车间包装工，工作时间是每天 8 小时，一周 40 小时左右，午餐时间休息半小时，上午下午各有 15 分钟轮休，实习阶段月工资 1200 元人民币。如果王某工作能满 60 天的试用期的话，她将享受医疗保险；如果王某转正的话，她将进入采购部工作，月薪将是 1500 元人民币，一年以后，王某将会涨工资，如果表现好的话，王某每年还有一定的奖励。

　　我收到西湖区人民法院向我们公司送达的副本时，我才知道 H 先生和王某的事。我调查了这件事，跟 H 先生、陈某还有与王某一起工作的员工谈话了。在我任人力资源部的主任其间，有几位员工在试用期结束后没有被雇佣为正式员工。但王某是唯一一个试用期结束前被解雇的。

冯某

2008 年 8 月 20 日

证据 13：　　王某的医疗诊断说明书

三、法庭论辩研习

（一）案件主张（略）

（二）开场陈述

1. 原告开场陈述。

尊敬的审判长、审判员：

据有关资料显示，在我国有 84% 的女性曾经遭受过不同形式的性骚扰，其中 50% 发生在工作场所，其中又有 36% 来自上级。而本案中的王某女士，就是这样一位深受性骚扰之苦的女性。故此，我方只想证明一个基本问题，即 H 先生对王某女士构成性骚扰，王某女士有能力胜任工作却因拒绝骚扰而被无理解雇。

关于性骚扰，依据《中华人民共和国妇女权益保障法》规定，禁止对妇女实施性骚扰。依据《北京市实施〈中华人民共和国妇女权益保障法〉办法》第 33 条之规定，禁止违背妇女意志，以具有性内容或者与性有关的语言、文字、图像、电子信息、肢体行为等形式对妇女实施性骚扰。即构成性骚扰有两个核心要素，其一，违背妇女意志；其二，以具有性内容的一些方式进行骚扰。那么，在本案中 H 先生对王某女士的一些行为应构成性骚扰。在"九点半"酒吧陈某先生的生日聚会上，H 先生将手放在了我当事人王某女士的大腿上，王某将腿移开了。我要强调的是，在酒吧这样一种场所，男性上司将手放在女性下属的大腿上本身就是一种极具有暗示性的行为，但我当事人当时就已经用行动回绝了这种暗示。但是之后，H 先生又两次利用陈某向我当事人开出意见书而我当事人需要去他办公室签署的机会，对我当事人做了一些非常不适当的举动。比如，H 先生邀请我当事人出去吃饭、跳舞，向我当事人索要漂亮的生活照片，将手放在我当事人的腰部，身体不适当的向我当事人靠近，我当事人当时就一一予以拒绝或者将身体移开。很明显作为一个男性上司，H 先生在办公室这种工作场合对女性下属所做的行为是非常不适当的。但是，如果至此，我方还以最大的善意将 H 先生的种种行为理解成为一种追求的话，那么我当事人王某女士也已经相当明确地用一次次拒绝表明了自己的态度，即不愿意与上司发生超越上下级关系的事。那么 H 先生作为一个有正常社会经验和判断能力的男士，应该很清楚地知道我当事人一系列的拒绝所表达出的意愿，但是很遗憾，H 先生并没有尊重这种意愿。之后，他还两次询问我当事人和男朋友的事，问"他们是不是一起睡，她男朋友为什么没叫她起床"，还赠送给我当事人性感的黑色女士内衣，这些具有非常强烈性暗示的行为，已经严重侵犯了我当事人的性尊严。而我要强调的是，这些行为都是发生在我当事人已经屡次拒绝 H 先生且明确地表达了自己的意愿的情况下的。故此，我方有理由认为 H 先生的行为已经对我方当事人构成了性骚扰。

另外，我要强调两点：一是，H 先生的很多行为是利用其作为上司所具有的优势地位完成的。这里我仅举两例，①H 先生曾经明确地告诉我当事人他才是她去留的决定者，并且说相信我当事人是一个聪明人；②H 先生对我当事人的很多行为是发生在他的办公室，这当然具有很强的隐蔽性和对我当事人产生无形的压力。而我当事人去 H 先生的办公室只有两种情形，一种是由 H 先生签署陈某向我当事人开出意见书时，我当事人必须到 H 先生的办公室签署，另外一种是 H 先生要求我当事人过去。而我方想强调的是，即便是在这么具有隐蔽性和压力性的场所，仍有证人林某证明曾经亲眼看到 H 先生将手放在我当事人腰部，而我当事人移开了，证人李某玉证明曾经亲眼看到 H 先生紧紧抓着我当事人的手不放，但我当事人迅速离开了他的办公室。二是，我要强调的是，正是由于这种不平等的地位，所以我当事人对 H 先生的拒绝方式上是有很大局限性的。那么再回顾一下我当事人都是怎么拒绝的，我当事人从来没有接受 H 先生的邀请与他单独出去；我当事人在 H 先生将手放在她大腿上时，将腿移开了；我当事人在 H 先生身体不适当的向她靠近时，将身体躲开了；我当事人在 H 先生向她索要漂亮的生活照片时，没有给他；我当事人在后来两次 H 先生主动提出送她回家时，拒绝了。我的当事人在女性尊严与保住工作之间，无疑选择了前者，但是我们还有权利对她的拒绝方式提出更高的要求吗？故此，我方认为上述的一些行为已经相当清楚地表达了我当事人的意愿。

最后我要明确的是，我当事人王某女士有能力胜任工作，这在证人林某和马某强的证词中都可以得到证明。但是事实却是，在我当事人两次被开具意见书之后，没有对上司 H 先生的不适当行为给与回应，之后就成了唯一一个没有待满试用期就被解雇的员工，这不仅让我们对二者之间的关系产生合理的怀疑。

综上所述，恳请审判长、审判员维护女性员工合法权益，支持我方诉讼请求。

2. 被告开场陈述。

各位法官，各位陪审员，大家好！

我是派尼科包装公司的律师，下面请允许我做开场陈述。

当今的社会，一个现象我们不可否认，那就是人们的法律意识日益增强，人们更懂得如何用法律的武器来捍卫自己的权益，随着大众媒体的广泛介入，各式各样的侵权案件的曝光率也越来越高，特别是性骚扰这一类型的案件，不仅在理论上成为人们热议的话题，而且也是实务中人们的关注焦点。然而，正因如此，导致了一个令我们十分心寒的现象发生，即法律救济途径的便捷，使得有些人别有用心，不再单纯地用法律来捍卫自己合法的权益，而将其作为另谋他利的筹码。在今天的这个案件中，对方当事人王某因不能胜任工作被派尼科包装公司解雇以后，突然将性骚扰这顶帽子扣在了我方当事人 H 先生的头上，原因很简单，对方当事人王某是女性、女下属，而我方当事人 H 先生是男性、男上司。在男性女性，尤其是男上司与女下属之间发生纠纷，很容易让大众联想到是不是有性骚扰？而对方当事人王某正是抓住了大众有这样的心理，编造了各种证据，给我方当事人 H 先生扣上了性骚扰的帽子。而我要说的是，没有任何证据能证明我方当事人 H 先生对王某有性骚扰，而王某之所以被解雇是因为她在试用期内多次违规，屡教不改，不能完成公司规定的工作任务。

那么，下面让我们具体看一下这样几个事实：

第一，在刚才的开场陈述中，对方代理人以及当事人判定我方当事人 H 先生对其进行了性骚扰，而他们的依据在于我方当事人 H 先生对其有一系列这样的行为：比如摸她的大腿、约她到"雷迪森"跳舞、约她喝酒、约她单独庆祝生日、索要她的生活照片、送她黑色的女士内衣，而这些判定我方当事人对其性骚扰的依据完完全全只是对方当事人王某的一面之词，我方当事人 H 先生没有做过其中任何一件事情，而且在已有的证据当中，也没有任何形式的证据能证明我方当事人做过这些事情。所以，由此判定我方当事人 H 先生对王某性骚扰的理由是完全不充分的。而恰恰是在对方当事人自己的证词中，我们发现了这样一种迹象，即对方当事人王某有特意接近 H 先生的迹象。比如说，当 H 先生在车间视察工作时，对方当事人王某会特别留意 H 先生是否在看她，如果 H 先生没有和他打招呼，王某就认为我方当事人无视她的存在，要知道，我方当事人 H 先生到车间视察工作，没有规定必须和那些人打招呼，如果不和王某打招呼那是非常正常的事情，而在对方当事人王某看来这不正常，为此，她会主动地跟我方当事人 H 先生交谈，主动地打招呼，而且在下班以后，还会特意到 H 先生的办公室跟他说再见，当得知 H 先生的生日时，特意在下班后去办公室祝他生日快乐，并祝他周末愉快。从王某这一系列积极主动的行为来看，我们很容易感觉到是她在特意频繁地接触我方当事人 H 先生。而这一系列行为的背后却隐藏着这样一个目的，那就是希望博得 H 先生的注意，以保证能获得一份稳定的工作。因为王某自己说过，由于陈某会给其出具另一份书面意见书，而如果 H 先生也不在意她的话，她要长久获得这份工作就会有麻烦。所以当她意识到自己真的没有胜任这份工作的能力时，就想另谋他路，希望能通过博得 H 先生的好感来获得正式工作。

所以，王某频繁向我方当事人示好是有明显的目的的，而且对方当事人控告我方当事人对王某有性骚扰理由完全不充分。

第二，对方当事人王某之所以被解雇，原因只有一个，在试用期内，多次违规，屡教不改，工作态度严重不端正，完全不符合公司的录用标准。派尼科作为一个公司，在衡量一个新员工是否符合录用标准的时候，无非是从以下两个方面进行考量：其一，新员工在试用期内具体的工作表现如何；其二，新员工的工作态度如何。在这里，我要强调一点，只有在员工问题比较严重，或多次口头警告无效的情况下，派尼科包装公司才会想起出具书面意见书，而就在这短短的 60天的试用期内，王某就收到了 3 份书面意见书，单从数量上看，就足以表明王某不具有胜任这份工作的能力，从违纪内容上看，我们发现王某不仅新错层出不穷，而且会一而再，再而三地犯同样的错误，这就涉及工作态度的问题了，也就是说，王某完全不珍惜公司给她的一次又一次改正的机会，不把公司的忠告放在心上，而且直到现在，对方代理人和当事人还一直在强调自己犯的只不过是一些小错误，只不过是迟到几次，着装不合格，工作懒散效率低下。但是，犯一次错误是小事，不改正连续错误就是大事，因为这就是工作态度严重不端正的表现了。

所以说派尼科包装公司将王某解雇的理由是充分的而且是必要的。

第三，对方代理人和当事人在开庭陈词中强调是由于我方当事人 H 先生的原因造成王某患上了轻度抑郁症，而且也出具了一份医疗诊断说明书。首先，单就这份诊断书的真伪我要说一点，诊断书上很明确地写到该医疗诊断专用章的无效，而恰恰王某的这份诊断书没有盖章，所以，我们质疑它的真实性。其次，假设王某真患有了轻度抑郁症，我们也有充分的证据证明是王某自身敏感多疑的性格造成的，而非我方当事人的原因。因为当王某看见我方当事人开车从他小区前的公路路过时就怀疑我方当事人跟踪他，而王某所居住的小区是在公交十分繁忙的天目山公路上，那里每天都会有成千上万的车经过，况且那天还是周六，由此可以看出王某生性多疑。而且我在前面也提到了，王某很在意 H 先生是否留意她，只要没和她打招呼，她就有被我方当事人完全忽视的感觉。而我方当事人只是为了工作视察车间，没有必须跟她打招呼，所以王某太过于敏感。基于这几点原因我们有理由相信，造成她抑郁的罪魁祸首是她生性多疑以及过于敏感的个性。

派尼科包装公司有关禁止性骚扰以及如何救济，这方面规定也十分的缜密，王某是大学生，更加应该懂得如何用法律的武器捍卫自己的权利，而作为大学生的王某在其没有被解雇期间，一次都没向公司反映过。身为大学生的王某在就业形势如此艰难的情况下，更应该懂得珍惜公司给他的每一次机会，更应该懂得端正工作态度，努力工作才是正道，而不是别有用心，通过旁门左道来保住自己的工作。所以请各位法官，各位陪审员还我当事人 H 先生一个公道。

谢谢！

（三）直接询问

（直接询问 H 先生）

1. 问：请证人简要介绍一下自己的身份情况？

答：我叫 H 先生，1952 年出生。

2. 问：请证人简要介绍一下自己的工作情况？

答：我从 1985 年起就在派尼科包装公司工作。1993 年我成为两条包装流水线的领班。3 年后，我被提升为车间经理。

3. 问：王某具体是通过什么途径进入到派尼科包装公司上班的？

答：2008 年 4 月，流水线出现一个空缺岗位。我们有一位叫李某玉的员工，向我推荐了她的一个好朋友王某，我初步同意后就让她转告王某去人力资源部填写一张求职申请表。2008 年 5 月，王某来面试，我雇佣了她，并且同意她 2008 年 5 月 16 日开始上班，后来我把她送去人力资源部见冯某，完成了文件登记手续。

4. 问：你们公司的试用期制度具体是怎样规定的？

答：我们公司所有新员工都有 60 天的试用期，60 天之后他们就可以转为正式员工，享受医疗保险和其他福利。但是在这 60 天里得遵守相关的规定，这些规定在员工手册里都有详细说明，每人都发了，我也向王某说过这些。

5. 问：你在感谢李某玉的引荐时说过让李某玉推荐她的漂亮朋友来公司工作，有这回事吗？

答：嗯，我是说过，不过我是以开玩笑的口气说的，哪个公司不希望自己的女员工漂亮些，至少可以形成一条靓丽的风景线。

6. 问：关于员工的解雇问题，公司是怎么进行的？

答：对于车间里的员工解雇，我有最后的决定权，但是我会根据领班的评价来作出最后决定，领班陈某负责监管流水线，并且负责解决员工发生的问题，如果一个员工有很严重的问题的话，他会写一份书面意见书交给我，此时，我会和员工谈一下。如果员工被多次警告并且被出示书面意见书时，我才会考虑此员工的去留问题。对于解雇员工的问题，我是很谨慎小心的，员工如果没有到无可救药的地步，我是不会轻易解雇他们的。

7. **问**：王某刚开始工作时的表现怎么样？

答：第一周我观察过她几次，她都在学习如何去工作，看样子还不是很熟练，没什么工作经验，而且在搬箱子时，她显得很吃力。

8. **问**：2008 年 5 月 23 日，是陈某的生日，当天你们去了"九点半"酒吧为其庆祝生日，你把当时的情况简要描述一下？

答：那天员工们下班后就去了"九点半"酒吧，我是 1 个小时以后去的。座位很不宽敞，大家挤着坐。当时王某坐在我的右边，李某玉坐在她旁边，后来李某玉的男朋友来了，坐在李某玉旁边。李某玉大部分时候在跟她男朋友讲话，所以王某就跟我和陈某谈了很多。我来之前王某他们就已经喝了很多酒，我来了后给他们又各买了一份酒。王某是喝得比较尽兴。我们聊得很愉快，王某也很友好。

9. **问**：你当时把手放在王某的大腿上了，是不是有这回事？简要说明一下当时的情况？

答：当时我们都聊得比较尽兴，王某也玩得很开心，我们都喝了很多酒，由于空间的狭小，王某坐得离我非常近，基本上是贴着我。我不经意中很随意地把手放在王某膝盖上了，我本想放自己膝盖上，但是由于坐得太近，所以误放在了王某膝盖上，不过她也没说什么，也没有推开我，我意识到了就赶紧拿开了。

10. **问**：这次活动结束后是你送王某回家的，具体的经过是怎么样的？

答：活动结束后，大家一起离开酒吧，我走得比较慢，拖在后面，王某也走在最后，所以我俩就一起走的，我提出开车送她回家时，她很爽快的就答应了，我不知道她是不是有意想跟我单独相处。

11. **问**：到王某家楼下后，她并没有立即回家，这期间发生了什么？

答：是这样的，开车几分钟就到了王某家。我们在楼前停下车，她并没有立即回家，我们在车里聊了几分钟。她看上去很放松、很开心，我以西方人的礼节，怀着长辈对晚辈的关怀的心情轻吻了她一下，她没有推开我或进行反抗，而是欣然接受了，并且还跟我道别"晚安"后才下车回家的。她看上去并没有因为我吻她而烦恼，不过后来我意识到我这样做不妥，毕竟我是她的老板，而且我俩年龄差距太大，这件事我做得有些失策。

12. **问**：在这次活动结束后的一周里，王某的工作情况如何？

答：那个星期，陈某好几次告诉我说他对王某的工作表现不满意，说她是个工作效率低下的员工，总是擅自延长休息时间。我去车间巡视时留意过王某的工作表现，她在上班时经常跟其他员工聊天，还有她抬重物还是比较吃力，我希望她能慢慢适应，工作学习上都有所进步。

13. **问**：你写过一张纸条给王某，纸条的内容是"我很喜欢你，也真的希望能看到你成功"。这是在什么背景下写的，请你简要说明一下？

答：王某收到第一份意见书的那天晚上，她在车间跟我打了个招呼，我们简短地说了几句话，她看上去还是很重视我的意见的，因为上午刚讨论过她的工作情况。不过，她还是很沮丧，我不希望她因为一份意见书就彻底对自己失去信心，我希望能看到她在工作上积极进步，作为领导和长辈，我出于对员工的鼓励和关怀的心情，才写下了上述字条。

14. **问**：后来的几天里，王某由于服装不规范的问题，又被陈某指责了，这具体是怎么回事？

答：有一次，王某在工作时把T恤的袖子卷起来了，露出肩膀，还在T恤的下面打了一个结，露出了腹部，被陈某指责了。我不知道接下来的日子里，王某是不是出于报复的心理，又在服装规范上出了问题。有一天，王某穿了一件印了"当你在读这些文字时，你正在盯着看"字样的文化衫，字很小，我在试图看清这些字的时候，马某强说了些调侃的话，说我视力比较差，要凑近点才能看得清，此时的王某显得很得意，很明显，她很喜欢引人注意。

15. **问**：2008年6月11日，王某迟到了，陈某又出示了一份书面意见书，这次是因为什么情况？

答：这次意见书上提到王某的日常工作表现比较差，上班迟到，还有就是她的着装问题。

16. **问**：你经常开车去王某家附近，有这么一回事吗？具体解释一下？

答：王某的公寓在交通繁忙的天目山路上，在我知道王某住在那之前，我就经常走那里。我知道王某说她老看到我在她公寓附近晃悠。她可能看到我开车经过，我只是路过而已，我要强调的是我从来没有跟踪过她。

17. **问**：后来有一天王某又迟到了，那天你作出了解雇王某的决定，你是怎么作出此项决定的？

答：那天早上陈某告诉我说王某又迟到了，他还说王某没有进步，工作效率低下，着装问题屡教不改，应该被解雇。我们认真讨论了她的违纪记录，最后我决定解雇她。王某她确实没有进步，我们认为在剩下的几周里，她也不会有什么改变的可能了。

（直接询问陈某）

1. **问**：请介绍一下你的个人情况？

答：我叫陈某，在派尼科包装公司工作了 16 年，现在是公司两条流水线的领班，H 先生是我的车间经理。

2. **问**：王某是怎样进入公司的？

答：王某的朋友李某玉是我负责的流水线上的一名员工，当流水线出现空缺时，李某玉向我推荐了她的朋友王某，我告诉李某玉应当向 H 先生请示这件事，几周之后王某便进入公司。

3. **问**：王某刚进入公司的第一个星期表现怎么样？

答：首先，在包装流水线工作很累，因为要求员工必须迅速工作，并举起一些重的包裹，而王某很明显在干活时很吃力，难以胜任这项工作。

同时，王某喜欢聊天，而不是花更多的时间工作，她在休息时间上有些问题，有时她会跟要休息或者休息回来的员工说话，员工有时会迅速离开去休息，而王某看起来并不想利用她的休息时间去休息室休息。

4. **问**：你生日那天都邀请了哪些人？

答：我邀请了 H 先生、王某、李某玉等同事。

5. **问**：当时的情况你能描述一下吗？

答：好的，当时我们在酒吧里坐了一两个小时，在酒吧我没有看到王某和 H 先生之间的接触，他们双方在离开时也没有什么不高兴。

6. **问**：你是在什么情况下向王某做出第一份书面意见书呢？

答：2008 年 6 月 2 日，我观察到王某一直工作拖拉，完不成流水线上的配额工作，离开工作的时间太长，所以就给她出具了一份书面意见书。

7. **问**：王某在接到书面意见书之后是什么反应呢？

答：她到 H 先生办公室，在意见书上签了字，也没有在上面写不同意。

8. **问**：在你做出第一份书面意见书的一周内，王某的工作情况怎么样？

答：根据我的观察，王某的工作还是没有大的改变，有时她工作努力，但是我觉得我在旁边时她才会这么更努力地工作。另外，她的着装存在很大的问题。

9. **问**：关于王某着装的问题请你介绍一下？

答：有一天车间里比较热，王某把 T 恤的袖子卷起来，并且把 T 恤的下面打了个结，所以她的腹部就露出来了。她的着装引起不少男员工的议论，我告诉她这样着装不合适，要求她把结打开，把袖子放下来。

几天以后，王某又穿了一件上面写着"当你在读这些文字时，你正在盯着看"的 T 恤，我再一次对王某说上班期间不应该穿那样的 T 恤，吸引大家的注意，干扰正常的工作秩序。

10. **问：**你第二次对王某出具书面意见书是在什么时候？

答：2008 年 6 月 11 日这天，她又一次迟到。鉴于她之前一直表现不佳并且迟到和着装不合理，我向王某出具了第二份书面意见书。

11. **问：**在你做出第二份书面意见书之后，王某的表现有没有好转呢？

答：很遗憾，还是没有，并且她在着装上还是存在问题。

12. **问：**请具体叙述一下王某这次在着装上的问题？

答：有一天车间里很热，王某应该是在她午饭休息时把水从头上浇下来，把自己的 T 恤和头发都弄湿，我告诉他这样的外表不合适，我感觉她很喜欢她所引起的注意。

13. **问：**请你介绍一下你出具第三方书面意见书的情况？

答：2008 年 6 月 27 日，王某第三次迟到，加上她之前的工作一直没有起色。因此我决定直接和 H 先生谈这个问题，并且向 H 先生提出了解雇王某的建议。6 月 30 日我把第三份书面意见书交给王某。

14. **问：**人力资源部的冯某有没有和你提起过关于 H 对王某性骚扰的事情？

答：是的，王某被解雇几个星期之后，冯某联系我，说王某向法院提起诉讼，声称 H 先生对她性骚扰。我告诉冯某，H 先生没有跟我说起过请王某一起出去的事，而且对王某的指责都是我做出的，而不是 H 先生。

我的问题完毕，谢谢！

（直接询问李某玉）

1. **问：**你好！请你介绍一下自己的情况。

答：我叫李某玉，2004 年起在派尼科包装公司的包装流水线上工作，领班是陈某，车间经理是 H 先生。

2. **问：**请问王某是你介绍到公司工作的吗？

答：是的。

3. **问：**是 H 先生面试她的吗？

李：是的。

4. **问：**那么 H 先生在面试王某后当即就做出了雇佣的决定是吗？

答：是的。

5. 问：H 先生除了告诉你雇佣了王某，还说了其他吗？

答：他说我应该告诉我所有其他漂亮的朋友都来申请工作。

6. 问：你确定他当时强调漂亮两个字吗？

答：是的。

7. 问：那么他的意思是王某也很漂亮吗？

答：我想是的。

8. 问：2008 年 5 月 23 日，在"九点半"酒吧为陈某庆祝生日的时候，座位是怎么安排的？

答：因为人很多，我们是拼的桌子，王某坐我旁边，过了一会，H 先生过来坐在了王某旁边，等下我男朋友也来了，坐在我另一边。

9. 问：所以是王某先坐下，H 先生之后选择坐在王某旁边的吗？

答：是的。

10. 问：之后有什么特别的事发生吗？

答：大概过了 1 个小时，王某开始向我这边靠。因为本来就挤，开始我没注意到，不过一会她又向我这靠，我觉得不对劲，就用眼神询问她，她含蓄地说需要多点空间，并用眼睛瞟向 H 先生。

11. 问：之后你看到了什么？

答：我看到 H 先生正向王某靠近。

12. 问：当天晚上王某有打电话给你吗？

答：有。她说 H 先生提出开车送她回家，还吻了她，她有点不知所措。我告诉她 H 先生可能想追她，她说他老得够做她父亲了。

13. 问：后来你们还谈过这件事吗？

答：谈过，我们周一上班的路上我对她说如果她和 H 先生约会，就一定能转正。

14. 问：王某是怎么说得呢？

答：她说她没打算和他约会。

15. 问：即便这样可能使她转正？

答：是的。

16. 问：据你所知，H 先生是否邀请过王某单独出去？

答：我听王某说过，他曾经邀请她出去。

17. 问：你还记得是什么时候，做什么吗？

答：我记得第一次是 2008 年 6 月 2 日，那是王某第一次收到意见书，她说

H 先生找她谈话时，邀请她出去。还有 6 月 11 日，王某第二次收到意见书时，H 先生找她谈话时，王某说他又约她去"雷迪森"跳舞。

18. **问**：你确定王某向你提过的这两次邀请都发生在王某收到意见书后，H 先生找她谈话的时候吗？

答：是的。

19. **问**：那么据你所知，王某接受了邀请吗？

答：没有，王某还说即使她丢了这份工作也不会跟他一起去。

20. **问**：那么据你所知，王某收到过 H 先生的礼物吗？

答：收到过。

21. **问**：你能具体讲一下你知道的情形吗？

李：就是王某收到第二份意见书的当天，H 先生要她下班时去他办公室，王某挺担心的，就让我在门口等，如果超过 5 分钟她还没出来就让我给她打电话。

22. **问**：之后呢？

答：我透过窗子看到 H 先生递了件东西给她，还一直握着她的手不放。

23. **问**：你确定是你亲眼所见，他握着王某的手不放吗？

答：是的。

24. **问**：你知道那是什么礼物吗？

答：我让王某打开看看，原来是件黑色女士内衣。

25. **问**：也就是说王某接受礼物时，并不知道礼物是什么？

答：是的，她说她为了赶紧离开只好收了礼物，她当着我的面打开了礼物。

26. **问**：王某看到这份礼物时很高兴吗？

答：没有，她看起来并不轻松，她说她不喜欢 H 先生，他这样的行为只会让她感到苦恼和惶恐。

27. **问**：作为王某的朋友和同事，你觉得王某之后的情绪有什么变化吗？

答：我觉得之后她精神差了很多，很容易受到惊吓，很没有安全感，还当着我的面哭过，说 H 先生总是骚扰他，陈某又误会她在老板面前卖弄风情，她说觉得心力交瘁。

28. **问**：在休息时间的利用上，王某与其他员工有什么差别吗？

答：每个人都会在某些天多待几分钟，她跟别人没什么区别。

29. **问**：你能简单回忆一下王某被辞退那天的情况吗？

答：前一天王某给我打电话说要早些去，所以当天我们提前了 20 分钟就到了，王某直接去了车间，晚些时候我听说她被辞退了。

30. 问：听到这个消息你有什么想法呢？

答：这是我第一次看到有人在 60 天的试用期内被解雇的。

31. 问：那么再请介绍下你和王某的关系？

答：我们从高中起就是朋友。

32. 问：李小姐，你现在还是在派尼科公司上班，是吗？

答：是的。

33. 问：那也就是说现在陈某，H 先生仍然是你的上司，你以后也还要在他们手下工作，是吗？

答：是的。

34. 问：那请问这是你目前唯一的工作吗？

答：当然是的。

35. 问：好的，谢谢！审判长、审判员我没有其他问题了。

（直接询问王某）

1. 问：王某小姐，请介绍一下你自己。

答：我叫王某，1986 年 3 月 21 日出生，学历是大学本科。

2. 问：你是如何进入派尼科包装公司工作的？

答：2008 年 5 月，我的好朋友李某玉介绍我来的。H 先生面试了我，我 5 月 16 日开始正式上班。

3. 问：H 先生在公司担任何职务？

答：他是车间经理，是我的上司。

4. 问：谁掌握着雇佣或解雇员工的大权？

答：H 先生。

5. 问：2008 年 5 月 23 日，也就是公司领班陈某生日那天，发生了什么？

答：我们去酒吧为他庆祝。H 先生去了之后，直接坐到我的旁边，因为座位挤，就一直往我这边靠。然后，他突然把手放在我膝盖上，又移到我大腿上。总共放了有 2 分钟。

6. 问：离开酒吧后，发生了什么？

答：我和 H 先生无意中落后了。他开车送我到我家楼下之后，他说想给我一个 goodbye kiss，我想这是美国人说再见的礼节，也不好意思拒绝，但是没想到，他突然吻了我。我当时感觉惊愕至极，就匆匆离开了。

7. 问：2008 年 6 月 2 日，也就是你收到第一份意见书的那天，在 H 先生的办公室里，发生了什么？

答：他说我笑的时候更漂亮，还问我下班后要不要跟他一起去喝几杯，我拒绝了。

8. **问**：当天下午下班时，有什么事发生吗？

答：下班时 H 先生递给我一张纸条，上面写着："我很喜欢你，也真的希望能看到你成功"。

9. **问**：2008 年 6 月 11 日，也就是你收到第二份意见书的那天，在 H 先生的办公室里，发生了什么？

答：我告诉他我早上睡过头了，他就问我，我男朋友为什么没有叫醒我。我说我没有男朋友，他笑了笑。后来，我在意见书上签名时，他的手一直没有拿走，从我肩膀一直移到腰部，然后贴近我的身体。我特别不舒服。

10. **问**：接着发生了什么呢？

答：H 先生挡在我和门之间，跟我要漂亮的生活照。还说周末想带我去跳舞，还说特别想和我跳。我说我周末已经有其他安排，急忙走出办公室。那整个下午我的心情都很紧张。

11. **问**：H 先生这么多的行为，王某小姐为什么没有反抗呢？

答：我心里有一千个一万个不愿意，也不敢表现得太明显，只是默示的不配合，我怕得罪了他。找到一份工作实在太不容易了，H 先生是我的上司，他是决定我去留的人。所以我才一忍再忍。

12. **问**：那你有没有想过向公司的人力资源部反映呢？

答：我想过，但是我觉得 H 先生才是对我的工作做决策的人，说了肯定没用，就没有向人力资源部反映情况。

13. **问**：当天有没有再发生别的事情呢？

答：有。H 先生让我下班时再去他办公室一趟，我特别怕，就让李某玉在门口等我，让她超过 5 分钟的时候打我手机。H 先生一直握着我的手不放，说要送我礼物，我说不要，可是他坚持要送，我为了赶快走，就接过礼物走了。

14. **问**：是什么礼物呢？

答：我出来后，打开一看是一套黑色女士内衣，我和李某玉都觉得太夸张了。

15. **问**：6 月 19 日，是个周四，那天有什么事发生吗？

答：那天早上我到公司时，发现 H 先生在车间入口处站着。他把我叫到办公室，说他可以想象我穿湿 T 恤的样子有多么性感；还说，如果我让他送我回家的话，他不仅会请我吃饭，还会送我比黑色女士内衣更有趣的礼物。

16. **问**：6 月 24 日，是个周二，那天有什么事发生吗？

答：那天下班时，H 先生说周六是她生日，想和我单独出去庆祝。我拒绝了。

17. **问**：那么经过这一系列的事情，你的精神状况如何？

答：我连续的情绪紧张，老是失眠、心慌，工作时也总是提心吊胆。有时候同事从我身边走过，我总以为是 H 先生。

18. **问**：你精神状况那么差，有没有去医院做检查呢？

答：去了，医生诊断说我患上了轻度抑郁症，让我减轻思想负担，调整好情绪，注意休息。

19. **问**：说说 H 先生是怎么解雇你的。

答：我本来打算请病假，可是没想到又收到了一份意见书。H 先生说我不仅能力不够，而且不够聪明，不能再继续工作了。还说我失去了另一个机会。

20. **问**：下面我们来说说有关几份书面意见书的事情。王某小姐，意见书里说你迟到过两次，你说说具体的情况。

答：第一次迟到 10 分钟，是因为我睡过头了。第二次迟到 20 分钟，是因为公交车抛锚了。

21. **问**：王某小姐，意见书里说你着装不合适，你们公司对员工在车间工作时的着装有什么要求吗？

答：没有很具体的要求。五六月的杭州，天热得很，车间里又没有空调，大家基本上都穿着 T 恤。

22. **问**：2008 年 6 月 4 日，H 先生和陈某对你的着装分别是什么反应？

答：H 先生看到我时，并没有对我的着装做任何评价。事实上，他在经过我时，还对我笑了。可是陈某非说我的着装不合适，会影响到其他员工。我什么都没说，马上放下袖子，打开结。

23. **问**：那么，其他员工有没有受到你的着装的影响呢？

答：在我旁边工作的马某强告诉陈某，他没有被我的着装干扰到。

（四）交叉询问

（交叉询问王某）

1. **问**：坐在对面的是证人王某女士吗？

答：是的。

2. **问**：你在 2008 年 5 月 16 日进入派尼科包装公司工作以后，对公司的作息制度是否了解？

答：了解。

3. 问：在 2008 年 6 月 11 日、6 月 19 日、6 月 27 日这三天，你是不是在早上上班的时候都迟到了？

答：是的。

4. 问：那也就是说，从你 2008 年 5 月 16 日进入公司到 6 月 27 日这短短的 43 天，你就已经迟到了三次，是这样吗？

答：我只承认迟到两次，19 日那一次是因为 H 先生在门口拦住我聊天才导致我迟到的。

5. 问：在车间流水线工作会经常搬一些重箱子，这时候你是否会感到吃力？

答：是的，有些吃力。

6. 问：那么，你观察你的同事从事此项工作的时候是不是相对来说比较轻松一些呢？

答：是的。

7. 问：你在车间工作时，有一次把 T 恤的袖子卷子起来，下面的衣服打了个结，露出一部分腹部，是吧？

答：是的。

8. 问：你是否穿过一件 T 恤，上面印着"当你在读这些文字时，你正在盯着看"？

答：有过。

9. 问：H 先生每一天都会到车间转几次，据你的同事林某讲，你和你的上司 H 先生之间总是有话说，是吗？

答：是的。

10. 问：你曾在车间弄湿自己的头发和 T 恤，你是否跟你的好友李某玉说过："如果 H 先生经过的话，那件湿 T 恤会保证我得到一份固定的工作的"。

答：说过，不过是开玩笑的。

11. 问：在你收到公司向你做出的书面意见书之后，你是否在上面签字？

答：签字了。

12. 问：根据公司的规定，员工收到书面意见书之后，如果不同意意见书的内容，可以在上面写上自己的意见，你是否在书面意见书上写过相关不同意见呢？

答：没写过。

13. 问：那就是说，你对这三份书面意见书上所提到的关于你工作效率低下、多次迟到、着装不合理、工作态度不认真等内容都是认可的？

答：不代表认可，我不提出异议是有苦衷的。

14. 问：根据公司规定，一旦发生任何形式的骚扰都可以到人力资源部提交正式投诉，在你被解雇之前，你有没有向人力资源部提交过投诉呢？

答：没有。

（交叉询问李某玉）

1. 问：对面坐的是证人李某玉女士吗？

答：是的。

2. 问：你和王某高中开始就是好朋友吧？

答：是的。

3. 问：你们的关系很密切吧？

答：是的。

4. 问：是你推荐王某来派尼科包装公司的吧？

答：是的。

5. 问：王某不能胜任搬重物的工作，是吗？

答：我听说是这样的。

6. 问：5月23日，你们去"九点半"酒吧为陈某庆祝生日，在H先生来之前，你们已经喝了不少酒吧？

答：是的。

7. 问：H先生来了之后，他又为你们一人买了一份酒吗？

答：是的。

8. 问：当H先生、王某、你，还有你男朋友马某4人一起挤在一张沙发上时，当王某往你这边靠拢时，你不知道原因，是吗？

答：不知道，但王某给我使眼色她需要更多空间。

9. 问：那么H先生把手放在王某的大腿上，你看到了吗？

答：没有。

10. 问：在那天活动结束后，晚上王某给你打电话说H先生亲吻了她，是吗？

答：是的。

11. 问：那这么说，我注意到你关于王某口中所谓的H先生"骚扰"她的事情，都是从王某那里单方面听说的，并没有亲眼看见或亲耳听到，我说的没错吧？

答： 是的。

12. **问：** 王某在被 H 先生亲吻后，并没有因为这件事而苦恼吧？

答： 她是这么告诉我的。

13. **问：** 王某的三份书面意见书分别为：第一次：效率低下，完不成流水线上的配额工作，离开工作位置的时间过长。第二次：迟到 10 分钟，两次着装不合适，效率低下。第三次：迟到 20 分钟，效率低下，完不成流水线上的配额工作，休息时间过长。这三份书面意见书，你都清楚吗？

答： 我不太清楚。

14. **问：** 王某在每一次收到书面意见书时，都在上面签名确认了吗？

答： 是的。

15. **问：** 你们公司有这样的制度：当员工不同意书面意见书的内容时，可以在上面写上自己的意见。王某在书面意见书上写过这样的不满意见吗？

答： 没有。

16. **问：** 那就是说，王某对自己的多次违纪，对自己的不胜任工作的表现表示了认同，是吧？

答： 这是她的事，我不能做出判断。

17. **问：** 有一次王某穿着一件写着"当你在读这些文字时，你正在盯着看"字样的 T 恤时，你提醒她这样会引起大家注意时，她是不是得意得笑？

答： 是的，她是笑了。

18. **问：** 当你得知王某曾又一次把 T 恤下面打了个结，露出腹部，并且卷起 T 恤袖子把肩膀露出来时，你会不会觉得她这样不合适？

答： 是的，我可能会觉得她这样穿不太合适。

19. **问：** 还有一次王某把头发和 T 恤都弄湿了时，她是不是对你说过，如果 H 先生看到她这样时，那件湿 T 恤会保证她得到一份正式工作的？

答： 她是说过。

20. **问：** 根据你的证言，当王某告诉你 H 先生亲吻了她时，你说过："H 先生可能在追求你"，是你说的吗？

答： 是我说的。

21. **问：** 当王某给你看 H 先生写给她的字条时，你又说过："看来经理是认真的，她肯定对你有意思，你好好考虑一下吧"，这也是你说的吧？

答： 是我说的。

22. **问**：当 H 先生送给王某一份礼物时，你又说过："H 先生肯定对你有意思，他对你神魂颠倒了。"这也是你说的，没错吧？

答：是的。

23. **问**：那看来所谓的 H 先生"骚扰"王某，你总是在中间调侃，你老是给大家造成这种印象，我说的没错吧？

答：王某是我的好朋友，朋友之间说这个没什么。

（交叉询问 H 先生）

1. **问**：你好！你是在 2003 年 2 月与您的前妻分居的，是吗？

答：是的。

2. **问**：你说你从来没有打过你前妻或者朝她扔过东西是吗？

答：是的。

3. **问**：但是你前妻向法官申请了禁令，是吗？

答：是的。

4. **问**：据美国相关法律规定离婚诉讼过程中，可以要求法院发布禁令，禁止一方骚扰、妨害另一方或任何子女的安宁。你知道这个内容吗？

答：不清楚。

5. **问**：你确定你从来没有打过或者骚扰过你前妻？

答：是的。

6. **问**：你是哪一年进入公司的？

答：我是 1985 年 9 月加入公司的。

7. **问**：能讲一下你在派尼科包装公司的升迁吗？

答：我 1993 年 1 月成为两条包装流水线的领班。1996 年被提升为车间经理。

8. **问**：陈某在你升为经理后，他就被提升为领班了，是吗？

答：是的。

9. **问**：所以，你作为陈某的直接上司已经有大约 15 年的时间了是吗？

答：是的。

10. **问**：那么你们一定非常默契，对于你的很多意思，陈某能领会得很好了吗？

答：可以这样说。

11. **问**：对于车间里谁被雇佣，谁被解聘，你有最终决定权，是吗？

答：是的。

12. **问**："你曾经以"goodbye Kiss"的名义吻过王某是吗？

答：是的，那天我们喝了酒。但是她离开后，我就意识到我不该吻她，我是老板，而且我们年龄差距很大。

13. **问**：也就是说，那天在你喝了酒的情况下，你吻了王某，但之后就心生后悔，觉得不应这样，是吗？

答：是的。

14. **问**：在2008年6月11日，王某收到第二份意见书当天下班后，你要求王某去你办公室，并送了她一件礼物是吗？

答：是的。

15. **问**：你还拉着王某的手不放是吗？

答：我记不清了。

16. **问**：礼物是一件黑色女士内衣，是吗？

答：是的。

17. **问**：在你第一次以"goodbye kiss"之名吻了王某并已经觉得后悔的情况下，你又送了王某女士内衣，是吗？

答：嗯……是的。

18. **问**：你曾经于王某在你办公室签署意见书的时候，问过她男朋友叫她起床的事，是吗？

答：是，可我只把它当成一个玩笑。

19. **问**：2008年6月18日，李某玉脚被砸伤，王某下班等朋友来接，你问过她要不要搭车是吗？

答：是的。

20. **问**：她拒绝了是吗？

答：是的。

21. **问**：但你没有离开，一直到有个男人开车过来接她，你才离开，是吗？

答：是的。

22. **问**：你还问她那是不是她男朋友，是吗？

答：是的。

23. **问**：你的这个问题，也是一句玩笑，是吗？

答：嗯……是的，随便问问。

24. **问**：那么那天从你问王某要不要搭车，到王某拒绝，到知道有人来接王某，到一位男士出现，等了这样一段时间之后只是随便问了一个问题，是吗？

答：是的。

25. **问**：王某没有搭你的车，之前或者之后也从没和你一起单独出去过，是吗？

答：是的。

26. **问**：一次天气炎热，王某把她的 T 恤的袖子卷起来了，并在 T 恤下打了个结，你看到了，是吗？

答：是的。

27. **问**：你当时没有提出任何异议，是吗？

汉：是的。

28. **问**：有一次王某穿了一件上面写着"当你读这些文字时，你正在盯着看"的 T 恤时，你说你正在试着读这些文字呢，是吗？

答：是的。

29. **问**：陈某向王某出具的三份意见书你都签署了，是吗？

答：是的。

30. **问**：那么你是同意三份意见书上的所有理由，是吗？

答：当然。

31. **问**：第二份意见书上写着王某"两次着装不合适"，是吗？

答：是的。

32. **问**：但是这两次所谓的不合适的"着装"你都在之前看到，没有提出异议，并还和我当事人就此开玩笑，是吗？

答：嗯……是的。

33. **问**：在王某第一次收到意见书当天，你写了纸条给王某，是吗？

答：是的。

34. **问**：在王某第二次收到意见书的当天，你送了王某黑色女士内衣，是吗？

答：嗯……是的。

35. **问**：在王某第三次收到意见书当天，她就被辞退了，是吗？

答：是的。

谢谢，审判长，审判员，我没有其他问题了。

（交叉询问陈某）

1. **问**：第一周周五晚上在酒吧举行你的生日聚会时，你有没有看到王某和 H 先生之间的接触？

答：没有

2. **问**：当你向王某出示第一份书面意见书，王某签字时，你已经离开了 H 先生的办公室，因此并不知道王某和 H 先生的谈话内容是吗？

答：是

3. **问**：当你向王某出示第二份书面意见书时，也没有参加王某和 H 先生之间的谈话是吗？

答：是

4. **问**：王某被解雇后，你只是听到了一些关于 H 先生骚扰王某的议论是吗？

答：是

5. **问**：你在派尼科包装公司工作了 16 年是吗？

答：是

6. **问**：在 1996 年 10 月，H 先生被提为车间经理时，你被提为领班是吗？

答：是

7. **问**：也就是说你在派尼科包装公司无论是作为普通员工，还是被提升为领班后，H 先生都是作为你的直接领导上司是吗？

答：是

8. **问**：王某被解雇以后，你从人力资源部冯某处得知王某声称 H 先生对她性骚扰，就向冯某表示，所有的指责都是你做出的，而不是 H 先生是吗？

答：是。

9. **问**：事实上，H 先生才是雇佣或者解雇的最终决定者，是不是？

答：是

10. **问**：派尼科包装公司的规章制度中有没有对着装的要求？

答：没有

11. **问**：你有没有听到过 H 先生经理对王某的着装有任何负面评价？

答：没有

12. **问**：即使你认为王某的着装不妥，要求她在休息时间进行更换，她是不是按照你的要求进行了更换？

答：是

13. **问**：派尼科包装公司的规章制度有没有要求员工记录休息时间？

答：没有

14. **问**：也就是说员工休息时不需要把时间卡插入计时钟打上时间是吗？

答：是

四、终结辩论

（一）原告终结辩论

作为一名刚刚踏入社会的女大学生，且尚处在试用期的员工，我们可以想象她在面临男上司性骚扰时的困境和无助。她原本希望通过自己的忍耐，可以平安无事地度过试用期，获得一份来之不易的工作。因此，在面临男上司接连不断的骚扰行为时，她或是用自己的行为表示排斥，或是用言辞委婉的拒绝。然而，即使是小心翼翼，如履薄冰，换来的依然是一份冷酷无情的《终止劳动合同通知书》。当然，我们并不要求法官和陪审团成员怀着对弱势女性的同情，或者认同女权主义者们的呐喊，我们希望能够秉承公平正义的理念，向遭受性骚扰的女性伸出橄榄枝。

第一，关于性骚扰是否成立的问题。2005年12月1日起施行的《中华人民共和国妇女权益保障法》第40条明确规定：禁止对妇女实施性骚扰。第58条规定：对妇女实施性骚扰，受害人可以依法向人民法院提起民事诉讼。这在我国的立法史上第一次清晰而又明确地对性骚扰行为说出了"不"字。事实是，被告H先生在酒吧里，借酒意触摸我方当事人大腿，以goodbye kiss的名义故意亲吻原告，多次要求我方当事人到其封闭的办公室去，并且趁机将手放置在我方当事人腰部，贴近其身体。与此同时还频繁索要生活照，约请跳舞、喝酒，传递暧昧纸条，赠送私密礼物。更有甚者，屡次以能否转为正式员工相威胁。被告的行为给原告造成极大的心理压力，导致轻度抑郁。正是由于被告的性骚扰行为遭到受害人屡次明确的拒绝，目的不得逞，便利用职权，公报私仇，解雇原告。

第二，被告也许会辩称解雇原告不是因为性骚扰，而是由于不遵守公司相关规章制度，不能胜任工作。首先，根据李某玉、马某强、林某，甚至被告的证言均表明原告尽其最大努力适应工作岗位的要求。王某的体力虽然不能胜任流水线的负重工作，但是，她应聘的职位是采购部门，而不是流水线的工作，不能凭空推定王某在将来不能适应她本来应该从事的工作。因此，不属于《中华人民共和国劳动合同法》第39条规定的在试用期间被证明不符合录用条件的情形。同时，王某虽然有迟到和延长休息时间的现象发生，尚不构成《中华人民共和国劳动合同法》第39条规定的在试用期内严重违反用人单位规章制度的情形。其次，《中华人民共和国劳动合同法》第40条规定，劳动者不能胜任工作，经过培训或者调整工作岗位，仍不能胜任工作的。用人单位提前30日以书面形式通知劳动者本人或者额外支付劳动者 1 个月工资后，可以解除劳动合同。但是，派尼科包装公司没有按照法律的要求，直接就通知其解除合同。因此，终止劳动合同的行为，实属不当。

第三，关于证人证言的效力问题。领班陈某在派尼科包装公司工作的 16 年间，无论是作为普通员工还是作为领班，始终都是在车间经理 H 先生的直接领导下。根据《最高人民法院关于民事诉讼证据的若干规定》（2001 年）第 77 条第 5 项的规定：证人提供的对与其有亲属或者其他密切关系的当事人有利的证言，其证明力一般小于其他证人证言。虽然李某玉和原告作为好朋友，也属于亲密关系的范畴，但是李某玉也在派尼科包装公司工作，冒着指控上司并可能因此失去工作的风险，仍然出庭作证，其证人证言的效力显然高于陈某的证言。

当然，由于性骚扰多发生在私密的场合，言语和身体的接触很难留下证据，取证的困难将困扰性骚扰的成立。但是，本案中有证人证言、受害人陈述和实物证据，形成了证据锁链，对被告的指控具有充分的证据。

由于受社会传统观念的影响，大多数受害者在面临性骚扰时，最终选择了沉默。认同和鼓励女性为权利而斗争的社会氛围，以及改变女性在性骚扰面前"逆来顺受"的应对方式，是当下中国所亟需的。我方当事人敢于运用法律维护自己利益的行为应当受到尊重，基于以上原因，请求法庭认定性骚扰的成立，并赔偿原告经济损失。

（二）被告终结辩论

尊敬的审判长、审判员、书记员，感谢您给我替被告最后陈述的机会。

我方当事人 H 先生不幸地被指控为对员工王某实施性骚扰不成，怀恨在心并利用职权将其解雇的被告。其实 H 先生是被冤枉的。他是一位好经理，关爱员工，尤其是对新进的年轻人极其照顾，新员工在刚开始工作时或会有不适应或会犯些小错误，出现了这种情况，H 先生都采取鼓励政策，而从来不批评他们。不过 H 先生的这一份好心，却屡次因某些人在中间的调侃，由于中西礼仪文化习俗的冲突，而变成了对员工的所谓的"骚扰"。

我们先来看原告方王某，她是一位在 H 先生所负责的车间里实习的女员工，总体来说她的工作能力有缺陷，时间观念淡薄，经常随意延长休息时间，并且多次上班迟到。

首先，她不遵守公司的相关制度，屡次因着装不合适与领班发生了冲突。其次，王某喜欢引人注意，工作的时候不专心，经常在工作时间与他人聊天，干扰他人工作。因此，她在实习期间，一共收到了三份书面意见书。

第一次是因为效率低下，完不成流水线上的配额工作，离开工作岗位的时间过长。第二次是因为迟到 10 分钟，两次着装不合适，效率低下。第三次又是因为迟到 20 分钟，效率低下，完不成流水线上的配额工作，休息时间过长。

每一次书面意见书，王某都签名同意，并且没有在员工意见栏里表达过任何的不满，那么就是说她也深知自己的错误和不足之处，可是在收到每一份书面意见书后，她都没有太大的改变，也没有用心去改正，中国有句俗话叫做"事不过三"，在三次收到书面意见书之后，H 先生在已经对王某彻底失望的情况下，不得不按照公司章程的规定辞去屡教不改的员工王某，不是 H 先生没有给王某改过的机会，是王某自己浪费了这些机会，从而导致她最终被解雇（可以出示上述书面意见书）。

再来看我方当事人 H 先生，大家都知道中国和西方在礼仪方面有着很多不同的风俗习惯。我们经常能在影视资料里看到外国人在见面时会互相拥抱，在离别时会互相亲吻，这些举动对于一个西方人来说是再平常不过的了。西方人崇尚浪漫，对一个女孩子示好并且诚心相邀共进晚餐，对一个外国人来说，一点都不为过。H 先生已经年过半百了，他从小就深受西方礼仪习俗的影响，所以原告方所提到的一些 H 先生的所谓"骚扰"行为，绝对都无法达到性骚扰的程度。我们不能仅以中国的礼仪标准来衡量一个外国人的行为。况且，H 先生已近 60 岁，王某才 20 岁刚出头，论年龄，H 先生都能做王某的父亲了，所以 H 先生表现出来的这些所谓的"骚扰"行为，其实只是长辈对晚辈的关爱，领导对员工的关心。我们在场的女同志们回想一下，你们是否也曾被父辈亲吻过，拥抱过，赠送过礼物？应该或多或少都经历过，这算是性骚扰吗？如果这都可以定性为性骚扰的话，那天下的父亲从此以后都要和女儿保持距离了。

我方当事人 H 先生已经在中国工作了近二十年，二十年如一日，兢兢业业，献身于工作中，他在工作中重视下属的专业意见，严格遵守公司内部规则，和法律规范，合理的辞退不称职的员工，这属于其职权范围内的正常工作行为。他现在年届 60 岁了，退休在即，希望尊敬的审判长、审判员们给予我方当事人以公正的评判。

谢谢。